① **Großraum Porto**

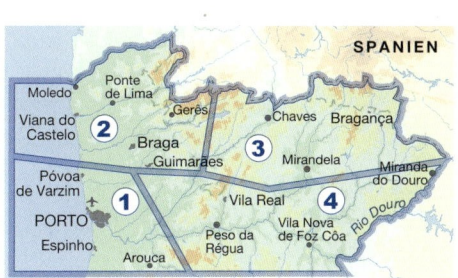

SPANIEN

Moledo
Ponte de Lima
Viana do Castelo ②
Gerês
Chaves
Bragança
Braga
Guimarães ③
Mirandela
Miranda do Douro
Póvoa de Varzim ①
Vila Real ④
PORTO
Peso da Régua
Vila Nova de Foz Côa
Rio Douro
Espinho
Arouca

② **Minho**

③ **Trás-os-Montes**

④ **Rio Douro**

Kleiner Wanderführer

UNTERWEGS MIT JÜRGEN STROHMAIER

Umgeben von begeisterten Portuenser Fußballfans sitze ich in einer Altstadtbar in Porto. Aber ihre Fähnchen zeigen keine portugiesischen Farben – sondern die von Chelsea London! Denn deren Gegner ist heute Benfica Lissabon, der Erzfeind. Ich sollte mich nun besser zurückhalten, lebe ich doch in Lissabon und

bin, wie so häufig, in der nordportugiesischen Metropole zu Besuch bei Freunden.

Am nächsten Tag ist alles vorbei, Benfica hat verloren. So darf ich mich entspannt auf einem der Liegestühle breitmachen, die die Bars am Ufer des Douro für Gäste aufstellen, die eben ein Abenteuer überstanden haben oder einfach Ruhe suchen. Von beidem bietet Nordportugal reichlich.

Diese erstaunliche Vielfalt einer überschaubaren Region zieht mich seit Jahren in ihren Bann, seit meinem Umzug nach Portugal 1994. Historische Städte – geprägt von lebendiger Studentenkultur. Atlantik-

stränden – mal rau, mal lieblich. Waldreiches Bergland – hier schroff, dort anmutig. Da fällt mir ein, wie mir einmal nächtens im Nationalpark von Gerês ein heulender Wolf ganz nahe kam. Na gut, ich saß sicher im Hotelzimmer vor geöffnetem Fenster. Weit weniger gefährlich als in einer Portuenser Kneipe beim falschen Fußballspiel …

Text und Recherche: Jürgen Strohmaier, mit zahlreichen Beiträgen von Lydia Hohenberger **Lektorat:** Sabine Senftleben, Horst Christoph **Redaktion und Layout:** Mirko Graf **Karten:** Michaela Nitzsche, Judit Ladik **Fotos:** siehe S. 276 **GIS-Consulting:** Rolf Kastner **Grafik S. 8/9:** Johannes Blendinger **Covergestaltung:** Karl Serwotka **Covermotive:** oben: Arcos de Valdevez © Rui Vale de Sousa – fotolia.com **unten:** Hafen von Porto © MAST – fotolia.com **gegenüberliegende Seite:** Malerisches Barcelos (Karsten Luzay)

4. KOMPLETT ÜBERARBEITETE UND AKTUALISIERTE AUFLAGE 2014

NORDPORTUGAL

JÜRGEN STROHMAIER

Mit zahlreichen Beiträgen von

LYDIA HOHENBERGER

Nordportugal – Reiseziele

Alle Wanderungen sind GPS-kartiert. Waypoint-Dateien zum Downloaden finden Sie unter: www.michael-mueller-verlag.de/gps

Kartenverzeichnis

Alles im Kasten

Zeichenerklärung für die Karten und Pläne

Hauptstraße	Berggipfel	Aussichtspunkt	Taxistandplatz
Landstraße	Felsen	Kloster	Bushaltestelle
Piste	Steine	Schloss/Burg	Flughafen
Fußweg	Turm	Kirche	Parkplatz
Wanderung	Leuchtturm	Sehenswürdigkeit	Information
GPS-Punkt	Hütte	Ruine	Post
Straßennummer	Gatter	Museum	Krankenhaus
Gewässer	Wegweiser	Schilf	Sportplatz
Grünanlage	Rastplatz	Nadelbaum	
bebaute Fläche	Wasserfall	Laubbaum	

 Mit dem grünen Blatt haben unsere Autoren Betriebe hervorgehoben, die sich bemühen, regionalen und nachhaltig erzeugten Produkten den Vorzug zu geben.

① Großraum Porto → S. 58

In Porto schlägt das Herz des Nordens. Die malerische Altstadt mit ihrem barocken Kirchenschatz ist Unesco-Welterbe, das moderne Porto glänzt mit regem Kultur- und Nachtleben, und die Uferzeile gibt sich mediterran. Auf der gegenüberliegenden Flussseite reift der Portwein in den Kellereien. Südlich schließen sich bis Espinho die längsten Badestrände an, fröhlich wird in den Fischrestaurants getafelt. Nördlich vereint Vila do Conde alle Vorzüge des großen Nachbarn: Strandpromenade, Museen, hübsche Altstadt, gute Restaurants. Nur alles um einiges kleiner.

② Minho → S. 122

Die Vielfalt macht's! Braga und Guimarães vereinen große Geschichte mit jugendlichem Flair. Immerhin wurde
Portugal hier gegründet. Kultur prägt auch die einst
reichen Handelsstädte am Meer. Herausragend: Viana
do Castelo. Die Strände eignen sich zum Surfen und
Tauchen. Hoch hinaus geht es in den Bergen des einzigen portugiesischen Nationalparks, Peneda-Gerês, ein
Paradies für Wanderer und Naturfreunde. Ein verführeri-
scher Wein, der prickelnde Vinho Verde, wächst besonders gut um Monçao und Melgaço.

③ Trás-os-Montes → S. 202

Unberührte Landschaften – nicht umsonst
heißt die Gegend Trás-os-Montes, „Hinter
den Bergen". Ein Gebiet für Wanderer, die
Abgeschiedenheit suchen und nicht auf
ausgetretenen Pfaden unterwegs sein wollen. Auch kommen Kulturreisende auf ihre
Kosten. Im Thermalstädtchen Chaves kur-
ten schon die Römer und hinterließen eine
150 m lange Brücke. Bragança lockt mit
einem mittelalterlichen Kern rund um die
Kathedrale. Über allem thront die Königsburg, Stammsitz der letzten Königsdynastie
des Landes.

④ Den Rio Douro flussabwärts → S. 222

Tief eingeschnitten zwischen Felsen und Weinbergen
schlängelt sich der romantische Douro dem Meer entgegen. Nur aus edelsten Trauben wird der berühmte
Portwein gekeltert. Eine Kulturlandschaft, die unsere
Urahnen schon vor 30.000 Jahren zu steinzeitlichen
Ritzzeichnungen motivierten, zu bewundern bei Foz
Côa. Die sehenswerten Städte, meist um eine wuchtige Kathedrale gebaut, lassen sich nicht an einer Hand
abzählen. Miranda do Douro, Lamego, Amarante sind
vielleicht die schönsten, Vila Real wohl die lebendigste.

Nordportugal: Die Vorschau

Großstädte voll Lebensfreude ...

Eigentlich heißt es, in Porto wird das Geld verdient, das in Lissabon ausgegeben wird. Doch neben ihrem Fleiß haben die Portuenser inzwischen gelernt, das Leben zu genießen. Mitten in der portugiesischen Wirtschaftskrise sprießen im Stadtzentrum Bars und Discos aus dem Boden. Neue Restaurants entstehen, traditionelle Geschäfte werden wiederbelebt. Viel tragen die Studenten der angesehenen Universität zu dieser positiven Entwicklung bei, aber auch die wachsende Zahl von Urlaubern, die den Flughafen zum zweitgrößten Portugals gemacht haben.

Guimarães, wo Portugal einst gegründet wurde, verdankt seinen beispiellosen kulturellen Aufschwung der Wahl zur Europäischen Kulturhauptstadt 2012. Als Stadt der Gegensätze entpuppt sich Braga. Hier stehen Kirche und Diskothek gewissermaßen Seit an Seit, denn das „portugiesische Rom" ist die Stadt mit der jüngsten Einwohnerschaft in Europa – Tradition und Innovation, Kirche und Universität bilden die Säulen der Gesellschaft.

... Kleinstädte voller Flair

Die jugendliche Atmosphäre auch in vielen kleineren Städten paart sich oft mit großer Geschichte, die sich in der sakralen und weltlichen Architektur spiegelt. Die Renaissancestadt Viana do Castelo priesen schon die Römer als „Pulchra", „die Schöne". Die historischen Gebäude stehen hier in spannendem Kontrast zur hochmodernen Uferzeile, geschaffen nach Plänen der Portuenser Architektenschule, die sogar zwei Pritzkerpreisträger, eine Art Nobelpreis für Architektur, hervorgebracht hat. Hier folgt im August, ebenso kontrastreich, kurz nach dem Neo-Pop-Musikfestival das größte religiöse Festspektakel Nordportugals.

Im Landesinnern finden sich wahre Kleinode aus der Romanik und Gotik, die die alten Pilgerpfade nach Santiago de Compostela säumen: Ponte de Lima, Melgaço, Bragança oder Miranda do Douro. Und in Amarante könnte man einen Halt einlegen und einen Penis verspeisen (keine Angst, ein aus Teig gebackener) – ein naiv-religiöses Brauchtum in Nordportugal, wo der Glaube manchmal seltsame Blüten treibt.

Die Welt der Museen

Natürlich gibt es in Nordportugal Kunstmuseen von Weltruf, wie Serralves in Porto. Natürlich gibt es höchst angesehene Museen für sakrale Kunst, wie Alberto Sampaio in Guimarães. Doch wo finden Urlauber schon Schweine aus Granit? Wo können sie selber Papier schöpfen? Oder beim Klöppeln zusehen? Oder den Weg der Sardine in die Konserve nachverfolgen?

Oder das eigene Körpergewicht auf dem Mars wiegen lassen? Das alles finden Urlauber in Bragança, Brandão, Vila do Conde, Espinho und Santa Maria da Feira, wo sich übergewichtige Erdenbewohner einer angenehmen Überraschung erfreuen dürften.

Natürlich sind auch hier im Norden die traditionellen Lebensweisen von der Moderne bedroht. Doch werden sie besonders in den Dörfern mit Liebe gepflegt und nicht ins Museum abgeschoben – und den Besuchern stolz präsentiert. Das ist oft spannender und lebendiger als in den Volkskundemuseen der Städte.

Vielfalt der Landschaften

Nahezu alle Landschaftsformen gibt es in Nordportugal. Der lange Küstenstreifen geht über in sanftes Hügelland, dem raue Bergwelten folgen. Viele der Strände sind schön wie auf der Kitschpostkarte, oft sind sie kilometerlang,

manchmal auch von Felsen eng umschlossen. Über dem hellgelben Sand dann ein Café oder ein Fischrestaurant, und ein Urlaubstraum wird wahr.

Eines muss aber auch gesagt werden: Es regnet recht häufig im Norden. Dafür gibt es hier, im Gegensatz zum großen Rest des Landes, blühende Landschaften. Im Landesinneren faszinieren üppiges Grün und der Farbenreichtum der Pflanzen. Hoch hinauf bis auf über 1500 m ziehen sich die Hügelketten, die Serras, im Nationalpark Peneda-Gerês. Der zerklüftete Fels aus grauem Granit weckt Erinnerungen an die Pyrenäen. Kein Wunder, dass eine der wichtigsten Baumarten Pyrenäeneiche heißt.

Und dann ist da noch der große Fluss, der Douro, der sich seinen Weg durch das Schiefergestein bahnt. Die steilen Uferhänge sind terrassiert, hier wachsen die süßen Trauben für den süßen Portwein.

Surfen, Schwimmen, Wandern

Die oft windumtoste Küste des Atlantiks lockt mit hervorragenden Surfspots – kaum ein Küstenort ohne Surfschule mit Equipmentverleih. Immer häufiger sind die Kitesurfer zu sehen, wie sie hoch über den Wellen dahingleiten.

Das Baden ist während der längsten Zeit des Jahres allerdings eher etwas für Hartgesottene, das Wasser ist recht kühl und erreicht selbst im Hochsommer kaum die 20 Grad. Doch das ganze Jahr über laden die Strände zum Spazieren im hellgelben Sand ein. Und sogar zum ausgedehnten Wandern, zum Beispiel auf dem 14 km langen Dünenweg zwischen Espinho und der Douro-Mündung.

Im Nationalpark Peneda-Gêres finden Wanderer ein ausgebautes Wegenetz und fast ein Feeling von Hochgebirge. Die touristische Infrastruktur ist gut ausgebaut. Wer Abgeschiedenheit sucht

„Zwischen Sandstrand und Hochgebirgs-Feeling"

und sich dafür mit einfacheren Unterkünften zufriedengibt, findet seine Wunschziele in den einsamen Hügelketten der Serra de Arga nahe der Küste, im Naturpark Alvão bei Vila Real und in den Bergen von Montesinho bei Bragança, die inzwischen ebenfalls von vielen Wanderwegen durchzogen sind.

Kutteln, Stockfisch, Portwein

Die Portuenser stehen darauf, aber es gehört wohl ein wenig Mut zum Probieren. Die Kutteln, *tripas*, sind ihre Leibspeise, oft mit weißen Bohnen. Kaum ein Restaurant kommt ohne sie aus. Und das kam so: Als Heinrich der Seefahrer von Porto zu seiner ersten und einzigen Schiffsreise aufbrach, wurde er von den Einwohnern mit den besten Fleischstücken als Proviant versorgt. Ihnen blieben die Innereien, und sie machten aus der Not eine Tugend – und aus dem Abfall eine Spezialität.

Direkt aus dem Meer kommt die zweite Spezialität, der Stockfisch, ein getrockneter und gesalzener Kabeljau, der in der Landessprache *bacalhau* genannt wird. Er war der bevorzugte Fangfisch, als die Portugiesen einst die Weltmeere entdeckten. Um ihn für die weite Rückreise aus fernen Gewässern haltbar zu machen, half nur Pökeln. 365 Rezepte soll es inzwischen geben, selbst für Feinschmecker ist etwas dabei.

Auch wenn der Port zu solch deftigem Essen nicht passt, wurde er zum kulinarischen Aushängeschild einer Region, vielleicht des ganzen Landes. Port ist ein hochwertiger, mit Branntwein versetzter Wein aus dem Dourotal. Rot und weiß gibt es ihn, inzwischen selbst als Rosé. Auch die Erfindung des Port hängt mit dem Atlantik zusammen. Der Zusatz von Branntwein verhinderte, dass der wertvolle Rebensaft auf dem schaukligen Schiffstransport nach England umkippte.

Paddeln vor historischer Brücke in Ponte de Lima

Hintergründe & Infos

Tiefblauer See im grünen Tal bei Gerês

Natur und Umwelt

Flora und Fauna: Dank der gleichzeitigen atlantischen, mediterranen und kontinentalen Klimaeinflüsse zeigt sich in Nordportugal eine überraschende Pflanzenvielfalt. Kork- und Steineichen stehen in unmittelbarer Nachbarschaft von Birken und Buchen. Die Hügellandschaften sind häufig mit dichten Nadel- und Kastanienwäldern bestanden, die in den Höhen in kleinwüchsigen Buschwald übergehen. Im Frühling und Frühsommer ist das Land von gelbem Stechginster und weißen und blauen Lilien überzogen. Auf weiten Flächen, besonders in Trás-os-Montes, wachsen Mandel- und Olivenbäume. Weinanbau prägt den gesamten Norden Portugals. Der traditionelle, aber wasserintensive Maisanbau im Minho wird inzwischen aufgrund zunehmender Trockenheit zu einem ernst zu nehmenden Umweltproblem.

Blumen und Pflanzen zeigen sich farbintensiver und von höherem Wuchs als in Mitteleuropa – das häufig anzutreffende Heidekraut erreicht eine Höhe von drei Metern! Auch die Rosen in Gärten und Parks sind von unglaublicher Farbenpracht und verbreiten einen herrlich süßen Duft.

Die dünn besiedelten Regionen jenseits der Küstenregion und die Naturparks sind ein Rückzugsgebiet für viele bedrohte Tierarten, besonders für Vögel. Selbst die seltenen Stein- und Königsadler vermehren sich wieder. Sehr häufig sieht man Weißstörche, selten auch Schwarzstörche. Wildschweine, Hasen, Kaninchen und Fasane verstecken sich in den Wäldern. Wölfe fühlen sich in den Naturparks von Gerês, Alvão (bei Vila Real) und Montesinho (bei Bragança) heimisch. Aus Castro Laboreiro stammen treue Hirtenhunde, die den deutschen Schäferhunden ähneln. Sie schützen die Schafherden vor Wolfsangriffen. Im Minho findet man die bodenständige Rinderrasse *Barroso,* und in der Serra de Arga und im Nationalpark von Gerês trifft man häufig auf halbwilde Pferde, die kleinen *Garranos* (s. Kastentext).

Halbwilde Pferde, von Wölfen bedroht

Die *Garranos* haben ihre Vorfahren wahrscheinlich in keltischer Zeit. Sie werden gerade mal 1,35 m groß und sind kräftig gebaut. Kein Wunder, dass die wild lebenden Tiere früh domestiziert wurden, um den Menschen als Packpferde zu dienen. Seit den 1940er Jahren förderte der portugiesische Staat ihre Auswilderung, sodass heute rund 1500 Tiere halbwild in Herden in Freiheit leben, aber privaten Züchtern gehören. Da sie kaum Gewinn abwerfen, sind sie jedoch vom Aussterben bedroht. Auch werden einzelne Tiere immer wieder Opfer der Wölfe, die in den einsamen Wäldern Nordportugals heimisch sind. Einstweilen sind die Pferde beim Wandern im Nationalpark Peneda-Gerês oder in den Hügeln über Viana do Castelo noch häufig anzutreffen. Die Wölfe dagegen bekommt man selbst bei Vollmond nicht zu Gesicht.

Umweltprobleme: Das nur dünn besiedelte und industriell unberührte Trás-os-Montes ist mit seiner klaren Luft eine Oase für die Atmungsorgane. Abgesehen von den großen Ballungszentren Porto, Braga und Guimarães kann man auch im Minho und entlang der Küste seine Lungen weit öffnen. Ein enges Netz von Naturparks und Naturreservaten schützt Pflanzenwuchs und Tierwelt. *Wasser und Strände* sind fast überall sauber. Selbst im Mündungsbereich des Rio Douro ist inzwischen das Baden im Atlantik möglich. Dennoch ist die Verschmutzung zahlreicher Flüsse Nordportugals größte Umweltsünde.

Der Grund für die Belastung der Flüsse liegt darin, dass die Abwasserentsorgung in den letzten Jahrzehnten gegenüber dem Bau von Autobahnen, Fabriken und Hochhaussiedlungen vernachlässigt wurde. Zwar werden inzwischen fast alle häuslichen und der Großteil der industriellen Abwässer geklärt, doch durch die Düngung in der Landwirtschaft gelangen große Mengen an Nitraten in den Douro-Fluss. Noch schlimmer steht es um den Rio Ave, in den weiterhin Industriedreck gelangt, darunter die Schwermetalle der metallverarbeitenden Betriebe.

Wenig förderlich ist der Bau von Staudämmen zur Energiegewinnung und Bewässerung der Felder. Dadurch wird den Flüssen schon auf spanischer Seite, aber auch in Portugal das wenige Wasser abgezapft. Die Forderung der Umweltverbände, den Strom durch Sonnenkollektoren und Windanlagen zu gewinnen, wird aber inzwischen erhört. Die Erzeugung von Strom aus erneuerbaren Energien und die Herstellung von Windkrafträdern entwickelte sich gerade in Nordportugal zu einem einträglichen Wirtschaftszweig. Aufgrund der hohen Kosten und vielleicht auch höherer Einsicht verzichtet Portugal bisher erfreulicherweise auf Atomkraftwerke, auch wenn konservative Wirtschaftskreise deren Errichtung fordern und sich als Standort die Gegend um Bragança ausgesucht haben.

Garranos auf der Weide

Unter portugiesischer Flagge volle Fahrt voraus?!

Politik und Gesellschaft

Verwaltung: Portugal ist ein Zentralstaat, der in 18 Distrikte mit geringer Eigenständigkeit und in die beiden autonomen Regionen Madeira und Azoren gegliedert ist. Die jeweiligen Distriktsgouverneure werden von der Zentralregierung eingesetzt. Nordportugal umfasst die Distrikte Braga und Viana do Castelo (auf der Fläche der historischen Region Minho), Vila Real und Bragança (Trás-os-Montes) sowie Porto. Beira Litoral und Beira Interior bilden den Übergang zu Mittelportugal. Über eine verwaltungstechnische Anerkennung und politische Stärkung der historischen Regionen wird seit den 1990er Jahren nachgedacht, doch eine Volksabstimmung über die sogenannte Regionalisierung scheiterte 1998. 2005 begann dann eine grundlegende Reform und Verschlankung der öffentlichen Verwaltung, in deren Folge 2013 besonders in Nordportugal viele Gemeinden zusammengelegt und im Zuge dessen Polizeistationen, Gesundheitszentren, Postämter und Gerichte geschlossen wurden.

Politische Parteien und Mehrheiten: Bei Wahlen haben die konservativen Parteien im agrarischen Nordosten ihre landesweiten Hochburgen. Je näher man zur Küste und in die großen Städte kommt, desto mehr Stimmen können die Mitte-Links-Parteien auf sich vereinen. Die Bürgermeisterämter gehen mit wenigen Ausnahmen an die großen Parteien PSD (*Partido Socialdemocrata,* konservativ) und PS (*Partido Socialista,* sozialdemokratisch). Das damals einzige direkt gewählte Stadtoberhaupt der CDS-PP (*Partido Popular,* rechtspopulistisch), der Bürgermeister von Ponte de Lima, Daniel Campelo, schrieb im Jahr 2000 Geschichte, als er in der Haushaltsabstimmung im Lissabonner Landesparlament das Zünglein an der Waage spielte und als Oppositionspolitiker mit seiner Stimme die Annahme des Staatshaushalts ermöglichte. Im Gegenzug wurde wenig später die Autobahn von Viana do Castelo nach Ponte de Lima gebaut und eine für die lokale Wirtschaft bedeutende Käsefabrik mit staatlichen Geldern gefördert. Der sogenannte „Käsehaushalt" wurde zum Synonym für politisches Geschacher. Die im nationalen Parlament vertretenen linken Parteien PCP (*Partido Comunista,* kommunistisch) und BE (*Bloco de Esquerda,* linksalternativ) spielen in Nordportugal abgesehen von Porto und Braga nur eine geringe Rolle.

Portugal in Zahlen (Stand 2013)

Fläche: 92.212 km^2

Einwohnerzahl: 10,48 Millionen

Staatsform: parlamentarische Demokratie mit präsidialen Elementen

Religion: 79 % katholisch

Bruttosozialprodukt: pro Einwohner ca. 15.600 €, das sind 75 % des EU-Durchschnitts

Arbeitslosigkeit: über 17 %

Inflation: unter 1 %

Lebensweise: Die Städte entlang der Atlantikküste waren dank Handel und Seefahrt schon immer offen für fremde Einflüsse. Dort gibt man sich liberal, großstädtisch und weltoffen. Die Menschen im Landesinneren fühlen sich dagegen stark mit der Vergangenheit verbunden, in abgelegenen Gebieten der Region Trás-os-Montes haben sich beinahe archaische Lebensweisen in solidarischen Dorfgemeinschaften erhalten. Familiensinn wird groß geschrieben. Ein strenger Katholizismus sorgt für volle Kirchen. Besonders deutlich wurde dieser religiöse und weltanschauliche Konservatismus 1998 und 2007 bei zwei Volksabstimmungen über die Liberalisierung des Abtreibungsgesetzes. Während im weniger religiös geprägten Südportugal mit einer einzigen Ausnahme in allen Wahlbezirken mehrheitlich für die Liberalisierung votiert wurde, sprach sich Nordportugal eindeutig dafür aus, die frühere Regelung, die nur eine medizinische Indikation für den legalen Schwangerschaftsabbruch zuließ, beizubehalten; lediglich im Großraum Porto und im Kreis Caminha stimmten die Menschen pro Liberalisierung. Insgesamt wurde die Gesetzesänderung im Jahre 2007 mit 59,25 % befürwortet. Auch der Anteil der unehelich geborenen Kinder manifestiert die unterschiedlichen Lebensauffassungen: 32 % in Nord- gegenüber 45 % in Gesamtportugal.

Aufgrund der ökonomischen Schwierigkeiten wurden und werden viele Menschen zur Ab- und Auswanderung gezwungen. Am Grenzübergang Portela do Homen nach Spanien wurde den Auswanderern sogar ein eigenes Denkmal errichtet.

Industrie und Dienstleistungen: Während die Region Trás-os-Montes praktisch industriefrei ist, sind um Porto, Braga und Vila do Conde wichtige industrielle Kerne entstanden. Entlang dem Rio Ave liegt Portugals ältestes Industriegebiet mit Schwerpunkt Textilverarbeitung und Schuhherstellung. Noch Anfang des Jahrtausends wurden jährlich 12 Mio. Paar Schuhe alleine nach Deutschland exportiert. Dann stellte die Aufhebung der Zölle auf Textilwaren durch die Welthandelsorganisation und die Konkurrenz aus Asien und Osteuropa viele alteingesessene, aber wenig rentable und häufig kleine Firmen vor einen harten Überlebenskampf. Gekürzt wurde bei den Mitarbeitern: Zwischen 2000 und 2007 gingen 50.000 Arbeitsplätze verloren. 2009 wurde die Wende geschafft, mit Zuwachsraten von jährlich bis zu 9 % gehört die Textilindustrie zu den wenigen Wachstumsmotoren Portugals. Die Durchschnittslöhne liegen hier aber weiterhin bei nur 500 € im Monat.

Noch zu Zeiten der Diktatur haben sich zahlreiche deutsche Firmen der Elektronikindustrie rund um Braga angesiedelt, darunter *Blaupunkt* und *Bosch*. Obwohl sie zusammen mit anderen Großunternehmen ein Drittel des portugiesischen Exports erwirtschaften, steigt auch hier die Arbeitslosigkeit beständig an. Einen Aufschwung verspricht man sich nun von *Ikea*, das drei Möbelfabriken in Nordportugal errichtet hat, und vom Reifenhersteller *Continental-Mabor*, der seit 2013 über 80 Mio. € in die Produktionsstätten nahe Braga investiert hat.

Die wichtigsten einheimischen Unternehmen kommen allerdings aus Porto, allen voran der Konzern *Sonae,* dem die Supermarktkette *Continente,* große Einkaufszentren, das Mobilfunknetz *Optimus,* Internetportale, Ferienanlagen und Hotels gehören. Außerdem mischt man mächtig in der Baubranche mit.

Alte Produktionstechniken und den technischen Wandel in Nordportugal dokumentieren drei spannende **Museen in alten Fabrikhallen**: das *Papiermuseum* bei Espinho (S. 107), das *Fischkonservenmuseum* in Espinho (S. 103) und das *Textilmuseum* bei Vila do Conde (S. 119).

Tourismus: Die Bedeutung des Tourismus nimmt deutlich zu. Mit einem Anteil von 12 % an der Gesamtzahl der Übernachtungen in Portugal steht der nördliche Landesteil an dritter Stelle hinter der Algarve und Lissabon. Die Tendenz ist stark steigend. Bei Portugiesen ist die Urlaubsregion beliebt, da sie weniger überlaufen ist und ein besseres Preis-Leistungs-Verhältnis bietet

Buntes Treiben auf der Festa da Agonia in Viana do Castelo

als der Süden. Die Anerkennung der Altstädte von Porto und Guimaraes, des Dourotals und der Ritzzeichnungen von Foz Côa als UNESCO-Welterbe der Menschheit, die Ausrichtung der Europäischen Kulturhauptstadt durch Porto (2001) und Guimarães (2012), die Ausweitung des touristischen Angebots und des Billigflugangebots nach Porto trägt Früchte. Seit 2010 weist der Flughafen höhere Passagierzahlen als der Flughafen der Algarve aus.

Bayerisches Bier aus Nordportugal

In Trás-os-Montes und im Minho wird Hopfen auf einer Fläche von rund 100 ha angebaut. Die Dolden werden unverarbeitet direkt nach Bayern exportiert, bayerisches Bier enthält also eine kleine Prise Nordportugal.

Landwirtschaft: Kleinteilig und damit im Europa der großen Agrarindustrie wenig konkurrenzfähig ist die nordportugiesische Landwirtschaft aufgestellt. Im Minho beträgt die durchschnittliche Betriebsgröße gerade einmal 3 ha, in Trás-os-Montes etwa 7 ha. Deswegen muss Portugal etwa zwei Drittel der benötigten Nahrungsmittel aus dem Ausland einführen. Während im Minho inzwischen 94 % der Einwohner in der Industrie und im Dienstleistungssektor tätig sind, lebt im Nordosten noch fast ein Drittel von der Landwirtschaft. Wichtigste Erzeugnisse sind Mais, Olivenöl, Gemüse, Mandeln, Nüsse und natürlich Wein. Daneben wird in größerem Maßstab Viehzucht (Schafe, Schweine, Rinder) betrieben.

Fischfang: Portos Nachbargemeinde Matosinhos hat den weltweit größten Hafen für Sardinenfischerei, über wichtige Fischereihäfen verfügen darüber hinaus Viana do Castelo und Póvoa de Varzim. Fischfang trägt nur noch mit gut 1 % zum Bruttoinlandsprodukt bei, aber es gibt Gemeinden, in denen 10 % der Bevölkerung in diesem Bereich tätig sind. Doch die nordportugiesischen Gewässer sind relativ fischarm, und wie die Landwirtschaft ist auch das Fischereiwesen kleinteilig organisiert und kann mit der Weltkonkurrenz nicht mithalten. Etwa 90 % der motorisierten Boote zählen weniger als 25 Bruttoregistertonnen.

Wahrzeichen Nordportugals: Maisspeicher aus Granit

Maisspeicher – Relikt aus alter Zeit

Überall im Norden Portugals fallen die Maisspeicher ins Auge, besonders zahlreich sind sie in Lindoso. Über 60 dieser *Espigueiros* gruppieren sich dort um einen gemeinschaftlich genutzten Dreschplatz. Die Vorliebe für Granit als Baumaterial stammt zwar aus Galicien, doch sind die mäusesicher auf Stelzen errichteten Vorratshüttchen aus den Dörfern des nordportugiesischen Hinterlands nicht mehr wegzudenken. Jede Familie hat ein eigenes. Und auch wenn der Maisanbau inzwischen an Bedeutung verloren hat, sind die Espigueiros bis heute von Nutzen – sei es als Gerümpelkammer oder als luftiger Schlafplatz für unerwartete Gäste.

Die Burg von Penedono samt Schandpfahl und altem Herrn

32.000 Jahre im Zeitraffer

30.000–20.000 v. Chr. Die ältesten menschlichen Spuren sind die frühsteinzeitlichen Felszeichnungen bei Vila Nova de Foz Côa (Trás-os-Montes).

800–500 v. Chr. Kelten dringen ein und errichten nördlich des Douro zahlreiche mit Ringmauern geschützte Höhensiedlungen *(citânias)*. Zeitgleich gründen Phönizier aus dem Mittelmeerraum Handelsstützpunkte an der Küste. Ihnen folgen griechische und karthagische Händler.

Ab 218 v. Chr. Mit dem Zweiten Punischen Krieg beginnen die Römer ihre Invasion der Iberischen Halbinsel. Sie stoßen auf erbitterten Widerstand der sogenannten Lusitaner. Mit der Ermordung deren Anführers Viriatus 139 v. Chr. wird die Gegenwehr gebrochen.

19 v. Chr. Unter Kaiser Augustus wird auch das keltische Gebiet nördlich des Douro besetzt. Vulgärlatein, aus dem sich später das Portugiesische entwickelt, wird zur Alltagssprache. Die Römer bringen den Wein- und Olivenanbau ins Land und fördern die Entwicklung von Städten, die ein weitverzweigtes Wegenetz verbindet. Noch heute entsprechen die (nord-)portugiesischen Verkehrswege dem Verlauf der römischen Militär- und Handelsstraßen.

2. Jh. Beginn der Christianisierung.

Ab 409 Mit der Völkerwanderung dringen Germanenstämme auf die Iberische Halbinsel vor. Die Sueben siedeln im heutigen Nordportugal. Die häufig hellen Haare und blauen Augen der Nordportugiesen sind höchstwahrscheinlich das genetische Erbe dieser Epoche.

Ab 585 In Porto wird eine eigene Münze geprägt. Ein früher christlicher Feudalstaat bildet sich heraus, der mehr und mehr die ansässigen Juden diskriminiert.

711 Nordafrikanische Mauren überqueren die Meerenge von Gibraltar und erobern in sieben Jahren fast die gesamte Iberische Halbinsel. Im Jahr 716 wird Porto eingenommen. Eine kulturelle und wirtschaftliche Blüte setzt ein, die sich auch aus der Toleranz der islamischen Herrscher gegenüber Christen und Juden speist.

722 Westgotische Ritter bilden in Asturien einen Bund zur Vertreibung der Mauren. Die Reconquista (christliche Rückeroberung) beginnt und erreicht bis zum Jahre 868 das Gebiet nördlich des Douro und Porto. Es gehört zum Königreich Leon und wird ab 938 *Portucale* („Hafen von Cale") genannt.

8.–11. Jh. Zahlreiche christliche Kreuzfahrer beteiligen sich an militärischen Aktionen und beschleunigen die Vertreibung der Araber.

1094 Portugal wird erstmalig urkundlich erwähnt. Der aus Burgund stammende Kreuzritter Heinrich erhält die Grafschaft südlich des Minho als erbliches Lehen von Afonso VI., König von Leon-Kastilien, als Dank für militärischen Beistand. Heinrich wird mit Afonsos illegitimer Lieblingstochter Teresa verheiratet, die nach seinem Tod (1112) die proleonesische Politik fortsetzt. Sie gerät in Konflikt mit ihrem nach Unabhängigkeit strebenden Sohn Afonso Henriques.

1139 Afonso Henriques geht siegreich aus einer Entscheidungsschlacht gegen die Araber bei Ourique im südportugiesischen Alentejo hervor und lässt sich zum König von Portugal ausrufen.

1143 Im Rahmen eines mit dem Königshaus Leon-Kastilien in Zamorra geschlossenen Friedensvertrages wird Portugal als unabhängiges Königreich anerkannt. Es umfasst zunächst das Gebiet südlich des Rio Minho bis nach Coimbra und zählt etwa 400.000 Einwohner, die erste Hauptstadt wird Guimarães. Allerdings bedurfte die offizielle Anerkennung Afonso Henriques' als *rex portugalensis* durch Papst Alexander III. noch etlicher Tributzahlungen und erfolgte erst 1179.

1256 Lissabon im Zentrum des von den Mauren ganz zurückeroberten Landes wird Königssitz.

1279–1325 Unter dem „Dichterkönig" Dinis I. erlebt Portugal ein goldenes Zeitalter. Er gründet die erste Universität des Landes (1290) und fördert Handel und Seefahrt. Die Karavelle wird entwickelt, ein wendiges Segelschiff, mit dem die Portugiesen später die Weltmeere erobern. In Nordportugal lässt Dinis zahlreiche Festungen als Schutz gegen Kastilien erbauen.

14.–15. Jh. Die portugiesischen Hafenstädte treiben regen Fernhandel mit dem Mittelmeer, Flandern, England und der Hanse. Ein selbstbewusstes Handelsbürgertum bildet sich heraus.

1353 Erste Handels- und Schutzallianzen werden mit England geschlossen, die sich 1385 in der siegreichen Schlacht von Aljubarrota gegen Kastilien bewähren. 1386 folgt der Vertrag von Windsor, ein noch heute gültiger politischer Beistandspakt mit England, der mit der Heirat des portugiesischen Königs João I. mit der Tochter des englischen Kommandanten, Filipa von Lencastre, besiegelt wird.

1394 Heinrich der Seefahrer *(Infante Dom Henrique)*, der vierte Sohn aus der Verbindung Joãos und Filipas, wird in Porto geboren. Als junger Prinz nimmt er an der Eroberung des nordafrikanischen Ceuta teil (1415), später wird er zum Mentor der portugiesischen Entdeckungsfahrten. Die Seefahrer entdecken zunächst Madeira und die Azoren und erkunden die afrikanische Westküste.

1495–1521 Während der Regierungszeit Manuels I. erlebt Portugal eine unvergleichliche Blüte. Vasco da Gama findet 1498 den Seeweg nach Indien, und Portugal kontrolliert für Jahrzehnte den einträglichen Gewürzhandel mit Asien. Pedro Alvares Cabral entdeckt 1500 Brasilien. Portugal beginnt mit dem lukrativen Sklavenhandel. Fernão de Magalhães (Magellan), bei Vila Real geboren, umsegelt von 1519 bis 1522 die Erde.

1496 Manuel I. zwingt Juden und Moslems zu Zwangstaufe oder zum Verlassen des Landes.

1536 João III. führt die Inquisition ein, vertreibt auch die getauften Juden (Neuchristen) und holt die Jesuiten als Hauptakteure der katholischen Gegenreformation ins Land.

1578 Der junge und militärisch unerfahrene König Sebastião bricht zu einem Kreuzzug nach Marokko auf und wird mit einem Großteil seines 18.000 Mann starken Heeres in der Schlacht von Alcácer-Quibir getötet, ohne einen Thronfolger zu hinterlassen.

1580–1640 Die portugiesische Krone geht an den spanischen König Philipp II. über, einen Enkel Manuels I. Die spanische Fremdherrschaft wird erst nach langen Befreiungskriegen und mit Unterstützung Englands abgeschüttelt.

1678 Es schlägt die Geburtsstunde des Portweinhandels mit England, das aufgrund eines Weinembargos gegen Frankreich auf dem Trockenen sitzt. Der Vertrag von Methuen (1703) erlaubt die zollfreie Einfuhr englischer Textilien und senkt die Einfuhrzölle für portugiesischen Portwein in England. Die Auswirkungen auf die portugiesische Wirtschaft sind verheerend: die Textilindustrie bricht angesichts der billigen englischen Wollwaren zusammen. Die hohen Gewinnmargen veranlassen viele Bauern, ihre Produktion von Getreide und Gemüse auf Wein umzustellen. Hungersnöte sind die Folge.

1706–1750 Bedeutende Goldfunde in der Kolonie Brasilien lassen Portugal unter João V. in neuem Glanze erstrahlen. Im Norden entstehen barocke Prachtbauten.

1. Nov. 1755 Nach dem zerstörerischen Erdbeben von Lissabon leitet Premierminister Marquês de Pombal einen Modernisierungsprozess in Staat, Wirtschaft und Gesellschaft ein. Dazu zählen die Gründung einer staatlichen Monopolgesellschaft für die Qualitätskontrolle und den Handel mit Portwein (1756) sowie die Abgrenzung des Anbaugebiets, weltweit ein Novum. Nutznießer dieser Reformen sind adlige Großgrundbesitzer.

1807–1811 Napoleonische Truppen marschieren in Nordportugal und Lissabon ein und verwüsten das Land. Die Franzosen werden mit Hilfe des englischen Militärs vertrieben, das zunächst auch die Regierungsgeschäfte übernimmt.

1820 Eine zunächst erfolglose liberale Erhebung geht von Porto aus.

1822 Die Kolonie Brasilien wird unabhängig. Das Ausbleiben des Goldes führt zu Wirtschaftskrisen und Hungersnöten. Die erste liberale Verfassung Portugals wird verkündet und vom absolutistischen König Miguel 1828 wieder außer Kraft gesetzt. Im folgenden Bürgerkrieg überstehen die Einwohner Portos heroisch eine einjährige Belagerung durch dessen Truppen.

1834 Sieg der Liberalen unter Pedro IV. und Durchsetzung eines liberalen Verfassungsstaats. Säkularisierung der Klöster und Einberufung der ersten Nationalversammlung.

1846 Unter starker Beteiligung von Frauen bricht im Minho ein Bauernaufstand aus, der zum Sturz des autoritär-technokratischen Regierungschefs Costa Cabral führt.

Mitte des 19. Jh. Wirtschaftliche Erholung und Modernisierung Portugals. In Nordportugal entsteht entlang dem Rio Ave eine Textilindustrie.

1908 Ermordung von König Carlos I. und seinem Thronfolger. Sein jüngerer Sohn Manuel II. versucht noch zwei Jahre die Monarchie zu retten.

1910 Am 5. Oktober wird nach einem Putsch republikanischer Soldaten die Republik ausgerufen. Ein parlamentarisches Mehrparteiensystem und die Trennung von Kirche und Staat werden in der Verfassung verankert.

Traditionsreich: Portweinbarken im Hafen von Porto

1910–1926 Die junge Republik findet keine Ruhe, die wirtschaftlichen Schwierigkeiten vergrößern sich mit Portugals Eintritt in den Ersten Weltkrieg aufseiten der Alliierten (1916). In 16 Jahren sind 45 Regierungen im Amt. Es kommt zu mehreren, teils bewaffneten Aufständen.

1926 Ein Militärputsch unter General Gomes da Costa nimmt in Braga seinen Ausgang und leitet eine 48-jährige Periode der Diktatur ein.

1928 Der junge Wirtschaftsprofessor António de Oliveira Salazar wird Finanzminister. Die Sanierung des Haushaltes lässt ihn als Retter der Nation erscheinen.

1932 Salazar ernennt sich zum Ministerpräsidenten eines autoritären Staates, des sogenannten *Estado Novo* (Neuer Staat). Das Parlament wird aufgelöst, die Gewerkschaften verboten und nach Vorbild der Gestapo eine Geheimpolizei (PVDE/PIDE) gebildet.

1939–1945 Im Zweiten Weltkrieg bleibt Portugal trotz ideologischer Nähe zum faschistischen Deutschland neutral, da es hofft, so besser seine Kolonien bewahren zu können.

1961 Einige hundert Angehörige der angolanischen Befreiungsarmee MPLA greifen Gefängnisse, Kasernen und die Rundfunkstation an. In der Folge werden auch die portugiesischen Kolonien Guinea-Bissau (1963) und Mosambik (1964) von Unabhängigkeitskriegen erfasst, die bis zu 40 % des portugiesischen Staatshaushaltes verschlingen.

1968 Nach einem Schlaganfall Salazars übernimmt Marcello Caetano die Regierung. Portugal wird das „Armenhaus Europas".

1974 Am 25. April putscht eine breite Bewegung der Streitkräfte, unzufrieden mit der Agonie im Lande und den Kolonialkriegen. Das Regime fällt wie ein Kartenhaus in sich zusammen. Den Soldaten werden Nelken in die Gewehrläufe gesteckt – die friedliche Erhebung wird seitdem *Nelkenrevolution* genannt.

1975–1976 Unabhängigkeit der Kolonien. Kooperativen und Landreform im Süden und die Verstaatlichung von Banken und Großindustrie sind Ausdruck einer revolutionären Aufbruchsstimmung, der die katholisch geprägte Bevölkerung im Norden eher ablehnend gegenübersteht, es kommt sogar zu gewalttätigen Auseinandersetzungen. In den ersten freien Wahlen (1976) erringen die demokratischen Parteien eine Mehrheit.

1986 Portugal wird Mitgliedsstaat der Europäischen Gemeinschaft.

1990er Jahre Geprägt ist das Jahrzehnt durch einen rasanten Wirtschaftsaufschwung. Mit Mario Soares wird erstmals nach 50 Jahren ein Zivilist zum Staatspräsidenten gewählt.

2001 Porto ist Europäische Kulturhauptstadt.

2004 Portugal richtet die Fußballeuropameisterschaft aus. Von den zehn neu erbauten Stadien stehen zwei in Porto und jeweils eines in Guimarães und Braga.

Der portugiesische Ministerpräsident José Durão Barroso wird Präsident der EU-Kommission.

2005 Bei vorgezogenen Parlamentswahlen erreicht die Sozialistische Partei einen Erdrutschsieg und zum ersten Mal die absolute Mehrheit. José Sócrates wird Ministerpräsident.

2006 Der wirtschaftsliberale Aníbal Cavaco Silva wird Staatspräsident.

2009 Bei den Parlamentswahlen verliert die PS ihre absolute Mehrheit. Ministerpräsident bleibt José Sócrates als Chef einer Minderheitsregierung.

2011 Cavaco Silva wird als Staatspräsident wiedergewählt.

2012 Guimarães ist europäische Kulturhauptstadt.

Portugal muss unter der EU-Rettungsschirm, Sparmaßnahmen im Sozial- und Gesundheitsbereich treffen die arme Bevölkerung Nordportugals besonders hart.

Nach vorgezogenen Neuwahlen bilden die konservativen Parteien PSD und CDS-PP eine Koalitionsregierung.

2013 Massive Steuererhöhungen, Portugal wird zum Land mit der höchsten Einkommens- und Lohnsteuer innerhalb der EU.

Als Protest gegen die Regierungspolitik verlor die konservative PSD bei den Kommunalwahlen viele Rathäuser an unabhängige oder sozialistische Kandidaten, etwa in ihren langjährigen Hochburgen Vila Real und Porto, wo der PSD-Bewerber sogar nur auf Platz 3 kam. Braga fiel allerdings an die PSD.

Denkmal für die Werftarbeiter in Esposende

Die Brücke Dom Luis in Porto wurde von Schülern von Gustave Eiffel gebaut

Architektur und Kunstgeschichte

Romanik: Mit der christlichen Rücker- oberung Nordportugals ab dem 9. Jh. setzte eine rege religiös motivierte Bau- tätigkeit ein, die bis ins 13. Jh. reichte. Die romanischen Kirchen aus dieser Epoche säumten die Pilgerwege nach Santiago de Compostela und sind des- halb zahlreich. Häufig wurden sie von nachfolgenden Generationen von Bau- meistern gemäß dem jeweiligen Zeit- geist verändert. Beispiele hierfür sind die Bischofskirchen in Porto, Braga und Lamego. Das vielleicht schönste Zeug- nis aus dieser Zeit ist die Kapelle São Salvador in Bravães bei Ponte da Barca.

Gotik und Manuelinik: Die gotische Epoche fiel mit dem glorreichen Zeital- ter der Seefahrten zusammen. Deswe- gen finden sich gotische Kirchenbauten besonders häufig in den Hafenstädten von Vila do Conde bis Vila Nova de Cerveira sowie in der Königsstadt Gui- marães. Mit dem Selbstbewusstsein und Reichtum der bedeutenden Seefah-

rernation entwickelte sich eine eigen- ständige portugiesische Spielart der Spätgotik, der manuelinische Stil, be- nannt nach König Manuel I., der von 1495 bis 1521 regierte. Großzügig und verspielt wirken die Bauwerke dank ih- rer sinnlichen Ornamente, die die strengen Regeln der Gotik bereits über- winden und mehr und mehr auch Pro- fanbauten zieren. Überall erscheinen Anspielungen auf die Seefahrt, z. B. Säulen, die wie Schiffstaue gedreht sind. Fremde Pflanzen und Fabelwesen erin- nern an orientalische Arabesken. Damit wurden von christlichen Künstlern erstmalig im größeren Umfang außer- europäische Einflüsse aufgegriffen. Dies läutet den Beginn der Neuzeit ein und steht für die Öffnung der engen Hori- zonte des christlichen Mittelalters.

Renaissance und Manierismus: Als Mitte des 16. Jh. ein wirtschaftlicher Niedergang einsetzte, passte die aus- schweifende manuelinische Architektur nicht länger zur Lebenswirklichkeit. Zahlreiche Häuser des gutsituierten Handelsbürgertums wurden auch aufgrund des kulturellen Einflusses aus den anderen europäischen Ländern nun im Stil der klassisch strengen Renaissance geplant. Der Rathausplatz von Viana do Castelo gilt als eines der schönsten Beispiele der Profanarchitektur, die Gotteshäuser von Torre de Moncorvo und Bragança als zwei der wenigen bedeutenden sakralen Renaissancebauten. Auch bedingt durch den zunehmenden Einfluss der katholischen Gegenreformation setzte eine Hinwendung zum Manierismus ein. Die Fassade der früheren Bischofskirche von Miranda de Douro dokumentiert den Übergang zum Manierismus, die Jesuitenkirche Igreja de São Lorenço in Porto seinen Höhepunkt.

Moderne im Park;
Serralves-Museum in Porto

Barock: Die Barockzeit ist eng mit einem Namen verbunden: *Nicolau Nasoni*. Der italienische Kirchenbaumeister verbrachte sein gesamtes Berufsleben in Porto. Dort baute er eines der städtischen Wahrzeichen, die Kirche und den Turm von Clérigos, und versuchte die Bischofskirche barock aufzumöbeln. Ähnliches unternahm er in der Bischofskirche von Lamego. Bei so viel Kirchenglanz wollten sich die nordportugiesischen Adeligen und reichen Bürger nicht lumpen lassen. Sie ließen ihre Herrenhäuser *(solares)* ebenfalls im üppigen Barockstil errichteten. Bedeutendstes Beispiel ist der Solar de Mateus bei Vila Real, ebenfalls von Nasoni gebaut. Ermöglicht wurde die verschwenderische Bauweise durch die immensen Reichtümer, die vor allem die Goldfunde in der Kolonie Brasilien einbrachten. Typisches Merkmal des portugiesischen Barock sind die vergoldeten Holzschnitzereien *(talha dourada)* in den Kirchen und Adelspalästen, die ihre Ergänzung in prächtigen Azulejos (→ S. 29) fand. Beispielhaft sind die Kirchen Santa Clara und São Francisco in Porto.

Klassizismus: Das Lissabonner Erdbeben von 1755 setzte in ganz Portugal dem üppigen Barockstil ein Ende. An seine Stelle traten eine nüchterne Stadtplanung und Architektur. Stellvertretend seien genannt die Umgestaltung der Praça da Ribeira und der Börsenpalast in Porto sowie der Palácio da Brejoeira bei Monção.

Zeitgenössische Baukunst: Von der Portuenser Universität kommen die experimentierfreudigsten Architekten Portugals, die sichtbare Spuren in ihrer Heimat hinterlassen haben. Ihr Übervater Álvaro Siza Vieira 1933) schuf das futuristische Restaurant *Casa de Chá da Boa Nova* in Matosinhos und den formal vereinfachten, genialen Museumsbau *Serralves* in Porto. Seine bevorzugte Farbe ist Weiß. Eduardo Souto de

Moura (* 1952) baute das bizarre Fußballstadion in Braga und den Bahnhof Trindade in Porto. Fernando Távoras 1923–2006) Visitenkarte ist die Altstadtsanierung des Ribeira-Viertels in Porto, der Ausbau der historischen Pousada in Guimarães und die Konzeption eines modernistischen Verwaltungsbaus am Flussufer von Viana do Castelo. Die avantgardistische *Casa da Música* in Porto wurde allerdings von einem holländischen Architekten geplant.

Azulejos: Die bunte Welt der Kacheln

Seit dem ausgehenden Mittelalter zieren die in leuchtenden Farben bemalten Wandfliesen portugiesische und spanische Paläste, Kirchen, Klöster und Bürgerhäuser. Ursprünglich wurden die sogenannten *Azulejos* von den Mauren auf die Iberische Halbinsel gebracht – *al-zulayi* heißt im Arabischen „kleiner polierter Stein". In der Renaissance glichen sie fantasievollen Wandteppichen. Die neue, aus Italien stammende Majolika-Technik hatte es möglich gemacht, die Farben wie auf eine Leinwand aufzutragen, ohne dass sie beim Brennvorgang ineinanderliefen. Die Barockzeit steht für riesige blau-weiße Kachelpaneele, die biblische wie weltliche Themen ins Bild setzen.

Die Kachelproduktion in Nordportugal erfuhr durch die 1766 in Porto gegründete Keramikfabrik *Massarelos* ihren großen Aufschwung. Farbige Reliefkacheln nahmen Mitte des 19. Jahrhunderts florale Motive des Jugendstils vorweg und verliehen den Fassaden zahlreicher Bürgerhäuser (z. B. in der Rua das Flores in Porto) eine plastische Wirkung. Anfang des 20. Jahrhunderts wurden bevorzugt Bahnhöfe mit Kacheldekor verziert. Besonders schön sind die Stationen der Douro-Linie und der Bahnhof São Bento in Porto. Als modernes Beispiel ist das 54 m lange Kachelgemälde *Ribeira Negra* des zeitgenössischen Malers Júlio Resende zu nennen, das ebenfalls in Porto nahe dem Ponte Dom Luis I zu bewundern ist.

In der Zeit des Barock waren die Kachelbilder weiß-blau

Kleiner literarischer Streifzug durch Nordportugal

Die Brüder Diogo Bernardes und Frei Agostinho da Cruz sind die wichtigsten Vertreter der bukolischen Renaissancedichtung. Doch einen wahren literarischen Boom erlebte der prosperierende bürgerliche Norden erst im 19. Jahrhundert. Almeida de Garrett (1799–1854, geb. in Porto) gründete unter dem Eindruck des Studiums von Herder, Schiller und Goethe das portugiesische Nationaltheater und verfasste zahlreiche politisch-soziale Bühnenstücke, nebenberuflich war er auch mal Außenminister. Camilo Castelo Branco (1825–1890, geb. in Lissabon) verbrachte sein Leben in São Miguel da Seide bei Guimarães und schuf melodramatische Novellen und Romane. Sein Hauptwerk trägt denn auch den Titel *Verderbliche Liebe*.

Als Begründer des realistischen Gesellschaftsromans und Schriftsteller von Weltrang gilt José Eça de Queirós (1845–1900, geb. in Póvoa de Varzim). Seine große Familienerzählung *Die Maias* beschreibt den dekadenten Lebenswandel des Adels, der fast zwangsläufig zur bürgerlichen Revolution 1910 führen musste (dt. bei Piper). Eine andere literarische Richtung begründete Teixeira de Pascoaes (1877–1952, geb. in Amarante) mit dem *Saudosismo*, der einer mystischen Lebensauffassung mit religiös-pantheistischem Sendungsbewusstsein dichterischen Ausdruck verlieh. Er hatte großen Einfluss auf die portugiesische Literatur zu Beginn des 20. Jahrhunderts.

Miguel Torga (1907–1995, geb. in São Martinho de Anta/Trás-os-Montes) ist der wichtigste nordportugiesische Literaturschaffende des 20. Jh. Sein reiches Werk umfasst u. a. Dramen, Romane und Tagebücher und zeichnet sich durch entschiedenen Widerstand gegen die Diktatur Salazars aus.

Auch Frauen betraten im 20. Jahrhundert die literarische Bühne. Agustina Bessa-Luis (* 1922 in Porto) beschreibt das nordportugiesische Leben aus der Sicht starker Frauengestalten. Im Widerstand gegen Salazar wurde Sophia de Mello Breyner Andresen (1916–2004, geb. in Porto) zur sprachgewaltigsten Poetin Portugals.

Einer der vielen alten Buchläden in Porto

Romantik an der Bahnsteigkante in Pinhão

Anreise

… mit dem Flugzeug

Zielflughafen ist Porto, günstigste Anbieter sind Ryan Air von Frankfurt-Hahn, Düsseldorf-Weeze, Baden-Baden, Bremen, Memmingen und Basel, Easyjet von Basel und Genf, und besonders bei langfristiger Buchung Lufthansa von Frankfurt aus. *Air Berlin* und ihr Partner Niki unterhalten tägliche Verbindungen von vielen deutschen und österreichischen Flughäfen sowie ab Zürich (jeweils über Palma de Mallorca); allerdings zahlt man selbst bei frühzeitiger Buchung meist 100 € für den einfachen Flug. Die portugiesische Fluglinie *TAP* fliegt täglich ab Frankfurt über Lissabon. Wer größere Umwege nicht scheut, kann es auch bei *Iberia* probieren, die teilweise sehr günstige Flüge mit Umsteigen in Madrid anbietet.

Flughafenkontakte **TAP**, ✆ 707205700, www.flytap.com. **Lufthansa**, ✆ 229437900 (während der LH-Flüge), www.lufthansa.com. **Air Berlin**, ✆ 808202737, www.airberlin. com. **Iberia Regional**, ✆ 707200000, www. airnostrum.es. **Ryanair**, www.ryanair.com. **Easyjet**, ✆ 707500176 (8–20 Uhr). Infos zum Flughafen S. 64.

… mit dem Bus

Die sogenannten Immigrantenbusse steuern regelmäßig von Deutschland, Österreich und der Schweiz alle größeren Städte Nordportugals an. Da diese komfortable und preisgünstige Verbindung von vielen Portugiesen genutzt wird, erlebt man schon auf der Anreise ein Stück Portugal, die eine oder andere Einladung eingeschlossen. Wichtigste Busunternehmen sind *Internorte* (Porto, Praça da Galiza 96, ✆ 226052420, www.internorte.pt) und *Eurolines* (in Portugal über Internorte, in Deutschland über www.eurolines.de sowie in vielen Reisebüros buchbar).

… mit der Bahn

Die Anreise per Bahn ist teuer und beschwerlich. Sie lohnt nur, wenn man unterwegs in anderen Ländern Halt machen will. Die Strecke verläuft über den französisch-spanischen Grenzübergang Hendaye/Irun (erreichbar über Lyon oder Paris) und dann weiter über Salamanca bis Porto. Seit 2013 fährt zweimal täglich ein Direktzug vom galicischen Vigo nach Porto, zunächst nur versuchsweise.

… mit dem Auto

Für Reisende aus Bayern, Österreich und der Schweiz bietet sich die Route östlich der Pyrenäen über Genf, Lyon, Perpignan nach Barcelona an, dann weiter über Zaragossa und Salamanca nach Nordportugal. Für alle anderen ist die Fahrt westlich der Pyrenäen über Bayonne und Hendaye/Irun kürzer. Danach geht es dann über Bilbao und León oder über Burgos und Salamanca weiter nach Porto. Die Autobahnen in Frankreich und Portugal sind gebührenpflichtig, in Spanien muss teilweise gezahlt werden.

Pauschalreisen

Unterkünfte mit und ohne Flug vermittelt der Kölner Portugalspezialist Olimar, Glockengasse 2, 50667 Köln, ☎ 0221/20590-490, www.olimar.de.

Jürgen Strohmaier, Autor dieses Reiseführers, organisiert mit seinem Ausflugsunternehmen *A&O – Ausflüge vor Ort* maßgeschneiderte Reisen und soziokulturell orientierte Ausflüge für kleine Gruppen oder Einzelreisende und arbeitet spezielle Reiserouten aus: Avenida de Madrid, 15-2° dto., 1000-194 Lissabon, ☎/🖂 218403041, www.portugal-unterwegs.de.

Unterwegs in Nordportugal

… mit Bus und Bahn

Fast alle größeren und kleineren Orte in Nordportugal sind an ein dichtes Busnetz angeschlossen. Betrieben werden die Busse von Privatfirmen, die Tarife sind günstig, bei Langstrecken muss man mit ca. 7–12 € pro 100 km rechnen, bei kürzeren Verbindungen betragen die Kilometerpreise etwa das Doppelte. Die Tickets sind an den häufig nach Busfirmen oder Zielorten aufgeteilten Schaltern im Busbahnhof und in den Bussen selbst erhältlich (was die Busfahrer aber nicht so gerne sehen), bei größeren Firmen auch im Internet buchbar (z. B. www.rede-expressos.pt). Auf den Hauptstrecken zwischen den großen Städten gibt es Verbindungen im Ein- bis Zwei-Stunden-Takt, kleine Orte werden nur dreimal täglich angefahren. In abgelegenen Gegenden scheinen die Busse allerdings aus den goldenen Zeiten Portugals zu stammen, und die sind lange her. Die wichtigsten Verbindungen sind im Reiseteil unter den jeweiligen Orten aufgeführt. Selbst aus abgelegenen Regionen gibt es regelmäßige Verbindungen nach Lissabon.

Züge und S-Bahnen verkehren nur an der Küste, im Dourotal und um Braga. Die Preise entsprechen denen der Busse. Es gibt verschiedene Zugkategorien: die zu-

Romantische Bahnfahrt durch die Weinberge

schlagspflichtigen, sehr komfortablen, mit Bar ausgestatteten *Intercidades* und *Alfa Pendulares* (zusätzlich mit TV-Programmen und Musik am Sitz), die auf der Strecke von Porto und Braga nach Lissabon (ca. 30 € einfach) verkehren; und die einfacher ausgestatteten Regionalzüge *Interregional* (teilweise mit Bar), *Regional* und *Suburbano,* die meist an jedem Bahnhof halten und im Normalfall auch zuverlässig sind. Dazu kommen noch die Schmalspurbahnen im Dourotal. Rückfahrkarten sind 10 % günstiger, eine Ermäßigung von bis zu 50 % erhalten über 65-Jährige (in allen Zugkategorien) und Jugendliche mit Cartão Jovem (nicht im *Alfa* oder *Intercidade,* eingeschränkt am Wochenende).

... mit dem Auto

Die Straßen sind auch abseits der Hauptverkehrswege sehr gut ausgebaut. Im Dourotal und im hügeligen Landesinneren sind sie allerdings sehr kurvig, häufig fehlen dort auch Dorf- oder Stadtumfahrungen. Doch gerade diese Routen sind landschaftlich besonders reizvoll; wer Zeit hat, sollte sie gegenüber den Schnellstraßen bevorzugen. Zu beachten sind die zahlreichen Kreisel (Vorfahrt hat, wer sich im Kreisverkehr befindet). Die als Autobahnen ausgewiesenen Straßen sind gebührenpflichtig (ca. 0,09 €/km für den Pkw), davon ausgenommen sind einige Stadtumfahrungen.

Berüchtigt für zähfließenden Verkehr ist die N 13, die von der galicischen Grenze entlang der Küste nach Porto führt. An Wochenenden mit schönem Wetter und im August stauen sich hier die spanischen und portugiesischen Ausflügler. In Porto selbst ist zu jeder Tageszeit mit Stau zu rechnen, besonders natürlich zur Rushhour. Das Parkproblem ist in allen Städten groß, Portugiesen nutzen immer wieder Teile des Gehwegs als Abstellplatz, obwohl dieser Unsitte mit drastischen Strafandrohungen und in den großen Städten auch mit Parkkrallen begegnet wird. Es empfiehlt sich aber nicht nur deswegen, die ausreichend vorhandenen gebührenpflichtigen Parkhäuser und Parkflächen zu nutzen (auch die ausgewiesenen Parkplätze in den Innenstädten sind in der Regel außer sonntags tagsüber gebührenpflichtig).

Elektronische Maut

Auf mehreren nordportugiesischen Autobahnen gilt ein elektronisches Mautsystem. Mietwagenfirmen bieten gegen Zusatzgebühr über einen Chip im Auto einen automatischen Bezahlservice an. Dies ist für Urlauber bequem, aber mit rund 20 € recht teuer. Daneben gibt es andere Bezahlweisen, die aber von der Regierung ständig geändert werden; aktuelle Konditionen unter www.portugaltolls.com. Wer mit einem nicht in Portugal zugelassenen Fahrzeug einreist, findet an den großen Grenzübergängen Infostellen, an denen man entsprechende Erfassungsgeräte erwerben kann.

Mietwagen   Außerhalb der Hochsaison bekommt man Mietwagen günstig. Die Altersbeschränkung liegt meist bei 21 Jahren. Üblicherweise gelten die Tarife ohne Kilometerbegrenzung. Es ist sinnvoll, die Vollkaskoversicherung CDW (auf Neuportugiesisch: *Collision Damage Waiver*) abzuschließen. Dann bleibt aber immer noch eine Selbstbeteiligung (etwa 800 € bei Kleinwagen). Um diese auszuschließen, gibt es die sogenannte Super-CDW für ca. 11 € pro Tag (Kleinwagen). Alle internationalen Autoverleiher sind am Flughafen von Porto vertreten, in den größeren Städten gibt es Dependancen. Weit verbreitet ist Europcar, nachdem das Unternehmen eine regionale Firma aufgekauft hat. Meist ist es preiswerter, das Auto bereits in Deutschland zu buchen (z. B. im Reisebüro oder im Internet).

Verkehrsvorschriften   In geschlossenen Ortschaften beträgt die **Höchstgeschwindigkeit** 50 km/h, auf Landstraßen 90 km/h, auf Schnellstraßen 100 km/h, auf Autobahnen 120 km/h. Wer den Führerschein vor weniger als einem Jahr gemacht hat, darf generell nur 90 km/h fahren. Die **Alkoholgrenze** liegt bei 0,5 Promille. Um die Unfallzahlen zu senken, gibt es **drastische Strafen** bei Verstößen gegen die Verkehrsregeln. Schon bei geringfügiger Geschwindigkeitsüberschreitung werden 300–600 € fällig. Eine minimale Missachtung der Promillegrenze führt zum Führerscheinentzug, eine saftige Geldstrafe, die sich nach den besonderen Umständen richtet, wird zusätzlich fällig. Zwingend vorgeschrieben ist das Mitführen einer reflektierenden **Schutzweste**, die es an Tankstellen zu kaufen gibt.

Parkprobleme in der Altstadt

Zitat aus einer amtlichen Mitteilung der Verkehrsbehörde DGV: „Falls der Übertreter nicht in Portugal wohnt oder seine lokalen Geldstrafen nicht gezahlt hat oder wenn er nicht die Absicht hat, es sofort und freiwillig zu machen, wird er gezwungen, den Wert zu zahlen, der dem Höchstbetrag der Geldstrafe entspricht, die für die entsprechende Sanktion vorgesehen ist."

Stilvoll übernachten im Adelspalast: Turismo de Habitação

Übernachten

Nordportugal wird erst allmählich vom Tourismus entdeckt. Und doch bietet sich dem Reisenden eine überraschende Auswahl an Übernachtungsmöglichkeiten. Die Preise sind meist günstiger als im übrigen Portugal, das Frühstück in der Regel im Übernachtungspreis inbegriffen. Selbst einfache Unterkünfte präsentieren sich in sauberem Zustand. Romantisches findet man in den zahlreichen Landhäusern und den historischen Pousada-Hotels. Hier hat die Qualität allerdings ihren Preis.

Die Auslastungsquote beträgt außerhalb Portos aufs Jahr gesehen nur wenig mehr als 25 %, die Zimmersuche ist somit selten ein Problem, doch im August, während der regionalen Feste oder zu Messezeiten wird es in vielen Orten so voll, dass eine rechtzeitige Reservierung dringend angeraten ist.

Pousadas

In den 1950er Jahren wurden die ersten staatlichen Luxushotels zumeist in Burgen und Schlössern in landschaftlich reizvoller Umgebung eingerichtet, um strukturschwache Gebiete zu fördern, aber auch um den Getreuen der damaligen Diktatur ein angenehmes Ambiente für ihre Urlaube zu schaffen. 2004 wurde die Hotelkette privatisiert, doch der Charme ist geblieben. Im alten Gemäuer, oft von portugiesischen Stararchitekten behutsam saniert, findet man modernen Komfort und zeitgemäßen Service. Portugiesen nutzen die Pousadas gerne für Hochzeitsfeiern. Die besondere Qualität hat allerdings ihren Preis: ca. 120–280 € je nach Saison und Klassifizierung, fast ganzjährig wird allerdings mit Sonderangeboten geworben.

Information/Reservierung: Online-Infos unter www.pousadas.pt, in Deutschland unter www.pousadas.de, ✆ 0211/8641520. Achtung: Hier gibt es keine Sonderangebote!

Turismo de Habitação (TH)

Ein staatliches Förderprogramm für die Sanierung historischer Herrenhäuser, wenn dabei zwischen drei und zehn Gästezimmer eingerichtet wurden, hatte in Nordportugal einen wahren Renovierungsboom ausgelöst, denn hier gibt es besonders viele schöne Gebäude. Regionale Kleinadelige hatten sich im Mittelalter als tatkräftige Unterstützer des christlichen Königshauses im Kampf gegen die Mauren hervorgetan und wurden dafür mit Grundbesitz belohnt, der von Generation zu Generation vererbt wurde. Die Häuser sind zumeist edel restauriert und mit antikem Mobiliar eingerichtet. Doch sind die Zimmer der früheren Bauweise entsprechend manchmal recht klein. Familienanschluss ist dafür garantiert. Die Besitzer kümmern sich persönlich um ihre Gäste, plaudern gerne und geben nützliche Urlaubstipps.

Allerdings wurden die Sanierungszuschüsse manchmal auch missbraucht: Zwar richteten die Besitzer offiziell die verlangten Gästezimmer ein, an eine Vermietung war aber nicht gedacht. Wer also auch nach tagelangen Versuchen in einem als TH ausgewiesenen Anwesen niemanden ans Telefon bekommt, kann davon ausgehen, dass hier niemand vermieten will. Seriös ist der Zusammenschluss *Turihab,* den der frühere Bürgermeister von Ponte de Lima, Francisco de Calheiros, gegründet hat. In Nordportugal werden über 90 Herrenhäuser zu Preisen von etwa 65 bis 110 € vermittelt (Infos siehe unter Ponte de Lima auf S. 189).

Nicht so nobel, aber in ähnlicher Weise funktionieren die als *Casas do Campo* (Landhäuser), *Hotel Rural* (Landhotel) und *Agroturismo* (auf einem Bauernhof) ausgewiesenen Häuser, die unter dem Namen TER (*Turismo no Espaço Rural* – Tourismus auf dem Lande) firmieren.

Hotels

Die Hotels sind mit bis zu fünf Sternen klassifiziert. Die Einteilung erfolgte 2011 mit der Einführung eines neuen Unterkunftsgesetzes neu und ist also aktuell, allerdings nach formalen Kriterien. So muss ein Haus der obersten Kategorie Einkaufsmöglichkeiten, Friseur und Zeitungskiosk besitzen. Doch auch bei der Qualität der Zimmer kann man davon ausgehen: je mehr Sterne, desto besser und desto teurer. Fast alle Hotelzimmer – auch die der unteren Kategorien – sind mit TV und eigenem Bad ausgestattet. Die Preise unterscheiden sich erheblich nach Gegend und Saison. So kann ein Doppelzimmer (DZ) im Drei-Sterne-Haus am Meer im August 90 € kosten, im März nur die Hälfte. Durchschnittlich beträgt die Preisspanne für ein DZ im Mittelklassehotel 40–150 € – in Porto eher im oberen Bereich, im Landesinneren im unteren.

Die früheren Kategorien *Residencial, Albergaria, Estalagem* und *Pensão* sind mit der neuen Gesetzgebung verschwunden. Die Bezeichnungen können aber noch als Zusatz im Namen geführt werden.

Camping

Für Campingplätze werden ebenfalls bis zu fünf Sterne vergeben; die entsprechende Eingruppierung sollte seit 2011 erfolgen, bis 2013 waren allerdings nur wenige Plätze kategorisiert, so dass in diesem Buch als Anhaltspunkt für den Komfort die früheren bis zu vier Sterne beibehalten wurden. Allgemein gilt: je mehr Sterne, desto mehr Gemeinschaftseinrichtungen und Schattenplätze. Das Netz an meist sehr gepflegten

Plätzen ist recht dicht. Der viersprachige (inkl. Deutsch) Campingführer *Roteiro Campista* erscheint für ca. 7,50 € jährlich neu und enthält auf seiner Homepage www. roteiro-campista.pt auch Buchungsformulare. Auf einigen Plätzen benötigt man den internationalen Campingausweis F.I.C.C. (erhältlich bei den Automobilclubs) oder einen portugiesischen Ausweis. Wildes Campen ist verboten, v. a. an Stränden achtet die Polizei darauf. In den waldreichen Naturparks sollte man schon aus Landschafts-schutzgründen darauf verzichten (Brandgefahr, Beeinträchtigung der Tierwelt).

Sonstige Unterkünfte

Hostels: In allen Städten empfangen moderne Hostels meist in alten Stadthäusern die Gäste. In den einschlägigen Bewertungsportalen nehmen sie meist Spitzenpositionen ein. Die Preise beginnen mit 10 € im Mehrbettzimmer, ein DZ gibt es ab 35 €. Tipps finden Sie im Reiseteil, eine umfassende Liste u. a. unter www.hostelworld.com.

Apartamentos und **Aldeamentos:** Die Aparthotels, Einzelapartments oder Ferien-anlagen entsprechen im Standard den Hotels, sie verfügen zusätzlich über eine Kü-chenzeile und Räumlichkeiten auch für mehrere Personen. Meist ohne Frühstück.

Privatzimmer und **Alojamento Local:** Unter dem Namen „Alojamento Local" wer-den vor allem in mittelgroßen Städten lizensierte Privatzimmer oder Wohnungen vermietet. In diese Kategorie gehören auch einfache Beherbergungsbetriebe ohne Rezeption oder die Möglichkeit, mit Kreditkarte zu zahlen. Infos dazu bei den Tou-rismusämtern. Die Zeiten der Vermietung unter der Hand sind aufgrund starker Kontrollen fast vorbei.

Pousadas de Juventude: In den vergangenen Jahren ist in Nordportugal eine Reihe moderner Jugendherbergen entstanden, die einen hohen Standard aufweisen und neben Mehrbettzimmern (4–6 Betten, Geschlechter getrennt) häufig zusätzliche Doppel- und Familienzimmer anbieten.

In der Nebensaison zahlt man im Mehr-bettzimmer rund 10 €, in der Hauptsai-son 14 € (meist inkl. Frühstück), DZ 25-40 €. Ausweise können bereits im Hei-matland oder in jeder Herberge in Por-tugal erworben werden. Auch die Ju-gendkarte Cartão Jovem (→ „Wissens-wertes von A bis Z") reicht aus und er-möglicht manchen Rabatt. Jugendher-bergen gibt es in Alijó, Braga, Bragança, Espinho, Esposende, Foz Côa, Gui-marães, im Gerês-Nationalpark (nahe Campo de Gerês), Melgaço, Porto, Ponte de Lima, Viana do Castelo, Vila Nova de Cerveira und Vila Real (nähere Angaben im Reiseteil). Im Sommer sind die Häu-ser oft ausgebucht. Reservieren kann man bei der Zentrale: Pousadas de Ju-ventude, Av. Duque de Ávila 137, 1069-017 Lisboa, ✆ 707203030, ✆ 217232101, http://microsites.juventude.gov.pt/Portal/pt/default.htm.

Valença do Minho

Café Majestic in Porto

Essen und Trinken

Mit den Vorspeisehappen fängt alles an. Ein Schälchen mit Oliven, ein paar Scheiben geräucherte Schweinewurst, ein Eckchen Schafskäse, zu festlichem Anlass ein Teller Garnelen. Danach vielleicht eine Suppe? Denn Nordportugiesen sind noch richtige Suppenkasper. Aber Vorsicht, die Portionen sind meist richtig üppig, und für den Nachtisch muss unbedingt noch ein bisschen Platz im Magen bleiben. Doch vor dem Dessert gibt's ja noch fangfrischen Fisch: je nach Gusto und Region aus sauberen Bergflüssen oder dem weiten Atlantik. Natürlich kann man auch getrockneten Kabeljau, also *bacalhau,* oder delikate Meeresfrüchte bestellen. Oder es gibt gleich einen Eintopf mit allem drin inklusive Bohnen, Reis und Nudeln.

Wer Fleisch bevorzugt, kommt am Zicklein- oder Lammbraten nicht vorbei – mit herrlich viel gesundem Olivenöl zubereitet. Und wer sich traut, probiert in Porto die *tripas* (Kutteln) und im Landesinneren die vielen Zubereitungsarten von Schweinefleisch. Deftig muss es sein. Vegetarier kommen deswegen zwar in den attraktiven vegetarischen Restaurants Portos auf ihre Kosten, im Landesinneren aber bleiben ihnen häufig nur Omelett, Salat und gekochtes Gemüse. Und natürlich die Nachtische.

Die Speisenabfolge in den Restaurants geht oft sehr schnell vor sich. Kaum ist der eine Teller leer, steht schon das nächste Gericht auf dem Tisch. Damit stellen die Kellner ihre Aufmerksamkeit unter Beweis, keineswegs soll man rasant abgefertigt werden. Denn in Nordportugal hat der Mensch noch Zeit. Hinter vorgehaltener Hand aber wird ein ganz anderer Grund genannt: Für Portugiesen ist das süße Dessert eigentlich das Wichtigste am Essen, und dahin will man möglichst rasch gelangen ...

Wo isst man?

Man hat die Wahl zwischen Restaurante, Casa de Pasto, Pastelaria und Café. Die Tasca war traditionell eine einfache preisgünstige Kneipe ohne Klassifizierung, heute legen sich auch vornehmere Restaurants zuweilen den Begriff zu, um auf ihre volkstümliche Küche zu verweisen.

Am Eingang müssen die Speise- und Getränkekarte sichtbar angebracht sein, die Preise enthalten Mehrwertsteuer und Bedienung. Die Beilagen sind auf den Speisekarten *(ementa)* nicht gesondert aufgeführt, aber Nachfragen sind erlaubt und Änderungen ohne Aufschlag möglich. Es ist nicht üblich, sich einfach zu setzen, seinen Platz erhält man zugewiesen. Ebenso ist es verpönt, sich zu anderen Gästen an einen Tisch hinzuzusetzen.

Restaurante: Die Restaurants sind traditionell klassifiziert in Luxus *(luxo)*, 1., 2. und 3. Kategorie. Diese Einteilung ist aber oft nicht mehr an den Eingängen zu finden und man sollte sich auch nicht zu sehr davon beeinflussen lassen. In den beiden oberen Klassen findet man neben Englisch sprechenden Obern auch Stofftischdecken. Das Essen wird stilvoll kredenzt. Aber auch in den unteren Kategorien wird oft wohlschmeckende unverfälschte Kochkunst in volkstümlichem Ambiente und zu günstigen Preisen auf den Tisch gebracht. Die Tagesgerichte *(pratos do dia* bzw. *sugestões do chefe)* sind immer frisch zubereitet, man findet sie deswegen aber nur auf den portugiesischen Tageskarten und nicht auf den allgemeinen, in internationale Sprachen übersetzten Speisekarten. Also sollte man sich immer auch die portugiesische Karte bringen lassen und sich an die Übersetzung machen. Manche Restaurants haben sich spezialisiert: *Marisqueiras* auf Meeresfrüchte, *Churrasqueiras* auf gegrillten Fisch und Fleisch. In *Cervejarias* trinkt man Bier und isst dazu Omeletts, Steaks oder Meeresfrüchte.

Alles für's Picknick gibt es in der Markthalle von Ponte de Lima

In den meisten Restaurants gibt es ein sogenanntes Touristenmenü *(ementa turística)*, das sich aus Couvert, Vor-, Haupt-, Nachspeise und einem Getränk zusammensetzt. Man hat keine Variationsmöglichkeit, und oft ist die Preisersparnis nur gering. Also genau nachrechnen, bevor man sich dafür entscheidet. Übrigens: Portugiesen essen kein „ementa turística".

Casa de Pasto: Einfaches Restaurant ohne Klassifizierung, das sich aus steuerlichen Gründen nicht Restaurant nennt. Gerade im ländlichen Raum oftmals eine günstige Alternative.

Pastelarias und Cafés: Ohne seinen kleinen schwarzen Kaffee kommt kein Portugiese durch den Tag, ohne sein

Stammcafé wäre er heimatlos. Da die Wohnungen oft beengt sind, dient das Café auch als Studierstube, Lesezimmer und erweitertes Wohnzimmer, in dem man sich mit Freunden trifft. Die Pastelarias werden zumeist von Leuten aus einfachen Schichten frequentiert, die Cafés seit ihrer Entstehung im 18. Jh. v. a. vom wohlhabenden Bürgertum. Zur Mittagszeit verwandeln sich viele Pastelarias in einfache Kantinen: Schon ab 5 € bekommt man ein deftiges Tagesgericht, das portugiesische Angestellte in ihrer Pause direkt am Tresen zu sich nehmen. Durchaus eine Option auch für Urlauber, denn die Wirte leben fast ausschließlich von ihrer Stammkundschaft und sind an Qualität interessiert.

Wann und was isst man?

Das Frühstück *(pequeno-almoço)* fällt traditionell bescheiden aus, doch haben sich die Hotels ab drei Sterne aufwärts inzwischen dem internationalen Standard mit Frühstücksbuffets angepasst. Serviert wird das Frühstück meist zwischen 8 und 10 Uhr. Mittags und abends wird zwischen 12 und 14.30 Uhr *(almoço)* und 19.30 und 22.30 Uhr *(jantar)* warm gespeist. In den großen Städten finden sich genügend Restaurants, die länger geöffnet haben.

Rekordverdächtige Portionen

In weiten Teilen Nordportugals sind die Hauptgerichte (besonders Fleisch) so riesig, dass sie locker für zwei Esser reichen. Deshalb haben auch die Wirte nichts gegen eine Teilung einzuwenden. Zudem wird häufig ½ *dose* (sprich: *meja dose*) angeboten – diese halbe Portion, die etwa zwei Drittel einer ganzen entspricht, kostet auch so viel und genügt dem Normalmagen.

Couvert

Das Gedeck (Brot, Maisbrot namens *broa*, Butter, kleine Vorspeisen wie Oliven, Käse, Sardinen- oder Thunfischpaste) wird extra berechnet. Gerade in besseren Restaurants und Ausflugsgaststätten werden auch teurere dieser *petiscos* auf den Tisch gestellt. Das ist kein Touristennepp, die Portugiesen beginnen so gerne ihre Mahlzeit. Aber es macht keinerlei Problem und erzeugt auch keinen Unmut, diese zurückgehen zu lassen. Schief angesehen wird nur, wer auch das Brot zurückgibt.

Suppen und Eintöpfe

In früheren, armen Zeiten aß man Suppen und Eintöpfe, die billiger waren als dick mit Wurst belegte Brotstullen. Die schmackhafte nordportugiesische Standardsuppe ist die *caldo verde,* eine Suppe aus einer Art von grünem Kohl (nicht zu verwechseln mit Grünkohl), der sehr fein in eine Kartoffel-Olivenöl-Suppe geschnitten wird. Die *sopa de legumes* ist eine sämige Gemüsesuppe, die *sopa de marisco* eine passierte Meeresfrüchtesuppe.

Variantenreiche Eintöpfe kehren heute verfeinert auf die Speisekarten auch der Nobelrestaurants zurück. Am weitesten ist die *feijoada* verbreitet, ein Weißer-Bohnen-Eintopf, der mit Meeresfrüchten oder verschiedenen Fleischsorten angereichert ist. Gerne gegessen werden auch Reiseintöpfe mit Fischen *(arroz de peixe)*

Dunkles Brot aus Roggen- und Mais-, helles aus Weizenmehl

oder Meeresfrüchten *(arroz de marisco)*, nicht vergleichbar mit der Paella, da das Gericht nicht in der Pfanne, sondern im Topf gegart wird und in einer würzigen Tomatensauce schwimmt. *Caldeirada* ist ein Eintopf meist mit Fisch, manchmal aber auch mit Fleisch, dazu Kartoffeln, Tomaten und Zwiebeln, alles in einem kräftigen Sud gegart.

Meeresfrüchte

Portugiesen beherrschen es meisterhaft, Muscheln und Krustentiere, wenn sie nicht gerade im Eintopf verarbeitet werden, ohne viel Schnickschnack zuzubereiten und ihnen so den Eigengeschmack zu lassen. Hummer, Langusten und Garnelen werden gegrillt oder gekocht, Krebse gekocht. Eine Raffinesse sind die *amêijoas à bulhão pato*, Herzmuscheln in einer Sauce aus bestem Olivenöl, Zitronensaft, Knoblauch und Koriander. Eigentlich ganz einfach und doch als Vorspeise ein Gedicht.

Fisch

Es ist schon verwunderlich, dass trotz der langen Atlantikküste die wichtigste nordportugiesische Fischspezialität nicht fangfrisch aus dem Meer kommt. Es handelt sich um den *bacalhau,* einen luftgetrockneten Kabeljau, zu deutsch: Klipp- oder Stockfisch. Als die Portugiesen vor fünf Jahrhunderten die Weltmeere entdeckten, erhielten sie auch die Fischfangrechte im damals reich vom Kabeljau bevölkerten Nordmeer. Die einzige Möglichkeit, diesen Fisch unverdorben in die Heimat zu schaffen, war die Lufttrocknung. So trat der *bacalhau* seinen Siegeszug an. In Nordportugal kommt er auch als Weihnachtsschmaus auf den Tisch, insgesamt soll es 365 Zubereitungsarten geben. Die wichtigsten sind *bacalhau à Gomes de Sá* (Stockfischstreifen mit Kartoffeln, gekochtem Ei und Oliven, alles mit viel Olivenöl im Ofen überbacken; der Erfinder wird mit einer Gedenktafel an der Muro dos

Bacalhoeiros in Porto geehrt), *bacalhau na brasa* (im Stück gegrillt, dazu Kartoffeln und etwas Gemüse), *bacalhau à bras* (mit Kartoffelstiften und verquirlten Eiern in der Pfanne gebraten) und *bolinhos, pasteis* oder *pataniscas de bacalhau* (Fischbällchen oder Frikadellen). Ein großes Problem für die Portugiesen, die knapp 6 kg Stockfisch pro Jahr und Person essen, ist die Überfischung des Kabeljaus, die auch die Preise mächtig in die Höhe treibt.

Frische Meeresfische, meist gekonnt gegrillt, und Tintenfische fehlen natürlich auf keiner Speisekarte in der Nähe des Atlantiks (im Einzelnen siehe Sprachführer auf S. 270). Sie werden meist mit Kartoffeln und Gemüse oder Salat garniert. Im Ganzen gegrillte Fische sind den panierten Filets fast immer vorzuziehen.

Eine erlesene Spezialität sind während der Angelsaison die Flussfische *sável* (Maifisch) und *lampreia* (Neunauge). Jedes Restaurant, das etwas auf sich hält, weist mit Schildern im Fenster darauf hin. In den Bergregionen gibt es häufig Bachforellen *(truta)*.

Fisch nach Gewicht

In einheimischen Restaurants an der Küste werden die Tiere aus dem Meer oft zum Kilopreis angeboten. Die Beilagen sind dabei im Preis inbegriffen. Für eine Vorspeise aus gekochten Garnelen rechne man etwa 100 g. Von 300 bis 400 g Fisch wird eine Person satt. Große Fische kann man sich auch teilen.

Fleisch

In Porto kommen *tripas* auf den Tisch – das sind Kutteln. *Tripas à moda do Porto* werden von weißen Bohnen, Kalbsfüßen, Speck, Würsten und Hühnchenteilen be-

Kutteln – Traditionsessen in Porto

gleitet. Ein Erfolgsrezept in Porto, doch wir müssen offen eingestehen, dass wir uns noch nicht herangewagt haben. Auf Reaktionen der geschätzten Leserschaft sind wir gespannt. Auch eher für kräftige Mägen eignen sich *rojões*, Schweinefleischstücke, die manchmal als harmloses Gulasch daherkommen, oft aber in Blutsauce gekocht und mit Blutwurst und mehligen Würsten gereicht werden. Noch deftiger ist *sarrabulho*: Fleischstücke in einer Blutsauce, vermischt mit Reis oder Maisbrei.

An großstädtisches Essen gewöhnte Reisende müssen trotzdem nicht auf einheimische Fleischspezialitäten verzichten. Ihnen seien Zicklein *(cabrito)*, Lamm *(borrego)* und in den Bergregionen Fasan *(faisão)*, Wildhase und -kaninchen *(lebre und coelho bravo)* sowie Wildschwein *(javali)* empfohlen – Gerichte, die häufig mit Kastanien verfeinert werden. Oder sie essen in Porto als Snack *francesinhas*: Fleisch, Würste und Käse werden zwischen zwei Toastbrotscheiben gepackt und in einer pikanten Sauce gereicht. Nicht verachten sollte man die aromatisch gewürzten Räucherwürste aus Schweinefleisch *(chouriço)* und das zarte Rindfleisch aus Miranda do Douro, das eine dortige autochthone Rasse von glücklichen, freilaufenden Rindern liefert.

Nachspeisen

Die Aufzählung der Nachspeisen *(sobremesa)* würde locker ein ganzes Buch füllen. Wer nichts Süßes will, fährt immer gut mit *salada de fruta* (Obstsalat) oder frischen Früchten. Aber eigentlich muss das nordportugiesische Dessert süß sein. *Toucinhos-do-céu* ist deswegen sehr beliebt. Der „Himmelsspeck", so die deutsche Übersetzung, wird im Ofen gebacken und besteht hauptsächlich aus karamellisiertem Zucker, gehackten Mandeln, viel Eigelb, weniger Eiweiß, Mehl und Zimt. *Bom apetite!*

Und wer bezahlen will, verlangt *„A conta, faz favor!"* Oder noch einen Kaffee davor?

Was trinkt man?

Neben Wasser ist *Kaffee* das Nationalgetränk, obwohl es doch die portugiesischen Seefahrer waren, die den Tee einst aus Indien nach Europa brachten. Ganz einfach *café* heißt die kleine schwarze Tasse, die zwar aussieht wie Espresso, aber nicht durch einen schärferen Röstvorgang, sondern durch die besondere Art des Aufkochens seinen kräftigen Geschmack bekommt. (Wer Espresso bestellt, wird auch verstanden!) Und wem das Tässchen zu klein ist, ordert einen *café duplo*. *Café com leite* ist ein Milchkaffee in der Tasse, halb Kaffee, halb Milch, *galão* wird aus dem Glas mit verhältnismäßig mehr Milch getrunken.

Wein

Nordportugal bringt die berühmtesten portugiesischen Weine hervor: Vinho Verde, Alvarinho, Douro- und Portwein.

Vinho Verde/Alvarinho: Viele Häuser und Felder in der ländlichen Region Minho sind weithin sichtbar von Hängereben eingefasst. Sie erreichen die beispiellose Höhe von 6 m, wenn sie an Stämmen von Ulmen oder Pappeln, Kirsch- oder Kastanienbäumen emporstreben. Hübsch anzusehen sind die Laubengänge. Im Sommer spenden sie angenehm kühlenden Schatten, doch machen sie eine Leiter zum unentbehrlichen Utensil der Weinernte. Oft liefern die Reben die rote Variante des *vinho verde,* der fast nur durch die Kehlen der Einheimischen rinnt, die den eigentümlich spröden, gerbstoffhaltigen Geschmack goutieren.

Doch die weiße Variante ist mit einer Jahresproduktion von beinahe 80 Millionen Litern der mengenmäßig wichtigste Wein Portugals. Seine Spritzigkeit findet immer mehr Anhänger. Der niedrige Alkoholgehalt um 9 % macht ihn zu einem beliebten Sommergetränk – am Strand, zum frisch gegrillten Fisch oder zum Eintopf aus Muscheln und Garnelen. *Vinho verde,* „grüner Wein", heißt er übrigens wegen seiner prickelnden Jugendlichkeit. Denn seine Jahre sind rasch gezählt, die Frische verliert sich schon nach 18 Monaten.

Hochgenuss findet der Weinliebhaber rund um die geschichtsträchtigen Kleinstädte Melgaço und Monção. Nur hier erlangt die kleinbeerige Rebsorte Alvarinho ihre vollkommene Reife und liefert eine Art *vinho verde* der höheren Qualität – dank des Bodens aus Granitporphyren und der Sonne, die noch ein paar Stunden länger scheint. Der ausschließlich aus dieser Traube gekelterte Alvarinho-Wein besitzt mit 11,5–13 % einen höheren Alkoholgehalt, gewinnt durch die Lagerung und kann fünf Jahre aufbewahrt werden. Nach traditioneller Methode in Holzfässern gekelterte Weine erreichen gar ein Alter von zehn Jahren. Etwa 70 Produzenten haben sich zur Weinstraße *Rota dos Vinhos Verdes* zusammengeschlossen, empfangen Besucher und vermieten vielfach auch Zimmer auf ihren Gütern.

Rua da Restauração 318, 4050-501 Porto, ☎ 226077300, 🖷 226077320, www.vinhoverde.pt.

Die Geschichte vom alten Weinbauern

„König der Weine" preisen die Einheimischen wenig bescheiden den Alvarinho – doch sie selber verschmähen seine Majestät, denn Weißweine mögen sie eigentlich nicht. So auch der alte Weinbauer Sr. Lima in Melgaço. Vor 25 Jahren begann er mit dem Anbau der Alvarinho-Traube. Bis dahin hatte er wie seine Nachbarn Maisfelder angelegt und diese mit Reben für den roten *vinho verde* umgrenzt. Von Kindheit an deftiges Essen gewöhnt, zu dem ein roter *vinho verde* gehört, mag er sich im Alter nicht mehr umstellen. So verkauft nun seinen weißen Alvarinho an moderne Stadtbewohner im In- und Ausland, die leichte Weißweine bevorzugen. Und er selbst besorgt sich den geliebten roten *vinho verde* beim Nachbarn.

Portwein: Die Berge erheben sich mit einer Steigung von mehr als 33 % über den Douro. Auf schmalen Terrassen finden die Weinreben ideale Wachstumsbedingungen, denn dank der schräg verlaufenden Schieferplatten können die Rebwurzeln 6–12 m tief ins Erdreich eindringen und den Weinstock von dort mit Feuchtigkeit versorgen. Zudem speichern die Schieferböden tags die Sommerhitze, um sie nachts an die Rebstöcke abzugeben.

Seinen Ruhmeszug trat der vortreffliche Wein mit hohem Alkoholgehalt 1678 an. Die britische Krone antwortete auf die Schutzzollpolitik Ludwig XIV. mit einem Importverbot für französische Weine – und die englischen Schluckspechte saßen plötzlich auf dem Trockenen. Nun schlug die Stunde für die abgeschiedene Region am Douro. In Lamego erfuhren zwei englische Reisende von den Vorzügen eines Weines, dem man während der Gärung etwas Branntwein zugab. Mit einer solchen hochprozentigen Beimischung machten forthin englische Händler den nordportugiesischen Rebensaft nicht nur seetauglich, sondern auch in aller Welt bekannt. Der Branntwein stoppt die alkoholische Gärung nach zwei bis drei Tagen, und der im Most vorhandene Restzucker ergibt den süßen Geschmack. Portwein soll sogar das englische Empire gerettet haben. Von Admiral Nelson wird kolportiert, er habe seine Gefechtstaktik für die Schlacht von Trafalgar mit Portwein auf den Tisch seiner Herrenrunde gemalt. Und ein leicht chininhaltiger Port wurde in den englischen Kolonien gerne als Malaria-Prophylaxe getrunken.

Auch das Anbaugebiet des Portweins unterhält eine Weinstraße: Rota do Vinho do Porto, Largo da Estação, 5050-237 Peso da Régua, ℡ 254324774, 🖷 254321746, www.rvp.pt.

Kleine Portweinkunde

Die Qualität eines Ports hängt von der Güte der Trauben, der Art und Dauer der Lagerung und dem Verschnitt ab. Als einfach gelten der *weiße Port,* der *Rosé-Port* (die neueste Erfindung) sowie die roten *Ruby* und *Tawny,* die nach etwa drei Jahren Lagerung auf den Markt kommen. Der weiße Port wird gekühlt als Aperitif getrunken. Ein Ruby lagert in Riesenfässern, die den Wein kaum oxidieren lassen – so behält er seine intensive rubinrote (engl. *ruby*) Farbe und sein fruchtiges Aroma. Der in kleineren Fässern reifende Tawny hat eine größere Berührungsfläche mit den Fasswänden und nimmt langsam die rötlich-braune (engl. *tawny*) Farbe des Holzes an. Mit zunehmender Reife verliert er seine Fruchtigkeit, und seine Blume erinnert an Nüsse, Dörrobst und Feigen. Man kann ihn als einfachen jungen oder als qualitativ hochwertigen alten Tawny mit einer Fassreife von 10, 20, 30 und 40 Jahren genießen. Die Altersangabe bezieht sich auf die durchschnittliche Lagerdauer aller verschnittenen Weine. Eine offene Flasche kann länger in der Hausbar stehen.

Ganz anders beim Jahrgangsport *Vintage.* Sein Entstehungsjahr schmückt das Etikett. Ein Portweinhaus darf dafür nur besondere Spitzenjahrgänge deklarieren, was etwa dreimal in einer Dekade vorkommt. Ein Jahrhundert-Vintage wurde von drei namhaften Kellereien im Jahr 1994 vermeldet.

Der Vintage wird nach zwei bis drei Jahren in Flaschen abgefüllt, in denen er sich bei geringem Sauerstoffkontakt langsam entwickelt. Jung ist er voll und fruchtig, nach 20 Jahren entwickelt er ein komplexes, edles Bukett. Die Oxidation lässt den Vintage nach Öffnung der Flasche allerdings schnell altern, sie muss zügig geleert werden. Vorher sollte man ihn jedoch dekantieren, denn während der Flaschenreifung bildet sich ein beträchtlicher Bodensatz.

Zum Schluss sei noch der *Late Bottled Vintage (L.B.V.)* erwähnt. Er entstammt einem einzigen Weinjahr und reift vier bis sechs Jahre in Fässern. Mit seiner Flaschenabfüllung ist er trinkreif und verändert seinen Charakter nicht mehr.

Dourowein: Bereits 1756 wurde die Region als abgegrenztes Weinbaugebiet für die Portweinproduktion ausgewiesen und strengen Kontrollen unterworfen – weltweit ein Novum. Etwa die Hälfte der an den Hängen des Dourotals auf 73.000 ha wachsenden Reben wird zu kräftigem, tanninhaltigem Qualitätswein verarbeitet, die andere Hälfte zu Portwein. In den letzten Jahren gab es eine deutliche Zunahme von hochwertigem Dourowein, darunter auch gute fruchtige Weißweine.

Heller Sand und blaues Meer südlich von Porto

Wissenswertes von A bis Z

Adressen

Namen fehlen an portugiesischen Haustürklingeln oder Briefkästen. An ihre Stelle treten Stockwerk und Lage der Wohnung. Das Erdgeschoss wird mit *r/c (rés-do-chão)* bezeichnet, danach werden die Stockwerke von unten nach oben durchgezählt. Die Lage der Wohnung wird jeweils aus Sicht des Treppenaufgangs mit *esq. (esquerdo* = links), *frente* (vorne) und *dto. (direito* = rechts) angegeben. Damit ein Brief ankommt, sind diese Angaben wichtiger als der Name des Empfängers. Eine Adresse könnte beispielsweise lauten:

Maria de Jesus Dias
Rua dos Sonhos, 12-5°Esq. (= Hausnummer 12, 5. Stock)
4050-253 Porto

Bei den Informationen im Buch sind die jeweiligen Hauptpostleitzahlen dem Ort zugeordnet (4050), die Untergliederung nach Ortsteilen (253) der jeweiligen Adresse.

Ärzte/Apotheken

Deutschland, Österreich und die Schweiz unterhalten Sozialversicherungsabkommen mit Portugal. Die Behandlung in den staatlichen Krankenhäusern *(hospital)* und Polikliniken *(centro de saúde)* ist bei Vorlage der von der heimischen Krankenkasse ausgestellten EU-weit gültigen *Europäischen Versichertenkarte (EHIC)*, abgesehen von einer Praxisgebühr, kostenlos. Kostenpflichtig ist die Behandlung bei Privatärzten und Privatkliniken, die aber gerade in abgelegenen Gebieten häufig die einzige Möglichkeit für schnelle Hilfe sind. Deshalb ist der Abschluss einer zusätzlichen privaten Reisekrankenversicherung ratsam.

Apotheken *(farmácias)* sind am grünen Kreuz zu erkennen und in ausreichendem Maß vorhanden. Sie helfen bei kleineren Wehwehchen und werden deshalb von den Portugiesen gerne aufgesucht, weil Arztbesuche in den Kliniken häufig mit langen Wartezeiten verbunden sind. Aushänge in den Schaufenstern und Hinweise in den Tageszeitungen informieren über Nacht- und Wochenenddienste.

Baden

Lange, feinsandige Strände ziehen sich den Atlantik entlang, teilweise durch kleine Felsen oder Steinbrocken in Buchten unterteilt. Schatten gibt es nur selten, deswegen kann man in vielen Orten bunte Strandzelte oder Sonnenschirme mieten. Das Wasser ist mit durchschnittlich 14–20 °C je nach Jahreszeit eher kühl. Die Strände sind nicht so überlaufen wie andernorts im südlichen Europa – außer im Hochsommer hat man sie fast für sich alleine –, und es gibt ein großes Sportangebot: vom Beach-Volleyball bis zum Surfen. Wer ins Meer will, sollte bewachte Strandabschnitte bevorzugen, denn selbst unter scheinbar ruhiger Wasseroberfläche können sich tückische Strömungen bilden. Eine grüne Flagge zeigt an, dass keine Gefahren lauern, die gelbe Flagge mahnt zur Vorsicht, rote Flagge heißt Badeverbot. Obenohne-Baden ist in Nordportugal nicht üblich, wird aber geduldet.

Die schönsten Strände: Für junge Leute, die Fun suchen, eignen sich die Strände von Espinho (auch zum Surfen). Ruhiger, aber nicht weniger schön zeigt sich die Küste südlich und nördlich von Espinho. Gute touristische Infrastruktur besitzt auch der Strand von Ofir, empfehlenswert sind die Strände der benachbarten Orte Esposende und Apúlia. Wie diese sind auch alle Sandstrände rund um Viana do Castelo mit der Blauen Flagge für sauberes Wasser ausgezeichnet, die angrenzende Bergkette Serra de Arga schützt vor kühlen Ostwinden. An der Grenze zu Galicien sorgt der lange Sandstrand von Moledo, von Pinienwäldern gesäumt, für besondere Badefreuden.

Menschen mit Handicap

Portugal hat in jüngster Vergangenheit große Anstrengungen unternommen, um nach und nach eine behindertengerechte Bauweise einzuführen. Durchgreifende Erfolge lassen zwar noch auf sich warten, aber erste positive Ergebnisse sind zu sehen. So werden öffentliche Gebäude zunehmend barrierefrei, ebenso bieten zumindest neu erbaute Hotels behindertengerecht ausgestattete Zimmer an. Nähere Informationen erteilt in englischer Sprache das Spezialreiseunternehmen Accessible Portugal (www.accessibleportugal.com).

Cartão Jovem

Die Jugendkarte gewährt Ermäßigungen für unter 29-Jährige in vielen Museen, Kinos und bei Zug- und Busfahrten. Sie ist ein Jahr gültig und dient zusätzlich als Jugendherbergsausweis. Kaufen kann man sie für 10 € in den Jugendinstituten (IPJ) und Postämtern aller größeren Städte und in der Lissabonner Jugendherbergszentrale Movijovem (http://microsites.juventude.gov.pt/Portal/CartaoJovem/). Pass bzw. Ausweis und Lichtbild mitbringen.

Diplomatische Vertretungen

Deutschland und Österreich unterhalten Konsulate in Porto, die Schweiz in der Nähe. An beide Institutionen kann man sich in Notfällen wenden, insbesondere wenn Ausweispapiere abhanden gekommen oder gestohlen wurden. Die Konsulate erteilen auch Auskunft über deutschsprachige Ärzte und Rechtsanwälte.

Deutschland: Av. Sidónia Pais 379, ✆ 226108122, ✇ 226003789, Mo–Fr 9–12 Uhr (Termine nach tel. Vereinbarung).

Österreich: Praça Bom Sucesso, Ed. Peninsula, Sala 803, ✆ 226053000, ✇ 226053002, Mo–Fr 9.30–12.30 Uhr.

Schweiz: Rua Ofélia da Cruz Costa, 882-2° dto, 4455-137 Lavra, ✆/✇ 229967923 (Termin telefonisch vereinbaren).

Einkaufen/Souvenirs

Supermärkte/Einkaufszentren: In allen, selbst den kleinen Städten gibt es Supermärkte. Die Läden der Kette *Pingo Doce* haben täglich (inkl. Sonntag) geöffnet und führen auch höherwertige Lebensmittel, *Minipreço* ist ein zur spanischen Dia-Kette gehörender Discounter (teilweise Sonntag geschlossen). In den Einkaufszentren rund um die großen Städte finden sich riesige *hipermercados,* die täglich geöffnet sind, oft bis 22 oder sogar 24 Uhr. Wer auf Deutsches steht, findet dieses beim weitverbreiteten Discounter *Lidl.* Frischwaren, Brot und Wein sind generell günstiger als in Mitteleuropa, alle Milchprodukte inkl. Schokolade verhältnismäßig teuer.

Märkte/Tante-Emma-Läden: Fast jeder Stadtteil und jedes Dorf besitzt seine Markthalle. Die Preise sind oft nicht günstiger als in den Supermärkten, aber Obst, Gemüse und Fleisch stammen meist aus regionaler Produktion und die Fische noch von der eigenen Küste. Um den Preis wird üblicherweise nicht gefeilscht. Zwar leiden die Tante-Emma-Läden sehr unter der übermächtigen Konkurrenz von Lidl & Co., aber es gibt sie noch zahlreich. Und ihre Frischwaren sind qualitativ vielfach sogar besser und günstiger als auf den Märkten.

Souvenirs/Kunsthandwerk: Traditionelles Kunsthandwerk findet man auf Kunsthandwerksmessen, Wochenmärkten und in Fachgeschäften. Je nach Region wird geschneidert, gehäkelt, ge-

Sanfter Engel aus hartem Stein: Granit-Bildhauer bei der Arbeit

klöppelt, geflochten, geschmiedet oder geschreinert (Näheres im Reiseteil bei den jeweiligen Orten). Günstig sind Lederwaren, Kleidung und Goldschmuck. Als praktische Mitbringsel eignen sich aber auch Wein, Portwein, das hochwertige nordportugiesische Olivenöl und geräucherte Wurstwaren.

Preiswerte Schuhe aus der Fabrik

Noch Anfang des Jahrtausends exportierte Portugal jährlich über 12 Mio. Paar Schuhe alleine nach Deutschland, zahlreiche bekannte Markenhersteller ließen in Nordportugal produzieren. Doch viele Schuhfabriken sind inzwischen geschlossen, da sich in Asien billiger fertigen lässt. Und die verbliebenen verkaufen auch direkt zu sehr günstigen Preisen (teilweise mit leichten Fehlern). Da sie in Industriegebieten liegen, sind sie manchmal nicht leicht zu finden, auch sollte man wegen der Öffnungszeiten vorher anrufen. Dafür kann man sich dann über das eine oder andere Schnäppchen freuen.

Gabor, Quintão, Silveiros, ✆ 252961935; von Barcelos auf der N 103 Richtung Braga, bei Ponte Nova Abzweig Richtung Vila Nova de Famalicão.

Mephisto, Zona Industrial, S. Romão, Neiva, ✆ 258350460, ca. 10 km südl. von Viana do Castelo auf der IC 1, bei der Ausfahrt Zona Industrial abfahren.

Einreisebestimmungen

Portugal gehört zu den Schengen-Ländern, zur Einreise genügen Personalausweis oder Reisepass. An den Grenzen sind die Kontrollen entfallen. Bei Einreise mit dem eigenen Auto muss man den Kfz-Schein mitführen, die grüne Versicherungskarte ist empfehlenswert. Der Pkw muss auf den Fahrer zugelassen sein, ansonsten ist eine beglaubigte Vollmacht des Besitzers erforderlich. Automobilclubs haben entsprechende Formulare.

Elektrizität

Die Spannung beträgt 220 V mit einer Frequenz von 50 Hertz. Üblich sind Eurosteckdosen ohne Schutzleiter, in die alle gängigen deutschen Stecker passen.

Feiertage

Seit 2013 und mindestens bis 2016 fallen vier portugiesische Feiertage der Sparpolitik zum Opfer, darunter Fronleichnam und Allerheiligen.

1. Januar: Neujahr

Faschingsdienstag (regional)

Karfreitag

Ostersonntag

25. April: *Dia da Liberdade*, Erinnerung an die Nelkenrevolution von 1974

1. Mai: Tag der Arbeit

Pfingstsonntag

10. Juni: *Dia de Portugal*, Todestag des Nationaldichters Luis de Camões

15. August: Mariä Himmelfahrt

8. Dezember: Mariä Empfängnis

25. Dezember: Weihnachten

Zusätzlich gibt es die örtlichen Feiertage zu Ehren der Stadtheiligen, meist während der Sommermonate.

Stolz zeigen die Frauen ihren Goldschmuck beim Stadtfest in Viana do Castelo

Feste

Fast jeder Ort feiert sein eigenes Fest, meist mit jahrhundertelanger Tradition und religiösem Hintergrund. Sie sind im Informationsteil zu den jeweiligen Städten und Dörfern aufgeführt. An den Festtagen sind Hotelzimmer rar und sollten unbedingt vorher reserviert werden. Die festlichen Highlights sind:

Braga: Semana Santa, Osterwoche

Monção: Festa da Coca, Fronleichnam

Porto: Festas da Cidade, 13.–29. Juni

Esposende: Romaria de São Bartolomeu do Mar, 24. August

Viana do Castelo: Romaria da Senhora da Agonia, Ende August

Lamego: Romaria da Nossa Senhora dos Remédios, August/September

Vila Nova de Cerveira: Kunstbiennale, alle zwei Jahre im August/September

Fotografieren

Fotomaterial und Batterien sind in Portugal teuer, sollten also mitgebracht werden.

Frauen

Allein reisende Frauen treffen in großen Städten und der Küstenregion auf wenig Schwierigkeiten oder Anmache. Auch wenn die portugiesischen Männer nicht zuletzt aufgrund der katholisch-patriarchalischen Erziehung zum Machotum tendieren, so sind sie Fremden gegenüber eher zurückhaltend und üben ihre Herrschaftsrolle eher innerhalb der Familien aus. Etwa 77 % der Mütter sind erwerbstätig (Stand 2012), während nur 6 % der Männer die Wohnung putzen und nur etwa ein Fünftel ihre Kinder versorgen. In den rückständigen ländlichen Gebieten stoßen allein reisende Frauen hin und wieder auf Unverständnis, was allerdings keine negativen praktischen Konsequenzen hat.

Geld

In Portugal gilt der Euro. Bankautomaten *(Multibanco),* an denen mit EC-/Maestro-Karte Bargeld abgehoben werden kann, sind weit verbreitet, auch an Tankstellen, in Supermärkten oder Einkaufszentren. Bei Verwendung einer nichtportugiesischen Scheckkarte erscheinen die Angaben auf dem Display automatisch in englischer Sprache. In fast allen Geschäften, Hotels und Restaurants kann mit Kreditkarte bargeldlos gezahlt werden.

Bei Verlust der Scheckkarte: 0049-116116 lautet die Telefonnummer des Zentralen Sperrannahmedienstes, der sofort unterrichtet werden muss.

Information

Turismo de Portugal, die portugiesische Tourismusamt, ist unter folgender Adresse zu erreichen: Zimmerstr. 56, 10117 Berlin, ✆ (0)30-2541060. Eigenständige Ämter in Österreich und der Schweiz gibt es nicht mehr. www.visitportugal.com (auch in Deutsch, sehr informativ).

Vor Ort sind die Tourismusämter in den letzten Jahren wie Pilze aus dem Boden geschossen. Meist wird man selbst in kleinen Orten sehr freundlich und kompetent beraten. Allerdings dürfen die Angestellten keine eigenen Tipps zu Hotels und Restaurants geben und haben auch keine Infos zu den Nachbargemeinden. Die Adressen der sogenannten *Turismos* sind im Reiseteil des Buches unter den jeweiligen Orten aufgeführt. Die angegebenen Öffnungszeiten müssen als Richtwert verstanden werden, da sie sich teilweise wöchentlich ändern.

Internet

Kostenlose *Wifi-Hotspots* sind weit verbreitet, sowohl in Hotels und Restaurants als auch in Parks und anderen öffentlichen Einrichtungen. Zudem verfügen alle größeren Ortschaften über *Espaços Internet,* in denen kostenlos gesurft werden kann.

Karten

In allen Tourismusämtern gibt es kostenlose Stadtpläne. Als Autokarte ist die Karte Michelin Regional Portugal 591 (Norden) zu empfehlen, die ganz Nordportugal abdeckt. Wanderkarten gibt es keine, als Ersatz können Militärkarten im Maßstab 1:25.000 dienen, die zum Preis von etwa 5,20 € bezogen werden können über: Instituto Geográfico do Exército, Av. Dr. Alfredo Bensáude, 1849-014 Lisboa, ✆ 218505300, ✉ 218532119, www.igeoe.pt.

Kinder

Kinder sind gern gesehene Gäste. In Restaurants gibt es kindgerechte Sitze, die am Tisch befestigt werden. Kinderbetten in Hotels sind oft kostenlos oder zumindest mit großem Nachlass verfügbar.

Kleidung

Gerade in den grünen Berglandschaften kann es auch im Sommer kühl werden und ein Regenschauer vom Himmel fallen, sodass das ganze Jahr über zusätzlich zum Sonnenhut auch Regenschirm und wärmere Kleidung ins Reisegepäck gehören. Was die Kleidungskonventionen anbelangt, gibt es eigentlich nur Selbstverständ-

Vorsicht mit offenem Feuer: Die Waldbrandgefahr ist allgegenwärtig

lichkeiten zu berichten: Man sollte seinen braun gebrannten, mehr oder minder muskelbepackten Oberkörper nur am Strand oder Pool vorzeigen, Restaurants in langen Hosen bzw. Röcken oder Kleidern betreten und in Kirchen generell auf angemessenes Auftreten achten, um die Gläubigen nicht in ihrer Andacht zu stören.

Klima und Reisezeit

Ausgeprägtes Atlantikklima sorgt entlang der Küste für ausgeglichene Temperaturen. Allerdings wehen häufig recht kühle Winde vom Meer her, und auch im Sommer kann es durchaus regnen oder neblig sein. Je weiter man ins Landesinnere kommt, desto stärker werden kontinentale Wettereinflüsse. Die Sommer sind heißer und trockener, die Winter kälter und feuchter. Die Wassertemperaturen schwanken zwischen 14 °C im Winter und 20 °C im Sommer und Frühherbst.

Höchst-/Tiefsttemperaturen in °C			
	Jan.–März	April–Juni	Juli–Sept.	Okt.–Dez.
Porto	15/7	20/11	23/14	17/8
Bragança	10/2	19/8	28/13	12/4

Lesben und Schwule

Die eigentlich toleranten Portugiesen waren lange Zeit, auch geprägt durch Diktatur und katholische Kirche, wenig aufgeschlossen, was gleichgeschlechtliche Lebensweisen anbelangt. Das hat sich in letzter Zeit im Verhalten v. a. junger Menschen grundlegend verbessert. Inzwischen gehört Portugal zu den wenigen Ländern, die die Homo-Ehe gesetzlich eingeführt haben. Auch die Tourismusindustrie hat Lesben und Schwule als Zielgruppe entdeckt und arbeitet bei der Ausarbeitung spezieller Angebote mit den Interessenverbänden zusammen.

Infos bei PortugalGay.PT, Apartado (Postfach) 4705, 4012-001 Porto, ✆ 800206919 (kostenlos), www.portugalgay.com.

Notfall

Telefonnummern der Polizeistationen sowie der wichtigsten Krankenhäuser sind in den jeweiligen Ortskapiteln aufgeführt. Die allgemeine Notrufnummer (auch bei Waldbränden) ist ✆ 112 (kostenlos), bei Vergiftungen wählt man ✆ 808250143.

Öffnungszeiten

In Nordportugal gibt es keine ausgedehnte Siesta wie beim spanischen Nachbarn. Geschäfte haben in der Regel Mo–Sa von 10 bis 19 Uhr geöffnet, teilweise mit ein- bis zweistündiger Mittagspause. Tante-Emma-Läden und Supermärkte sind länger offen, Letztere wie auch die Einkaufszentren häufig auch am Sonntag. Restaurants servieren die Mahlzeiten zwischen 12 und 14.30 und von 19.30 bis 22.30 Uhr, in den großen Städten auch länger. Banken haben Mo–Fr von 8.30 oder 9 bis 15 Uhr, die Postämter Mo–Fr von 9–18 Uhr auf, in kleinen Dörfern nicht ganz so lang. Die meisten Tankstellen sind auch am Wochenende geöffnet. Museen und eintrittspflichtige Baudenkmäler sind häufig montags geschlossen.

Post

Die Postämter von *CTT Correios de Portugal* sind signalrot. Normalpost auch ins Ausland kommt in die roten Briefkästen *(correio normal),* nur die Eilpost in die blau bemalten *(correio azul).* Ein Normalbrief innerhalb Europas braucht etwa zwei bis fünf Tage, ein Eilbrief durchschnittlich zwei Tage. Auf dem Briefumschlag sollte das Zielland mit *Alemanha, Austria* oder *Suiça* angegeben werden. Das Porto entspricht in etwa dem im restlichen Europa, Postkarten und Briefe kosten dasselbe (Anfang 2014: 0,70 € für Normalbrief/Postkarte bis 20 g). Briefmarken erhält man an roten Münzautomaten und in den Postämtern, selten auch an Kiosken. In Postämtern muss man am Eingang eine Nummer *(senha)* am Automaten ziehen und wird dann über eine Leuchtanzeige an den Schalter dirigiert.

Reklamationen

In jeder öffentlichen Einrichtung, in allen Hotels, Restaurants, Discos oder Campingplätzen gibt es ein Beschwerdebuch *(livro de reclamações),* in das Beanstandungen auch in Englisch eingetragen werden können. Da das Buch von staatlichen Stellen regelmäßig kontrolliert wird, kann häufig schon die Frage nach dem Beschwerdebuch ein Problem beseitigen. Allerdings sollte man auch nur in wirklich gravierenden Fällen danach verlangen.

Telefonieren

Die internationalen Vorwahlen lauten: Portugal 00351, Deutschland 0049, Österreich 0043, Schweiz 0041.

Die portugiesischen Telefonnummern bestehen aus neun Ziffern, es gibt keine Vorwahl. Festnetzanschlüsse beginnen mit 2, Handy-Nummern mit 9. Die Gebühren sind deutlich höher als in Deutschland, in Hotels muss mit 0,25 bis 0,30 € pro Einheit gerechnet werden. Öffentliche Telefonzellen sind weit verbreitet. Sie sind nur teilweise mit Münzen, meist mit verschiedenen Telefonkarten *(cartão telefónico)* zu benutzen, die man an Zeitschriftenkiosken ab 5 € erwerben kann.

In Portugal gibt es drei Handy-Netzbetreiber: Optimus, TMN und Vodafone. Es ist empfehlenswert, sich schon vor der Abreise den günstigsten Anbieter nennen zu lassen. Wer eine portugiesische Nummer von seinem Handy aus anruft, muss die Landesvorwahl 00351 mitwählen.

Toiletten

Frauen gehen auf die mit „S" (= senhoras) gekennzeichneten Toiletten (casa de banho), Männer richten sich nach dem „H" (= homens). Im Normalfall sind die Klos, auch die öffentlichen, überraschend sauber, nur in sehr einfachen Cafés oder Restaurants bestätigen Ausnahmen manchmal die Regel.

Trinkgeld

Die Höhe des Trinkgeldes richtet sich natürlich nach der Zufriedenheit, 5–10 % sind der Richtwert. In Restaurants lässt man sich das Wechselgeld zurückbringen und das Trinkgeld auf dem Tisch liegen. In Taxis rundet man auf. Selbst ernannten Parkwächtern in den Innenstädten sollte man sicherheitshalber mindestens 0,50 € geben.

Wasser

Das Leitungswasser ist trinkbar, wird aber in den meisten Hotels stark gechlort. Dann sind die Quellwasser zu bevorzugen, die in Lebensmittelläden in Plastikflaschen zu 1,5 oder 5 Litern verkauft werden. Zum Zähneputzen, Salatwaschen u. Ä. ist das Leitungswasser problemlos verwendbar.

Zeit

Es gibt Winter- und Sommerzeit, doch sind die Uhren immer eine Stunde gegenüber Mitteleuropa zurückgestellt. Wer auf die Tagesschau auch im Urlaub nicht verzichten mag, muss also schon um 19 Uhr Fernseher, Tablet oder das Smartphone anstellen.

Zeitungen/Zeitschriften

Die meisten größeren Kioske führen deutschsprachige Zeitungen, in Porto und der näheren Umgebung vom gleichen Tag. Selbst in abgelegenen Gebieten findet man deutsche Presse. Die wichtigste nordportugiesische Zeitung heißt Jornal de Notícias und enthält auch Veranstaltungshinweise und das tagesaktuelle Kulturprogramm für die wichtigsten Städte der Region. In der Wochenzeitung Espresso (erscheint samstags) gibt es einen Wochenüberblick, der aber auf Lissabon konzentriert ist. Time Out Porto erscheint monatlich und veröffentlicht auch Veranstaltungshinweise für Braga und Guimarães.

Zoll

Waren zum eigenen Verbrauch dürfen innerhalb der EU unbegrenzt mitgeführt werden. Wie hoch der persönliche Bedarf ist, wird durch europäische Richtlinien festgelegt: 800 Zigaretten, 200 Zigarren oder 1 kg Tabak. Dazu 10 l Spirituosen, 20 l „Zwischenprodukte" wie Portwein, 90 l Wein oder 110 l Bier. Nicht-EU-Bürgern wie den Schweizern wird ein viel geringerer Eigenbedarf unterstellt: 200 Zigaretten, 1 l Branntwein oder 2 l Wein.

Aufstieg in Richtung Himmel: die Wallfahrtskapelle Bom Jesus

Praça São Tiago in Guimarães

Reiseziele in Nordportugal

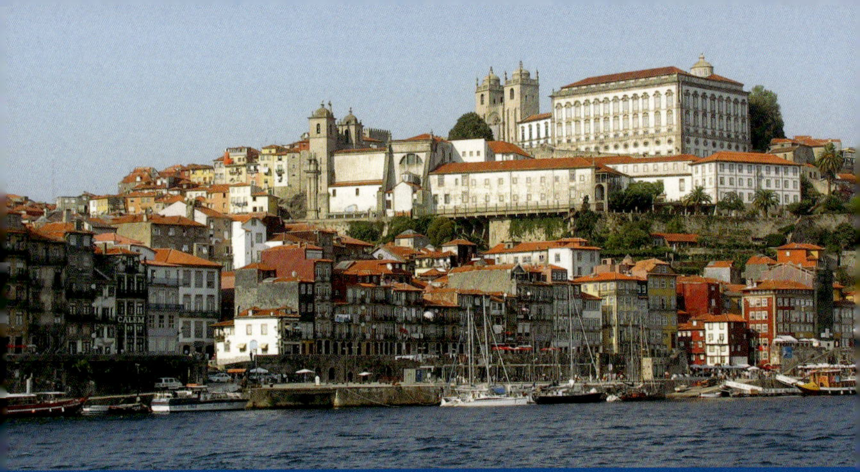

Der Bischofssitz krönt Portos Altstadt

Großraum Porto

Mittelpunkt der Kultur, Fußballhochburg, wichtigster Industriestandort, Zentrum des Handels – in und um Porto schlägt das Herz des Nordens.

In der romantischen *Altstadt Portos* wurde in den letzten Jahren viel in die bauliche Sanierung und kulturelle Aufwertung investiert, vieles fehlt aber noch. Am gegenüberliegenden Ufer des Douro sind in *Vila Nova de Gaia* die Portweinkellereien zu besichtigen. Nur wenig weiter südlich breiten sich einige der schönsten Atlantikstrände aus. Den Höhepunkt des mondänen Badetourismus bildet *Espinho,* wo sich seit hundert Jahren trifft, wer jung ist oder aus anderem Grund zur Szene gehören will; entsprechend vielfältig ist das Angebot in der Kasino-Stadt. Und direkt am Meer gerät man über einem Teller mit Garnelen als Vorspeise zu einem lecker gegrillten Fisch schnell ins Träumen. Stiller zeigt sich das Landesinnere, doch selbst im mittelalterlichen *Santa Maria da Feira* hat sich mit dem *Visionarium* ein ultramodernes Wissenschaftsmuseen etabliert. Nördlich von Porto ziehen sich die Strände bis zum reich mit historischen und volkskundlichen Schätzen gesegneten *Vila do Conde* und nach *Póvoa de Varzim,* dem ein Kasino zu einigem Aufschwung, aber zu noch mehr Hochhäusern verholfen hat.

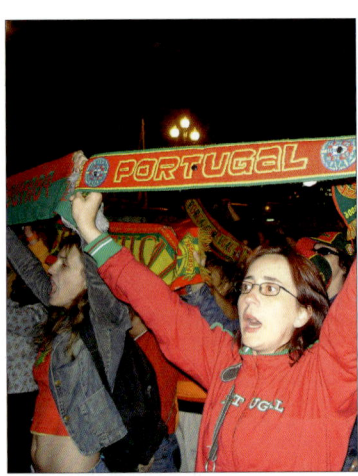

Fußballverrücktes Portugal

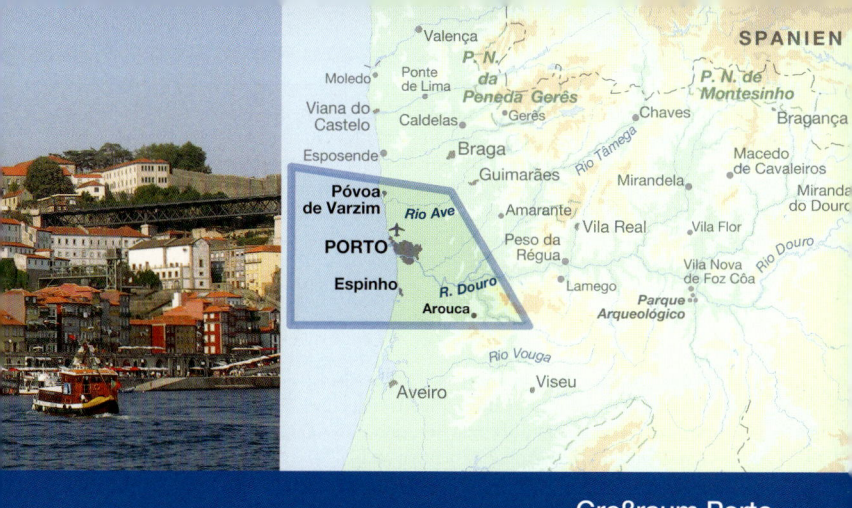

Porto

ca. 240.000 Einwohner

Malerisch zieht sich die Altstadt terrassenförmig die Hügel über dem Douro-Fluss hinauf. Die Straßen, Plätze und imposanten Bauwerke zählen in ihrer Gesamtheit zum Welterbe der Menschheit. Das der Stadt im 19. Jahrhundert verliehene Attribut „invicta" steht bis heute für das Selbstverständnis der Portuenser: nie besiegt und unbesiegbar. Das moderne Porto glänzt mit einem Kultur- und Nachtleben, das sogar Lissabon in den Schatten stellt.

Porto ist die Hauptstadt eines dynamischen, wenn auch von der Krise besonders hart getroffenen Wirtschaftsraumes, viele Fabriken und ein bedeutender Frachthafen umgeben die Stadt. „In Porto wird das Geld verdient, in Lissabon wird es ausgegeben", sagt man. Immer Lissabon, ein wenig schmerzt es doch, dass man meist nur an zweiter Stelle genannt wird. Und das vollkommen zu Unrecht. Nicht nur, dass Porto das landesweit bedeutendste Museum für moderne Kunst und den besseren Fußballverein hat. Es fasziniert zudem mit einer lebendigen Stadtkultur, einem barocken Kirchenschatz und mondänen Badebuchten, zu denen eine historische Straßenbahn hinausgondelt. Den tief in den Schiefer eingeschnittenen Douro überspannen gewagte Brückenkonstruktionen aus Eisen, die u. a. Gustave Eiffel einst plante. Aufgeputzte Portweinbarkassen schaukeln sanft in den Fluten.

Die eng verschachtelte Altstadt lässt Porto direkt am Ufer in einem bunt getupften Farbkleid fröhlich und mediterran-südländisch erscheinen. Weiter oben, dort, wo der barocke Bischofspalast die Häuser überragt und sich der schlanke Turm der wuchtigen Clérigos-Kirche wie ein mahnender Zeigefinger erhebt, erscheint die Stadt in ihrem granitenen Kleid dagegen fast ein wenig nordisch. Die historischen Parallelen zu nordeuropäischen Hansestädten und italienischen Metropolen des Mittelalters zeigen sich in der erfolgreichen Gegenwehr des Bürgertums gegen Adel und Königshaus. Denn stolz und rebellisch waren die Portuenser schon immer.

Eng sind die Handelsbeziehungen mit den Engländern, die den Portwein lieben und sich vielleicht auch wegen des oft feuchten Wetters in der Stadt so heimisch fühlen. Bis heute kommt der rege Geschäftssinn in einer unübersehbaren Zahl von sympathisch gestrig gebliebenen Fachgeschäften zum Ausdruck, in denen jeder Wunsch erfüllt wird. Solch vornehme Handelstätigkeit hat Tradition in der alten Stadt. Schon die Römer nannten die Ansiedlung *Porto Cale*, „schöner Hafen". Inzwischen heißt ein ganzes Land Portugal.

Porto ist Spitze

Wie Drachen kämpfen sie um jeden Sieg, selbst gegen scheinbar übermächtige Gegner. Gemeint sind die Fußballspieler des FC Porto, die dem Wappentier des Vereins alle Ehre machen und einer ganzen Region zu Selbstbewusstsein und Stolz verhelfen. Portugiesischer Serienmeister, 1987 gar Europapokalsieger gegen Bayern München. Jeder Fußballfan – zumindest jeder jenseits der 45 – wird sich an das Hackentor des Algeriers Madjer erinnern, ein Jahrhunderttor. Und es kam noch besser. 2003: UEFA-Pokalsieger. 2004: Auf Schalke fegte man den AS Monaco mit 3:0 vom Platz und war plötzlich Sieger der Champions League – bester Verein Europas! Der Gewinn des Weltpokals war dann das Sahnehäubchen. 2011 folgte in einem rein nordportugiesischen Endspiel gegen Braga der Gewinn der Europa League. Der Präsident jubelte. Den Club führt er wie ein Alleinherrscher, was ihn trotz Bestechungs- und Liebesaffären zum heimlichen König Portos gemacht hat. Denn mit ihm feiern die Stadt und mehr als 100.000 Vereinsmitglieder in aller Welt. Internetfans in Deutschland gestalten gar eine eigene Website in Deutsch: Unter *www.fcporto.de* kann man alle wichtigen Informationen brandaktuell abrufen – auch über das neue Stadion, ein weiterer Grund für den Stolz der Stadt. Für 97,7 Mio. Euro wurde es vom Stararchitekten Manuel Salgado anlässlich der Fußballeuropameisterschaft 2004 entworfen. Als Schmuckstück gilt es auch dank seines transparenten Dachs, für das 280 Tonnen Stahl verbaut wurden.

Stadtgeschichte

Porto war zu allen Zeiten eine bedeutende Hafenstadt. Glas- und Keramikfunde aus Nordfrankreich und dem östlichen Mittelmeer bezeugen, dass enge Handelsbeziehungen dorthin bereits vor mehr als 2000 Jahren bestanden. Die Römer eroberten 74 v. Chr. die damals von den Kelten *Cale* genannte Stadt und siedelten sich hoch oben auf dem Granithügel Pena Ventosa an. Archäologische Funde belegen weitere römische Siedlungen am Flussufer, im östlichen Campanhã und an der Douro-Mündung. Im 5. Jh. beendeten die germanischen Sueben die römische Herrschaft. Porto wurde frühchristlicher Bischofssitz. Im folgenden Jahrhundert fielen die Westgoten ein, die 716 von den Mauren vertrieben wurden, die in wenigen Jahren fast die gesamte Iberische Halbinsel eroberten. In Porto mussten sich die islamischen Machthaber zwar 868 den Truppen des asturischen Ritters Vímara Peres geschlagen geben, konnten aber bald erfolgreich zurückschlagen und die wieder eingenommene Stadt schließlich bis 997 halten. Unter Afonso IV., König von Leon, stabilisierte sich danach die christliche Herrschaft. Seiner Tochter Teresa übertrug er die Ländereien südlich des Minho als Lehen.

Einst Festung gegen Piraten: Castelo do Queijo vor Porto

Bald darauf wurde das Gebiet *Condado Portucalense,* Grafschaft Portugal, genannt. Hauptstadt war Porto.

Dona Teresa legte 1120 den Grundstein für die romanische Kathedrale und übertrug dem Bischof Dom Hugo die Stadtregierung, ein Vorrecht, das die hiesigen Bischöfe bis Anfang des 15. Jh. behalten sollten. Ihr Sohn Afonso Henriques proklamierte 1128 ein unabhängiges Königreich Portugal und startete ab 1130 vom Hafen Portos aus seine Feldzüge zur militärischen Einnahme des noch von den Mauren besetzten Südens. 1147 machte eine international besetzte, riesige Kreuzfahrerflotte Zwischenstation auf ihrem Weg nach Jerusalem. Durch eine flammende Rede des Bischofs von Porto, Pedro Pitões, zur besseren Verständlichkeit auf Latein gehalten und effektvoll inszeniert vor der Baustelle der romanischen Kathedrale, wurde sie zur Teilnahme an der Erstürmung Lissabons motiviert, die nach viermonatiger Belagerung gelang.

Portos Hafen zählte bis ins 15. Jh. zu den bedeutendsten Europas und führte die Stadt zu wirtschaftlicher Blüte, lag er doch am wichtigen atlantischen Handelsweg von England und Flandern ins Mittelmeer. Die engen Handelsbeziehungen mit England fanden ihre Fortsetzung in einem militärischen Beistandspakt *(Tratado de Windsor),* der sich in der Abwehr von spanischen Übergriffen bewährte. Wie damals üblich, wurden solche Allianzen mit einer gezielten Heiratspolitik gefestigt, und so überrascht es nicht weiter, dass gerade in Porto im Jahre 1387 die Hochzeit des portugiesischen Königs João I. mit dem englischen Adelsfräulein Filipa von Lencastre, Enkelin des englischen Königs Eduard III., ausgerichtet wurde. Aus ihrer kinderreichen Ehe ging auch der in Porto geborene Sohn Heinrich hervor, der die Geschicke des ganzen Landes maßgeblich beeinflussen sollte. Er wurde zum geistigen Mentor und finanziellen Förderer der portugiesischen Entdeckungsfahrten und schuf damit die Grundlagen des portugiesischen Weltreichs. Ungeachtet seines Beinamens „der Seefahrer" unternahm er selbst nur eine einzige Seefahrt, als er

1415 von Porto aus die erste maritime Expedition Portugals nach Ceuta ausrichtete. Angeblich kamen die Bewohner Portos in dieser Zeit zu ihrem Spitznamen *tripeiros* (= Kuttelfresser), denn um die riesige Flotte ausreichend mit Proviant zu versorgen, lieferten sie dem König all ihre Fleischvorräte und begnügten sich selbst mit den verderblichen Innereien. Im Zeitalter der Entdeckungsfahrten sorgte der Bau von Überseeschiffen auf Portos Werften für Wohlstand in der Stadt.

Der Beziehungen zu England bekamen mit dem zunehmenden Export von Portwein im 17. und 18. Jh. eine neue Qualität. 1703 wurde im *Methuen-Vertrag* dessen steuerbegünstigte Einfuhr nach England festgeschrieben, das im Gegenzug zollfrei seine Wollstoffe nach Portugal exportieren durfte. Das Portweingeschäft wurde so lukrativ, dass Engländer (und mit ihnen auch Holländer und Deutsche) nun selbst Portweinfirmen gründeten.

Die enge Verbindung zu England wurde Porto Anfang des 19. Jh. aber auch zum Verhängnis, als es gleich dreimal von französischen Truppen eingenommen wurde – als Strafaktion dafür, sich nicht an der von Napoleon gegen England verhängten Kontinentalsperre beteiligt zu haben. Bei dem Versuch, sich auf der anderen Douro-Seite in Sicherheit zu bringen, fanden am 29. März 1809 mehrere hundert Menschen den Tod in den Fluten, als die fragile Schiffbrücke einbrach. Immerhin übernahmen danach aber englische Soldaten die Vertreibung der Besatzer.

In der weltoffenen Handelsstadt Porto waren es von Anbeginn die selbstbewussten Bürger, die der bischöflichen oder königlichen Obrigkeit die Stirn boten. Adlige wurden im Mittelalter nur als kurzzeitige Besucher toleriert, damit sie nicht die städtische Ordnung stören und die Bewohner in Unruhe versetzen konnten. Erst nach 1509 wurde es ihnen gestattet, sich länger als drei Tage in der Stadt aufzuhalten und eigene Paläste zu errichten. Letzteres galt auch für den König, der sich meist beim Bischof einquartierte. Erst im 18. Jh. wurde eine königliche Residenz gebaut. Diese bürgerliche Hegemonie sorgte für Offenheit gegenüber liberalem Ge-

Portos Prachtmeile: Avenida dos Aliados

dankengut. Dessen Verbreitung machte Porto zur Vorkämpferin des freiheitlichen Verfassungsstaats, denn hier begann 1820 die liberale Revolution ihren Siegeszug. Im Bürgerkrieg von 1822 bis 1834 schlugen sich die Einwohner auf die Seite Dom Pedros, der für den Konstitutionalismus eintrat, und ertrugen über ein Jahr heroisch die fürchterliche Belagerung durch dessen absolutistischen Bruder Miguel (1832/33), während der die Stadt in Schutt und Asche gelegt wurde und unter Epidemien und Entbehrungen litt. Endlich siegte der neue König Pedro und vermachte der Stadt zum Dank sein Herz, das tatsächlich hier begraben wurde.

Art Deco in der Buchhandlung Lello

Auch in der Folge ging man immer wieder auf die Straße: für die liberale Verfassung (1836), gegen überhöhte, von Lissabon verordnete Verbrauchssteuern (1868) oder gegen ein unfähiges Königshaus (1891) – bereits 19 Jahre vor der endgültigen Abschaffung der Monarchie in Portugal. Und nur wenige Monate nach dem Rechtsputsch von 1926 wehrte sich der rebellische Geist Portos gegen die heraufziehende Diktatur Salazars, vermochte diese jedoch nicht mehr zu verhindern.

Orientierung in der Stadt

Die zentrale, von Verkehr umtoste, zugleich mit Wasserspielen hübsch gestaltete *Avenida dos Aliados* ist für eine erste Orientierung sehr hilfreich. Im Norden wird sie vom wuchtigen Rathaus überragt, im Süden geht sie in die Praça da Liberdade über, die vom Standbild des liberalen Königs Pedro IV. beherrscht wird. Östlich liegen das Geschäfts- und Einkaufszentrum *Baixa* und die zentrale Shoppingmeile *Rua de Santa Catarina.* Rund um diese Fußgängerzone sowie angrenzend an die Markthalle des Mercado Bolhão lockt ein faszinierender Mix aus modernen und traditionellen Geschäften. Manch eines versteckt sich hinter einer zauberhaften Jugendstilfassade. Hier findet man alte Cafés und jüngere Pastelarias, in denen das faszinierende Ritual der Kaffeehausdebatten *(tertúlias)* noch nicht ganz verschwunden ist. Denn nicht zuletzt ist die Baixa mit dem Stadttheater Rivoli, dem Nationaltheater São João, dem Alternativzentrum Maus Hábitos und dem legendären Konzertsaal Coliseu auch ein Ort der Kultur.

Auf dem westlichen Stadthügel erstreckt sich rund um den gleichnamigen Park das *Cordoaria-Viertel* mit der alten Universität, die diesem Stadtteil ihren Stempel aufdrückt. Zahlreiche Buchhandlungen und Antiquariate, Kunstgalerien und traditionsreiche Textil- und Stoffgeschäfte findet man nahe der weithin sichtbaren *Clérigos-* und der ungewöhnlichen *Carmo-Kirche* mit ihren beiden aneinander angrenzenden Kirchenschiffen. Sinnvolle urbane Verkehrskonzepte, die anlässlich der Ernennung zur Europäischen Kulturhauptstadt 2001 umgesetzt wurden, schufen attraktive verkehrsberuhigte Plätze.

In südlicher Richtung liegt auf dem mächtigen Granithügel Pena Ventosa, der von der *Kathedrale Sé* überragt wird, der Ursprung Portos. Die ältesten archäologischen Funde stammen aus der Bronzezeit. Die im frühen Mittelalter noch vom Bischof regierte Stadt war rund um das wehrhafte Gotteshaus entstanden und von einer romanischen Stadtmauer geschützt, erstreckte sich aber darüber hinaus bis an das Flussufer. Das dortige historische Fischer- und Hafenviertel namens *Ribeira* profitiert seit den 1980er Jahren von umfassenden Sanierungsmaßnahmen und erstrahlt in neuen, kräftigen Farben. Die Ribeira wurde sogar zum Zentrum des Portuenser Nachtlebens, das inzwischen mit zahlreichen Bars dem Lauf des Douro bis zum Badevorort *Foz* folgt. Nordwestlich des Stadtzentrums entstand in den 1960er Jahren in *Boavista* ein modernes Geschäfts- und Wohnviertel mit einem citynahen Einkaufszentrum, der modernen Markt- und Kulturhalle *Bom Sucesso* und der Konzerthalle *Casa da Música*.

Basis-Infos

Postleitzahl   4000 und 4050 im Zentrum, 4150 in Foz.

Information   Es gibt vier Anlaufstellen: eine in der **Flughafen-Ankunftshalle**, ☏ 229432400, tägl. 8–23.30 Uhr; eine nahe dem **Rathaus**, Rua Clube Fenianos 25, ☏ 223393472, tägl. 9–19, im Sommer bis 20 Uhr; eine am Terreiro da Sé, nahe der **Kathedrale**, ☏ 223325174, tägl. 10–18 Uhr.

Welcome Center: Passeios das Cardosas, nahe Bahnhof São Bento. Regionales Amt mit großem Multimedia-Angebot.

Das im Zeitschriftenhandel erhältliche Monatsmagazin **Time Out Porto** listet Veranstaltungen auf und gibt Tipps zu Einkaufsmöglichkeiten und zum Nachtleben (nur portug.).

Hinweise zu **Kulturveranstaltungen** finden sich in der (nur portug.) **iPorto**, die in den Tourismusämtern und Hotels ausliegt.

Porto im Internet www.visitporto.travel (offizielle Seite des Tourismusamtes). Dort gibt es auch fünf Stadtrundgänge zum kostenlosen Herunterladen im MP-3-Format. www.portoxxi.com (allgemeine, auch kulturelle Informationen), http://iporto.amp.pt (Kulturveranstaltungen).

Adressen/Telefonnummern   Polizei, ☏ 222081833, eine Wache mit Beamten mit Fremdsprachenkenntnissen findet sich neben dem Turismo am Rathaus, ☏ 223399711.

Krankenhäuser: St. António, ☏ 222077500; São João, ☏ 225512100.

Hauptpostamt an der Praça General H. Delgado; zahlreiche Filialen in den Stadtteilen.

Städtischer Waschsalon *(lavandaria municipal)* in der Rua da Reboleira an der Ribeira (gegenüber dem Restaurant Berlengas), So geschlossen. Eine Trommel Waschen und Trocknen kostet etwa 6 €.

Internetzugang   Wifi-Hotspots gibt es u. a. im Parque da Cidade, Jardins de Serralves, Casa da Música, Praça da Liberdade (Av. dos Aliados) und Praça da Ribeira. Außerdem ist kostenlos surfen möglich im **IPJ**, Rua Rodrigues Lobo 98, Mo–Fr 9–18 Uhr; **Stadtbücherei**, Rua Dom João 4, Mo–Fr 9–20, Sa 10–18 Uhr; **Bibliothek Almeida Garrett**, Jardins do Palácio de Cristal, Mo 14–18, Di–Sa 10–18 Uhr. Weiterhin gibt es zahlreiche kostenpflichtige Webcafés, u. a. **Laranja Mecânica**, Rua Ferreira 118, Loja V und **OnWeb**, Av. General Humberto Delgado 291.

Hin und weg

Flughafen   Francisco de Sá Carneiro, ca. 15 km nördl. der Stadt, ☏ 229432400, Flugauskunft unter ☏ 800201201 (kostenlos) und www.ana.pt. Tourismusamt (s. o.), Bank und Geldautomaten in der Ankunftshalle.

Großraum Porto → Karte Umschlagklappe hinten

20.000 Kacheln zieren den Bahnhof São Bento

Im Flughafengebäude (nahe Abflüge) gibt es eine Gepäckaufbewahrstelle.

Metro: Die violette Linie fährt zwischen 6 und 0.30 Uhr ins Zentrum und zum Bahnhof Campanhã, Fahrzeit etwa 30 Min., Fahrpreis ca. 1,80 € plus Andante-Karte (s. S. 65).

Linienbus Nr. 601 ab Jardim da Cordoaria zum Flughafen, 6.05–0.45 Uhr ca. zwei Verbindungen pro Std.

Nachtbus M 3 ab Av. Aliados, um 1, 2, 3, 4 und 5 Uhr.

Taxi: Die Fahrt ins Zentrum kostet ca. 25 bis 30 €.

Bus In Porto gibt es neun Terminals, im Tourismusamt beim Rathaus sind Fahrpläne erhältlich.

Richtung Norden/Minho (Viana do Castelo, Braga, Barcelos etc.): Busgesellschaft REDM, Rua Dr. Alfredo Magalães 94, ✆ 222003152; Auto Viação Minho, Praça Rgulo Maguanha, ✆ 222006121; João Carlos Soares & Filhos, Praça Régulo Maguanha,

✆ 222051383; Caetano Cascão e Linhares, Rua José Falcão, ✆ 222000427.

Richtung Nordosten (Bragança, Amarante, Vila Real etc.): Busgesellschaft Rodonorte, Rua Ateneu Comercial do Porto, ✆ 222004398.

Richtung Südportugal: Busgesellschaft R.E., Garagem Atlântico, Rua Alexandre Herculano, ✆ 222052459; Mundial Turismo, Garagem Atlântico, Rua Alexendre Herculano, ✆ 222006954; RENEX, Campo Mártires da Pátria (Jardim da Cordoaria), ✆ 222003395; Empresa Marques, Clérigos Shopping, ✆ 222039889.

Bahn Porto hat zwei Fernbahnhöfe: Von **São Bento** (im Zentrum neben der Praça da Liberdade) fahren Züge nach Norden und ins Landesinnere; von **Campanhã** (ca. 4 km außerhalb, mit blauer und roter Linie der Metro erreichbar) starten Züge in den Süden (Lissabon).

Der Bahnhof **Trindade** wird zunehmend zu einem Drehkreuz für Metro und S-Bahn.

Verkehrsmittel in der Stadt

Taxi Ein preisgünstiges Transportmittel. Es gibt mehrere Taxistände, z. B. in Boavista (Rotunda), Praça da República, Praça da Liberdade, Campanhã, Carvalhido (Rua

da Prelada), Praça do Infante Dom Henrique. Radio-Taxi unter ✆ 220403782, 226183773 und 225076400. Einfacher ist es, Taxis auf der Straße per Handzeichen anzuhalten. Eine Fahrt innerhalb der Stadt kostet in der Regel etwa 6 €.

Busse Die **Informationsstelle** der innerstädtischen **Busgesellschaft STCP** liegt im Bahnhof São Bento, ℡ 808200166, www.stcp.pt. Als Tickets dient die Cartão Andante (→ Metro)

Metro 2003 wurde die erste U-Bahn-Linie eröffnet, inzwischen fahren sechs Linien auch in die Umgebung (www.metrodo porto.pt).

Wer mitfahren will, muss sich zunächst für ca. 0,50 € eine sogenannte **Cartão Andante** besorgen: entweder an den Verkaufsstellen Loja Andante in den größeren U-Bahnhöfen, in den Bahnhöfen oder am Fahrkartenautomaten (Bedienungshinweise in engl. Sprache). Diese Karte kann dann beliebig häufig an den Automaten aufgeladen werden (www.linhandante.com). Für eine Metro-Einzelfahrt (Innenstadtbereich) zahlt man ca. 1,20 €, wer elf Fahrten auf einmal kauft, erhält eine Fahrt gratis. Die Karte muss am Zugang zu den Gleisen elektronisch an den deutlich sichtbar aufgestellten Maschinen entwertet werden.

Straßenbahn Nach jahrelangen Streckenstilllegungen erlebt der *eléctrico* einen klei-

nen Aufschwung. Zwei alte Linien bimmeln wieder durch die Straßen, die **Linie 1E**, die den Fluss entlang nach Foz führt, und die **Linie 18**. Die Linie 22 fährt von der Praça da Batalha zur Rua do Carmo. Straßenbahntickets kosten etwa 2,50 €. Die Andante-Karte (→ Metro) gilt nicht.

Um die Innenstadt zu beleben, wurde im September 2007 die neue **Trambahnlinie Nr. 22** mit historischen Gefährten aus der Taufe gehoben. Die Rundstrecke führt vom Funicular dos Guindais und die Praça da Batalha über die Av. dos Aliados zum Universitätsviertel und über die Igreja dos Clérigos zurück (tgl. 9.15–19 Uhr, alle 30 Min.).

Drahtseilbahn Der *Funicular dos Guindais* führt von der Ribeira hinauf zur Praça da Batalha. Fahrpreis etwa 1,80 €, die Andante-Karte (→ Metro) ist gültig. Nov.–April 8–20 Uhr, Mai, Juni, Sept., Okt. So–Mi 8–22, Do–Sa 8–24 Uhr, Aug. tägl. 8–24 Uhr.

Parken Einen Parkplatz zu finden ist nicht einfach. Es ist empfehlenswert, den Wagen in einem der Parkhäuser an der **Praça de Lisboa**, der **Praça dos Poveiros**, **Trindade**, **Dom João I** oder in der **Rua do Almada** abzustellen. Günstiger ist der öffentliche Parkplatz **Parque Municipal** an der Alfandega am Douro-Ufer.

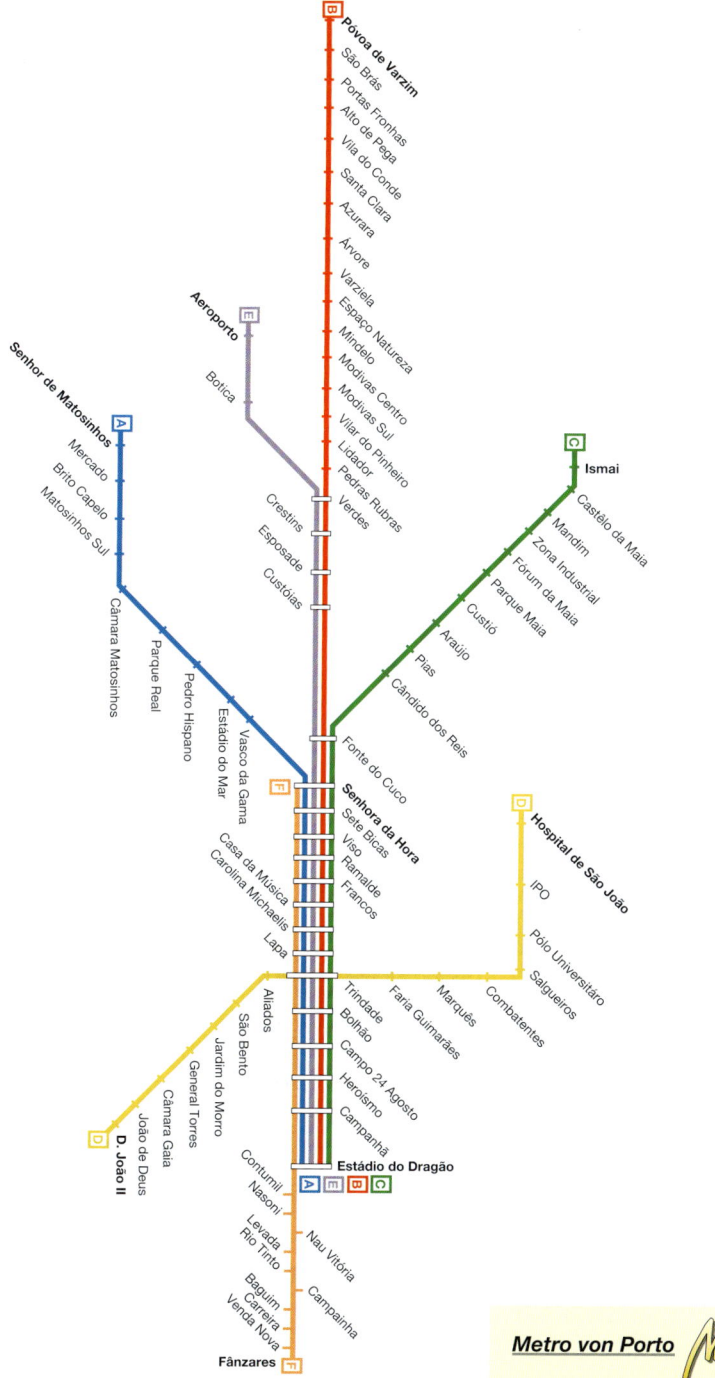

Metro von Porto

Einkaufen

Wichtigste Einkaufsmeile im Stadtzentrum ist die Fußgängerzone Rua de Santa Catarina mit den umliegenden Straßen. Eine schöne Mischung von traditionsreichen Läden (Juweliere, Antiquitäten, Buchantiquariate, Delikatessenläden etc.) findet sich in der Rua das Flores, die am Bahnhof São Bento beginnt. Ein weiteres Einkaufsparadies mit Geschäften aus dem beginnenden 20. Jh. breitet sich rund um den Clérigos-Turm und den Carmo-Platz aus. Fast übermächtige Konkurrenz haben die alteingesessenen Händler inzwischen von großen Shoppingcentern am Stadtrand bekommen.

Einkaufszentren ViaCatarina Shopping, Rua de Santa Catarina 312 und **Porto Gran Plaza**, Rua Fernandes Tomás 506 sind die einzigen größeren Shoppingmalls in der City.

Am Stadtrand haben sich riesige Zentren von bis zu 100.000 m² Verkaufsfläche angesiedelt: **Arrábida Shopping**, Praceta Henrique Moreira im Vorort Afurada; **Gaiashopping** in der Avenida dos Descobrimentos 549 in Gaia; **Norte Shopping** in der Rua Sara Afonso in Senhora da Hora, **Dolce Vita** neben dem Estádio do Dragão.

Haushaltswaren/Porzellan/Diverses
Fernandos Matos, sehenswerter, weitläufiger Jugendstilladen mit Uhren aller Größen und Arten, außerdem Stoffe, Seide, Haushaltswaren und vieles mehr – ein wahrer Universalladen. Rua das Carmelitas 108-114.

A Vida Portuguesa, längst verschwunden geglaubte Markenartikel aus dem früheren Portugal, von Rasierpinsel über Teigkratzer bis Olivenöl. Rua Cândido do Reis 34-42 (10 % Nachlass mit Porto Card).

Vista Alegre, sehr edle portugiesische Porzellanmanufaktur, klassisches bis modernes Design. Rua Cândido Reis 6.

Kunsthandwerk/Keramik   **Canjirão**, an origineller Keramik gibt's hier fast alles: von einer modernen Version des heiligen Antonius über kreativ bemalte Vasen bis zu farbenfroher Gebrauchskeramik. Rua de Santo Ildefonso 215 (nahe dem Coliseu).

Casa das Cestinhas, das „Haus der kleinen Körbe" führt Kunsthandwerk und Schafwollpullis in guter Qualität und zu günstigen Preisen (10 % Nachlass bei Barzahlung außer auf Wollartikel und 5 % mit Porto Card). Cais da Ribeira 34.

Restaurants zieren die Ufermeile der Ribeira

Lebensmittel/(Port-)Wein Visit Tasting & Shop, neben dem Börsenpalast. In der Einrichtung des staatlichen Portwein-Instituts wird nicht nur probiert und verkauft. Während einer etwa halbstündigen Führung (auch in engl.) kommt man auch in die Laboratorien und Versuchsräume, in denen die Weine zertifiziert werden, Mo–Fr, 11–19 Uhr. Etwa halbstündige Führung ca. 5 €, inkl. Weinprobe. Rua Ferreira Borges 27.

Vinhos de Quinta, kleine Produzenten aus Porto und dem Douro-Tal verkaufen in den alten Gemäuern dieses kleinen Geschäftes zu Herstellerpreisen Wein, Olivenöl, Marmelade und getrocknete Früchte (tägl. 11–20 Uhr). Rua Fonte Taurina 89 (Ribeira).

Vinologia, über 200 Portweine stehen zur Auswahl und können z. T. auch probiert werden (auch abends geöffnet). Rua São Jorge 46 (Ribeira).

Garrafeira do Carmo, viele Vintage-Ports zu annehmbaren Preisen, Probieren möglich (10 % mit Porto Card ab 10 €). Rua do Carmo 17.

Mercearia das Flores, westl. des Bahnhofs São Bento. Wunderschön eingerichteter Laden mit Delikatessen aus der Region, auch als Tapas zum Probieren. Rua das Flores 110.

Casa Oriental, gleich hinter der Carmo-Kirche, darf in keiner Fotosammlung über Porto als besonders pittoresker Lebensmittelladen mit großer Auswahl an Weinen fehlen. Endlich hat auch die Fassade wieder einen frischen Farbanstrich bekommen. Campo dos Mártires da Pátria 110–112.

Casa Cristina, direkt an der Markthalle Bolhão werden im Laden der bekannten Kaffeerösterei in edel-modernem Ambiente ganz unterschiedliche Kaffeesorten sowie modernes Kaffeegeschirr angeboten. Rua Sá da Bandeira 401.

A Pérola do Bolhão, das Delikatessengeschäft lockt mit seiner prächtigen Fassade, einer Einrichtung im Jugendstil und dem besten Bacalhau Portos am Eingang die Kundschaft in ein Paradies der Genüsse: Würste, Wein, Käse und vieles mehr. (Nachlass auf Portwein mit Porto Card). Rua Formosa.

Pingo Doce, Supermarkt in zentraler Lage, tägl. geöffnet, Rua Passos Manel 221.

Medien Lello & Irmão, Traditionsbuchhandlung in einem der sehenswertesten Gebäude Portos. Die neugotische Fassade erstrahlt nach umfangreichen Renovierungsarbeiten wieder im alt-neuen Glanz. Bereits bei der Erbauung 1906 als Buchhandlung geplant, wurde das Innere aufwändig ausgeschmückt: mit bis an die Decke reichenden Holzregalen, Glasmalereien und insbesondere einer prächtig gewundenen, roten Holztreppe, die die drei Etagen des Jugendstil-Leseparadieses schwungvoll miteinander verbindet. Übrigens brachten die Lello-Brüder seinerzeit als erstes Buch im Eigenverlag ein homöopathisches Handbuch für den Familiengebrauch heraus. Beim Einkauf mit Porto Card gibt es ein Geschenk. Rua das Carmelitas 144.

Fnac, französisches Medienkaufhaus mit Fotoabteilung, CDs, Büchern und Computern (mit Porto Card 10 % Nachlass für Bücher und 5 % für CDs). Auch kostenlose kulturelle Veranstaltungen. Rua Santa Catarina 73.

Mode/Stoffe Camões & Moreira, einer der wenigen in dieser Gegend verbliebenen Großhändler für feinste Stoffe aller Art in filmreifem Ambiente. Rua de Cândido dos Reis 36–42.

Märkte

Mercado do Bolhão, unter einer eisernen Hallenkonstruktion mitten im Stadtzentrum breitet sich Portos größter und lebendigster Markt aus. Hier werden Fleisch, Fisch, Gemüse, Kräuter und Obst an die Frau und den Mann gebracht; und hier kann man sich auch mit lebenden Hühnchen, Enten oder Küken zum Schlachten oder Aufziehen eindecken. Eine Sanierung der Halle ist allerdings überfällig, doch seit Jahren können sich die offensichtlich dazu unfähigen Stadt-politiker nicht auf ein Konzept einigen. Jetzt fehlt auch noch das Geld, so dass immer wieder Bereiche des Marktes wegen Baufälligkeit geschlossen werden müssen und es irgendwann zu einer kompletten Schließung kommen kann. Mo–Fr 8–17, Sa 8–12 Uhr. Rua Sá da Bandeira.

Mercado do Bom Sucesso, der Traditionsmarkt zog 1952 in den halbrunden Neubau um, damals die modernste Markthalle der

Großraum Porto → Karte Umschlagklappe hinten

Bunte Pracht im Mercado do Bolhão

Stadt. Die Halle wurde 2013 für 12 Mio. € komplett umgebaut und durch Kulturangebote ergänzt. Aber natürlich sind auch Gemüse und Obst sowie Fisch und Fleisch weiter im Angebot. So–Do 9–23, Fr/Sa 9–24 Uhr. Praça do Bom Sucesso.

Mercado da Foz, kleiner offener Stadtteilmarkt mit festen Ständen (Di–Fr 8–19 Uhr, Mo/Sa nur vormittags, sonntags geschlossen). Auch in der Umgebung verschiedene nette Läden. Rua de Diu.

Vogelmarkt, jeden Sonntagvormittag werden Vögel, insbesondere Tauben, Papageien und Kanarienvögel, und Zubehör für den Vogelhalter verkauft. Praça de Cordoaria.

Floh- und Antiquitätenmarkt, jeden Sams-tagvormittag auf dem Passeio das Fontainhas (östlich des Ponte D. Luis I).

Münzmarkt, jeden Sonntagmorgen an der Praça Dom João I.

Zwiebelmarkt, dieser kuriose Markt wird am letzten Augustwochenende in Maia (Ortsteil Santa Maria de Avioso, ca. 10 km nördl. von Porto) abgehalten. Die Bauern der Region decken sich mit einem handgeflochtenen Strohhut und einer neuen Kette für die Milchkuh ein. Dazu gibt es jede Menge Zwiebeln, deren Qualität gerühmt wird.

Portobello, samstäglicher Trödelmarkt auf der Praça de Carlos Alberto (nahe der Karmeliterkirchen).

⌒ Kultur & Wissen

Musik/Theater/Tanz   Rivoli Teatro, anlässlich der Ernennung zur Europäischen Kulturhauptstadt 2001 renoviertes Theater, das 2007 gegen den Protest der Portuenser Kulturschaffenden von der Stadtverwaltung aus ökonomischen Gründen in ein Varietétheater umgewandelt wurde. Praça D. João I, ℡ 223392200.

Teatro Nacional de São João, klassisches Theater und Oper, aber auch mal eine Fado-Nacht und sehr oft modernes Schau-spiel – in einem prunkvollen historischen Theatergebäude. Praça da Batalha, ℡ 223401910, www.tnsj.pt. Zwei weitere Bühnen in der Rua das Oliveiras (modernes Tanztheater) und der Rua de São Bento da Vitória.

Academia Contemporânea do Espectáculo, modernes Theater, in dem v. a. Schau-spiel-Eleven auftreten. Praça Coronel Pacheco 1, ℡ 222089007, www.ace-tb.pt.

Casa da Música, moderne Halle für Konzerte aller Stilrichtungen (→ S. 93), Praça Mousinho de Albuquerque, ✆ 220120220, www.casadamusica.pt.

Coliseu, wichtigste Konzerthalle, nach einem Brand durch eine Initiative Portuenser Künstler vor dem Abriss gerettet. Rua de Passos Manuel 137, ✆ 223394941, www.coliseudoporto.pt.

Ausstellungen/Galerien Rua de Miguel Bombarda, Portos einzigartige Galerienmeile, vor allem die westliche Hälfte hat es in sich. Seit 1997 der Galerist Fernando Santos in diese Straße zog, folgten ihm 14 seiner Kollegen.

»› Mein Tipp: Maus Hábitos, außergewöhnliche Alternativgalerie mit Barbetrieb im obersten Stockwerk des denkmalgeschützten „Autohauses" aus den 1930er Jahren (siehe auch „Nachtleben" S. 76). Rua de Passos Manuel 178 (4. Stock), gegenüber dem Coliseo. www.maushabitos. com. ‹‹‹

Cooperativa Árvore, ein weiterer Weg war es von der subversiven Künstlervereinigung unter der Diktatur bis zur weithin anerkannten Künstlerkooperative mit fast 2000 Mitgliedern. Inzwischen ist sie in einem Adelspalast aus dem 18. Jh. untergebracht, aus dem ein faszinierender Ort der kulturellen Begegnung und des künstlerischen Schaffens mit fantastischem Douro-Ausblick entstanden ist. Veranstaltet werden wechselnde Ausstellungen und Workshops. Mo–Fr 9.30–20, Sa 15–19 Uhr. Rua de Azevedo de Albuquerque 1, ✆ 222076010, www.arvore coop.pt.

Wissen Das Goethe-Institut befindet sich in der Avenida da Boavista 919, ✆ 226008120, ✆ 226008155, www.goethe.de/portugal.

Pavilhão da Àgua, von der Lissabonner Weltausstellung 1998 direkt nach Porto verpflanzt. Hier kann man die Entstehung von Tornados nachvollziehen, mit dem kühlen Nass experimentieren oder Spiele machen (z. B. Töne aus Wasserkraft erzeugen). Parque da Cidade, nahe Castelo do Queijo, Avenida da Boavista, http://www.pavilhao daagua.com, 9.30–12.30 und 14–17 Uhr. Eintritt 3,60 €.

Planetarium, 60 Sitzplätze, Di–Fr 16, Sa 15/16 Uhr. Eintritt 3,20 €. Rua das Estrelas (Campo Alegre), www.planetario-porto.pt.

Bootsausflüge, Fahrradtouren, Stadtrundgänge

Es werden verschiedene Rundfahrten auf dem Douro angeboten. Die kürzesten dauern eine Stunde, die längsten ein ganzes Wochenende. Die Wochenendtouren beinhalten meist den Rücktransport per Zug und eine Übernachtung nahe Régua. Es sind die wohl schönsten Schiffstouren Portugals, man passiert Burgen, die Anbaugebiete der Portweinreben und die eine oder andere Schleuse. Auskünfte erteilen die folgenden vier Anbieter.

Douro Azul bietet verschiedene Bootsfahrten ab Porto oder Régua an. Die Preise liegen zwischen 10 € für eine kurze Hafenrundfahrt und 825 € für eine Achttagetour. Rua de Miragaia 103, ✆ 223402500, ✆ 223402510, www.douroazul.com.

Porto Tours, Bootsausflüge, Busrundfahrten und geführte Fahrradtouren und Spaziergänge zu Fuß. Auch Verleih von Rädern und allen möglichen Verkehrsmitteln wie Segway, Scooter oder Vespas. Dazu Flughafentransfers und Besichtigungstouren. Torre Medieval (gegenüber Kathedrale). Calçada Dom Pedro Pitões 15, ✆ 222000073, ✆ 222085644, www.porto tours.com.

Via D'Ouro, die knapp einstündige Sechsbrückenfahrt kostet etwa 10 € und startet am Cais de Estiva. Wochenende Ausflug Porto–Régua–Poto für ca. 85 € oder Porto–Entre-os-Rios–Poto für ca. 75 €, 20 % Nachlass mit Porto Card. Praça da Ribeira 5, ✆ 222081935, ✆ 222081905, www.viadouro cruzeiros.com.

Douro Acima hat kombinierte eintägige Ausflüge per Schiff und Zug nach Régua (60–85 €) oder Pinhão (70–95 €) im Programm. 20 % Nachlass mit Porto Card auf Schiffstouren. Rua dos Canastreiros, 40-42, ✆ 222006418, ✆ 222008856, www.douro acima.pt.

PortoRentaBike hat unterschiedliche Räder ab 6 € (für 2 Std.) im Verleih. Helme und Karten gibt's umsonst dazu. Av. Gustavo Eiffel 280, ✆ 912562190 (mobil), www.porto rentabike.com.

Großraum Porto → Karte Umschlagklappe hinten

Feste & Festivals

Der Reigen der Feste beginnt Ende Februar/Anfang März mit **Fantasporto** (aus *fantasia* und *Porto*), dem größten Filmfestival Portugals. Weit mehr als 100.000 Kinofans genießen in verschiedenen Veranstaltungsräumen in der ganzen Stadt die nationalen und internationalen Beiträge des Wettbewerbs und das Rahmenprogramm (www.fantasporto.pt).

Die erste Maiwoche gehört den Studenten und ihrem **Queima das Fitas**, einem sechs Tage dauernden Fest mit fröhlichen Umzügen, Besäufnissen und Konzerten mit den angesagtesten portugiesischen Rockgruppen. Zum Abschluss führt der akademische Umzug durch die Stadt. Der Name, zu Deutsch „Verbrennung der Bänder", nimmt Bezug auf die bunten Stoffstreifen, die die Altsemester tragen und zum Studienabschluss verbrennen.

Danach spielen im Parque da Cidade an einem Wochenende Ende Mai oder Anfang Juni vor Zehntausenden Besuchern zahlreiche internationale Alternativbands bei **Optimus Primavera Sound** (benannt nach einem portugiesischen Handyanbieter); www.optimusprimaverasound.com.

Die **Festas da Cidade** (Stadtfeste) werden vom 13. bis 29. Juni gefeiert, den Namenstagen der Heiligen Antonius und Petrus. Auf dem Programm stehen kirchliche Prozessionen, Stierkämpfe, gastronomische Wettbewerbe, Volkstanzdarbietungen und Konzerte. Überall in der Stadt werden Tontöpfe mit Basilikum als Glücksbringer feilgeboten.

Höhepunkt dieser Festorgie ist das **Fest des Stadtheiligen São João**. In der Nacht vom 23. auf den 24. Juni treibt es Jung und Alt auf die Straßen. Alle finden einen Heidenspaß daran, den Umstehenden mit langen Lauchstängeln oder Plastikhämmern auf den Kopf zu hauen, und freuen sich ganz besonders, wenn sie auch mal den Bürgermeister treffen. Einmal im Jahr sind alle Portuenser gleich und schlagen in kindlicher Ausgelassenheit über alle Stränge. In der Innenstadt werden Sardinen, grüne Paprika und Zicklein (Symboltier des Johannes) gegrillt. Ein mitternächtliches Feuerwerk und eine Regatta der Portweinschiffe am nächsten Morgen sind weitere Highlights.

Im Sommer (wechselnde Monate) spielen Jazz-und Worldmusic-Gruppen aus aller Welt zu den **Noites do Palácio** auf. Zwar gibt es keine Sitzplätze, aber die heißen Rhythmen verleiten sowieso zur Bewegung. Rua D. Manuel II, ✆ 226004233.

Jazz no Parque gibt es im Juli. Im Park des Museums Serralves spielen samstagnachmittags angesagte portugiesische und internationale Jazzbands. Die Musik und die grüne Umgebung bilden ein harmonisches Miteinander. Parque Serralves, Rua D. João de Castro 210, ✆ 808200453.

Ebenfalls im Juli und den ganzen August werden im Tram-Museum die **Noites de Massarelos** veranstaltet, eine Reihe von Konzerten klassischer Musik, interpretiert v. a. von einheimischen Künstlern. Alameda Basília Teles 51, ✆ 226158185.

Die **Noites Ritual Rock** sind inzwischen zum nicht mehr wegzudenkenden Ritual in Portos Musikszene geworden. Am letzten Augustwochenende spielen junge und alternative Rockgruppen vor ihren eingefleischten Fans im Park des Kristallpalastes.

Zu **Silvester** trifft sich Jung und Alt auf den Aliados oder man erfreut sich am Feuerwerk auf der großen Brücke.

Erholung/Baden

Parque da Cidade, Avenida da Boavista. Größter Park Portos, 1993 eröffnet, mit großen Rasenflächen, Bäumen und hübschen Seen, auf denen Schwäne graziös ihre Runden drehen.

Parque Serralves, Rua D. João de Castro 210. Mit modernen Skulpturen ausgeschmückte Parkanlagen (18 ha; siehe auch Museen, S. 95). Eintritt zum Park 3 €.

Parque do Palácio de Cristal, Rua Dom Manuel II. Die romantische Parkanlage führt zurück ins 19. Jh., als Emile David sie mit vielen Palmen, Platanen und Linden angelegt hat. Vom südlichen Rand genießt man einen fantastischen Ausblick auf die Douro-Mündung. Der ursprüngliche Kristallpalast musste 1952 einem modernen Sportpalast weichen.

Botanischer Garten, Rua do Campo Alegre 1191. Der ehemalige Privatgarten der reichen Familie Andersen mit unzähligen Pflanzen und Bäumen wurde in den städtischen botanischen Garten umgewandelt. Tägl. 9–17 Uhr, im Sommer am Wochenende bis 18 Uhr. Eintritt frei.

Folgende zwei städtische Schwimmbäder sind empfehlenswert: Piscina de Campanhã, Rua Dr. Sousa Avides 7 (nahe Bahnhof

Campanha), und Piscina de Constituição, Rua Almirante Leote Rêgo (am nördlichen Rand des Stadtzentrums).

Trotz der Nähe von Großstadt und Großhafen besitzen die drei Stadtstrände Foz, Gondarém und Homen do Leme die blaue Flagge. Baden also erlaubt. Schöner sind allerdings die Badestrände südlich von Porto in Vila Nova de Gaia und Espinho.

Übernachten
→ Karte S. 74/75

Anlässlich der Ernennung zur Kulturhauptstadt Europas (2001) und der Ausrichtung der Fußballeuropameisterschaft (2004) hat sich das vielfältige Angebot an Übernachtungsmöglichkeiten in Porto bereits erhöht. Seitdem der Billigflieger Ryanair den Flughafen zu seinem Drehkreuz gewählt hat, haben zusätzlich über 30 Hostels meist in Altstadtbauten eröffnet. Die Zimmersuche stellt meist kein Problem dar, es sei denn, es steht ein besonderes Ereignis an. Auskünfte werden auch in den Tourismusämtern erteilt.

Im Zentrum ***** Infante de Sagres 22, nahe Av. dos Aliados. Obwohl erst 1951 erbaut, ist es das stilvollste unter Portos Luxushotels. Außen schlicht, fühlt man sich in den Zimmern und Sälen zurückversetzt in frühere Jahrhunderte und in andere Länder. Einzelne Säle wurden mit Originalmöbeln aus italienischen Palästen eingerichtet, im Spiegelsaal finden sich chinesische Porzellanfiguren aus dem 17. Jh. Auch in den unterschiedlich gestalteten Zimmern fühlt man sich ein wenig wie in einem edlen Antiquitätenladen. An den Wänden hängen Bilder der berühmtesten portugiesischen Künstler. Natürlich hat so viel Noblesse auch ihren Preis. DZ 120-220 € (inkl. Frühstücksbuffet). Praça D. Filipa de Lencastre 62 (4050-259), ☎ 223398500, ✆ 223398599, www.hotelinfantesagres.pt.

**** Pestana Porto 64, direkt am Douro. Die portugiesische Hotelkette hat ein Ensemble von Originalgebäuden aus dem 16. bis 18. Jh. saniert, durch Übergänge miteinander verbunden und so 48 unterschiedliche Zimmer und Suiten geschaffen, meist mit Blick auf den Fluss. Moderne Einrichtung. DZ für 130–1000 (!) €, je nach Blick, Ausstattung und Saison. Praça da Ribeira 1 (4050-513), ☎ 223402300, ✆ 223402400, www.pestana.com.

**** Dom Henrique 7, nördlich des Marktes Bolhão. Ein Geschäftshotel in einem Hochhaus, das sich auch für den Urlaub eignet. Je höher die Zimmer, desto besser die Aussicht, ganz oben eine Panoramabar.

Das Hotel stellt gegen Gebühr ein kleines Büro mit Internetanschluss, Computer und Drucker bereit. DZ 76–160 €, je nach Belegung. Rua Guedes de Azevedo 179 (4049-009), ☎ 223401616, ✆ 223401666, www.hoteldomhenrique.pt.

*** Grande Hotel do Porto 25, mitten in der Fußgängerzone. Altes Hotel mit modernisierter Einrichtung, geschmackvoll renoviert. Zimmer unterschiedlich groß. Ansprechende Bäder, doch Highlight ist der Frühstückssaal mit riesigem Kronleuchter, der die Luxuswelt des Fin de Siècle wieder aufleben lässt. DZ saisonbedingt 75–100 €. Rua Santa Catarina 197, (4000-450), ☎ 222076690, ✆ 22207669, www.grandehotelporto.com.

*** da Bolsa 54, zentral neben dem Börsenpalast. Familiär geführtes Haus, ansprechend modern eingerichtete Zimmer hinter der großbürgerlichen Häuserfassade aus dem Jahre 1926. Von den oberen Stockwerken Blick auf den Fluss. DZ je nach Saison ca. 75–145 €. Rua Ferreira Borges 101, (4050-253), ☎ 222026768, ✆ 222058888, www.hoteldabolsa.com.

*** Internacional 29, in einer Nebenstraße der Avenida dos Aliados. Gegründet 1905 in einem Stadthaus, das zum Jubiläum frisch renoviert wurde. Komfortabel, sympathischer Service, geschmackvolle Einrichtung mit viel Liebe zum Detail, Braun ist die bestimmende Farbe. DZ je nach Saison ca. 66 € ohne Frühstück. Rua do Almada 131, (4050-037), ☎ 222005032, ✆ 222009063, www.hi-porto.com.

Großraum Porto → Karte Umschlagklappe hinten

Guimarães   Guimarães

Rua da Firmeza

Rua de Fernandes Tomaz

Mercado do Bolhão

Praça D. João I.

Rua 31 de Janeiro

Bahnhof S. Bento

Praça de Batalha

Garagem Atlantico

Av. Rodrigues de Freitas

Pr. dos Poveiros

Rua Morgado Mateus

Rua de Santo Ildefonso

Rua Alexandre Herculano

L. 1 de Dezembro

Igreja Santa Clara

Largo Actor Dias

Passeio das Fontainhas

Av. de Paiva Couceiro

Alameda das Fontainhas

Ponte do Infante

Rio Douro

Porto

150 m

Coimbra, Lisboa

** Pão de Açúcar **14**, einen Steinwurf von der Avenida dos Aliados entfernt. Solide Zimmer mit älterer Einrichtung (massive Möbel) in dunklen Tönen und guten Bädern. Die Suiten und Zimmer im obersten Stockwerk besitzen eine eigene Dachterrasse mit Ausblick. Beeindruckend ist das gewundene Treppenhaus im Jugendstil. DZ ca. 57–87 € (saisonabhängig). Rua do Almada 262, (4050-035), ✆ 222002425, ✉ 222050239, www.residencialpaode acucar.com.

** Cristal **33**, in einer Nebenstraße nahe Torre dos Clérigos. Da in einem sanierten Wohnhaus untergebracht, sind die 20 ansprechenden Zimmer unterschiedlich groß, aber alle mit Klimaanlage und Sat-TV. Moderne Kunst schmückt die Wände. DZ ca. 50–100 €. Rua Galeria de Paris 48, (4050-350), ✆ 222002100, ✉ 222089825, www.pensao cristal.com.

** Vera Cruz **12**, in den oberen Stockwerken eines Geschäftshauses. Gepflegte Zimmer und geräumige Badezimmer, nach hinten ruhig. DZ mit Bad ca. 43–85 €, die Suite für 4 Pers. ca. 95–145 €. Rua Ramalho Ortigão 14, (4000-407), ✆ 223323396, ✉ 223323421, www.residencial veracruz.com.

** S. Marino **13**, im Stadtteil Carmo. Die Zimmer nach Norden sind ruhiger, kühler und wegen der einfacheren Badezimmerausstattung auch preiswerter, die nach Süden bieten einen schönen Blick auf einen hübschen Platz. DZ ca. 49–59 € je nach Saison und Zimmerausstattung. Praça Carlos Alberto 59, (4050-157), ✆ 223325499, ✉ 222054380, www.residencialsmarino.com.

Solar da Conga **16**, zentral gelegen. Einfache Zimmer, aber alle mit Dusche oder Bad und WC, nach hinten ruhig. DZ 30–45 € je nach Saison. Rua do Bonjardim 290, (4000-114), ✆ 222058875, ✉ 225105116.

Caldeira **47**, vorm Campo Mártires da Pátria. Einfache, korrekt eingerichtete Zimmer mit Bad und TV, nach vorne mit Parkblick. Angeschlossen ist ein kleines Restaurant. DZ ca. 35–50 €. Campo Mártires da Pátria 53, (4050-366), ✆/✉ 222088603, http://residencialcaldeira.com.

Belo Sonho **45**, zentral gelegen. Einfaches Mobiliar, Telefon, Bad mit Dusche. DZ mit zwei Betten ca. 35 € in der Hauptsaison, sonst ca. 30 €. Rua Passos Manuel 186, (4000-382), ✆ 222003389, ✉ 222012850.

In Foz/Boavista ***** Ipanema Park, nahe Museum Serralves (im Geschäftsviertel). Modernes Großhotel mit luxuriöser Ausstattung. Für Urlauber Hallenbad, Health Club und schicker Freiluft-Pool auf der Dachterrasse. Das Hotel veranstaltet auch Konzerte und organisiert Ausstellungen. Extrem schwankende Preise von 59–200 € (abhängig von der Belegung). Rua de Serralves 124, (4150-702), ✆ 225322100, ✉ 226102809, www.hfhotels.com.

*** Hotel Boa Vista, im vornehmsten Viertel Portos, wenige Schritte vom Strand. Schon 150 Jahre lang Hotel, im Jahr 2000 renoviert und erweitert. Etwa ein Drittel der großzügigen Zimmer mit Meerblick. Die Möbel sind aus hellem Kiefernholz, die Bäder aus Marmor. Internetanschluss, Pool auf dem Dach. DZ ca. 83–129 € je nach Blick. Esplanada do Castelo 58, (4150-196), ✆ 225320020, ✉ 226173818, www.hotelboavista.com.

Porto Foz, in einer der Altstadtstraßen von Foz. Kleine, komfortable Pension, sieben der 20 Zimmer mit Blick zum Meer und Zugang zu einer Veranda. Das Meeresrauschen übertönt den Verkehr, der zwei Häuserzeilen weiter vorne an der Promenade vorbeiführt. DZ mit Bad und Frühstück ca. 50–90 €. Rua do Farol 155, (4150-310), ✆ 226172357, ✉ 226170887, www.porto foz.com.

Jugendherberge/Hostel Pousada da Juventude, im Stadtteil Foz, 24 Std. geöffnet. Neu erbaute Jugendherberge mit 164 Plätzen. Mit Bus 500 ab Largo dos Lóios (kleiner Platz südlich der Praça da Liberdade) oder Linie 207 ab Bahnhof Campanhã zu erreichen. Bett im Vierbettzimmer ca. 13–15 €, DZ ohne WC ca. 30–36 €, mit WC ca. 38–42 €, 4-Pers.-Apartments 60–70 €. Rua Paulo da Gama 551, (4169-006), ✆ 226177257, ✉ 217232101, http://microsites.juventude. gov.pt/Portal/pt/PPorto.htm.

Gallery Hostel **9**, in der Galerienstraße, am westlichen Rand des Zentrums. Die Unterkunft bezeichnet sich selbst als Luxus-Hostel, und das zu Recht. Moderne Einrichtung in einem Haus aus dem 19. Jh., umweltfreundlich, sehr freundlicher Service, auch eine Kunstgalerie gehört zum Haus. Highlight ist ein wechselndes thematisches Abendessen für die Gäste. DZ ca. 50–60 €, Bett im Schlafsaal (gemischt oder nur Frauen) ca. 15–20 €, jeweils inkl. Frühstück. Rua Miguel Bombarda 222 (5050-377), ✆ 224964313, www.gallery-hostel.com.

Rivoli Cinema Hostel **30**, absolut zentrale Lage, in einem Art-Deco-Gebäude. Wie der Name erwarten lässt, verschönern Filmplakate die Unterkunft, die Zimmer sind nach Regisseuren benannt. Zu den Annehmlichkeiten gehört eine 150 m² große Terrasse, auf der im Sommer gegrillt und ein aufblasbarer Pool mit Wasser gefüllt wird. DZ ca. 40–48 €, Bett im Schlafsaal (gemischt oder nur Frauen) ca. 14–19 € jeweils inkl. Frühstücksbuffet. Rua Dr. Magalhães Lemos 83-1° (4000-332), ℡ 220174634, www.rivolicinemahostel.com.

Porto Downtown Hostel **28**, zentral gelegene Backpacker-Unterkunft mit 10-Betten-Schlafsaal und DZ, Kochmöglichkeiten. Bett im Schlafraum ab 11 €, im DZ ab 17 €. Praça Guilherme Gomes Fernandes 66, 1. Stock, (4050-294), ℡ 222018094, www.portodowntownhostel.com.

≫≫ Lesertipp: Peninsular **51**, zentral gelegen direkt hinter dem Bahnhof São Bento, in einem der repräsentativen Häuser der Rua Sá Bandeira. „Hier habe ich mich sehr wohl gefühlt" (Brigitte Wechsler-Albrecht). DZ ab 50 €. Rua Sá Bandeira 21, peninsular.net. ≪

≫≫ Lesertipp: 6Only Guesthouse **49**, 2 bis 3 Min. von der Kathedrale und dem Funicular entfernt. Wie der Name sagt, Haus mit nur 6 Zimmern. Das Gebäude wurde schön und schlicht renoviert. Die jungen Besitzer führen das Haus sehr gut. Alles sehr sauber und freundlich. Auch einen hübschen Innenhof gibt es. Preis/Leistung sehr gut, DZ 65 €. Rua Duque de Loulé, 97, ℡/☏ 222013971, www.6only.pt. ≪

≫≫ Lesertipp: Almada-Guesthouse **10**, Zentrum, Rua do Almada, Nähe U-Bahn-Station Trindade. Junge Architekten haben ein Altstadt-Haus sehr geschmackvoll, modern und stylisch renoviert. Jedes Zimmer hat seinen eigenen Charakter. Die Gemeinschaftsräume und die Dachterasse sind einladend eingerichet. Sehr gastfreundliche Atmosphäre! DZ 45–84 € je nach Saison. Rua do Almada 353, ℡ 924140692, ☏ 222024208, (Dr. Christa Pohl). ≪

Camping Campingplätze gibt es nur in der nahen Umgebung; siehe unter Vila Nova de Gaia und Matosinhos.

Essen & Trinken
→ Karte S. 74/75

Porto besitzt für jeden Geschmack und Geldbeutel eine Vielzahl ganz unterschiedlicher Restaurants. Drei bekannte Gerichte sind sogar in Porto erfunden worden: *tripas à moda do Porto* ist ein Eintopfgericht aus Kutteln *(tripas)*, Kalbsfuß, Speck, Hühnerfleisch, deftiger Wurst und weißen Bohnen; *bacalhau à Gomes de Sá* ist geschnetzelter Stockfisch, in Olivenöl gebacken und mit Kartoffeln, gekochtem Ei und Oliven serviert; bei *francesinhas* schließlich handelt es sich um Wurst, Fleisch und Käse zwischen zwei Toastscheiben in würziger, scharfer Sauce.

Im Zentrum

≫≫ Mein Tipp: DOP **53**, im früheren Dominikanerkloster nahe Misericórdia-Kirche. Wohl das beste Restaurant in Porto. Die Modernität der Einrichtung verträgt sich ebenso gut mit dem alten Klostergebäude wie die moderne Küche mit ihren nordportugiesischen Wurzeln – etwa, wenn frischer Fisch mit Austernsauße und Schinken vom schwarzen Schwein kombiniert wird. Als Ergänzung gibt es zudem Sushi. Hauptgericht um 29 €, Menü ca. 70–80 €. So und Mo mittags geschl. Palácio das Artes, Largo de São Domingos 18, ℡ 222014313. ≪

Portucale **4**, am nördlichen Rand der Innenstadt. Kleiner Speisesaal im 13. Stock eines Hochhauses mit entsprechend tollem Blick. Schon seit 1969 eines von Portos Edelrestaurants, das Mobiliar stammt noch aus den Anfangszeiten. Reichhaltige Auswahl internationaler und portugiesischer Speisen, etwa frische Foie gras, Seezunge in Champagnersauce oder Wildschwein mit Nüssen, aber auch verfeinerte Hausmannskost wie Tripas und Bacalhau. Außerdem gibt es richtig süße Süßspeisen. Die Preise entsprechen allerdings der hohen Qualität: Hauptspeise ab 20 €. Rua da Alegria 598, ℡ 225370717.

Casa Nanda **5**, unterhalb des Portucale. Treffpunkt der Nachbarschaft, die sich hier wie zu einer großen Familie zusammenfin-

Großraum Porto → Karte Umschlagklappe hinten

det. Freundlicher Service unter den wachsamen Augen der allgegenwärtigen Besitzerin. Einfache Hausmannskost mit sehr guten Zutaten, z. B. Schweineschnitzel in Champignonsauce oder panierte kleine Seezungen mit Bohnenreis für ca. 12 €. Sonntagabend, Mo und den ganzen August geschlossen. Rua da Alegria 394, ✆ 225370575.

Casa da Música 🔳, im 7. Stock der Konzerthalle am nordwestlichen Rand des Zentrums. Bunt, relaxed und cool gibt sich das Restaurant mit kreativer portugiesischer Küche mit internationalem Einschlag. Menü mittags ab 12 €, abends ca. 20 €. So und im Aug. geschlossen. Av. Boavista 604-610, ✆ 220107160.

Solar Moinho de Vento 🔳, versteckt nahe der Carmo-Kirche. Uriges Restaurant mit mindestens sechs verschiedenen Bacalhau-Gerichten, aber auch Grillspeisen. Im Erdgeschoss isst man an der Bartheke oder den wenigen Tischen, der eigentliche Speiseraum befindet sich im Obergeschoss. Der Stolz des Hauses: Mitte des letzten Jahrhunderts hat hier die Ikone des Fados, Amália Rodrigues, gesungen. Gerichte ab 15 € (für zwei). So geschlossen. Rua de Sá Noronha 81, ✆ 222051158.

Adega Vila Meã 🔳, nahe Torre dos Clérigos. Täglich ein besonderes Gericht aus dem Bereich typische Hausmannskost, z. B. Schweinefleisch in Blutsauce, gebratenes Zicklein oder Tintenfischfilet mit Reis. Die Größe der Portionen ist rekordverdächtig, selbst die halben Portionen ab 10 € reichen eigentlich für zwei. So geschlossen. Rua dos Caldeireiros 62, ✆ 222082967.

Adega do Olho 🔳, nahe Rua das Flores. Die wohl am geschmackvollsten eingerichtete unter den einfachen Kneipen, selbst Tischdecken aus Stoff fehlen nicht. Allerdings ist nur mittags geöffnet. Ein wechselndes Fisch- und ein Fleischgericht gibt es für ca. 3,50 €, eine *posta de bacalhão* schon für 10 €. So und im Aug. geschlossen. Versteckt in der Rua Afonso Martins Alho 6, ✆ 222057745.

Casa Correia 🔳, südlich des Clérigos-Turms. Winzige Tasca aus vermeintlich vergangenen Tagen, hoffentlich hält das sympathische süße Besitzerpaar das Lokal noch lange offen. Täglich ein Fisch- und Fleischgericht zur Auswahl, außerdem Bacalhau und Gegrilltes, für etwa 15 € (2 Pers.). Aus Altersgründen nicht immer geöffnet, grundsätzlich ab ca. 20.30 Uhr; So abends immer geschlossen. Rua Dr. Barbosa de Castro 74, ✆ 222056651.

Abadia do Porto 🔳, in einer Parallelstraße zur Fußgängerzone, unterhalb vom Grande Hotel. Gastronomische Institution auf zwei

Restaurant Casa da Música

Stockwerken. Riesige Auswahl an einfachen Gerichten, aber mit hervorragenden Zutaten sorgfältig zubereitet. Spezialitäten sind Tripas, Bacalhau und frisch gegrillte Fische. Außerdem gibt es traditionelle hausgemachte Süßspeisen und preisgünstigen Vinho Verde. Professioneller Service, Hauptgerichte ab 9 € (mit Porto Card 10 % Nachlass), So geschlossen. Rua do Ateneu Comercial do Porto 22–24. ✆ 222008757.

>>> **Mein Tipp:** Antunes **8**, im nördlichen Zentrum. Solides Stadtteillokal, das schon einige Gastronomiepreise errungen hat, so für die Nachspeise *rabanadas*, bei uns als „Arme Ritter" bekannt. Tripas oder paniertes Fischfilet stehen meist auf der Karte. Ein Hit ist die Schweinshaxe (15 €) für 2 Pers.! Hauptspeise ab 10 €, halbe Portionen ab 8 €. So Ruhetag, im August geschlossen. Rua Bonjardim 525, ✆ 222052406. «

Zé Bota **40**, nahe Carmo-Kirche. Einfache, wohlschmeckende Portuenser Küche, auch wenn das Ambiente etwas langweilig wirkt. Natürlich gibt es sehr gut zubereiteten Bacalhau, und zwar in ein paar überraschenden Variationen, z. B. mit Maisbrot. Weitere Spezialität ist Huhn in Blutsauce, aber auch für zartbesaitete Mägen gibt es Angebote, wie gegrillten Fisch oder Schweinekoteletts. Hauptgericht ab 8 €. Sa mittags und So geschl. Travessa do Carmo 16, ✆ 222054697.

Casa Aleixo, nahe Bahnhof Campanhã. Eine Institution seit 1929. Alle Winkel des Restaurants tragen medizinische Namen: Gekocht wird im Labor, gegessen im Operationssaal, die Bar heißt Apotheke, die Hände wäscht man sich im Sterilisationsraum, der auf Holzkohle gegrillten Fischund Fleischspeisen ab 11 € werden allerdings in der Folterkammer bezahlt. So geschlossen, Betriebsferien im August. Rua da Estação 216, ✆ 220424648.

>>> **Lesertipp:** Churrasqueira Central dos Clérigos **31**, nahe Clérigos-Kirche. Unaufdringliche, herzliche und schnelle Bedienung, die Preise sind moderat, einzig die Auswahl an den einfachen, aber guten Gerichten könnte etwas größer sein. Rua da Fábrica 69/70 (Marc Fregin). «

>>> **Lesertipp:** Andor Violeta **17**, westliches Zentrum. „Die Bedienung war (wie überall) sehr nett. Das Spezielle an diesem Lokal ist neben der schlichten und sehr hübschen Einrichtung, dass portugiesische Spezialitäten verfeinert zubereitet, schön präsentiert und in ‚normal großen' Portionen serviert werden. Preise absolut moderat" (Astrid Küffer). Praça Carlos Alberto 98, ✆ 222016618. «

Ribeira und Umgebung

Zu einer Art Fressgasse hat sich der östliche Abschnitt der alten Schiffskais entwickelt. Im Sommer stellen die Restaurants Tische und Stühle ins Freie. Wegen der exponierten Lage direkt am Fluss essen hier auch viele Urlauber, entsprechend uniformiert erscheinen viele Speisekarten, doch die Preise sind vielfach moderat geblieben. Im westlichen Bereich der Ribeira geht es noch wesentlich ruhiger und „portugiesischer" zu.

A Grade **59**, im westlichen Bereich der Ribeira. Nur vier Tische passen in die kleine Gaststube, in der sich auch noch die offene Küche befindet. Nur bei warmem Wetter gibt es noch ein paar mehr Plätze auf der Veranda. Spezialität sind die leckeren Vorspeisen. Auch gut sind die Bacalhau-Gerichte und das Zicklein. Hauptgerichte ab ca. 10 €. So geschlossen. Rua de São Nicolau 9, ✆ 223321130.

Adega São Nicolau **62**, ein Haus unterhalb des A Grade, die Alternative, wenn dieses voll ist. Einfaches, kleines Restaurant, die Fische liegen in der Vitrine zur Auswahl aus. Im Sommer stehen einige Tische im Freien. Service und Küche zeigen allerdings Formschwankungen. Hauptgericht ab 10 €. So Ruhetag. Rua São Nicolau 1, ✆ 222008232.

Filha da Mãe Preta **61**, direkt am Kai. Auch bei Portugiesen beliebt. Riesige Azulejo-Bilder schmücken den Speiseraum im 1. Stock. Kutteln, Bacalhau-Gerichte und Grillfleisch ab 9 €. Cais da Ribeira 40, ✆ 222055515.

Dom Tonho **58**, nahe der Brücke Dom Luis. Eines der schönsten Lokale der Stadt. Im Erdgeschoss liegt die Bar, vom feinen Speisesaal im Obergeschoss bietet sich ein schöner Blick über Fluss und Brücke. Ein Besuchsgrund für Musikfans ist der Mit-

Großraum Porto → Karte Umschlagklappe hinten

besitzer und Altrocker Rui Veloso, der „Mick Jagger Portugals". Verfeinerte portugiesische Traditionsküche, Kaninchen, Zicklein, Bacalhau. Empfehlenswerte Vorspeisen und Nachtische. Hauptgerichte ab 14 €. Cais da Ribeira 13–15, ✆ 222004307.

Mercearia 60, am Kai. Einfaches, gut zubereitetes Essen und toller Blick auf den Fluss. Portuenser nehmen an der Bar im Erdgeschoss einen Aperitif und essen ein paar *petiscos* (Vorspeisen), um dann im Speisesaal im Obergeschoss v. a. aus dem Fischangebot zu wählen. Tagesgerichte ab 10 €, sonst ab 14 €. Di im Winter geschlossen. Cais da Ribeira 32/33, ✆ 222004389.

Boavista

Mendi, am Ende der kurzen Restaurantmeile seitlich rechts vom Hotel Tiara Park (nicht leicht zu finden). Der Inder gehört zu den angesagtesten Restaurants der Stadt. Hell, jugendlich, freundlicher Service, große Auswahl an schmackhaften Speisen. Hauptgerichte ab 14 €. Abends unbedingt reservieren. So und im Aug. geschlossen. Av. da Boavista 1430, loja 1, ✆ 226091200.

BB Gourmet Bull & Bear, im Gebäude der neuen Börse. Entsprechend viele Geschäftsleute und Broker. Moderne Einrichtung und eine der kreativsten Küchen Portugals, z. B. mit Poleiminze gewürzter Bacalhau mit Brotsuppe. Mittagsmenü um 10 €, sonst ab 15 €. Große Weinauswahl, auch in Gläsern erhältlich. Im Vorraum gibt es *petiscos* ab 3 € und Wein in Gläsern. Tägl. ab 8 Uhr. Av. da Boavista, 3431, ✆ 226107669.

Restaurante do Serralves, im Museum Serralves. Moderner Speiseraum, doch noch toller ist die Terrasse zum baumbestandenen Park. Häufig wechselnde Pächter, aber bisher war's immer gut. Mittags gibt es ein Buffet für ca. 12,90 € (Sa/So 16 €), nachmittags ist Cafébetrieb, abends kostet das Menu 20 €. Mo ganztags, Sa/So abends geschl. Rua Dom João de Castro 210, ✆ 226156500 (Museum).

Foz/Marginal

Cafeína, zwei Schritte vom Meer. Café, Weinbar und Restaurant in einem. Die gediegene Einrichtung bildet einen harmonischen Gegensatz zur zeitgenössischen Dekoration und zu den modernen Bildern an den Wänden. Treffpunkt für Schauspieler, Politiker, Musiker und alle, die gerade in sind und sehr gutes Essen schätzen. Französisch und portugiesisch inspirierte kreative Kochkunst. Mittagsmenu ca. 16–18 €, Hauptgerichte um 18 € und große Salate ab 12 €. Auch guter Kuchen. Rua do Padrão 100, ✆ 226108059.

Terra, gegenüber vom Cafeína, derselbe Besitzer. Im Erdgeschoss befindet sich eine Sushi-Bar, im Obergeschoss wird mediterrane Küche mit italienischem Einfluss geboten. Gestylte Innenarchitektur, ein Miteinander von kräftigen Farben und naturbelassener Holzeinrichtung. Genauso gut bei gleichen Preisen wie das Cafeina. Rua do Padrão 103, ✆ 226177339.

Vegetarisch

Verdes Vícios 41, im Kulturzentrum Maus Hábitos, täglich wechselndes und kreatives vegetarisches Mittagsmenü für 7,50 € (inkl. Getränk und Kaffee), mit Nachspeise 9 €. Mit tollem Blick über die Dächer der Baixa oder im Innenhof. Sa/So und abends geschlossen. Rua Passos Manuel 178 (4. Stock), ✆ 222087286.

O Caçula 15, im Zentrum. Schöne Auswahl an vegetarischen Gerichten, etwa Soja-Bällchen oder Tofu-Curry. Daneben gibt's auch Fleisch, Fisch und viel Pizza. Mittagsmenü für ca. 8 €, sonstige Hauptgerichte ab 8 €. So Ruhetag. Praça Carlos Alberto, ✆ 222055937.

O Oriente do Porto 52, im westlichen Zentrum. Sympathisch buntes und junges Lokal mit sehr günstigem Mittagsmenü: für ca. 7 € gibt es Suppe, Hauptspeise, Dessert und Saft. Studenten bekommen sogar noch Nachlass. Nur mittags offen, So Ruhetag. Rua de São Miguel 19, ✆ 222007223.

Suribachi 21, bei der U-Bahn-Station Campo 24 de Agosto. Bioladen mit makrobiotischem Restaurant, der älteste Vegetarier der Stadt. Serviert wird nur, so lange das Essen reicht. So ist für Frische gesorgt, doch den, der zu spät kommt, straft der Hunger. Menu ca. 6 €. So Ruhetag. Rua do Bonfim 136/140, ☏ 225106700. ∎

》》 Lesertipp: Nakité 19, westliches Zentrum. „Als Vegetarier suchen wir am Abend gerne Restaurants auf, die uns den gewünschten kulinarischen Genuss bieten" (Therese Domfeld). So Ruhetag. Rua do Breiner 396, ☏ 226002536. 《《

Essen für Nachtschwärmer Die Zeiten, in denen im arbeitsamen Porto um 22 Uhr die Bürgersteige hoch geklappt wurden, sind längst vorbei. Viele Restaurants haben zumindest bis 24 Uhr auf. Noch länger geöffnet sind: Terra (bis 1 Uhr), Cafeína (bis 1.30 Uhr) und das Caçula schließt sogar erst um 4 Uhr früh (Näheres → jeweils oben).

Cafés

Viele der alten Kaffeehäuser sind ihrem Stil treu geblieben und haben sich erfolgreich in die neuen Zeiten hinübergerettet. Sie erleben derzeit auch bei jungen Leuten eine erfreuliche Renaissance. Hinzugekommen sind moderne Café-Bars, die ihre Gäste in relaxter Atmosphäre empfangen.

Café Majestic 32, in der Fußgängerzone. Eines der stilvollsten Cafés Portugals, mittlerweile unter Denkmalschutz gestellt. 1921 unter dem bezeichnenden Namen Café Elite eröffnet, war es über Jahrzehnte hinweg der bevorzugte Treffpunkt von *tertúlias*, literarischen und künstlerischen Diskussionszirkeln. Mitte der 1990er Jahre wurde zwei Jahre lang aufwändig und originalgetreu restauriert, und nun erstrahlt alles in altem Glanz. Im Winter und abends sporadisch (Piano-)Konzerte, auch private Hochzeitsfeiern können ausgerichtet werden. So Ruhetag. Rua Santa Catarina 120.

Confeitaria Império 27, schräg gegenüber vom Majestic. Wer auf die Romantik verzichten will, erhält hier sehr gutes Gebäck und günstige Tagesgerichte, angenehmer Speisesaal nach hinten. Tägl. geöffnet. Rua Santa Catarina 149.

Café Aviz 24, bei der Praça D. Filipa Lencastre. In den 1950er Jahren sahen alle Cafés der Baixa aus wie dieses, das als eines der wenigen überlebt hat: große Halle, dunkles Mobiliar und livrierte Kellner. Auch empfehlenswert für kleine Speisen. So geschlossen. Rua Avis 27.

Il Caffè di Roma 36, südlich der Praça D. João I. Das große Jugendstilcafé Brasileira wurde von der Kette Caffè di Roma übernommen. Trotz des Namens blieb das portugiesische Ambiente erhalten. Tägl. geöffnet. Rua Sá de Bandeira 77.

Café Guarany 26, mitten im Zentrum. Traditionscafé mit altem Charme, der häufig durch moderne Kunstausstellungen aufgepeppt wird. Besonders hübsch ist der gefliese Boden. Auch Mittagstisch ab ca. 8 € (10 % Nachlass mit Porto Card). Av. dos Aliados 85.

Café Piolho 39, gegenüber Igreja do Carmo. Offiziell heißt das 1909 gegründete Café Âncora D'Ouro, kein Portuenser würde es aber so nennen. Besonders viele Studenten treffen sich hier. Schön ist die Terrasse. Praça de Parada Leitão 45.

Stilvoll: Café Majestic

Café do Cais 🖽, im Ribeira-Viertel. Exponierte Lage mit dem schönen Blick auf Gaia und die Weinkeller, deshalb sind die Preise auch etwas höher. Hier trifft man sich zum Aperitif, bevor man ins Nachtleben rund um den Cais da Ribeira abtaucht. Das Essen ist nicht so toll wie die Aussicht. Cais da Estiva.

Portwein

Die Portweinkellereien liegen auf der anderen Seite des Douro in Vila Nova de Gaia (S. 98).

Nachtleben

→ Karte S. 74/75

Portos Nachtleben ist vielfältig mit mehreren Treffpunkten. Seit 2010 hat sich die Zahl der Bars fast verdoppelt. An den Esplanadas von Foz, der Marginal und im alten Industrieviertel treffen sich eher die schickeren Nachtschwärmer, während der Cais da Ribeira alternativ geprägt ist. Doch zum neuen Mekka der Nachtschwärmer haben sich die Rua dos Passos Manuel und Umgebung entwickelt. In den benachbarten Orten Matosinhos und Vila Nova de Gaia existieren weitere Diskotheken und Jazz-Bars (siehe jeweils dort).

Zentrum/Ribeira Maus Hábitos 🕸, gegenüber dem Konzertsaal Coliseu. In einer riesigen Wohnetage von 600 m² hat Daniel einen außergewöhnlichen Ort alternativen Kulturschaffens begründet inkl. einer geräumigen Bar mit tollem Blick über die Baixa, wechselnder Kunstausstellungen und sporadischer Livemusik (vgl. Kultur). Nur durch einen kleinen Lift zu erreichen (nicht abschrecken lassen!). Mi–So 22–2 Uhr, außerdem vegetarischer Mittagstisch (→ Essen & Trinken). Rua de Passos Manuel 178, 4. Stock, www.maushabitos.com.

Pitch 🕸, nur wenige Schritte westlich. Die Stilrichtung der neuen Musikbar mit angeschlossener Disco reicht von Funk und Soul bis House und Techno. Tagsüber fungiert das Pitch als Café, ab 22 Uhr öffnet die Bar, die Disco ab Mitternacht am Fr/Sa, So geschlossen. Rua de Passos Manuel 34–38, http://pitch-club.com.

Passos Manuel 🕸, im Gebäude des Coliseu. Bar und Konzertsaal im modernisierten Retrolook eines einstigen Art-Deco-Kinos. So–Do 18–2, Fr/Sa 22–4 Uhr. Rua de Passos Manuel 137.

Gare Clube 🕸, am Bahnhof São Bento. Avantgardistischer Club unter Granitbögen mit einer Tanzpiste und einer abgetrennten Bar, häufig Konzerte, Musikrichtungen Dance, Elektronik, House. Fr/Sa 0–6 Uhr, Konzerte auch zu anderen Zeiten. Rua da Madeira 182, www.gareporto.com.

Hardclub 🕸, im Mercado Ferreira Borges. Das schönste Beispiel der Portuenser Glas-Eisen-Bauweise bietet seit 2010 dem Hardclub und seinen zahlreichen Musik- und Kulturveranstaltungen Platz. Rua de Ferreira Borges, gegenüber der Börse, www.hardclub.com.

Plano B 🕸, nahe Clérigo-Kirche. Häufig Konzerte sehr unterschiedlicher Stilrichtungen, Schwerpunkt Electropop und House, aber auch R & B und Soul. Di/Mi 22–2, Do bis 4, Fr/Sa bis 6 Uhr. Rua Cândido dos Reis 30, www.planobporto.net.

Candelabra 🕕, westlich der Avenida dos Aliados. In die einstige Buchhandlung ist 2009 eine Café-Bar eingezogen, die schnell einer der Lieblingsorte der Portuenser Szene wurde, auch dank der günstigen Preise und relaxter Musik. Zwischen 19 und 19.30 Uhr hat es sich eingebürgert, hier ein Gläschen zum Ausklang des Tages zu trinken. Mo–Sa 10–2 Uhr. Rua da Conceição 3.

Aniki Bóbó 🕸, in der Ribeira. Mitte der 1980er Jahre von drei Freunden gegründet, die ein etwas anderes Nachtleben kreieren wollten. Der Name geht auf das Kinderspiel „Räuber und Gendarm" zurück, das in Porto „Anikibébe e Anikibóbó" heißt. Avantgardistische Bar, in der sich die Moderne mit altem Design paart, DJs legen unterschiedliche Musikstile zwischen Pop, House und Drum & Base auf. Di–Sa 23–4 Uhr. Gäste jeden Alters. Rua Fonte Taurina 36.

Mercedes 🕸, in der hintersten Ecke des Cais da Ribeira in der zweiten Reihe. Die Bar heißt eigentlich „O meu Mercedes é maior que o teu" (Mein Mercedes ist größer als deiner!), doch vom Publikum fährt wohl keiner einen deutschen Edelwagen. Alternative Musik im hohen Granitkeller. Mi–Sa 22–4 Uhr. Rua da Lada 30, http://omeumercedes.com.

Westliches Ende der Ribeira bis Foz Ein Zentrum des Nachlebens mit vielen großen Tanztempeln.

Maré Alta, im Fluss. Das schwimmende Zelt auf zwei verbundenen Schiffen mitten im Douro ist absolut in. Trotz viel Neon „nautisches" Ambiente. Im Sommer tägl. ab 22 Uhr Barbetrieb, Fr/Sa ab 2 Uhr Disco, So häufig Livemusik. Cais de Massarelos, Rua do Ouro.

Bar da Praia do Ourigo, am gleichnamigen Strand vor dem Castelo da Foz. Jazz an lauen Sommerabenden.

Esplanadas da Foz An den sich nun anschließenden Esplanadas da Foz liegen direkt am Strand zahlreiche Bars nebeneinander. Hier sollte jeder seinen Lieblingsort finden. Höhepunkt ist die **Discoteca Indústria**, einer der großen Tanztempel Portos. Anfang der 1990er Jahre gegründet, lockt die Techno- und Experimentalmusik die jungen Portuenser unvermindert. Einer der Stammbesucher ist Rockstar Pedro Abrunhosa. Fr/Sa 22.30–4 Uhr. Avenida do Brasil 843, Lojas A–F (Foz).

Boavista **Labirintho**, in einem großen, dreistöckigen Gebäude nahe der Rotunda von Boavista. Im Erdgeschoss Barbetrieb, darüber wird Konzerten, Dichterlesungen, Ausstellungen und Diskussionsveranstaltungen Raum gegeben. Die Musik passt sich den Zeitströmungen an, aber auch Jazz und World. Tägl. 16–4 Uhr. Rua Nossa Senhora de Fátima 334.

Swing, südlich der Rotunda. Die In-Disco der 1970er und 1980er Jahre ist heute Treffpunkt für alle, die sich nach diesen schönen Zeiten zurücksehnen. Do–Sa 24–6 Uhr. Praceta Eng° Adelino Amaro da Costa 766.

Industrieareal im Nordwesten Portos Hier weht ein völlig anderer Zeitgeist. Alte Fabrikgebäude wurden zu hypermodernen Discos und Bars umgestaltet.

Chic, der Name sagt alles: sehr cool gestylt. Großer Laden mit Platz für 1500 Leute, Tanzflächen auf zwei Ebenen, dazu fünf Bars. 2007 trat sogar David Guetta hier auf. Nur Fr/Sa und vor Feiertagen 0–6 Uhr. Rua Manuel Pinto de Azevedo 2.

Via Rápida, dank häufiger Stilwechsel die über Jahre erfolgreichste Disco der Stadt. Das gedämpfte Licht lässt kaum die Einrichtung erkennen und schafft eine eigenartig einmalige Atmosphäre. So manche heute etablierte Rockgruppe wurde hier bei einem Konzert entdeckt. Fr/Sa 0–6 Uhr. Rua Manuel Pinto de Azevedo 567 – Armazém 5.

Schwule & Lesben

→ Karte S. 74/75

Die Stadt hat Schwule und Lesben als touristische Zielgruppe entdeckt. Extra für sie gibt es einen kleinen *Porto Gay & Lesbian Guide* in den Tourismusämtern (auch unter www.portugalpride.org).

PortugalGay.PT, der Schwulen- und Lesbenverein Portos. Apartado 4705 (Postfach) (4012-001), http://portugalgay.com.

Restaurante Cozzza a Rio 🟥, hinter der Kirche São Francisco. Nettes, kleines Lokal, modern eingerichtet, besonders schön ist es, im Sommer draußen zu sitzen. Viele Salate und gegrillte Fisch- und Fleischspeisen. Hauptgerichte ab 7,50 €. Auch Cafébetrieb (ab 11 Uhr), Mo und Di erst ab 18 Uhr. Rua S. Francisco 8, ✆ 222000712.

Zoom 🟥, im Zentrum. 2009 eröffnete Großdisco mit muskulösen Animationstänzern. Angeschlossen ist ein kleiner Sexshop. Fr/Sa 0–6 Uhr, Beco Passos Manuel 40.

Pride Bar 🟦, im nördlichen Zentrum. DJs, Musik v. a. Richtung House, Travestieshows, Männer- und Frauen-Striptease. Mi und Fr–So 0–6 Uhr. Rua Bonjardim 1121, ✆ 918369861 (mobil).

Pride Coffee 🟥, fast um die Ecke und im gleichen Besitz. Schwulen- und Lesbentreff, donnerstags mit Karaoke, auch an anderen Tagen oft Programm. Tägl. 21–2 Uhr. Praça Marquês de Pombal 13, 1. Stock.

Glamour Bar 🟦, ebenfalls im nördlichen Zentrum. Auf der Bühne treten Varietékünstler auf, wie die in der Szene bekannten Roberta Kinski, Nany Petrova und Thula Tarpe. Rua Bonjardim 836, Mi und Fr–So 23–4 Uhr, Showbeginn mittwochs um 2 Uhr, sonst um 3 Uhr.

Blick über das restaurierte Stadtviertel Bairro da Sé

Sehenswertes

Rund um die Kathedrale

Sé (Kathedrale): Schon vor der portugiesischen Staatsgründung soll die galicische Gräfin Dona Teresa, Mutter des ersten portugiesischen Königs, 1120 den Grundstein für das Gotteshaus gelegt haben. Unter dem Einfluss normannischer Kreuzfahrer entstand zunächst eine romanische Wehrkirche mit zwei mächtigen Türmen, Zinnenkranz und Rosette über dem Hauptportal. Anleihen an den Baustil der Auvergne sind unverkennbar. Im 14./15. Jh. wurde ein formvollendeter gotischer Kreuzgang angebaut, den man im 18. Jh. mit blau-weißen Kachelpaneelen verzierte, die Szenen jüdischer Hochzeitslieder aus der Zeit König Salomons sowie einige der Metamorphosen Ovids darstellen. Der hohe, dreischiffige Kirchenraum unter dem gotischen Kreuzgewölbe besticht dank seiner Schlichtheit. Links neben dem Hauptaltar befindet sich in der Sakramentskapelle das eigentliche Juwel: ein Altar aus 800 kg massivem Silber im spanischen Platereskenstil, dessen Gestaltung genau hundert Jahre in Anspruch nahm (1632–1732). Ein geistesgegenwärtiger Küster rettete ihn später vor den napoleonischen Beutezügen, indem er den Prunk kurzerhand unter einer Gipsschicht verbarg. Im 18. Jh. versuchte der italienische Maler und Baumeister Nicolau Nasoni (siehe auch S. 89), die alte Trutzkirche im barocken Stil aufzumöbeln – zunächst (1725) mit farbenfrohen Fresken im Hauptchor, später als mittlerweile arrivierter Architekt mit der schwungvollen Loggia an der Nordfassade, den eleganten Kuppeln auf den wuchtigen Wehrtürmen oder dem Portal, in das er eine alte Marienstatue aus dem 13. Jh. integrierte. Heraus kam ein stilistisch höchst uneinheitliches Gesamtkunstwerk, das auch irritieren kann.

Die Öffnungszeiten wechseln oft. Meist April–Juni und Okt. 9–12.30/14.30–19 Uhr, Nov.–März nur bis 18 Uhr, Juli–Sept. Mo– So 9–19, So 9–12.30/14.30–19 Uhr. Eintritt frei.

Kreuzgang: April–Juni und Okt. Mo–Sa 9–12.15/14.30–18.30 Uhr, Nov.–März nur bis 17.30, Juli und Sept. 9–18.30 Uhr, So jeweils nur nachmittags. Eintritt 3 €, 20 % Ermäßigung mit Porto Card. Keine Besichtung während der täglichen Messe, etwa von 11 bis 12 Uhr.

Soziales Elend im Schatten der Kathedrale

Nur einen Steinwurf entfernt von der imposanten Bischofskirche befand sich einst Portos schlimmster sozialer Brennpunkt Bairro da Sé. Viele Jahrzehnte war das Viertel für seine erbärmlichen, engen und düsteren Wohnverhältnisse berüchtigt. Noch Mitte der 1990er Jahre fehlten in 13 % der Häuser sanitäre Anlagen, und drei Viertel der gesamten Bausubstanz waren dringend sanierungsbedürftig. Auch die Bevölkerungsstruktur erschien wenig zukunftsträchtig: viele Bewohner waren alt, gering qualifiziert und/oder arbeitslos. Die extreme Armut war der soziale Bodensatz für Prostitution und regen Drogenhandel. Scheinbar unbescholtene Alte versteckten Heroinlieferungen in ihren Wohnungen und verdienten damit in wenigen Tagen mehr, als ihre staatliche Minirente im Monat abwarf. Kinder wurden als Kuriere eingesetzt. Wieder andere waren an der Geldwäsche beteiligt, indem sie die Einkünfte der Drogendealer auf ihre privaten Bankkonten einzahlten und damit legalisierten. Die Zahl der Bewohner, die indirekt oder direkt am Drogenhandel beteiligt waren, wurde auf über 400 geschätzt.

1993 wurde mit Unterstützung der EU ein umfassendes Sanierungsprogramm mit einem Finanzvolumen von 17,4 Mio. € in die Wege geleitet. Heute erstrahlen die Häuserfassaden in lebendigen Farben, und an neu angelegten Plätzen wie der Praça Viela do Anjo gelang eine mutige und wegweisende Symbiose von Altbausanierung und moderner Architektur. Doch blieb das Sanierungsprogramm nicht allein auf Bauliches beschränkt, sondern umfasste in vorbildlicher Weise auch soziale Maßnahmen. Zunächst wurde mit einer speziellen Mietpreisbindung garantiert, dass niemand „hinaussaniert" werden konnte. In früheren Hinterhöfen oder renovierten Altbauten entstanden moderne Sozialwohnungen, Altenheime und Treffpunkte für Kinder und Jugendliche. Hinzu kamen Spezialprogramme (Frauen-, Aids- oder Qualifizierungsprojekte), die die Lebensbedingungen der Bewohner verbessern helfen sollen. Trotz dieser positiven Veränderungen blieb der Anteil an Arbeitslosen hoch, auch eine gewisse Klein- und Drogenkriminalität besteht fort. Dennoch ist das ehemalige Schmuddelviertel deutlich aufgewertet worden.

Terreiro da Sé: Der weitläufige Platz vor der Kathedrale entstand erst als Folge großräumiger Abrissarbeiten, die der Diktator Salazar in Vorbereitung pompöser Staatsfeiern 1940 anordnen ließ. Kleinere Gebäude und Gassen wurden eingeebnet, um die Kathedrale monumentaler erscheinen zu lassen. Die Bauarbeiten förderten die Grundmauern eines mittelalterlichen Wehrturms zutage, der um 15 m versetzt als *Torre da Cidade* wiederaufgebaut wurde. Während der Diktatur diente er als Stadtarchiv, später als Sitz sozialer Vereine und Ausstellungsraum. Mittlerweile wird er vom Ausflugsunternehmen *Porto Tours* genutzt.

Eine weitere mittelalterliche Ruine steht ein paar Meter nordwestlich der Kirchenmauern und war in den letzten Jahren Stadtgespräch: die Grundmauern des 1443

Großraum Porto → Karte Umschlagklappe hinten

erbauten Rathauses *Casa da Cidade*, auch bekannt als das „Haus der 24" (wegen der einst hier tagenden 24 Vertreter von Handwerksgilden, die ihre Stadt vertraten und auch vom König angehört wurden). Der kürzlich verstorbene bedeutende Portuensr Architekt Fernando Távora verwandelte die Mauerreste – nicht unbedingt zu jedermanns Freude – in einen klotzigen Granitkubus, der heute einen Ableger des städtischen Tourismusamtes und thematische Ausstellungen beherbergt.

Weitere dekorative Salazar-Maßnahmen betrafen einen auf alt getrimmten *Schandpfahl* im Neorokoko-Stil, der ab 1945 den leeren Platz vor der Kathedrale beleben sollte, sowie ein monumentales *Reiterstandbild des Ritters Vímara Peres* an der Nordseite, der 868 die Stadt den Arabern entrissen haben soll. Es wird kolportiert, dass man 1968 zum Besuch Salazars dringend eine neue Statue brauchte, um dem damals schon reichlich senilen Diktator die Gelegenheit zu verschaffen, etwas national Bedeutsames feierlich enthüllen zu können.

Südlich der Kathedrale überragt der wuchtige *Bischofssitz* die Stadt. Von Nicolau Nasoni im 18. Jh. auf den Grundmauern eines früheren Palastes errichtet, gilt er als einer der schönsten profanen Barockbauten Portugals, der harmonisch erste Anklänge des Rokokos und des Klassizismus zu integrieren vermochte. Leider sind die mit Stuck und Bemalung festlich ausgeschmückten Innenräume der Öffentlichkeit nicht zugänglich. Auch der Bischof residiert hier nicht mehr, heute dient das Gebäude als Sitz der Diözese.

Igreja de São Lourenço: Der Bau dieser ehemaligen Seminarkirche der Jesuiten zog sich über einen ungewöhnlich langen Zeitraum hin (1573–1709). Während der eindrucksvolle Innenraum noch im manieristischen Stil erbaut wurde, steht die wuchtige Fassade bereits in der Blüte des Barocks. Streng symmetrisch angelegt, fehlt ihr jeglicher Figurenschmuck, einige Fenster- und Türöffnungen sind zugemauert, andere weisen in den Himmel. Den Jesuiten waren hier bis zu ihrer Vertreibung durch den Premierminister Marquês de Pombal nur 50 Jahre vergönnt. Ab 1780 zog der Orden der barfüßigen Augustiner in die Kirche ein; wegen des Ordenssitzes in der Lissabonner Rua do Grilo wurde sie forthin auch *Igreja dos Grilos* (Grillenkirche) genannt. Am Vorplatz Largo do Colégio und in den umliegenden Gassen wie der Rua de Sant'Ana lassen sich die erfreulichen Ergebnisse der umfassenden Sanierung des früher verrufenen Viertels Bairro da Sé bestaunen (→ Kasten S. 85). Nachts und alleine sollte man aber auch heute noch Vorsicht walten lassen.
Di–Sa 10–19 Uhr. Eintritt frei. Im Nordflügel ist ein Museum für Kirchenkunst untergebracht, Eintritt 2 €.

Rund um die Ribeira

Der *Cais da Ribeira*, die malerische Hafengegend und Aushängeschild Portos, war viele Jahrhunderte ein geschäftiges Handels- und Marktzentrum. Selbst der nach allen Regeln der neuen Glas-Eisen-Konstruktionskunst im Jahre 1888 errichtete *Mercado Ferreira Borges*, nur wenige Meter bergan gelegen und inzwischen vom Kulturverein Hardclub genutzt, ließ die Fischverkäuferinnen und Marktfrauen nicht von ihrer angestammten Stelle im altertümlichen Ribeira-Markt weichen. Erst in den 1990er Jahren verschwanden die traditionellen Verkaufsbuden von der modernisierten Uferpromenade und verwandelten sich die massiven Granithäuser von alten Lagerräumen in zahllose Szene- oder Touristenrestaurants, die die Ribeira zu einem der Zentren des Nachtlebens machen. Das junge Volk beginnt hier gerne seinen Zug durch die Clubs.

Portweinschiffe machen gegenüber der Ribeira fest

Lange Zeit fiel das Arme-Leute-Viertel durch unhygienische und enge Wohnverhältnisse auf. Zusätzlich erschwert wurde das Leben der Uferbewohner durch regelmäßige winterliche Hochwasser, derer man erst durch den Bau zahlreicher Schleusen Herr werden konnte. Einen Eindruck von den einstigen Lebensverhältnissen und dem lebendigen, farbenfrohen Trubel an der Ribeira vermittelt ein 54 m langes *Kachelbild* von Júlio Resende nahe der monumentalen Bogenbrücke über den Fluss (kurz vor dem Straßentunnel). Es stammt aus dem Jahr 1987, kurz danach wurden die umfassenden Sanierungsmaßnahmen in Angriff genommen, die mittlerweile erfreuliche Wirkung zeigen.

Nur wenige Schritte von der Brücke entfernt wird ein landesweit bekannter ehemaliger Bewohner der Ribeira mit einer kleinen *Statue* gewürdigt, der *Duque da Ribeira* (Herzog vom Kai), das Gesicht dem Douro zugewandt. Als Flusswächter hatte er sein Kontor im Schatten der großen Brücke, rettete gut 50 Menschen vor dem Ertrinken, zog aber auch mehr als 500 Leichen aus dem Wasser, bevor er 1996 hoch dekoriert im Alter von 92 Jahren starb. Betätigt hat er sich auch als Händler von Kerzen, die gerne an einem schwarzen Relief am Cais da Ribeira Nr. 20 zur Erinnerung an einen traurigen Tag in der Stadtgeschichte angezündet wurden. Hier spannte sich eine Brücke aus vertäuten Schiffen auf die andere Seite. Als im März 1809 die napoleonischen Truppen vom Norden her in die Stadt eindrangen, versuchte die Bevölkerung in großer Panik hinüberzugelangen, allen voran der Bischof. Einem solchen Ansturm war die Schwimmbrücke freilich nicht gewachsen, und mehrere hundert Menschen ertranken in den Fluten. Das Relief wird von der Bevölkerung *As Alminhas* („Die kleinen Seelen") genannt. Den gleichen Namen tragen die vielen in den angrenzenden Altstadtgassen erhöht an den Hauswänden angebrachten, aber mittlerweile oft verwahrlosten kleinen Altäre, die früher von der Nachbarschaft geschmückt wurden.

Praça da Ribeira: Einst zentraler Umschlagplatz für die auf dem Douro verschifften Waren – an einer Quelle wurden die Tiere getränkt, bevor Fuhrleute mit Ochsengespannen das Handelsgut hügelaufwärts in die Stadt brachten. In seiner heutigen symmetrischen Anlage als eine Art Schaufenster der Stadt entstand der rechteckige, sich zum Fluss öffnende Platz im 17. und 18. Jh. Maßgeblich geprägt von den Vorstellungen des englischen Konsuls John Whitehead, der aus dem Hafenplatz einen repräsentablen Eingang in die wohlhabende Handelsstadt machen wollte, entstanden anstelle der ursprünglichen einfachen Wohnstätten der Fischer und Seeleute moderne Bürgerhäuser mit einheitlichen klassizistischen Fassaden und gleichen Geschosshöhen. An der westlichen Verlängerung wurden mehrere historische Häuser luxussaniert und zu einem Hotel zusammengefasst. Darunter befindet sich das älteste erhaltene Teilstück der mittelalterlichen Stadtmauer mit dem nur von der Uferseite sichtbaren Stadtzugang *Postigo do Carvão* aus dem Jahr 1348. Skurril ist die moderne Skulptur des Stadtheiligen São João, die seit dem Jahr 2000 den Brunnen am Platz ziert. Der für seinen eigenwilligen künstlerischen Umgang mit historischen Persönlichkeiten berühmt-berüchtigte Bildhauer João Cutileiro stellt Johannes den Täufer reichlich respektlos als eine Art Hippie mit Schaffell dar. Mitten auf dem Platz erhebt sich ein weiteres modernes Kunstwerk: ein von José Rodrigues geschaffener überdimensionaler, auf einer seiner Spitzen balancierender, dunkler Würfel. Das Miteinander von Alt und Modern fügt sich auf dem Platz zu einem einheitlichen Ganzen, und die leuchtenden Farben der Fassaden bringen in die Stadt des Granits einen fröhlichen Farbklecks.

Casa do Infante: Das trutzige Stadthaus aus Granit, nur einen Steinwurf von der Ribeira entfernt, ließ Dom Afonso IV. im Jahre 1325 als königliches Gäste- und Lagerhaus erbauen, wenig später wurden hier zusätzlich die königliche Münze und das Zollamt untergebracht. Das Gebäude ist jedoch vor allem als vermutlicher Geburtsort des Infanten Heinrich bekannt, der später den Beinamen „der Seefahrer" erhielt. Nach einer gelungenen Sanierung befindet sich in den Räumen das Stadtar-

Unten rauscht der Autoverkehr, oben die Metro

chiv, in dem auch Heinrichs Taufschein zu sehen ist. Darüber hinaus kann man sich in modernen Ausstellungsräumen interaktiv und multimedial mit der Stadtgeschichte beschäftigen.

Blicke ins Haus frei, Museum Di–So 10–13 und 14–17.30 Uhr. Eintritt 2,10 €, Sa/So frei.

Großraum Porto → Karte Umschlagklappe hinten

Nicolau Nasoni – ein barocker Großbaumeister

Er kam als junger italienischer Kunstmaler 1725 nach Porto, wo er bei der Ausschmückung des Hauptchores der Kathedrale mit farbenfrohen Fresken ein erstes Betätigungsfeld fand. Er sollte Portugal nicht mehr verlassen und brachte als Baumeister barocken Eleganz in die Stadt des Granits. Finanziert mit brasilianischem Gold, verwandelte er aber nicht nur Porto in eine Großbaustelle. Er zeichnete verantwortlich für die Renovierung bestehender Kirchen in barockem Stil (Kathedrale und Igreja da Misericórdia, Kathedrale in Lamego) sowie für den Bau zahlreicher in barocker Opulenz schwelgender Adelspaläste (Palácio do Freixo in Porto und Palácio Mateus bei Vila Real). Nicolau Nasoni (1691–1773) erbaute auch neue Kirchen, worunter die Igreja dos Clérigos mit ihrem gewaltigen Turm im Wortsinne herausragt. In dieser Kirche wurde er auch begraben.

Igreja São Francisco: Das nordwestlich des Cais da Ribeira gelegene, ursprünglich in schlichter Gotik errichtete Gotteshaus wird wegen seiner prunkvollen barocken Innenausstattung auch die „goldene Kirche" genannt. Die Üppigkeit des vergoldeten Schnitzwerks, das neben Altären, Seitenkapellen, Säulen und Wänden selbst das gotische Kreuzgewölbe nicht ausspart, ist überwältigend. Gebaut wurde die Kirche ab 1383 vom Bettelorden der Franziskaner, der von einem Christenleben in Armut und Demut predigte und dafür lange von der bischöflichen Obrigkeit verfemt wurde. Unterstützt wurden die Mönche von einflussreichen Patriziern, die ebenfalls gegen den Bischof opponierten. Zwei Seitenaltäre fallen besonders ins Auge: der linke ist opulent mit dem Baum Jesse geschmückt, einem plastischen Stammbaum Jesu mit den zwölf Königen von Juda, gekrönt von Maria mit dem Kind. Darunter liegt gebettet in einem Schiff die *Senhora da Boa Viagem*, die „Jungfrau der guten Reise", die auch für das Wohl von Touristen zuständig ist. Auf der gegenüberliegenden Seite wird eindrucksvoll an das Martyrium von fünf Franziskanermönchen erinnert, die in Marokko von missionierungsunwilligen Arabern massakriert wurden. Die überbordenden barocken Ausschmückungen des 17. und 18. Jh. gingen vielfach auf das Konto wohlhabender Familien. Viele sind in den Katakomben der Kirche (heute Museum) bestattet. So mussten sie nicht mit dem gemeinen Pöbel in derselben Erde begraben werden. Doch wie die Geschichte ausging, sieht man im Ossarium (Beinhaus) in der hintersten Kellerecke: unter einem im Boden eingelassenen Gitter sieht man alle Knochen zu einem großen Haufen aufgeschüttet.

Nov.–März tägl. 9–18 Uhr, Mai–Juni und Okt. bis 19 Uhr, Juli–Sept. bis 20 Uhr. Eintritt 3,50 €, mit Cartão Jovem und für Studenten 2 €, mit Porto Card 25 % Ermäßigung.

Bolsa (Börse): Als eines der bedeutendsten Gebäude der klassizistischen Bauperiode wurde der Börsenpalast 1842 an der Stelle des abgebrannten Franziskanerklosters oberhalb der Franziskanerkirche erbaut. Maßgeblich von den Unternehmern Portos und mittels einer Zusatzsteuer auf Zölle finanziert, zogen sich die Bauarbeiten von 1862 bis 1880 hin. Der Sitz der Portuenser Handelsvereinigung diente dem gestiegenen Repräsentationsbedürfnis der Händler und Unternehmer. Wo einst die Franziskanermönche in ihrem schlichten Kreuzgang gewandelt waren, wurde ein festlicher, mit Glas überdachter Innenhof errichtet, in den man auch ohne Führung einen schnellen Blick werfen kann. Prunkstück der prächtig ausgeschmückten Räumlichkeiten ist der *Maurische Saal*, der im romantisierenden Zuckerbäckerstil der Alhambra in Granada nacheifert. Dort werden hohe Staatsgäste empfangen oder klassische Konzerte gegeben. Alle Säle können – höchst geschäftstüchtig, wie es sich für dieses Haus gehört – auch für private Feiern oder geschäftliche Empfänge gemietet werden.

Nov.–März tägl. 9–13 und 14–18, sonst 9–19 Uhr; Führung jeweils zur halben Stunde. Eintritt 7 €, Studenten, mit Cartão Jovem und über 65 J. 3,50 €, mit Porto Card 30 % Ermäßigung.

Die Baixa

Igreja Santa Clara: Südlich der Praça da Batalha gelegen, versteckt sich die Klarissinnenkirche mit schlichter gotischer Fassade und Renaissance-Portal hinter einer Mauer. Umso überraschender wirkt das Feuerwerk von überbordenden vergoldeten Holzschnitzereien *(talha dourada)* im Innenraum (17. Jh.). Wenn auch schon merklich nachgedunkelt, lassen sie dieses Kirchlein zu einem der bedeutendsten des Barocks in Portugal werden. Der Porto sehr zugewandte König João I. legte 1416 selbst den Grundstein, um ein Gelübde seiner ein Jahr zuvor verstorbenen Gattin zu erfüllen. Aus der Frühzeit datiert ein seltenes gotisches Taufbecken am Eingang. Beeindruckend auch der martialische Schutz des Hochchors, der die streng abgeschieden lebenden Klarissinnen mit wuchtigen Metallstacheln vor unerlaubten Blicken aus dem öffentlichen Kirchenraum abschirmte. Darunter befindet sich die letzte in Porto erhaltene mittelalterliche Babyklappe, das „Rad der Ausgesetzten" *(roda dos expostos)*. Nachdem die verzweifelte Mutter ihr Kind dort hineingelegt hatte, konnte sie mithilfe eines Glöckchens die Nonnen auf der anderen Seite von der Ankunft eines neuen Pflegefalles in Kenntnis setzen. Durch einen speziellen Sichtschutz im hölzer-

Portal der Igreja Santa Clara

nen Drehkreuz blieben sowohl Mutter als auch Nonne unerkannt. In späteren Zeiten diente die Klappe dann wesentlich profaneren Zwecken, nämlich dem öffentlichen Verkauf der berühmten Kuchen und Süßigkeiten des Klarissinnenklosters. Links der Kirche gelangt man zu einem Hof mit schönem Ausblick auf den Douro und die Überreste der fernandinischen Stadtmauer aus dem 14. Jh.

Mo–Fr 9.30–12/15.30–18, Sa 15–18, So nur 10–11 Uhr; an Feiertagen geschlossen. Eintritt frei.

Bahnhof São Bento: Als 1896 die erste Dampflok Porto erreichte, mussten die Waren noch mit Ochsenkarren vom 4 km entfernten Bahnhof Campanhã über die Hügel ins Stadtzentrum gebracht werden. Erst vier Jahre später wurde an der Stelle des Frauenklosters São Bento de Ave Maria, das Anfang des 16. Jh. erbaut, 1783 in einem Brand stark zerstört und mit der Säkularisierung im Jahre 1834 aufgelöst worden war, der Grundstein für einen innerstädtischen Bahnhof gelegt. Nach 15-jähriger Bauzeit, die u. a. der Sprengung des Eisenbahntunnels durch den östlichen Hügel und der aufwändigen Innengestaltung mit 20.000 Kacheln geschuldet war, konnte der Bahnhof 1915 endlich eingeweiht werden. Allerdings fiel dem Architekten Marques da Silva erst am Tage der feierlichen Eröffnung auf, dass er die Fahrkartenschalter und den Warteraum vergessen hatte! Auf den großartigen Kachelbildern wird die Euphorie über das neue dampfende Verkehrsmittel eingefangen (Deckenfries), darüber hinaus sind Szenen aus dem ländlichen Leben und der portugiesischen Geschichte dargestellt.

Der Torre dos Clérigos ist Portos mahnender Zeigefinger

Igreja da Misericórdia: Auch diese Kirche trägt an der Außenfassade die barocke Handschrift Nicolau Nasonis. Sie liegt im unteren Bereich der Rua das Flores, die 1521 auf Geheiß von König Manuel I. angelegt wurde, die Klöster São Domingo und São Bento verband und dabei an bischöflichen Gärten und Feldern vorbeiführte (deswegen auch der Name „Blumenstraße"). Bald wurde sie zu einer der vornehmsten Straßen Portos, in der sich nicht nur zahlreiche Adelsfamilien ansiedelten, was noch heute an den Adelswappen über den Eingängen erkennbar ist, sondern auch Juweliere, Silber- und Goldschmiede, die hier den feinen Goldfiligranschmuck fertigten, der bald weit über Porto hinaus berühmt wurde.

Die Kirche des wohltätigen Misericórdia-Ordens entstand in der zweiten Hälfte des 16. Jh. im schlichten Stil der Renaissance und war damals noch von der Straße zurückversetzt. Den freien Raum nutzte Nicolau Nasoni zu seiner monumentalen Fassadengestaltung. Im einschiffigen Innenraum dominiert trotz barocker und klassizistischer Ausschmückungen die ursprüngliche Schlichtheit. Glanzpunkt ist das Gemälde *Fons Vitae* aus dem frühen 16. Jh., das im angeschlossenen Museum zu sehen ist. Von einem unbekannten portugiesischen Künstler gemalt und sichtbar beeinflusst von durchreisenden flämischen Malern, zeigt es den gekreuzigten Christus, dessen Blut in einen Lebensbrunnen abfließt, dem zeitgenössischen Symbol für nie versiegende Barmherzigkeit *(misericórdia)*, Leben *(vida)* und Frömmigkeit *(piedade)*.
Kirche: Mo–Fr 9–12.30 und 14–17.30, Sa/So 8–12 Uhr. **Museum** nur Mo–Fr 9–12.30 und 14–17.30 Uhr. Eintritt Museum 1,50 €.

Igreja dos Carmelitas und Igreja do Carmo

Cordoaria-Viertel und nördliche Innenstadt

Igreja/Torre dos Clérigos: Das erste Bauwerk Nicolau Nasonis in Porto und gleichzeitig seine Begräbnisstätte. Der freistehende Turm ist mit seinen 75,60 m der höchste des Landes und diente lange Zeit den ankommenden Seeleuten als Orientierungspunkt. Hat man erst mal die 240 steilen Stufen erklommen, bietet sich von der Spitze ein spektakuläres Stadtpanorama. Das Kirchenschiff wurde 1750 fertiggestellt und gleicht mit seinem ungewöhnlichen ovalen Grundriss mehr einem Ballsaal als einem Gotteshaus, auch die Jungfrau Maria erscheint als mondäne Tänzerin.

Tägl. 9–18, im Sommer 9–19 Uhr. Kirche frei, Turm 2 €, mit Porto Card 50 % Nachlass.

Igreja dos Carmelitas und Igreja do Carmo: Die beiden Kirchen, deren umliegende Plätze anlässlich der Ernennung zur Europäischen Kulturhauptstadt völlig neu gestaltet und verkehrsberuhigt wurden, bilden eine ungewöhnliche Einheit. Die linke – ursprünglich Ordenskirche der barfüßigen Karmeliter – wurde 1628 mit klassisch-schlichter Fassade vollendet. Im einschiffigen Innenraum überraschen neben kunstvollen vergoldeten Holzschnitzereien *(talha dourada)* auch seltene polychrome Kacheln aus dem 17. Jh., die eine Seitenkapelle schmücken.

Etwa 140 Jahre später wurde rechts daneben die Carmo-Kirche des weltlichen Karmeliterordens angebaut, der auch das rückwärtig angrenzende Krankenhaus betrieb. Das spätbarocke Schmuckstück mit der verspielten Granitfassade und den reich vergoldeten Holzschnitzereien im Rokokostil wurde zu Beginn des 19. Jh. von den napoleonischen Invasoren und wütenden Liberalen fast vollständig geplündert. Seit 1912 ist die weithin sichtbare Ostfassade mit einem riesigen blau-weißen Kachelpaneel überzogen, dessen Bildaufbau sich geschickt an die gegebene Bausubstanz anpasst: die Jungfrau Maria thront zwischen zwei barocken Fenstern auf einer Wolke, umgeben von einer himmlischen Engelsschar.

Igreja dos Carmelitas: Mo–Fr 7.15–19, Sa/So 9–18.45 Uhr. Igreja do Carmo: Mo, Mi 8–12 und 13–18, Di, Do, Fr 9–18, Sa 9–16, So 9–13.30, Feiertag 9–12 Uhr. Eintritt jeweils frei.

Jardim da Cordoaria: Der offizielle Name lautet Jardim João Chagas. Ende des 14. Jh. ließ König João I. an den südlich angrenzenden Abhang noch innerhalb der Stadtmauern das Judenghetto errichten, das nach Zwangstaufen und Vertreibung unter Manuel I. ab 1496 aufgelöst wurde. Daneben entstand im 15. Jh. eine lang gestreckte Seilerei (port. *cordoaria*), die die nahen Werften mit Schiffstauen und Takelage versorgte. In Zeiten romantischer Naturbegeisterung wurde dann 1865 unter der Leitung des deutschen Gartenbauarchitekten Emile David der beliebte innerstädtische Park angelegt. 1941 kam es zur Katastrophe, als ein winterlicher Wirbelsturm nahezu alle Bäume entwurzelte. In der Folgezeit wurde der Park vernachlässigt, und es häuften sich nächtliche Überfälle. Mehr Aufmerksamkeit widmete man ihm erst wieder anlässlich der Ernennung Portos zur Europäischen Kulturhauptstadt. Gesäumt werden die Anlagen von prächtigen Stadtpalästen, dem alten Gefängnis (heute vom *Centro Português de Fotografia* genutzt), einem salazaristisch-monumentalen Justizpalast und nicht zuletzt der alten Universität.

Igreja Cedofeita: Die älteste Kirche Portos erhebt sich am Largo do Priorado nördlich des Zentrums inmitten eines Wohn- und Geschäftsgebiets. Der Legende nach soll hier bereits im 6. Jh. der zum Christentum bekehrte Suebenkönig Teodomiro ein Kirchlein erbaut haben. Es überdauerte zwar als eines der wenigen die arabische Herrschaft, wurde dann aber während der christlichen Reconquista zerstört. Der erste portugiesische König, Afonso Henriques, ließ daraufhin im Jahre 1120 die Kirche schnell und quasi zwischen zwei Schlachten wiederaufbauen. Das lateinische *cito facto* (= schnell gemacht) wurde zum portugiesischen *cedofeita* und gab dem schlichten Gotteshaus seinen Namen. Es ist die einzige romanische Kirche des Landes mit vollständig gemauerter Gewölbedecke.

Mo–Sa 8–10 und 17–19 Uhr. Eintritt frei.

Casa da Música: „Weltraumobjekt" oder „Schuhschachtel" sind nur zwei von vielen Bezeichnungen, die der 2005 eröffneten Konzerthalle an der Praça de Mousinho de Albuquerque mehr oder weniger despektierlich verliehen werden. Der holländische Stararchitekt Rem Koolhaas selbst nannte sein Meisterwerk einen „verrückten Bau". Konzertsaal, die Büros der Angestellten und Aufenthaltsräume der Künstler sind nur durch Glas von der Außenwelt getrennt und also einsehbar, weswegen sich Lou Reed anfangs weigerte, die Einladung zum Einweihungskonzert anzunehmen. Das Musikspektrum reicht von Klassik bis Techno, der auch schon mal in der Tiefgarage zur Aufführung kommt. Empfehlenswert nicht nur für Architekturfans sind die einstündigen Führungen durch das Haus, um 11 und 16 Uhr, letztere auch auf Englisch.

Führung: 11 Uhr (portugiesisch), 16 Uhr auch in Engl., 4 €. Metro Casa da Música. www. casadamusica.pt.

Das Douro-Ufer bis zur Mündung

Portos Stadtansicht wird maßgeblich bestimmt von sechs imposanten *Brücken,* die in ihrer Entstehungszeit ingenieurtechnische Neuerungen waren.

Ponte Dom Luis I: Die eiserne Brücke verblüfft mit ihrer kühnen, an die Hügellage der Stadt angepassten Ausgestaltung. Als sie gebaut wurde, war ihr Bogen der weltweit größte aus Schmiedeeisen. Die untere Fahrbahn (in 10 m Höhe über dem

Großraum Porto   → Karte Umschlagklappe hinten

Wasserspiegel) misst 172 m Länge und verbindet das Ribeira-Viertel mit den gegenüberliegenden Portwein-Kellereien. Eine obere Fahrbahn, von fünf Eisenständern und einem riesigen Eisenbogen gestützt, verbindet auf 392 m Länge die Kathedrale mit dem mächtigen Mosteiro da Serra do Pilar in Vila Nova da Gaia; hier fährt neben dem Fußgängerweg seit 2006 die oberirdische Metro. Bis 1920 wurde für die Benutzung noch eine Brückenmaut erhoben. Die brillante Ingenieurleistung vollbrachten in den Jahren 1881 bis 1886 zwei belgische Schüler Gustav Eiffels, Teofilo Seyrig und Artur Maury.

Ponte D. Maria Pia und Ponte de São João: Seyrig und Maury hatten ihr Handwerk zehn Jahre zuvor bei der Erbauung der weiter landeinwärts liegenden Eisenbahnbrücke Ponte D. Maria Pia erlernt, die vom großen Meister Eiffel 1876 noch selbst projektiert worden war. 1600 Tonnen Eisen waren für diese Brücke von 353 m Länge notwendig. Eiffel selbst meinte, dass mit ihrem Bau die Grenzen einer klassischen Metallkonstruktion erreicht seien. Seit 1991 wird der Eisenbahnverkehr über die wenige Meter entfernte moderne Ponte de São João geleitet, die angedachte Umwandlung in einen Fahrrad- und Spazierweg kommt aber nicht in die Gänge.

Ponte Arrábida und Ponte de Freixo: Der Ponte Arrábida wurde 1963 vom portugiesischen Ingenieur Edgar Cardoso erbaut und ist mit 500 m Länge eine der größten Spannbeton-Brücken weltweit. Über sie führt die westliche Stadtautobahn, während die erst im Jahre 1995 vollendete Autobahnbrücke Ponte de Freixo im Osten vor allem den nordsüdlichen Umgehungsverkehr erträgt. Auf beiden Brücken staut sich der Verkehr regelmäßig. Der *Ponte do Infante* dient seit 2003 der Entlastung des Innenstadtverkehrs.

Foz do Douro: Dort, wo der Douro in den Atlantik mündet, entstand im 16. Jh. ein Fischerdorf mit engen Gassen und einfachen, niedrigen Häusern, die bis heute stehen geblieben sind. Wegen der strategischen Lage wurden zwei wehrhafte Festungen errichtet, die den reichen Portuenser Hafen vor den Attacken der Piraten si-

Futuristische Konzerthalle Casa da Música

Strandpromenade bei Foz do Douro

chern halfen. Das direkt an der Douro-Mündung liegende *Castelo de São João da Foz* war bereits mit verwinkelten Bollwerken versehen. Es wurde bis 1961 militärisch genutzt. Im Norden bewachte die „Käseburg", das mit einer Zugbrücke gesicherte *Castelo do Queijo* (Di–So 13–18, im Winter bis 17 Uhr, Eintritt 0,50 €) aus der zweiten Hälfte des 17. Jh., die Hafeneinfahrt Portos. Angeblich soll der Untergrund so porös sein wie Käse. Zwischen den beiden Festungen breiten sich Portos Hausstrände aus, die inzwischen sogar die blaue Flagge hissen dürfen. Die *Praia do Molhe* wird von einer mondänen Säulenhalle *(pérgula)* aus den 1920er Jahren begrenzt, die nördlich anschließende *Praia do Homem do Leme* („Steuermannstrand") erinnert im Namen an die Plackerei der hier zur See fahrenden Männer, eine imposante Statue des *Homem do Leme* ehrt sie.

Gleich gegenüber dem Castelo do Queijo hat 2009 das *Sea Life Center* eröffnet, dessen Besitzer auch verschiedene Aquarien in Deutschland betreiben. Auf 2400 m² in und um einen zentralen Tank sind knapp 6000 Lebewesen aus Meeren und Flüssen zu sehen.

Mo–Fr 10–18, Sa/So bis 19 Uhr. Eintritt 4–12 Jahre 9 €, ab 12 J. 13 €, über 65 J. 9 €, Familienpass ab 26 €. Nachlass bei Vorbestellung unter www.visitsealife.com/Porto. Rua Particular do Castelo de Queijo. Buslinien 202, 203, 205, 500, 502.

Im 19. Jh. wurde der ärmliche Fischerort Foz zunehmend von sonnenhungrigen Engländern und reichen Portugiesen als privilegierter Ferien- und Wohnort entdeckt und mutierte zum eleganten Villenviertel, das es bis heute geblieben ist. Zahlreiche Stadtpaläste aus dem 19. Jh. zeugen ebenso davon wie viele extravagante Restaurants oder Bars.

Museen in Porto

Fundação de Serralves (s. auch unten „Spaziergang durch den Park von Serralves"): Der aus Porto stammende Stararchitekt Álvaro Siza Vieira vollendete für die Serralves-Stiftung im Juni 1999 seinen spektakulären Museumsneubau, der insgesamt

27 Mio. € verschlang. Damit setzte er seinem eigenen Schaffen und der modernen Kunst ein Denkmal. Ganz in Weiß und im für ihn typisch minimalistischen Stil schuf Vieira einzigartige Ausstellungsräume, die – in Portugal einmalig – wechselnden Ausstellungen hochkarätiger internationaler Künstler Platz bieten. Umgeben wird der Kunsttempel von einer großzügigen, im französischen Stil angelegten Parkanlage (18 ha) – eine erhabene Kulisse für die dort verstreut aufgestellten modernen Skulpturen, wie z. B. Claes Oldenburgs überdimensionierte Schaufel. Anlegen ließ den Park in den 1930er Jahren der Textilfabrikant Carlos Alberto Cabral, im Nebenberuf Graf von Vizela. Seine Begeisterung für Art déco lebte er im Bau seiner rosafarbenen Villa aus, die man im Rahmen der Ausstellungen auch von innen besichtigen kann. Absolutes Highlight sind die beiden fast ballsaalartigen Badezimmer.

Di–Fr 10–17, Sa/So 10–19, im Sommer bis 20 Uhr. Eintritt für Museum und Park 7 €, nur Park 3 €, 50 % Ermäßigung mit Porto Card. Studenten, mit Cartão Jovem und über 65-Jährige 50 % Ermäßigung. Rua de Dom João de Castro, auf halbem Weg nach Foz do Douro. Bus Nr. 203, Haltestelle Rotunda da Boavista nahe Metro Casa da Música. In der Nähe halten auch die Busse 201 und 502.

Museu Nacional de Soares dos Reis: Portos bedeutendes Museum für die portugiesische Kunst des 19. und 20. Jh. ist im Palácio dos Carrancas untergebracht. Es war 1795 das erste königliche Palastgebäude der Stadt. Nach der Restaurierung des Museums unter Leitung des Architekten Fernando Távora wurde ein ganzes Stockwerk der portugiesischen Malerei und Bildhauerei der letzten beiden Jahrhunderte gewidmet. Der besondere Schwerpunkt liegt auf den Werken von Silva Porto und Henrique Pousão, und natürlich wird dem berühmtesten Portuenser Bildhauer des 19. Jh., *António Soares dos Reis*, der ihm gebührende Platz eingeräumt. Angeschlossen sind Leseraum, Multimedia-Installationen, Café sowie ein reizvoller Kameliengarten.

Di 14–18, Mi–So 10–18 Uhr. Eintritt 5 €, 50 % Ermäßigung für über 65-Jährige und mit Porto Card, 2 € mit Cartão Jovem. So bis 14 Uhr frei. Rua Dom Manuel II. Tram 18, Buslinien 200, 201, 207, 300, 301, 302, 303, 501, 507, 601, 602.

Im Park von Serralves

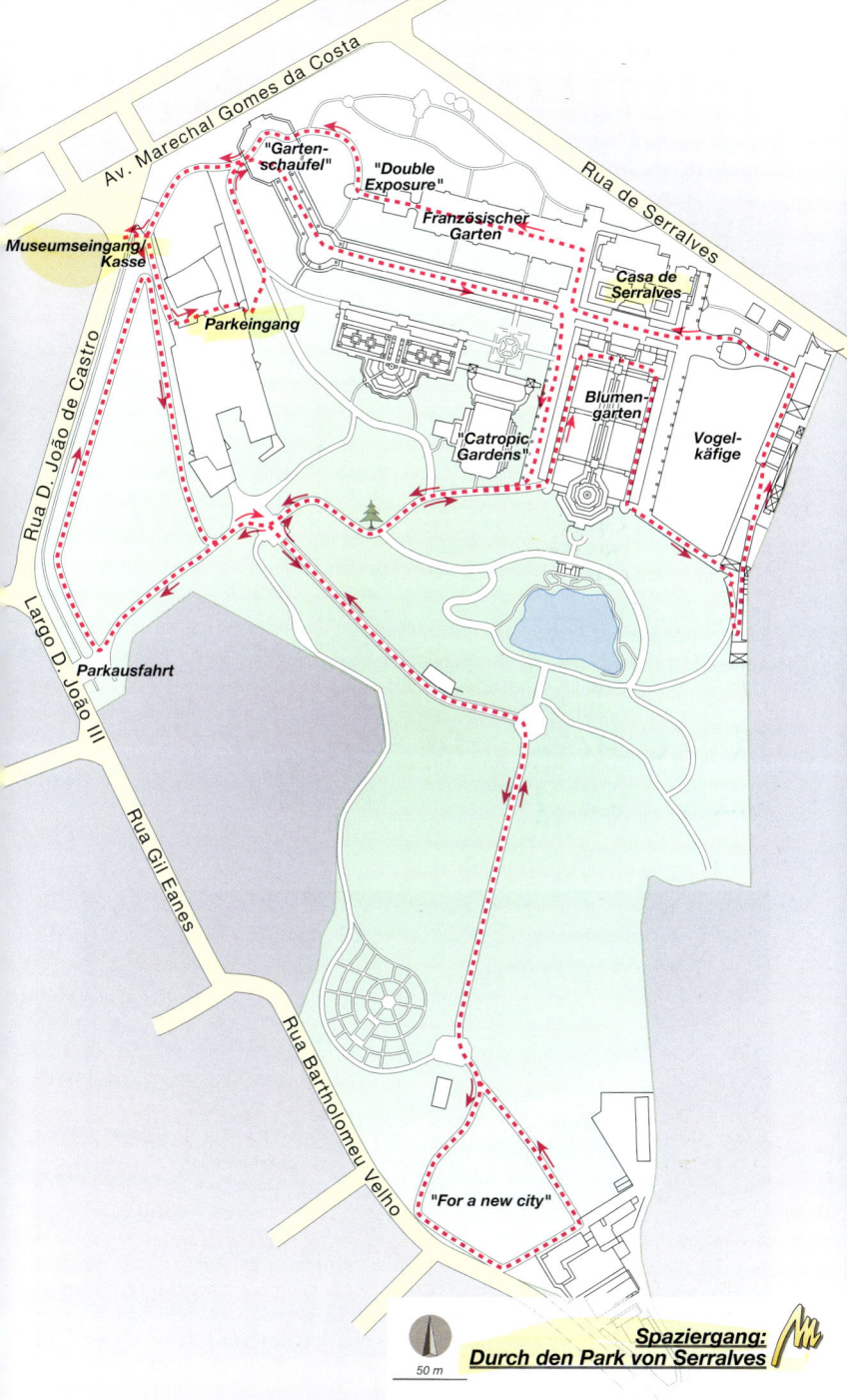

"Garten-schaufel"

"Double Exposure"

Französischer Garten

Av. Marechal Gomes da Costa

Rua de Serralves

Museumseingang Kasse

Parkeingang

Rua D. João de Castro

Largo D. João III

Parkausfahrt

Rua Gil Eanes

Rua Bartholomeu Velho

Casa de Serralves

Blumen-garten

Vogel-käfige

"Catropic Gardens"

"For a new city"

Spaziergang: **Durch den Park von Serralves**

50 m

Casa Museu Teixeira Lopes ein Museum für alle Kunstfreunde, die sich von schönen Skulpturen faszinieren lassen wollen. José Teixeira Lopes (1866–1942) gehörte zu den national und international am höchsten ausgezeichneten portugiesischen Künstlern, u. a. wurde er zum Ritter der französischen Ehrenlegion ernannt. Neben eigenen Werken befinden sich in dem original erhaltenen Wohnhaus von Lopez (19. Jh.) auch von ihm selbst gesammelte Arbeiten einiger Künstlerkollegen, darunter Werke von Rodin, Sequeira und Bordalo Pinheiro (Di–Fr 9–17, Sa/So 10–12 und 14–17 Uhr, Eintritt frei).

Basis-Infos

Postleitzahl 4400 (Uferbereich)

Information Turismo in der Av. Diogo Leite 242 (neben Sandeman), ☎ 223703735, ✆ 223751902. Im Sommer Mo–Fr 10–18, Sa/So 10–13 und 14–18 Uhr, im Winter So geschlossen. Gegenüber an der Uferstraße ist während der Saison ein Kiosk aufgebaut, an dem es **Infos über die Portweinkeller** gibt. Eine **Zweigstelle** des Turismo im Restaurantzentrum Cais da Gaia ist geöffnet Mo–Sa 10–12.30 und 13.30–18 Uhr, im Sommer auch So. ☎ 223756216.

Adressen/Telefonnummern Polizei ☎ 223774190; Hospital ☎ 227865100; Taxi ☎ 227623237 und 223798991; Post, Av. da República, neben dem Rathaus.

Feste und Festivals Marés Vivas, eine mehrtägige und hochkarätig besetzte Rockveranstaltung, findet im Juli statt.

Baden Die südwestlichen Strände ziehen sich bis Espinho, wohin auch ein Wanderweg führt. Nördlichster Strand von Gaia ist die Praia de Lavadores nahe der Douro-Mündung. Dieser wie auch die Strände weiter südlich besitzen die Blaue Flagge. Sie sind unter Espinho aufgeführt (→ S. 103).

Surfen Malibu, Surfschule am Strand von Cabidela. ☎ 960227499 (mobil), www.escola desurf.com.

Vogelbeobachtung Reserva Natural Local do Estuário do Douro, mit Infostelle und Radweg und Fähre. Bus 902 ab Boavista, von der Endhaltestelle Lavadores die Av. da Beira-Mar an der Küste entlang gehen. www.avesdeportugal.info/ sitestudouro.html. (Tipp von Ingrid und Klaus Thönnißen).

Portweinkeller in Vila Nova de Gaia

Einkaufen Die nette **Markthalle** direkt am Douro hat Mo–Fr ganztägig, am Sa nur vormittags geöffnet. Drumherum finden sich einige kleine **Lebensmittelläden**. Arrábida

Shopping, das größte **Einkaufszentrum** Nordportugals, liegt im Stadtteil Afurada im Mündungsgebiet des Douro.

Portwein

Im Bereich des Flussufers haben sich die Portweinfirmen angesiedelt. Fast alle Weinkeller können besichtigt werden, oft auch kostenlos inkl. einer Probe von zwei Portweinen. Die Führungen hängen sehr von den (sprachlichen) Fähigkeiten der Angestellten und ihrer Tagesform ab, doch wird man erfahrungsgemäß bei **Ferreira** und bei **Taylor's** (jeweils gegen Eintrittsgebühr) am besten bedient. Wer will, kann seinen Drink bei Taylor's auch auf der Terrasse mit Blick auf Porto einnehmen und gleich daneben im firmeneigenen Luxushotel Yeatman nächtigen. Eine Besonderheit bietet **Ramos Pinto**. Der Gründer war ein künstlerisch engagierter Unternehmer, noch heute wird bei der Weinproduktion Wert auf das kulturelle Umfeld gelegt. Die schönsten Räume der Adega sind als Museum zugänglich. Faszinierend sind die Jugendstilwerbeplakate, die auch verkauft werden. Obwohl oder vielleicht weil es sich um die größte Firma handelt, ist von einem Besuch bei **Sandeman** eher abzuraten, denn dort gibt es nicht die eigentlichen Weinkeller zu sehen, sondern nur ein Museum (das allerdings gut aufgemacht und in einem eindrucksvollen herrschaftlichen Gebäude untergebracht ist). Generell gilt: Selbst bei hochsommerlichen Temperaturen ist eine Jacke sinnvoll, denn die Keller sind kühl. Die Führungen kosten meist 3 bis 4 €.

Barros, Rua D. Leonor de Freitas 182, ✆ 223752395. Mo–Fr 10–17.30, im Sommer bis 18 Uhr.

Burmester, Rua Barão de Forrester 73, ✆ 223747290. Juni–Sept tägl. 10–18.30, sonst Mo–Fr 10–12.30 und 14–17.30 Uhr.

Calém, Av. Diogo Leite 26/42, ✆ 223746660. Tägl. 10–19, im Winter nur bis 18 Uhr.

Cockburn, Rua D. Leonor Freitas, ✆ 223772326. Mo–Fr 9.30–12 und 14.30–16 Uhr.

Croft, Largo Joaquim de Magalhães 23, ✆ 223772965. Tägl. 10–18 Uhr.

Ferreira, Av. Ramos Pinto 70, ✆ 223746106. Tägl. 10–12.30 und 14–18 Uhr. Führung 4 €. Es gibt auch ein kleines Museum.

Graham's, Rua Rei Ramiro 514, ✆ 223776330. Mai–Sept. tägl. 9.30–18 Uhr (im Mai So nur mit Voranmeldung), im Winter nur Mo–Fr 9.30–13 und 14–17.30 Uhr.

Kopke, Rua Serpa Pinto 183, ✆ 223752395. Juni–Sept. tägl. 10–18, sonst Mo–Fr 10–18.30 Uhr.

Offley Forrester, Rua do Choupelo 54, ✆ 223743852. März–Okt. tägl. 10–12.30 und 14–18 Uhr.

Osborne, Rua Cândido dos Reis 670,

✆ 223752648. Juni–Sept. 10–19, sonst 10–12 und 14–17 Uhr.

Quinta do Noval, Av. Diogo Leite 256, ✆ 223770270. Juni–Sept. tägl. 10–20 Uhr, Okt.–Mai nur Mo–Fr 9–12.30 und 14–17 Uhr. Keine Führung, nur (kostenlose) Probe und Verkauf!

Ramos Pinto, Av. Ramos Pinto 380, ✆ 223707011. Juni–Sept. Mo–Fr 10–18 Uhr, Okt.–Mai nur Mo–Fr 9–13 und 14–17 Uhr.

Real Companhia, Rua Azevedo Magalhães 314, ✆ 223775100, Mo–Fr 9.30–12.30, 14–17.30 Uhr, im Hochsommer tägl.

Romariz, Rua Barão de Forrester 412, ✆ 223742850, Juni–Sept 10–18 Uhr.

Rozés, Rua Cândido dos Reis 526/532, ✆ 223771680. Juni–Sept. Mo–Fr 10.30–17.30 Uhr.

Sandeman, Largo Miguel Bombarda 3, ✆ 223740533. März–Okt. tägl. 10–12.30 und 14–18 Uhr. Nov.–Feb. 9.30–12.30/14–17.30 Uhr.

Taylor, Fladgate & Yeatman (Taylor's), Rua do Choupelo 250, ✆ 223742800. Mo–Fr 10–18 Uhr, Ostern, Juli/Aug. auch Sa.

Wiese & Krohn, Rua Serpa Pinto 149, ✆ 223771720. April–Sept. tägl. 10–20 Uhr, sonst Mo–Fr 10–13 und 14–17 Uhr.

Übernachten

Im touristisch interessanten Uferbereich gibt es einige Privatzimmer zu vermieten (*alojamento local*, Infos im Tourismusamt) und ein hübsches Hostel. Die Hotels befinden sich im modernen Teil der Stadt oder an den Stränden. Das Luxushotel Yeatman mit Preisen ab 160 € in der Nebensaison liegt inmitten der Portweinkellereien.

**** Casa Branca, ca. 7 km westlich an der Praia de Lavadores. Etwas verblichener Luxus am Strand in hellen, edlen Zimmern mit Veranda und Blick aufs Meer. Eingerichtet mit viel Liebe zum Detail. Dazu gibt es einen Fitnessraum und ein schönes Hallenbad, die Liegewiese ist im Freien, ein Golfplatz um die Ecke. Manches ist ein wenig renovierungsbedürftig, dafür ist der Preis deutlich niedriger als noch vor ein paar Jahren. DZ ca. 55–75 € ohne Frühstück. Rua da Bélgica, (044), ✆ 227727418, ✆ 227813691, www.casabranca.com.

Hostel Gaia Porto, nur wenige Schritte vom Fluss. Modernes Hostal in quietschrosafarbenem Haus mit kleinem Dachgarten mit Blick auf Porto, Gemeinschaftsküche, hauseigener Fahrradverleih. Bett im Schlafsaal ca. 17 €, DZ mit eig. Bad ca. 60 € inkl. Frühstück. Rua Cândido dos Reis 374, (4430-070), ✆ 224968282, www.hostelgaiaporto.pt.

Camping **** Marisol**, bei Canidelo (ca. 7 km südwestlich). Strandnah, recht viel Schatten. Erreichbar mit Bus 93 ab Cordoaria. Person je nach Saison 2,50 €, Zelt 4–7,50 €, Auto 3–4 €. Ganzjährig geöffnet. Rua Alto das Chaquedas 82, ✆ 227135942, ✆ 227126351.

* Salgueiros, etwas nördlich von Marisol. Ebenfalls strandnaher, recht schattiger Platz, der von der Gemeindeverwaltung betrieben wird. Person je nach Saison 1,06–2,65 €, Zelt 2,12–3,18 €, Auto 1,06 €. Rua do Campismo 263, (4400-397), ✆/✆ 227810500.

**** Orbitur Madalena, an der Praia da Madalena (ca. 10 km südwestlich). Ebenfalls recht schattiger Platz in Strandnähe. Erreichbar mit Bus 57 ab Praça Almeida Garrett. Person je nach Saison 3,50–5,80 €, Zelt 4,80–10,10 €, Auto 3,30–5,50 €. Rua do Cerro 608, Praia da Madalena (4405-736), ✆ 227122520, ✆ 227122534, www.orbitur.pt.

Essen & Trinken/Nachtleben

Vila Nova da Gaia hat sich in jüngster Zeit zu einem jugendlichen Treff in Sachen Essen entwickelt. Den Schwerpunkt bildet das moderne **Bar- und Restaurantzentrum Cais de Gaia** am gleichnamigen Kai, das sich auf mehrere Glasgebäude verteilt. Darüber hinaus gibt es eine ganze Reihe alteingesessener Gaststätten, die vom neu erwachten Interesse an Vila Nova da Gaia profitieren.

Adega e Presuntaria Transmontana, an der Uferstraße. Im rustikalen Speisesaal mit Schinken *(presunto)* an den Wänden gibt es gute regionale Küche von Bohneneintopf mit Garnelen bis Wildschweinbraten. Hauptgerichte ab ca. 14 €, Schinkenplatte ab 10 €. Av. Diogo Leite 80, ✆ 223758380, bis 2 Uhr geöffnet. Ein Ableger befindet sich in der nördlichen Altstadt, Rua Cândido dos Reis 132, ✆ 223759792. Dieser hat Mo Ruhetag.

Zé da Serra, im südlichen Altstadtbereich. Eigentlich heißt die ehemalige Tasca *Regional de Camões*, aber der Spitzname des Besitzers hat sich durchgesetzt. 2010 renoviert und mit einfachem Service, aber große Auswahl an guten Fisch- und Fleischgerichten. Die Hauptgerichte ab ca. 10 €. Sonntagabend geschlossen. Rua Luís de Camões 580, ✆ 223796785.

Nordeste Transmontano, etwas abgelegen südwestlich der Pension Davilina. Mehrere Säle, manchmal ein wenig laut, wenn über Fußball und Politik diskutiert wird. Rindfleisch aus Miranda ist die Spezialität des Hauses. Hauptgerichte ab ca. 12 €. Di und im August geschlossen. Rua da Rasa 834, ✆ 227117437.

O Verde, in der Neustadt nahe dem Schwimmbad. Von der Kochbuchautorin Olívia Santos geführtes Selbstbedienungsrestaurant mit Spezialitäten wie Soja-Lasagne. Hauptspeisen ab 5 €. So–Fr nur mittags geöffnet. Rua Particular às Árvores 250, ✆ 223720681.

D. Tonho em Gaia, am Ufer gegenüber dem Weinkeller Calem. In einem futuristischen Kubus aus Glas und Metall hat D. Tonho eine Dependance eröffnet. Auch im Freien wird bedient, Drinks können in Liegestühlen am Fluss eingenommen werden. Snacks ab 6 €, Grillspeisen ab ca. 14 €. Rua Diogo Leite, ✆ 223744835.

Ar de Rio, etwas weiter flussabwärts. Die äußere Hülle aus Glas und Metall ist die gleiche, doch das Lokal ist einfacher eingerichtet und wird von vielen jungen Leuten frequentiert. Es gibt verschiedene Francesinhas und gegrilltes Fleisch ab ca. 10 €. Av. Diogo Leite 5, ✆ 223701797.

Cais de Gaia, am gleichnamigen Kai. Bar- und Restaurantzentrum in mehreren zweistöckigen Glasgebäuden. Vom algarvianischen Hendlbräter über die Bierrepublik *Caves da Cerveja* zum *Pizzahut* gibt es hier (fast) alles. Cais de Gaia, Av. Diogo Leite, www.caisdegaia.com.

≫ Lesertipp: Três Séculos, in der Portweinkellerei Taylor. „Wir waren angenehm überrascht, der Rahmen ist Spitze, die Terrasse mit schönem Blick, das Innere sehr ansprechend. Qualität der Speisen und Preisniveau akzeptabel" (Leser T. Varwig,

Bad Homburg). Rua do Choupelo, 250, ✆ 223742800. **≪**

≫ Lesertipp: Arco Iris, in einer Seitenstraße zur Ufermeile. „Das von Portugiesen und Touristen gleichermaßen gern besuchte Lokal hat typisch portugiesische Atmosphäre. Sehr gute Vor- und Hauptspeisen, preislich im Normalbereich" (Antje Hofer und Antonio Casaca Bras). Rua Cândido dos Reis 65, ✆ 963524630. **≪**

Nachtleben Cais de Gaia und im Sommer der Strand von Miramar mit einigen Bars sind die angesagten Treffpunkte der (jungen) Nachtschwärmer.

Terraza Café do Rio, Cais de Gaia. Super gestylt und in kräftigen Farben gehalten. Tagsüber gibt es Snacks ab ca. 3 €, wie Francesinhas. Wie der Name schon sagt, kann man auch draußen sitzen. Später kommt dann die Disco-Szene auf ihre Kosten, wenn DJs zur Nacht der Dance- und Alternativ-Music bitten, manchmal auch Konzerte. 11–4 Uhr. ✆ 913225016 (mobil).

Umgebung von Vila Nova de Gaia

Parque Biológico de Gaia: Der 35 ha große Park in Avintes (etwa 3 km außerhalb an der EN 222) soll Stadtbewohnern einen Eindruck von unberührter Natur und traditionellem Landleben vermitteln. Man bekommt die vielfältige Fauna und Flora zu sehen und erhält Einblicke in Arbeiten aus längst vergangenen Tagen (etwa in einer Wassermühle). Häufig werden auch Sonderführungen für Kinder angeboten.
Mai–Sept. Mo–Fr 10–19, Sa/So bis 20 Uhr, Okt.–April tägl. nur bis 18 Uhr. Eintritt 6 €, Kinder ab 7 J. 3 €. ✆ 227878120, www.parquebiologico.pt.

Mosteiro de Grijó: Das Augustinerkloster wurde bereits im 10. Jh. gegründet. Aus dem 16. Jh. stammen Kreuzgang und Klosterkirche und der künstlerisch gestaltete Sarg von Dom Rodrigo Sanches, Sohn von König Sancho I. Daneben sind großflächige Kachelbilder, der vergoldete Altar und eine hübsch verzierte Orgel sehenswert.
Schlüssel nebenan in der Gemeindeverwaltung (✆ 227640029). Rua do Lugar do Mosteiro, EN 1, Grijó (ca. 5 km südwestlich von Vila Nova de Gaia).

Espinho   22.000 Einwohner

Im Schachbrettmuster durchziehen die Straßenzüge eine Stadt, die erst im 20. Jahrhundert entlang der Eisenbahnlinie von Porto nach Lissabon angelegt wurde. Romantik fehlt. Stattdessen gibt es die schönsten Strände südlich von Porto, das größte Kasino, ein vielfältiges touristisches Angebot und das rege Treiben junger Leute.

Vom ursprünglichen Fischerdorf aus dem 17. Jh. ist nichts mehr geblieben. Das moderne Espinho entstand am Reißbrett beidseitig der Eisenbahnlinie, die seit 1867 die reichen Bürger aus dem nahen Porto in wenigen Minuten an die hellsandigen Strände brachte. Dichter fanden sich zur Sommerfrische ein, darunter Eça de

Großraum Porto → Karte Umschlagklappe hinten

Fröhliches Treiben: Espinhos Strandpromenade

Queirós oder Sophia de Mello Breyner Andresen. Damals entstand hier auch der erste Golfplatz auf der gesamten Iberischen Halbinsel. Die Straßen tragen keine Namen, stattdessen sind sie nummeriert: parallel zum Meer mit geraden Zahlen, vom Meer wegführend mit ungeraden. Autofahrer sollten die vielen Einbahnstraßen meiden und den Wagen an einem der Parkplätze am nördlichen Ortseingang abstellen. Doch wer wirklich etwas auf sich hält, schwebt per Privatjet auf dem kleinen Flughafen ein.

An der Küstenlinie mit den Kneipen, Bars und dem Kasino tobt das Leben. Doch auch im Ort selbst finden sich einige hübsche Flecken: die Rua 19 etwa, eine Fußgängerzone mit einigen altehrwürdigen Läden und Cafés, schön zum Sitzen und Flanieren. Der historische Bahnhof mit blau-weißen Kachelpaneelen wurde inzwischen leider abgerissen, doch dafür zerschneidet die unter die Erde verlegte Bahnlinie nun nicht mehr den Ort in zwei Teile. Manchmal ziehen die Fischer am südlichen Ortsrand ihre Netze per Traktor aus dem Meer – ein unvergleichliches, aber immer selteneres Spektakel, bei dem bis vor wenigen Jahren noch Ochsen als Zugtiere eingesetzt wurden. Das *Städtische Museum* in einer ehemaligen Konservenfabrik am südlichen Stadtrand veranschaulicht diese besondere Art des Fischfangs und die Verarbeitung der Fische (Di–So 10–19 Uhr, Eintritt 1 €).

Doch eigentlich kommt man nach Espinho zum Sehen und Gesehenwerden, zum Baden, zum Beachvolleyball oder zum Surfen, zum Glücksspiel und zum Essen und Trinken in den Bars und Restaurants entlang der Strände. Wie Pedro Abrunhoso, einer der portugiesischen Musikstars, der Espinho als sein bevorzugtes Ausflugsziel angibt.

Basis-Infos

Postleitzahl 4500

Information Der **Turismo** befindet sich im Rathaus, Rua 23, Nr. 271, ✆ 227335872, ☏ 227335861. Tägl. 9–13 und 14–18, im Sommer 9–18 Uhr.

Hin und weg Mit der **Bahn** etwa halbstündlich nach Porto und Vila Nova de Gaia. **Taxis** erreicht man unter ✆ 227340010.

Adressen/Telefonnummern   Polizei ✆ 227340038 (PSP); **Hospital** ✆ 227341141;

Post in der Rua 20/Ecke Rua 19. **Internet-surfen** kostenpflichtig im Centro Multimeios (Av. 24, Nr. 800), im Centro Multimeios, Ciber Café (Rua 8), House Net Café (Rua 62) und Mailboxes (Rua 25).

Baden   Espinho ist ein Strandparadies. Wer jung ist und etwas auf sich hält, tummelt sich an der **Praia Pop** zwischen den Straßen 7 und 9. Strandkörbe werden vermietet, aber man ist hier zum Ballspielen, Schwimmen und Surfen. Das Gleiche gilt für die benachbarten Strände nach Norden hin: viel Trubel.

Geruhsam ist es an den ca. 3 km südlich gelegenen langen, mit blauer Flagge ausgezeichneten Sandstränden **Silvalde**, **Baía** und **Paramos** (Vermietung von Strandkörben und Schirmen) entlang der Dünen. Traumhaft sind auch die Strände, die sich nördlich bis Vila Nova de Gaia ziehen: lange, hellgraue, manchmal fast weiße Sandstrände in einer Dünenlandschaft. Das Meer ist für Atlantikverhältnisse relativ ruhig. Blaue Flagge besitzen **Praia da Granja** (ca. 3 km nördlich) und daran anschließend **Praia da Aguda**, **de Francelos**, **de Miramar** und **Senhor da Pedra**.

Einkaufen   Schon seit Jahrhunderten findet immer montags ein großer **Wochenmarkt** statt, die moderne Retortenstadt führt die Tradition des untergegangenen Fischerorts fort. In der südlichen Hälfte der Avenida 24 werden Keramik, Körbe, Teppiche, Obst und Gemüse, Brot und Gebäck angeboten. Die **Markthalle** im Zentrum ist ganztägig außer So geöffnet. Mit Gewürzen, Kaffee und einer schönen Weinauswahl lockt der alte **Kolonialwarenladen Casa Alves Ribeira** in der Fußgängerzone Rua 19 Nr. 294.

Feste/Veranstaltungen   Berühmt ist das internationale **Musikfestival** von Espinho im Juli (auch zeitgenössische klassische Musik). Ebenfalls im Juli werfen sich Bewohner und Schauspieler in Schale und stellen unter dem Motto **Vir a banhos** das Strandleben der reichen Sommerurlauber vor 100 Jahren nach. Das **Stadtfest** zu Ehren der Senhora de Ajuda wird am dritten Sonntag im September mit Straßenkünstlern, Gesangs- und Folkloregruppen sowie Feuerwerk veranstaltet.

Großraum Porto → Karte Umschlagklappe hinten

Aktivitäten

Fahrradfahren   Ein Radweg führt vom Ortszentrum am Strand entlang nach Süden. Fahrräder können am Campingplatz (s. u.) ausgeliehen werden.

Fallschirmspringen Aeroclube da Costa Verde, Aeródromo de Paramos (ca. 5 km südlich), ✆ 227342060, www.accv.pt. Hier kann auch das Equipment gemietet werden.

Golf   Der Golfclub von Porto betreibt seit 1890 einen 18-Loch-Golfplatz in Paramos (ca. 5 km südlich). Lugar do Sisto, ✆ 227346895.

Reiten   Centro Hípico de Espinho, ebenfalls im Vorort Paramos, Lugar de Corredoura, ✆ 227344958.

Strandvolleyball   Sehr beliebt ist dieser Sport an den Stränden von Espinho. Es sind zahlreiche Netze aufgestellt, die kostenlos genutzt werden können.

Surfen   Surf Atitude, am Strand, ✆ 916014345 (mobil), www.surfatitude.com).

Wandern   Von Espinho aus besteht die Möglichkeit, 15 km immer an der Küste entlang bis Vila Nova de Gaia bzw. Porto zu wandern. Der Weg verläuft teilweise auf Holzstegen, um die Dünen zu schonen. Durch Winterstürme werden die Stege allerdings immer wieder in Mitleidenschaft gezogen.

Übernachten → Karte S. 106

Hotels/Pousadas usw.   ***** Solverde ■4, in Granja, ca. 3 km nördlich. 166 geräumige, luxuriöse Zimmer mit kleinem Balkon in einem freistehenden Betonkomplex vor der Küste. Zu einem erholsamen Aufenthalt tragen bei: Hallenbad, Freiluftpool mit Meerwasser, Kinderpool,

Tennis- und Squashplätze, Fitnessraum, Minigolf, Fußballfeld, Solarium, Sauna, türkisches Bad, Massage und Schönheitsbehandlungen. DZ 100–225 €, zur Straße 25 € billiger. Av. da Liberdade, São Félix da Marinha (4405-362), ✆ 227338030, ✉ 227313200, www.solverdehotel.com.

Übernachten (S. 105 - 107)

1 Jugendherberge
2 De Espinho
4 Solverde
5 Mar Azul
6 Aparthotel Solverde
7 Nery

Essen & Trinken

3 Café Confeitaria Aipal
8 Aquário
9 Marisqueira Golfinho
10 Marisqueira Espinhomar
11 Baiasol

Espinho

50 m

*** **Aparthotel Solverde** 6, Großhotel im Kasinokomplex. Dunkle Empfangshalle, aber angenehme, helle Studios und Apartments mit Küchenzeile, teilweise mit atemberaubendem Blick auf den Atlantik. Studios je nach Saison ca45–99 €, Apartments für 2–6 Pers. je nach Größe, Lage und Saison ca. 85–160 €, jeweils ohne Frühstück. Rua 21, Nr. 77 (267), ✆ 227338000, ✉ 227313153, www.solverde.pt.

** **Nery** 7, nahe dem Turismo. Dreistöckiges Hotel in einem Neubau, hell eingerichtete Zimmer mit Klimaanlage, Minibar und teilweise Balkon und Meerblick. DZ je nach Saison ca. 36–60 €. Avenida 8, Nr. 826 (207), ✆ 227347364, ✉ 227348621, http://hotelnery.pai.pt/.

** **Mar Azul** 5, nahe Bahnhof. Moderne, ansprechende Zimmer mit ordentlichen Bädern, teilweise mit Balkon. DZ je nach Saison ca. 40–50 €. Avenida 8, Nr. 676 (207), ✆ 227340824, ✉ 227312636, http://hotelmarazul.pai.pt/.

De Espinho **2**, in der Fußgängerzone. Einfache, etwas ältliche Einrichtung, ordentliche, ziemlich kleine Zimmer. DZ je nach Ausstattung und Saison ca. 32–45 €. Rua 19, Nr. 326, ℡ 227312636, 📠 227340002, http://residencialespinho.pai.pt.

Jugendherberge Pousada de Juventude **1**, das moderne Haus mit 20 Zimmern, davon einige voll ausgestattete DZ, liegt etwas ungünstig ca. 3,5 km südlich und nahe der Autobahn. DZ mit WC ca. 28–38 € je nach Saison, im Vierbettzimmer ca. 10– 15 €. Lugar de Sales, Silvade, ℡ 227313022, 📠 217232101, http://microsites.juventude.gov.pt/portal/pt/pespinho.htm.

Camping *** Parque Municipal, etwas nördlich, aber noch in der Stadt. Viel Schatten. Hunde verboten, dafür mit Fahrradverleih. Person je nach Saison 3–3,75 €, Zelt 2,92–4,40 €, Auto 2,76–3,45 €. ℡ 227335871, 📠 227322680.

Einen weiteren Campingplatz gibt es 8 km südlich in Esmoriz (s. u.).

Essen & Trinken

Restaurants Aquário **8**, beim Kasino. Gediegene, aber keineswegs steife Inneneinrichtung mit blau-weißem Kachelschmuck, einen Kontrast bildet leider der Fernsehbildschirm. Große Auswahl vor allem an Fisch und Meeresfrüchten. Empfehlenswert ist der Arroz de Marisco. An der Theke werden auch kleine Gerichte gereicht. Einfache Tagesgerichte ab ca. 8 €, sonstige Hauptspeisen ab ca. 13 €. Rua 4, Nr. 540, ℡ 227321000.

Marisqueira Golfinho 9, südlich des Kasinos. Man sitzt schön draußen auf der Terrasse an der Hafenpromenade. Hier gibt es durchgehend bis 2 Uhr morgens (im Sommer noch länger) Snacks (ab 3 €) und jede Menge Meeresfrüchte. Der üppige Arroz de Marisco (für 24 €) reicht auch für drei Personen, sonstige Hauptspeisen (Fisch oder Fleisch) ab 9 €. Rua 2, Nr. 663, ℡ 227724294.

Marisqueira Espinhomar 1 10, nur ein paar Häuser weiter. Historische Fotos lassen die Fischertradition des Ortes aufleben. Einfach eingerichtet, aber eines der günstigsten Restaurants für alle möglichen Arten von Meeresfrüchten. Daher sind die Tische auch schnell besetzt. Hauptspeisen ab 8 €, Eintöpfe für zwei Personen ab 15 €. Rua 2, Nr. 799, ℡ 227344243. Ein paar Meter weiter wurde vom selben Besitzer der Ableger **Espinhomar 2** eröffnet.

»» Mein Tipp: Café Confeitaria Aipal **3**, sehr beliebtes Art-déco-Café, die Stühle stehen bei schönem Wetter in der Fußgängerzone. Neben vielen Kuchen werden auch kleine Snacks serviert und verschiedene Brotsorten verkauft. Rua 19, Nr. 241. **««**

»» Lesertipp: „Unser Lieblingsrestaurant wurde sehr schnell das Baiasol **11** an der Uferpromenade Rua 2, Nr. 811. Das Essen war richtig gut, man sitzt schön, die Kellner waren sehr nett und das Essen vergleichsweise billig (z. B. *arroz de marisco* für 12 €, es gab auch Hauptgerichte ab 8 €)" (Gabi Nauerth). **««**

Umgebung von Espinho

Papiermuseum in Paços de Brandão: 47 Papierfabriken gab es einst westlich von Espinho. Nur sechs sind übrig geblieben, denn Plastiktüten haben das Einwickelpapier ersetzt. Anfang des 19. Jh. wurde das Papier noch per Hand aus Baumwolle geschöpft, die immer teurer wurde. Bald verwendete man Altpapier, zerkleinerte es in einer Mühle und vermischte es – inzwischen maschinell – mit Wasser zu einem grauen Brei. Eine zusätzliche Maschine verfeinerte diesen Brei, der zu Papierblättern gepresst wurde. Das war Männerarbeit. Dann traten die Frauen in Aktion. Sie hängten die Blätter zum Trocknen auf und rieben anschließend jedes einzelne mit einem Holzstück glatt. Schließlich wurden sie zu Tüten gefaltet und geklebt, wobei die Lebensmittelhändler auf die Verwendung von möglichst viel Klebstoff drängten. Denn dieser machte die Tüten schwer, sodass weniger Handelsware eingefüllt werden musste, um ein bestimmtes Gewicht zu erreichen. Wer es genau wissen will:

Großraum Porto → Karte Umschlagklappe hinten

Das spannend aufbereitete *Museu do Papel* in Paços de Brandão erwartet seine Besucher in einer 1989 geschlossenen Papierfabrik. Der Ort liegt knapp 10 km südöstlich von Espinho und ist über die entsprechende Ausfahrt an der Schnellstraße IC 1 zu erreichen.

Di–Fr 9.30–12 und 14.30–17, Sa/So und feiertags 14.30–17 Uhr. Eintritt 3 €, mit Cartão Jovem 6- bis 18-Jährige und über 65-Jährige 1,50 €. Rua de Riomaior.

Esmoriz: Der gesichtslose Strandort liegt etwa 8 km südlich von Espinho, viele Apartmenthäuser bestimmen das Bild. Dafür ist es ruhiger als im großen Nachbarn, und es gibt einen weiteren Campingplatz.

Camping Esmoriz, großer, für Nichtmitglieder etwas teurer Platz am südlichen Ortsrand. Relativ viel Schatten, nahe am Meer. Pro Pers. abhängig von Saison und Mitgliedschaft 0,95–4 €, Zelt ca. 1,30–7 €, Auto 0,85–4,10 €. Mit internationalem Campingausweis 10 % Nachlass. Rua do Clube de Campismo do Porto, (529), ✆ 256752709, 📠 256753717, www.ccporto.pt.

Santa Maria da Feira ca. 12.000 Einwohner

Hoch über der verschlafenen Altstadt mit ihren adretten Provinzläden thront eine respekteinflößende Burganlage. Der Blick auf die Idylle lässt kaum ahnen, dass Santa Maria da Feira ein wichtiges Messe- und Handelszentrum ist und mit dem „Visionarium" das modernste portugiesische Wissenschaftsmuseum vor der Haustür hat.

Um die Altstadt zu erreichen, müssen zunächst über viele Kilometer zersiedelte Vorstädte durchquert werden. Unter den motorisierten Urlaubern dürfte das nur für ehemalige Pfadfinder ein Vergnügen sein, denn Wegweiser sind nach dem Zufallsprinzip aufgestellt. Am besten lässt man sich von den Festungstürmen der Burg

Hübsches Provinzstädtchen: Santa Maria da Feira

leiten. Der Aufstieg vom schattigen Parkplatz am Rande des historischen Zentrums durch Wälder und Grünanlagen dauert etwa zehn Minuten zu Fuß, man kann aber auch hinauffahren.

Wahrscheinlich stammen Teile des **Kastells** bereits aus der Herrschaftszeit König Afonsos III. von Leon (um 900). Urkundlich erwähnt wurde es erstmals im 11. Jh. Ein seit 1117 abgehaltener Markt vor den Toren der Burg verhalf dem Ort zu einiger Bedeutung und zu seinem Namen: *feira* heißt zu Deutsch Markt. Große portugiesische Geschichte schrieb 1128 der Burgherr Pêro Gonçalves, als er sich in der Schlacht von São Mamede mit dem späteren König Afonso Henriques gegen dessen Mutter Dona Teresa verbündete und damit entscheidend zur Unabhängigkeit Portugals beitrug. Aus dieser Frühphase stammen noch einzelne Festungsteile, doch ihr heutiges Aussehen erhielt die Burg im 15. Jh., als die Adelsfamilie der Peireiras von König Afonso VI. die Genehmigung zum Ausbau der Anlage erhielt. Der Wachturm und die Wohnräume wurden allerdings bei einem Brand 1722 zerstört (Di–Fr 9.30–12.30 und 13.30–18 Uhr, im Winter nur bis 17 Uhr, Sa/So 9.30–12.30, 13.30–18.30 Uhr, im Winter Di–So 9–12.30, 13–17 Uhr; Eintritt 3 €, mit Cartão Jovem 1,50 €).

Der Ortskern aus einigen hübschen Straßenzügen wird von der Pfarrkirche Igreja Matriz im Süden und der Igreja da Misericórdia im Norden begrenzt. Die *Igreja Matriz* bildet eine architektonische Einheit mit dem *Kloster Lóios*. Beide wurden im 16. Jh. erbaut, auffallend sind die blauen Außenkacheln an den zwei wuchtigen Glockentürmen. Das Kloster wurde 1834 säkularisiert und zum Gericht umfunktioniert, 1878 zog dann das Stadttheater ein. Inzwischen wertet das *Städtische Museum* das Gebäude auf. Neben archäologischen Funden und ethnologischen Ausstellungsstücken liegt ein Schwerpunkt auf Werken des einheimischen Malers *António Joaquim* (Di–Fr 9.30–17, Sa/So 10–13, 14–17 Uhr, im Sommer jeweils bis 18 Uhr, Eintritt 3 €).

Die kunsthistorisch bedeutungslose *Igreja da Misericórdia* aus dem Jahre 1690 besticht durch ihre erhöhte Lage, die einen hübschen Blick über die Altstadt und hinauf zur Burg erlaubt.

Postleitzahl 4520

Information   Das **Tourismusamt** liegt schräg gegenüber dem Rathaus an der Praça da República, ☎ 256370802, ✆ 256370803. Mo–Sa 9–18 Uhr, So geschlossen, im Winter teilweise etwas kürzer.

Hin und weg Etwa stündlich **Busse** nach Arouca, Fugadouro, Ovar und Porto. Tägl. 8-mal **Züge** nach Espinho, von dort weiter nach Porto und Lissabon. **Taxis** erreicht man unter ☎ 256365489.

Adressen/Telefonnummern   Polizei ☎ 256372776,   ☎ 256362451;   Hospital ☎ 256379700; **Post** in der Rua Dr. Vitorino Sá. Kostenloser **Internetzugang** im Espaço.Net – Ponto Já, Rua Casal do Monte 31 (Mo–Fr 9–19, Sa 9–13, 14–18 Uhr).

Einkaufen Der **Markt** an der Rua Descobrimentos unterhalb der Post hat nur vormittags geöffnet.

Im Stadtteil Zona da Cruz im Westen gibt es den großen **Supermarkt Pingo Doce** (Rua Padre Manuel Soares dos Reis).

Kunsthandwerk führt das Tourismusamt. Die lokale Spezialität **fogaças** backt besonders schmackhaft die Casa das Fogaças in der Rua Dr. Roberto Alves 38–40. Mehrere weitere Konditoreien liegen in unmittelbarer Nachbarschaft.

Feste Das Stadtfest **Festa das Fogaceiras** wird am 20. Januar gefeiert. Dann gibt es die *fogaças* an allen Ecken der Stadt. Der süße Teig wird in Spiralen gewickelt und gebacken. Oben gucken vier kleine Türme heraus, die die Burg symbolisieren.

Ende Mai füllen sich die Straßen anlässlich des avantgardistischen Theaterfestivals **imaginarius** (www.imaginarius.pt).

Die Burg steht jedes Jahr in einem anderen Sommermonat anlässlich der **Viagem** me-

Großraum Porto → Karte Umschlagklappe hinten

Fogaços-Bäckerin

dieval mit Umzügen und ritterlichen Vorführungen im Mittelpunkt. Die Bewohner der Stadt tragen dazu mittelalterliche Kleidung.

Übernachten ** **Dos Lóios**, am Rande der Altstadt. Auch wenn das moderne, rechtwinklige Betongebäude von außen nicht den Eindruck macht, handelt es sich um ein familiäres Hotel mit großen Zimmern, alle mit schönen Bädern ausgestattet und komfortabel eingerichtet, einige mit Balkon. DZ inkl. Garage um 45 €. Rua Dr. António C. Ferreira Soares 2, (214), ✆ 256379570, ✆ 256379579, www.hotelldosloios.com.

Essen & Trinken   **Pedra Bela**, großes, zum gleichnamigen Hotel gehörendes Restaurant mit umfangreicher Speisekarte, darunter Meeresfrüchte, Bacalhau und Zicklein. Hauptgericht ab 8 €. Malaposta-Sanfins, ca. 5 km nordöstl. an der N 1, ✆ 256911338.

Adega Monhé, nördlich der Altstadt. Hierher kommt man wegen des unschlagbar günstigen Buffets für ca. 5,50 €, bestehend aus Suppe, etwa 15 Salaten und drei Hauptspeisen; Nachtisch kostet extra. Rua Dr. Elísio Castro 55, ✆ 256375412.

Umgebung von Santa Maria da Feira

Visionarium: Auf dem Messegelände Europarque 4 km westlich von Santa Maria da Feira wurde eines der modernsten Wissenschaftsmuseen Europas errichtet. Ausgangspunkt der Multimedia-Show ist die Odyssee der portugiesischen Entdeckungsfahrten. Der zweite Saal ist der Odyssee der Materie gewidmet, dann folgt die Odyssee des Lebens, bevor das alles umfassende Universum den Abschluss bildet. Spannend und erheiternd sind die zahlreichen Experimente, die jeder Besucher selbst durchführen kann. So erfährt man, wie viel man auf einem anderen Planeten des Sonnensystems wiegen würde. Information für Diätgeplagte: 130 kg schrumpfen auf dem Mars auf 48 kg.

Mo–Fr 9–18, Sa/So 14–19, Feiertag 10–19 Uhr. Eintritt 6,50 €, mit Cartão Jovem und ab 65 J. 5 €, Nachlass für Familien. Nähere Infos (auch engl.) unter www.visionarium.pt.

Vogelpark Lourosa: Der Parque Ornitológico liegt ca. 11 km nördlich von Santa Maria da Feira (nahe der N 1). Vertreter von rund 150 Arten leben hier, darunter exotische Kasuare (große Laufvögel), südamerikanische Rabengeier, die sich von Knochen ernähren, bunt gefiederte Kakadus und rosafarbene Flamingos.

Mo–Fr 9.30–18, Sa/So und Feiertag 14–18 Uhr. Eintritt 4 €, mit Cartão Jovem und über 65 J. 3,50 €, 6–12 J. 3 €, unter 6 J. kostenlos.

Arouca

ca. 6000 Einwohner

Das bescheidene Städtchen lebte einst von der Textilindustrie und besann sich nach deren Niedergang auf den Tourismus.

In wenigen Jahren hat sich Arouca zu einem *Wanderzentrum* entwickelt. In der umliegenden Hügellandschaft und entlang kleiner Flüsse wurden zahlreiche ausgewiesene Wege von unterschiedlicher Länge und Schwierigkeit angelegt. Faltblätter mit Wegbeschreibungen gibt es beim örtlichen Tourismusamt in der zentralen Rua Alfredo Vaz Pinto (✆ 256943575, Mo–Fr 9–12 und 14–17.30, Sa/So 9.30–13, 14–17 Uhr, leider nicht zuverlässig). Mehrere Unterkünfte im Ort und der nahen Umgebung.

»» Lesertipp: Quinta do Pomarinho, traumhaft gelegen in Romariz, nur wenige Minuten zur Innenstadt. 2 Tage für 135 € in schönen, neuen Zimmern, mit Pool und tollem Frühstück (Tipp von Ulrike Birkenstock). ✆/✉ 256948198, www.quintado-pomarinho.com. **««**

Von großer kunsthistorischer Bedeutung ist die innere Ausgestaltung des hiesigen *Klosters,* das bereits in vorromanischer Zeit gegründet wurde. Als König Sancho I. das Bauwerk seiner Tochter Mafalda schenkte, begann die Blütezeit. Zahllos waren die Gaben, wurden sie doch aus dem Staatshaushalt bezahlt. Mafalda starb 1256, wurde einbalsamiert und in einem mit Silber und vergoldeter Bronze verzierten Sarg aus Ebenholz in der Klosterkirche beigesetzt. Der heutige Bau stammt allerdings zu großen Teilen aus dem 17. und 18. Jh. Besonderes Augenmerk verdienen neben dem herrlich vergoldeten Altar v. a. das kunstvoll geschnitzte Chorgestühl und eine Orgel mit 24 Registern. Ein Teil des Klosters beherbergt das *Museum für sakrale Kunst,* eines der wichtigsten auf der Iberischen Halbinsel. Beachtung verdient die Sammlung religiöser Skulpturen, sehenswert sind aber auch die liturgischen Schriften, das Mobiliar, die Gemälde, Teppiche und Goldschmiedearbeiten (Kirche tägl. 7.30–18, im Sommer bis 20 Uhr; Eintritt frei, Museum 9.30–12 und 14–17 Uhr, Mo geschlossen, Eintritt 3 €, Studenten und Rentner 1,50 €, unter 14 Jahren frei). Am Ende des klösterlichen Kreuzweges auf den Kalvarienberg stehen mehrere Steinkreuze, die ältesten auf der höchsten Stelle. Die steinerne Kanzel stammt aus dem Jahr 1643.

Umgebung von Arouca

Steine bzw. Versteinerungen noch wesentlich älteren Datums kann man sich im östlich gelegenen *Canelas* anschauen (EN 326-1 Richtung Alvarenga): die fossilen Krustentiere zählen 230 Mio. Jahre und sind exzellent erhalten, Wirbellose sind sogar bis 465 Mio. Jahre alt. Inzwischen ist ein einstündiger geologischer Pfad angelegt und ein kleines Museum stellt wichtige Fundstücke aus (Parkzentrum tägl. 9.30–13.30 und 14–17 Uhr, Museum nur Sa und nach Voranmeldung).

In südöstlicher Richtung geht es ebenfalls auf der EN 326-1 zu den Traditionsdörfern *Covêla de Paivó, Janarde, Regoufe* und *Drave.* Die dunkelgrauen Steinhäuser scheinen in die unwirtliche Berglandschaft hineingeworfen zu sein. Die über die Jahrhunderte abgeschieden lebenden Bewohner haben ihre eigenen Bräuche bis heute bewahrt. Die Dörfer sind nur auf schmalen Fahrwegen zu erreichen.

Großraum Porto   → Karte Umschlagklappe hinten

Nördlich von Porto

Matosinhos
ca. 28.000 Einwohner

Einst schrieb Matosinhos Geschichte, wenn auch nur im Kleinen. Hier wurde der weltweit erste Hafen für Sardinenfischer angelegt. Diesem schmackhaften und preiswerten Fisch widmen noch heute viele Kneipen und Tascas ihre Grillkünste.

Deswegen kommt man nach Matosinhos, aber auch wegen des Nachtlebens und der günstigen Restaurants für Meeresfrüchte. In den letzten Jahren wurden viele Fischkonservenlager entlang der Küste abgerissen, an ihre Stelle traten Apartmenthäuser, die nun die langen, sauberen Strände säumen. Sicherlich gibt es romantischere Möglichkeiten für Spaziergänge, aber dank der neuen Metrolinie sind die Strände von Porto aus problemlos in wenigen Minuten zu erreichen.

Auf den Spuren großer Architekten

Sie haben den Pritzkerpreis für Architektur gewonnen, eine Art Nobelpreis für Architekten: Álvaro Siza Vieira, geboren in Matosinhos, und sein Kollege Eduardo Souto Moura, geboren in Porto. Die Architektenvereinigung von Porto hat Rundgänge zu ihren Bauwerken in Matosinhos, Porto und Leça ausgearbeitet. Entsprechende Faltblätter gibt es in den Touristinformationen und im Geburtshaus Siza Vieiras, dem Casa da Arquitectura, das auch besichtigt werden kann. Rua Roberto Ivens 582 im Zentrum von Matosinhos (www.casadaarquitectura.pt).

Am Nordrand der Stadt liegen im Mündungsgebiet des Rio Leça die großen Dockanlagen des zweitgrößten Industriehafens und des immer noch größten Sardinenhafens Portugals. Über eine schmale Zugbrücke gelangt man auf die andere Uferseite in den Stadtteil *Leça da Palmeira*. Das alte Fischerdorf hat sich zu einem gesichtslosen Häuseragglomerat gewandelt, doch hat der Wechsel von langen Sandstränden und schmalen Felsbuchten seinen Reiz nicht verloren. An einer dieser Buchten liegt auch die einzige wirkliche Sehenswürdigkeit, die *Casa de Chá Boa Nova.* Sie ist ein Frühwerk des portugiesischen Stararchitekten Álvaro Siza Vieira, dessen kubusförmige Art zu bauen bereits hier angelegt ist. Die großflächigen Fenster öffnen sich direkt zum Meer, das bis unmittelbar an das Gebäude heranschwappt. Die Casa mit Restaurant war Pilgerstätte für Generationen von Architekturstudenten, Künstlern und solchen, die sich dafür halten, musste 2012 allerdings für Sanierungsarbeiten geschlossen werden; die Neueröffnung wird immer wieder verschoben.

⌒ Basis-Infos

Postleitzahl 4450

Information Turismo an der Uferstraße Av. General Norton de Matos, Praia do Titan. Ein Fahrradverleih ist geplant. Mo 13–19, Di–Sa 9.30–19 Uhr, ✆ 229386423.

Adressen/Telefonnummern Polizei ✆ 229383427; **Hospital** ✆ 229391000; **Taxi** ✆ 229396900 und 229382128; **Post** in der Rua Brito Capelo 208.

Baden Bei den Stränden von Matosinhos, Leça, Perafita und Lavra weiter nördlich wechseln sandige Abschnitte mit in schroffen Felsen eingebetteten Badebuchten (einige mit Strandkörben). Mehrere Strände besitzen trotz der Nähe zum Großhafen die blaue Flagge.

Surfen Surf Aventura, Rua General

Norton de Matos (unweit Tourismusamt), www.surfaventura.com.

Tauchen MergulhoMania, Attraktion sind Tauchausflüge zu einem deutschen U-Boot, das vom Kapitän am 3. Juni 1945 gezielt versenkt wurde. Rua do Carriçal 143 (Senhora da Hora), ☏ 919923885 (mobil), http://mergulhomania.com.

Übernachten/Essen/Nachtleben

Hotel Into the Blue Hostel, in Gehweite zum Strand; 2012 eröffnete moderne Unterkunft, die auch als Surf House firmiert und entsprechend Kurse anbietet, aber auch für Landratten bestens geeignet ist. DZ mit eig. WC/Bad ca. 45 €, Bett im 4- oder 6-Bettzimmer ca. 18 € (Bettwäsche 3 € extra). Rua do Godinho 612, (139), ☏ 229376043 http://intothebluehostel.pt.vu.

Camping ** Orbitur Angeiras, schattiger Platz in Strand- und Hafennähe, schlecht mit öffentlichen Verkehrsmitteln zu erreichen. Person 3,50–5,80 €, Zelt 4,80–10,10 €, Auto 3,30–5,50 €. Rua de Angeiras (4455-039 Lavra), ☏ 229270571, ✆ 229271178, www.orbitur.pt.

Essen & Trinken Marisqueira dos Pobres, nahe der Casa Boa Gente (auf der anderen Straßenseite). Schlichte Einrichtung mit viel Neonlicht, aber einer der besten Orte, um frische Meeresfrüchte zu essen, und das auf jeden Fall zum günstigsten Preis weit und breit. 100 g Garnelen für ca. 3,50 €, Hauptgericht ab 7,50 €. Mo Ruhetag. Av. Serpa Pinto 37, ☏ 229380266.

≫ Mein Tipp: Casa Boa Gente, im Zentrum von Matosinhos. Das „Haus der guten Menschen", so der Name auf Deutsch, heißt im Volksmund auch „Der mürrische Wirt" – von dessen Entscheidung hängt es nämlich ab, ob der Gast bewirtet wird. Wer 15 Minuten sitzt, ohne eine Speisekarte zu erhalten, sollte also besser wieder gehen. Wegen dieser Beschreibung wurden dem Autor beim letzten Besuch sogar Prügel angedroht, natürlich spaßhaft gemeint. Und der freundliche Schwiegersohn versucht die Dinge auszugleichen. Es gibt absolut frischen Fisch und Meeresfrüchte vom Grill und aus dem Ofen, einfach, aber außerordentlich gut zubereitet. Hauptgericht ab ca. 10 €. So abend geschlossen. Av. Serpa Pinto 162. ☏ 229380750. ≪

Esplanada Marisqueira, in der Parallelstraße. Das genaue Gegenteil vom Pobres. Die älteste Marisqueira der Stadt ist gleichzeitig die teuerste, aber dank der großen Auswahl an Meeresfrüchten aus eigener Zucht inzwischen ein Kultrestaurant. Das Meerwasser in den Zuchtbecken wird täglich gewechselt, die Zubereitung ist spitze. Es gibt außerdem gegrillten Fisch. Hauptspeisen ab ca. 16 €. Mo Ruhetag. Rua Roberto Ivens, ☏ 229380660.

O Rei da Sardinha Assada, gegenüber dem Pobres. Winziger Speiseraum und größere Terrasse, man sitzt auf einfachen Holzschemeln nahe dem offenen Grill und isst hauptsächlich hervorragend gegrillte Sardinen, aber auch einige größere Fische. Hauptgerichte ab ca. 7,50 €. Mo Ruhetag. Rua do Sul 91, ☏ 229382695.

Tito 1, gegenüber dem Fischerhafen; gegrillt wird auf der Straße, gegessen im einfachen Saal oder auf der Terrasse, vor allem natürlich Fisch, aber auch Reisegerichte. Hauptspeisen ab 8 €. Mo Ruhetag. Rua Heróis de França 321, ☏ 229380692. Im Haus Nr. 253 gibt's den Ableger Tito 2.

O Valentim, neben Tito 2. Die Auslage am Eingang zeigt, worauf es hier ankommt: frische Fische. Auch der Grill, auf den sie kommen, ist gut einsehbar. Hauptspeisen ab ca. 10 €. Rua Heróis de França 263, ☏ 229388015.

Nachtleben Villas Jazz Club, nahe Av. da República; edler Club mit anspruchsvoller, gekonnt gespielter Musik. Der 1995 gegründete Club musste in letzter Zeit zweimal umziehen, zu hören ist aber weiterhin guter Jazz. Fr/Sa und vor Feiertagen ab 20 Uhr. Rua Brito Capelo 1227.

Estado Novo, im südlichen Zentrum von Matosinhos. Wenngleich der Name etwas anrüchig klingt (Diktator Salazar nannte seinen „Neuen Staat" so), hat sich die relativ

Großraum Porto → Karte Umschlagklappe hinten

neue Diskothek doch schnell zu einem der Lieblingsläden der Jugend entwickelt. Dance und Rock. Mi–Sa 23–6 Uhr. Rua de Sousa Aroso 722.

Batô, nahe am Ufer in Leça. Die älteste Diskothek im Großraum Portos ist teils mit den Überresten eines untergegangen Schiffs eingerichtet. Aus den Bullaugen dröhnt Pop und Rock, oft aus den 80ern und 90ern. Mi–Sa 23–4 Uhr. Largo do Castelo 13.

Die wehrhaften Klarisseninnen zeigten ihre Macht in Vila do Conde

Vila do Conde
ca. 25.000 Einwohner

Wer sich, von Porto kommend, der belebten Durchfahrtsstraße nähert, kann das mächtige Gebäude des Klosters Santa Clara über dem Fluss kaum übersehen, ahnt aber nichts von den bunten Festen und den reichen Kulturschätzen, die in der alten Fischer- und Handwerksstadt auf die Besucher warten. Vila do Conde, auf halbem Weg zwischen den Highlights Porto und Viana do Castelo gelegen, kämpft mit dem Image des Aschenputtels – zu Unrecht.

Das Stadtbild ist geprägt vom Fluss und den gepflegten Uferanlagen, von hübschen, niedrigen Häusern und begrünten Plätzen, von Kirchen und Kapellen, dem alles überragenden Klostergebäude und dem dazugehörigen Aquädukt. Da das reiche Kloster einst viele wohlhabende Bürger und Adelige anzog, kann man bei einem Spaziergang durch die Stadt einige alte Paläste bestaunen. Eine Besonderheit sind die Wohnhäuser mit manuelinischen Verzierungen um den Rathausplatz, die auch wegen der im Verhältnis zur Größe der Gebäude winzigen Türeingänge auffallen. Einen Umweg lohnt ein Jugendstilhaus mit schmuckvoll farbigen Kachelbordüren an der Kreuzung von Av. Júlio Graça und Av. Artur da Cunha Araújo, das heute ein Jugendzentrum beherbergt. Schräg gegenüber steht das einst luxuriöse, inzwischen verfallene Palasthotel mit allerdings neuem Anstrich. Neben dem nostalgischen Stadtbild fasziniert Vila do Conde als Stadt der Museen. Und modern zeigt sich die von Álvaro Siza Vieira neu gestaltete Uferpromenade *frente atlântico* an der Avenida Brasil.

Das geschützte Gebiet am Rio Ave soll bereits in der Eisenzeit von Fischern besiedelt worden sein, erste schriftliche Erwähnung findet der Ort 953 in klösterlichen Kaufverträgen. Der große Aufschwung setzte mit der Gründung des Klarissenklosters im 14. Jh. ein. Die Nonnen beherrschten das gesamte Stadtgebiet, knüpften Kontakte in die Umgebung und beförderten den Handel mit Fischen, Salz und Bootszubehör, der bis ins 18. Jh. florierte. Ihr Geschäftssinn ging so weit, dass sie – allerdings erfolglos – Steuern von den Handwerkern und Händlern erheben wollten. Doch als sich die Klosterschwestern dem Bau einer für den Handel notwendigen Brücke über den Fluss verweigerten, versiegten die Geschäfte allmählich, und Vila do Conde, die „Stadt des Grafen", verfiel in einen Dornröschenschlaf.

Basis-Infos

Postleitzahl 4480

Information Der **Turismo** liegt in der Rua 25 de Abril 103, ✆ 252248473. Mo–Fr 9–18, im Sommer bis 19, Sa/So 10–13 und 14.30–18 Uhr.

Hin und weg Regelmäßige **Metro**-Verbindungen nach Porto und Póvoa de Varzim, dorthin fährt zusätzlich häufig der Bus. Metrostation etwa 1,3 km außerhalb. Der **Taxistand** liegt gegenüber dem Touristenamt in der Rua 25 de Abril, ✆ 252631933.

Adressen/Telefonnummern Post in der Rua Dr. António Andrade. Das IPJ und die Stadtbibliothek bieten **Internetzugang**. Kostenlos surfen kann man ebenso im **Centro de Memória**. Polizei ✆ 252631170 und 252640160; **Hospital** ✆ 252647870.

Baden Die feinsandige **Praia Azul** liegt etwa 2 km außerhalb. Man kann bis Póvoa de Varzim spazieren, allerdings etwas gestört durch eindrucksvoll hohe Hochhäuser. Zwar ist der Strand bewacht, doch ist das Meer durch den Zufluss des stark belasteten Rio Ave nicht das sauberste. Ähnliches gilt für die **Praia do Campismo** bei Azurara (2 km südlich) und die **Praia da Árvore** bei Mindelo (4 km südlich), wohingegen sich die Strände **Frente Urbana** und die noch weiter südlichen **Mindelo** und **Vila Chã** mit der blauen Flagge schmücken.

Einkaufen Es gibt keine Markthalle, aber freitags wird auf dem **Wochenmarkt** alles (inkl. lebender Tiere) angeboten. Im **Minipreço** direkt hinter der Brücke (von Porto kommend) gibt es den Grundbedarf an Lebensmitteln. Der große **Supermarkt Pingo Doce** liegt 3 km außerhalb Richtung Vila Nova de Famalicão.

Feste/Veranstaltungen Das **Stadtfest zu Ehren Johannes des Täufers** beginnt mit einem Jahrmarkt am 23. Juni. Folkloregruppen und Tänzer ziehen durch die Straßen. In einem Akt von Exorzismus schlagen sich die Menschen freundschaftlich mit Plastikhämmerchen auf den Kopf und bestreuen sich mit übel riechenden Pflanzen. Um 2 Uhr nachts gibt es ein Feuerwerk, anschließend Musik. Aber am nächsten Tag muss man wieder frisch sein für die Prozession.

In der letzten Juliwoche findet eine der größten Handwerksmessen Portugals statt, die **Feira Nacional de Artesanato** (am Platz neben der Rua 5 de Outubro), bei der auch Gewerke aus jeweils einem anderen Land präsentiert werden. Gleich anschließend folgt die **Gastronomiemesse** und in der ersten Dezemberwoche schließt eine Messe, die einem **speziellen Handwerk** gewidmet ist, den Festreigen ab.

Übernachten/Essen & Trinken   → Karte S. 116

**** Forte de São João Baptista 🟦**9**, am Meer nahe der Flussmündung. Die futuristische Innenarchitektur der nur sieben Zimmer hinter den dicken Steinmauern einer Festung aus dem 17. Jh. hat natürlich ihren Preis. ca. 85 € (inkl. CD-Player im Zimmer), Juli/Aug. geschl. Av. Brasil, (659), ✆ 252240600, ✉ 252240609, www.forte.com.pt.

**** Do Brazão 🟦**4**, im Zentrum. Modernisierter Bau aus dem 16. Jh. Die Inneneinrich-

tung erinnert an die Geschichte des Hauses. DZ ca. 56–85 € je nach Saison. Dr. João Canavarro 14, (668), ✆ 252642016, ✉ 252642028, www.estalagemdobrazao.com.

Princesa do Ave 🟦**1**, in einem Wohnviertel zwischen Altstadt und Strand. Die Zimmer nach hinten sind ruhig. DZ ca. 30–50 € je nach Saison. Av. Dr. António Sousa Pereira 261, (807), ✆ 252642065, ✉ 252632972, www.princesadoave.com.

Großraum Porto → Karte Umschlagklappe hinten

Übernachten
(S. 115 – 117)

1 Princesa do Ave
4 Do Brazão
5 Manco d'Areia
8 Pensão Patarata
9 Forte de São João Baptista

Essen & Trinken
(S. 115 – 117)

2 Casa Nostra
3 Ramon
6 Le Villageois

Cafés
7 Café Concerto

Vila do Conde

80 m

Manco d'Areia 5, nahe Rio Ave. Hübsch eingerichtete Zimmer, jedoch verhältnismäßig teuer. 35–60 €. Praça da República 84, (715), ✆/✉ 252631748.

Pensão Patarata 8, im Zentrum nahe Rio Ave. Enge, saubere Zimmer mit einfachem Bad für 25–45 €. Cais das Lavandeiras 18, (789), ✆/✉ 252631894.

Camping Árvore, 2 km südlich an der Küste. Der größte Teil des Platzes liegt unter dem Schatten hoch gewachsener Pinien. Ca. 80 % des Areals ist durch Dauercamper mit „Vorgarten" belegt. Ganzjährig geöffnet. Person im Winter 3 €, im Sommer 6 €, Zelt 3,50–6 €, Auto muss außerhalb des Platzes geparkt werden. Rua do Cabreiro, ✆ 252633225, ✉ 252643593, www.cnm.org.pt.

** Vila Chã, 7 km südlich und direkt am Strand. Viel Schatten, Minimercado und Bar vorhanden. Person je nach Saison 1,97– 3,94 €, Zelt 2,30–6,50 €, Auto 1,41–2,82 €. ✆ 229283163, ✉ 229280632, www.camping vilacha.com.

Restaurants Ramon 3, an der Durchgangsstraße (nahe dem Turismo). An den Wänden hängen die Schals von Fußballmannschaften aus aller Welt. Traditionelle Küche, v. a. der Zickleinbraten ist empfehlenswert. Hauptgerichte um 16 €, halbe Portionen ab 10 €. Di Ruhetag. Rua 5 de Outubro 176, ✆ 252631334.

Casa Nostra 2, nahe Rathaus. Der Fernseher ist etwas zu groß für die kleine Gaststube. Neben einfachem portugiesischem

Essen (ab 8 €) gibt es auch Salate (um 8,50 €). Günstiges Mittagsmenü (werktags) für 6 € inkl. Getränke. Di Ruhetag. Rua da Igreja 12, ✆ 252631730.

Le Villageois 6, am Fluss. Rustikal-modern eingerichtetes Restaurant mit vielseitiger Küche ab 7 € (halbe Portion), ab 13 € ganze Portion. Besonders lecker ist das Weißfischfilet mit Krabbensoße (7 €). Mo geschlossen. Praça da República 94, ✆ 252631119.

Caximar, 2 km nördlich direkt an der Praia das Caxinas. Hier gibt es ab 12 € die frischesten Fische und besten Meeresfrüchte. Mo geschlossen. Av. Brasil, ✆ 252642492.

Café Concerto **7**, im städtischen Jugendzentrum. Zeitgenössisch, großzügig, jugendlich, relaxt. Av. Júlio Graça.

Sehenswertes

Ein Rundgang durch Vila do Conde könnte am Kloster Santa Clara beginnen, von wo aus sich ein weiter Blick über die Stadt eröffnet.

Kloster Santa Clara und Aquädukt: Gegründet wurde das Kloster 1318, das Gebäude in seiner heutigen Form stammt aus dem 18. Jh. Wäre nicht eine gotische Klosterkirche angegliedert, könnte man das imposante Bauwerk eher für einen Palast als für ein christliches Konvent halten. Nach der Säkularisierung 1834 durfte der Orden keine neuen Mitglieder mehr aufnehmen, die letzte Schwester starb 1893, doch die süße klösterliche Backkunst hat bis heute in den Konditoreien der Stadt überlebt. Geplant ist die Umgestaltung zu einer Pousada, was bisher am Streit um die Zuständigkeit zwischen zwei Ministerien scheiterte. Bis dahin ist die Anlage dem Verfall preisgegeben und nicht zu besichtigen. Die angegliederte einschiffige Wehrkirche aus dem 14. Jh. fällt durch ihren großen Chorraum auf, der den Nonnen vorbehalten war. Die verzierten Sarkophage der Gründerfamilie gehören zu den fantasievollsten Werken der portugiesischen Renaissance. Direkt nebenan findet der 999 Bögen zählende und 7 km lange Aquädukt seinen Abschluss, der die Wasserversorgung des Klosters sicherte. Besonders romantisch lässt es sich in einer lauen Sommernacht unter den festlich beleuchteten Arkaden wandeln.

Igreja Matriz und Rathausplatz: Etwas versteckt im alten Ortskern erhebt sich die Pfarrkirche (16. Jh.) mit einem angegliederten Museum für sakrale Kunst. Das

Die Spitzenklöpplerinnen haben ihr eigenes Denkmal

überbordende, aber leider recht verwitterte Schmuckwerk des manuelinischen Portals, ein Werk João de Castilhos, erinnert an die glorreichen Seefahrten, der auf dem Vorplatz sich erhebende alte Pranger hingegen an die Zurschaustellung vermeintlicher oder wirklicher Verbrecher. Als skurrile Abschreckungsmaßnahme schwingt drohend ein rostbrauner Arm der Gerechtigkeit das Schwert. Das mit Sphärenkugeln und dem Wappen König Manuels I. verzierte Rathaus (ebenfalls 16. Jh.) schließt den Platz nach Norden ab.

Capela de Nossa Senhora do Socorro: Ein weiteres bauliches Unikum ist die Kapelle, die sich über dem Fischereihafen erhebt. Ihre weiß gekalkten, skurril anmutenden Rundkuppeln deuten auf arabische Einflüsse hin. Hier beteten Seefahrer und Fischer vor ihrer Abfahrt um den Beistand Marias.

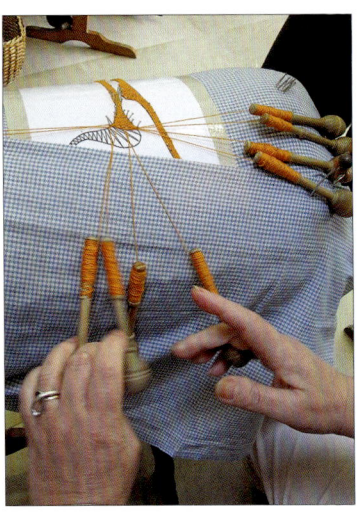

Vila do Conde: Klöppelmuseum

Museu das Rendas de Bilros: Bis heute bildet Vila do Conde das portugiesische Zentrum der *Klöppelkunst*. Diesem Handwerk ist das Klöppelmuseum gewidmet, das die historischen Handwerksgeräte aus aller Welt ebenso wie besonders schön geklöppelte Spitzen aus heimischer Produktion und dem Ausland zeigt. Das Museum unterhält eine Klöppelschule für Jung und Alt sowie eine kleine Werkstatt, wo man besonders geschickten Frauen beim Fertigen von feinsten Spitzen auch einmal über die Schulter schauen kann.
Di–So 9–12 und 14–18 Uhr. Eintritt 1 €. Rua de São Bento 70.

Museu da Construção Naval em Madeira: Am 27. Februar 1487 eröffnete König João II. das königliche Seehandelshaus von Vila do Conde. Internationale Handelsschiffe brauchten von nun an für das Löschen ihrer Ladung keine Zölle mehr zu entrichten. Entsprechend nahm die Bedeutung des Hafens zu. In einem ehemaligen Hafengebäude wurde das „Museum für Schiffsbau aus Holz" eingerichtet, das auch in Vergessenheit geratenen Tätigkeiten wie dem Kalfatern Platz bietet. Daneben sind historische Schiffskarten und Aufzeichnungen zu sehen. Zudem kann im Wasser gegenüber der Nachbau einer alten Karavelle besichtigt werden.
Di–So 10–18 Uhr. Eintritt 1 € (einschl. Karavelle). Largo da Alfandega.

Centro da Memoria: Ein weißer Bau in klaren Formen umgibt einen Stadtpalast aus dem 17. Jahrhundert. 2008 nahm das Gebäude das Stadtarchiv auf, 2013 wurde es um ein Heimatkundemuseum erweitert, das die Geschichte der Region lebendig halten soll. Das breite Angebot ergänzen moderne Kunstausstellungen, Theateraufführungen oder Yoga-Kurse.
Di–So 10–18 Uhr. Eintritt frei, Rua 5 de Outubro, nördlich der Markthalle.

Weitere Museen sind dem Dichter José Régio, der Feuerwehr, der Telekommunikation, der Landwirtschaft und der religiösen Kunst aus den Schatzkammern des Franziskanerordens gewidmet.

Umgebung von Vila do Conde

Textilmuseum in Vila Nova de Famalicão: Wollten Sie schon immer mal wissen, wie sich das Baumwollbällchen zum vielfarbig gewebten Karostoff wandelt? Dann sollten Sie das Museu da Indústria Têxtil aufsuchen, das etwa 20 km westlich von Vila do Conde am südwestlichen Stadtrand von Vila Nova de Famalicão in alten Fabrikhallen untergebracht ist. Monströse Spinnmaschinen und mechanische Webstühle, einzelne Wollfasern, ein Videofilm (auch in Engl.) sowie Dokumente und Fotografien verheißen einen lebendigen Einblick in die Industriegeschichte der Region am Rio Ave. Der Fluss war die kostengünstige Energiequelle für Spinnereien und Webereien, die sich ab Mitte des 19. Jh. zahlreich ansiedelten. Leider war er auch Gosse für Abwässer und ist es bis heute geblieben. Die Fabriken entstanden zwischen Maisfeldern, Gemüsegärten und Weinbergen. Land- und Fabrikarbeit bildeten eine ungewöhnliche Symbiose. Als Arbeiter wurden Kleinbauern eingestellt, die nach der Schicht in ihren Gärten Subsistenzwirtschaft (nebenberufliche Bewirtschaftung für den Eigenbedarf) betrieben. So konnten die Arbeitslöhne gedrückt werden. Die Unternehmen arbeiteten profitabel, auch dank der billigen Einfuhren von Baumwolle aus den portugiesischen Kolonien, die gleichzeitig wichtiger Absatzmarkt für die fertigen Stoffe waren.

Di–Fr 10–17.30, Sa/So/Feiertage 14.30–17.30 Uhr, Di und Mi vormittags sind einige Maschinen in Betrieb. Eintritt frei. Rua José Casimiro da Silva, Vila Nova de Famalicão.

Póvoa de Varzim   ca. 30.000 Einwohner

Die Stadt ist stolz auf ihre tausendjährige Geschichte als Zentrum des Fischfangs. Heute wird das Geschehen von einem regen Nachtleben rund ums Kasino bestimmt – und das Stadtbild von den Hochhäusern an der zwei Kilometer langen Strandpromenade.

Doch der ursprüngliche Mittelpunkt liegt rund um die einschiffige *Igreja Matriz* aus dem Jahre 1757 mit einem Barockportal und reich vergoldetem Altar. Rundherum erinnern mächtige Bürgerhäuser an früheren Wohlstand. Westlich der Pfarrkirche steht die erste Stadthalle aus dem 16. Jh., seinerzeit Symbol für die städtische Unabhängigkeit. Wenige Schritte entfernt befindet sich in der Rua do Visconde de Azevedo das *Museu de Etnografia e História,* das 1937 von einem einheimischen Volkskundler gegründet und seitdem kontinuierlich erweitert worden ist. Neben Fundstücken aus Frühgeschichte und römischer Besiedlungszeit sind stadthistorische Dokumente ausgestellt. Einen interessanten Einblick in das Leben der Fischerfamilien vermitteln alte Fotos und Puppen, die die Straßenspiele der Kinder nachstellen. Vor allem religiös motivierte Volkskunst rundet das Bild ab (Di–So 10–12.30 und 14.30–18 Uhr; Eintritt 1 €, Do frei).

In unmittelbarer Nähe finden Literaturfreunde am gleichnamigen Platz das *Wohnhaus von Eça de Queirós*, dem Begründer des realistischen Gesellschaftsromans in Portugal. Ironischerweise ist das Haus des Dichters, der die Religion verspottete, von einem weiß-blauen Kachelbild mit biblischen Szenen geschmückt. Umrahmt ist es von zwei kleinen Wasserquellen.

Die Einkaufs- und Fußgängerzone *Rua da Junqueira* mit Gebäuden aus dem ausgehenden 19. Jh. mit schönen geschmiedeten Balkonbrüstungen führt unmittelbar zum ehrwürdigen früheren Grande Hotel und zum Kasino, das 1934 in einem

Großraum Porto → Karte Umschlagklappe hinten

sehenswerten klassizistischen Gebäude eröffnet wurde. Zum Flanieren lädt der *Passeio Alegre* ein, Skater und Radler gesellen sich hinzu.

In direktem Kontrast zu dieser weltoffenen Atmosphäre steht das alte *Hafenviertel*. Hier, am damaligen Stadtrand, gründeten im 18. Jh. die Fischer ihre Siedlung, um nahe am Meer zu leben. Sie entwickelten eine eigene kulturelle Identität und bildeten eine starke Interessengemeinschaft mit strengen Verhaltensregeln, die z. B. Eheschließungen nur innerhalb der Gruppe zuließen. Um möglichst vielen Fischern ein Zuhause am Meer zu verschaffen, entstanden kleine, schmale Häuser, die den spartanischen Ansprüchen der Bewohner genügten. Lang gestreckte Hinterhöfe schafften den notwendigen Platz für die Arbeitsmaterialien.

Auch wenn der Fischfang heute wirtschaftlich an Bedeutung verloren hat, ist es noch immer eine Freude, die ein- und ausfahrenden Boote am Fischereihafen zu beobachten. Die benachbarte Befestigungsanlage *Fortaleza de Nossa Senhora da Conceição*, erbaut zwischen 1701 und 1740, schützte einst vor Seeräubern. Heute ist sie von Polizeieinheiten belegt und kann deswegen nicht besichtigt werden.

Der Kampf ums täglich Brot

Große Fantasie mussten die Bewohner der kargen Küstenlandschaft nördlich von Póvoa de Varzim bis hoch zur spanischen Grenze aufwenden, um wirtschaftlich überleben zu können – mit überraschenden Ergebnissen, die noch heute rund um die Nachbarorte *Aver-o-Mar* und *Aguçadoura* bewundert werden können. Ins Auge fallen kleine Hütten im afrikanischen Stil. In ihnen wird Seetang aufbewahrt, der mit der Flut angeschwemmt und anschließend von Menschenhand entlang der Küste zum Trocknen ausgebreitet wird. Der Tang dient als Dünger für den Anbau verschiedener Gemüsesorten. Als zusätzliche Maßnahme zum Gedeihen der Feldfrüchte auf dem sandigen Dünenboden graben die Bauern tief in die Erde bis ans Grundwasser. Durch die warmen Temperaturen, die sich in dieser Art von Trog bilden, kombiniert mit hoher Bodenfeuchtigkeit, wächst hier sogar Wein direkt am Strand. Ein weiterer positiver Effekt: Durch das Absenken des Bodens und die Umpflanzung mit Büschen wird der Wind abgehalten und die Temperatur weiter erhöht. Die Zwiebeln werden von den Bauern als die angeblich hochwertigsten ganz Portugals entlang der Hauptstraßen zum Verkauf angeboten.

Basis-Infos

Postleitzahl 4490

Information Turismo an der Praça Marquês de Pombal. Mo–Fr 9–13/14–19 Uhr, Mitte Juni–Sept. Mo–Fr 9–19 Uhr, Sa/So ganzjährig 9.30–13 und 14.30–18 Uhr. ✆ 252298120.

Hin und weg Von Porto fährt die **Metrolinie B** etwa alle 30 Min. über Vila do Conde nach Póvoa. Fahrzeit ca. 1 Std. Von dort weiter nach Braga und Guimarães.

Busse ab der Central de Camionagem, Rua D. Maria I: von 7.30 bis 20 Uhr halbstündl. nach Vila do Conde und Aguaçadoura, so seltener; 16-mal nach Barcelos (außer Sa/So) 6-mal nach Braga, 15-mal nach Guimarães, 11-mal nach Viana do Castelo.

Taxis stehen an der Praça do Almada am Rathaus, ✆ 252622364, 252612288.

Adressen/Telefonnummern   Polizei ✆ 252298190 und, ✆ 252240350; Hospital

✆ 252690600. **Post** am Largo Ilísio da Nova. Kostenlosen **Internetzugang** bieten Turismo, Casa da Juventude (Rua D. Maria I), Arquivo Municipal (Rua Visconde Azevedo) und die Bibliothek (Rua Padre Afonso Soares). **Fahrräder** werden im Sommer am Eingang zum Fischerhafen, Av. dos Banhos, verliehen.

Baden Nach Póvoa de Varzim kommt man eher zum Flanieren entlang der Strandpromenade und zum Glücksspiel im Kasino. Trotzdem ist der Strand (hellbrauner Sand, durchsetzt von Felsgestein) bei Sonnenanbetern sehr beliebt. Auch wird kräftig gesurft und Ball gespielt. Sogar die blaue Flagge darf seit neuestem gehisst werden. Zu Fuß kann man bis Vila do Conde gehen.

Einkaufen Die **Markthalle** (Mo–Sa ganztägig) liegt an der Praça Marquês de Pombal neben dem Turismo. Außer Frischwaren sind auch Handwerksartikel im Angebot.

Der **Supermarkt Pingo Doce** (tägl. geöffnet) befindet sich an der Praça Marquês de Pombal.

Feste/Veranstaltungen Im Juni und Juli füllen während des mehrwöchigen **Festival Internacional de Música** klassische Konzerte die Kirchen, Veranstaltungshallen und das Kasino. Die Nacht vom 28. zum 29. Juni heißt **Noitada de São Pedro** und ist ganz dem Stadtheiligen gewidmet. Auf den Straßen wird Folklore aufgeführt, getanzt, gegessen und natürlich kräftig gebechert, am nächsten Tag folgt dann die volkstümliche Prozession. Religiöse Prozessionen gibt es auch am 15. August anlässlich der **Festa da Nossa Senhora da Assunção** und am dritten Sonntag im September, wenn die **Festa da Nossa Senhora das Dores** gefeiert wird. Während der **Woche des Poeten** tragen im Februar (auch ausländische) Dichter in der ganzen Stadt ihre Werke vor.

Übernachten/Essen/Nachtleben

Übernachten   *** **Grande Hotel da Póvoa**, nahe Strand und Kasino. Renoviertes Hotel in privilegierter Lage, teilweise mit Meerblick. DZ je nach Saison 49–119 € ohne Frühstück. Largo do Passeio Alegre 20, (428), ✆ 252290400, ✉ 252290401, www.grandehoteldapovoa.com.

***Sol Póvoa, 2 km nördlich des Zentrums und 1,5 km von den Stränden entfernt. 30 lichte Zimmer in einem zweistöckigen Gebäude, alle mit Balkon und von einem großen Garten umgeben. Rua José Morneiro 100 (100), ✆ 252290510, ✉ 252290519, http://solpovoahotel.pt.

** Hotel Costa Verde, nahe dem langen Nordstrand. Angenehmes Haus der Mittelklasse, nach Zimmern in den oberen Stockwerken fragen. DZ 49–70 € je nach Saison. Av. Vasco da Gama 56, (410), ✆ 252298600, ✉ 252298609, http://hotelcostaverde.pt .

** Hotel Luso-Brasileiro, beim Mercure um die Ecke. Relativ große, ordentliche Zimmer, leider ohne Aussicht, da zugebaut. DZ 49–72 € je nach Saison. Rua dos Cafés 16, (595), ✆ 252690710, ✉ 252690719, www.hotel lusobrasileiro.pt.

Camping   **** **Rio Alto**, etwas nördlich von Aguaçadoura. Der schöne Sandstrand ist durch einen niedrigen Rohrtunnel, der unter einem Golfplatz hindurchführt, zu erreichen. Minimercado und Restaurant vorhanden, allerdings wenig Schatten. Zu erreichen 6-mal tägl. (So 5-mal) von der Praça Almada aus mit dem Bus. Person je nach Saison 3,80–6,40 €, Zelt 5–11,10 €, Auto 3,50–11,10 €. Ganzjährig geöffnet. ✆ 253615699, ✉ 252615599, www.orbitur.pt.

Essen & Trinken Costa, hinter der Stierkampfarena. Einfaches Restaurant mit langer Tradition. Guter Schinken und frischer Fisch. Hauptgerichte ab ca. 8 €. Mo geschlossen. Rua Dr. Armindo Graça, 193 Lj. 1, ✆ 252684139.

O Pátio, neben der Stierkampfarena. Fischgerichte und portugiesische Spezialitäten werden in einem großen Speisesaal gereicht, Hauptgerichte ab ca. 9 €. Rua Artur Aires 26, ✆ 252684325.

O Firmino, zentral gelegen. Bekannt für die schmackhafte regionale Küche, Hauptgerichte ab ca. 9 €. Di Ruhetag. Rua Dr. Caetano Oliveira 100, ✆ 252684695.

Nachtleben Das Zentrum des Nachtlebens ist das **Kasino** am Strand. Neben Glücksspielen täglich auch Shows und Konzerte. Av. dos Descobrimentos, ✆ 252690888. In der Umgebung haben sich mehrere Bars und Musikcafés angesiedelt, z. B. das **Plastic** oder das **Twins Praia**.

Viana do Castelo – Praça da República und Viana Statue

Minho

Die von hellen Sandstränden im Westen und den grandiosen Anhöhen der unberührten Gebirge von Peneda und Gerês im Osten umrahmte Region wird als grünes Paradies gepriesen. Im Minho wachsen die Trauben für den prickelnden Vinho Verde, einen verführerischen Wein. Er passt besonders gut zu frischem Fisch und köstlichen Meeresfrüchten aus dem Atlantik. Im Landesinnern kommt eher deftige Hausmannskost auf den Tisch: Schweinefleisch, Zicklein, Lamm. Dazu darf's ein kräftiger Roter sein.

Wanderer finden die Erfüllung ihrer Träume im rauen *Naturpark von Gerês,* wo nachts noch der Wolf heult. Wer näher am Meer bleiben will, sucht die Bergwelten der *Serra de Arga* bei Viana de Castelo auf. Der Atlantik wird zwar auch im Sommer kaum wärmer als 19 °C, doch laden die sauberen Strände zu ausgedehnten Spaziergängen ein. Und surfen kann man das ganze Jahr über.

In *Guimarães* wurde 1139 die portugiesische Nation aus der Taufe gehoben, der mittelalterliche Stadtkern blieb erhalten. *Braga* ist eine Stadt der Widersprüche. Portugals religiöse Hauptstadt hat dank der bedeutenden Universität die jüngste Einwohnerschaft unter den europäischen Städten. Discos und Kirchen prägen das Leben gemeinschaftlich. Den größten Wochenmarkt gibt es in *Barcelos,* von wo aus ein tönerner Hahn alle Souvenirshops Portugals erobert hat. *Viana do Castelo* wurde schon von den Römern als „die Schöne" verherrlicht, die Stadt am Meer ist es bis heute geblieben. Ende August wird sie zum Hexenkessel, dann feiern Jung und Alt Nordportugals glanzvollstes Sommerfest.

Von Viana über *Vila Praia de Âncora* bis *Moledo* und das mittelalterliche *Caminha* ziehen sich die schönsten Sandstrände mit kristallklarem Wasser. Fast jede Stadt ist stolz auf ihren historischen Ortskern und eine eigene Burg, die einst als Schutz

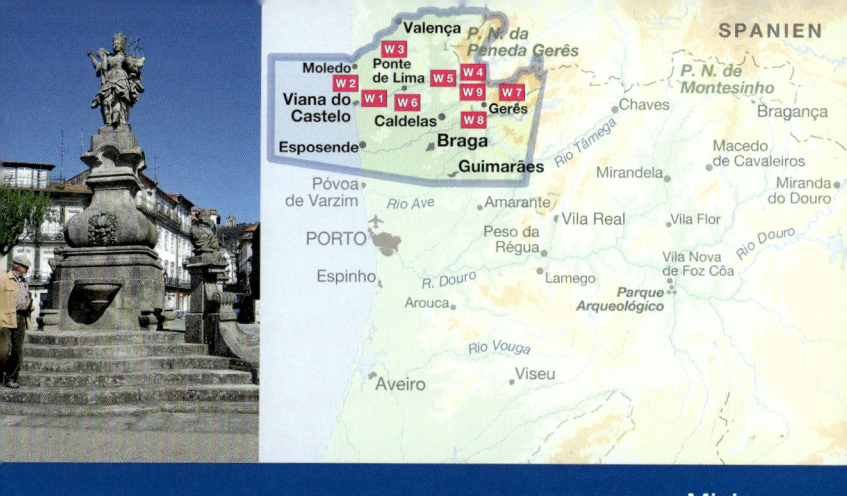

gegen kastilische Begehrlichkeiten diente. Heute kommen die spanischen Nachbarn in friedlicher Absicht, aber so zahlreich, dass besonders *Valença do Minho* an schönen Tagen zu einer Art portugiesischem Rothenburg ob der Tauber wird. Dann weicht man vielleicht besser in die stillen Orte *Monção* und *Melgaço* weiter im Landesinneren aus. Und *Ponte de Lima* wirkt mit seinen pittoresken Adelshäusern wie eine mittelalterliche Theaterkulisse und lohnt den Besuch auch ohne großartige Burg.

Guimarães ca. 55.000 Einwohner

Für portugiesische Schulkinder ist der Ausflug zur „Wiege der Nation", zu Portugals erster Hauptstadt und europäischer Kulturhauptstadt 2012, Pflicht. Reisende erfreuen sich an der malerischen Altstadt mit engen Gassen, romantischen Plätzen, historischen Bauwerken und Kunstschätzen zu Füßen der waldreichen Serra da Penha.

Die Umgebung von Guimarães dominieren gesichtslose Vororte, in denen die Textil- und Lederverarbeitung das Geschehen prägt. Viele haben die Arbeit verloren, Portugal ist im weltweiten Wettbewerb um billige Produktionsstätten zum Hochlohnland geworden. In Osteuropa, Asien oder Afrika kann inzwischen weit billiger produziert werden. Die Konzentration auf die Produktion hochwertiger Kleidung und die Modernisierung vieler Fabriken lässt allerdings Hoffnung aufkommen.

Das triste Bild ändert sich unmittelbar mit dem Erreichen der Stadtgrenzen. Im 19. Jh. wurden lange Abschnitte der Stadtmauer eingerissen, um begrünte Plätze und breite Alleen anzulegen, die in den mittelalterlichen Stadtkern führen. Der hat sich seit dem 15. Jh. nur mehr unwesentlich verändert und ist in seiner Gesamtheit von der UNESCO als Welterbe der Menschheit anerkannt. Am ursprünglichsten ist

Aqui nasceu Portugal – Hier wurde Portugal geboren!

Guimarães an der *Praça São Tiago* (auch Santiago), wo der Apostel (Jakob) einst ein Marienbild in einem heidnischen Tempel aufgestellt haben soll, am benachbarten Largo do Oliveira und in den angrenzenden engen Gassen. Dort laden Straßenrestaurants und Bars zum Verweilen ein. Auffallend hübsch zeigt sich die schmale *Rua de Santa Maria* mit ihren von Granitsteinen umfassten und mit schmiedeeisernen Fenstergittern verzierten Häusern. Sie fand bereits im 12. Jh. als Hauptverbindungsstraße zwischen dem Kloster in der Unterstadt und dem Burghügel urkundliche Erwähnung.

Das geschäftige Herz der Stadt schlägt am *Largo do Toural* am südwestlichen Stadtrand, wo bis ins 18. Jh. der Rindermarkt veranstaltet wurde. Auf dem vom Autoverkehr umtosten und von herrschaftlichen Häusern aus dem 19. Jh. gesäumten Platz treffen sich die alten Männer zum Kartenspielen oder um die jüngsten Fußballergebnisse und Stadtereignisse zu diskutieren.

Für die Ausrichtung der Europäischen Kulturhauptstadt putzte sich der Ort heraus. Häuser wurden saniert oder zumindest die Fassaden neu gestrichen und der Autoverkehr wurde an manchen Stellen zugunsten der Fußgänger etwas eingeschränkt. Ein Projekt stach hervor: Die sogenannte Kunstplattform (Plataforma das Artes e da Criatividade) nimmt Teile der Privatsammlung und eigene Werke des auch international hoch gehandelten Künstlers José Guimarães auf, die dieser seiner Heimatstadt gestiftet hat.

Die Keimzelle der Stadt war ein Kloster, das die einflussreiche Gräfin Mumadona Dias aus dem Königshaus Leon im 10. Jh. auf ihrem Landgut Vimaranes errichten ließ. Noch heute werden die Bewohner auch als „Vimarenser" bezeichnet. Schnell siedelten sich viele Menschen an. Zu ihrem militärischen Schutz ließ die Gräfin auf dem nahen Hügel eine Burg errichten. Als ein gutes Jahrhundert später Dom

Henrique aus dem Hause Burgund gemeinsam mit seiner kastilischen Frau Teresa die Grafschaft Portucale übertragen bekam, machte er Guimarães zu seinem Stammsitz. In der zwischenzeitlich verstärkten Festung soll auch Afonso Henriques, der erste König Portugals, geboren worden sein. Er schlug auf dem nahe gelegenen Campo São Mamede am 24. Juni 1128 die galicischen Truppen seiner eigenen Mutter, verbannte Letztere und übernahm die Grafschaft, die er nach einem weiteren militärischen Erfolg über die Mauren 1139 zum Königreich ausrief. *„Aqui nasceu Portugal"* – „Hier wurde Portugal geboren" –, prangt heute in großen Lettern an der alten Stadtmauer, und auch in den Auslagen der Geschäfte ist diese frohe Botschaft allgegenwärtig, freilich in kleinerer Version. Doch Hauptstadt wurde schon bald Coimbra weiter im Süden, später Lissabon. Das Kloster blieb eine bedeutende Wallfahrtsstätte auf dem Pilgerweg nach Santiago de Compostela und brachte großen Wohlstand in die Stadt, der in den Bauwerken bis heute sichtbar ist.

Basis-Infos

Postleitzahl 4810

Information Guimarães zeigt sich sehr serviceorientiert. Im geschmackvoll eingerichteten zentralen **Posto do Turismo de São Tiago** in der Altstadt können sich die Urlauber an kleine Tische setzen und werden dort von freundlichen Fachkräften eingehend beraten. Es gibt viele Infos auch in deutscher Sprache. Mo–Fr 9.30–18.30, Sa 10–18, So 10–13 Uhr. Praça São Tiago, ℡ 253518790, www.guimaraesturismo.com.

Es gibt einen **Audioguide** auch in englischer Sprache, Leihgebühr für 24 Std. 5 €, Kaution 50 €.

Hin und weg Bahnhof etwa 10 Fußminuten südlich der Altstadt. Mit der Schmalspurbahn 16-mal nach Porto (Campanhã und São Bento), 14-mal nach Braga, nach Barcelos, Viana do Castelo und Vigo nur mit zweimaligem Umsteigen.

Der **Busbahnhof** liegt neben dem Einkaufszentrum GuimarãeShopping südwestlich des Zentrums. 9-mal (So 8-mal) Flughafenshuttle von Porto (www.getbus.eu), 2-mal tägl. Schnellbusse nach Porto, 15-mal tägl. nach Póvoa do Varzim, je nach Tageszeit halbstündlich bis stündlich nach Braga, Mo–Fr 7-mal (Sa/So 2-mal) nach Amarante und Vila Real.

Tickets für die **Stadtbusse** der TUG gibt es im Bus (Einzelfahrschein ca. 1,70 €) oder als wiederaufladbare Zehner-Karte am Kiosk in der Nähe des Turismo (ca. 9 € plus einmalig 1,50 € für die Karte). **Taxis** sind unter ℡ 253522522 oder ℡ 253525252 erreichbar.

Adressen/Telefonnummern Polizei ℡ 253513334 und ℡ 253422570; Hospital ℡ 253540330. Die **Post** findet man am Largo dos Navarros de Andrade. Kostenlosen **Internetzugang** hat man in den Net-Sälen der Stadtverwaltung an der Praça São Tiago (Mo–Sa 10–20 Uhr, im August geschlossen) und im Arquivo Alfredo Pimenta in der Rua Gravador Molarinho (Mo–Fr 9–12.30 und 14–17.30 Uhr). Wer spät abends noch ins Internet will, kann dies ebenfalls kostenlos im Espaço Internet im Centro Cultural Vila Flor (Mo–Sa 13–23, im August 14–19 Uhr).

Baden Scorpio – Parque de Animação Aquática, von Mitte Juni bis Mitte September geöffnetes Fun- und Erlebnisbad. Alameda de Desportos.

Einkaufen Die neue Markthalle befindet sich am Lugar das Lameiras, fünf Fußminuten südwestlich des Stadtzentrums (Mo–Fr 7–19, Sa bis 13 Uhr). Freitags **Wochenmarkt** an der Markthalle: Kleidung, Schuhe, Obst und Gemüse werden den ganzen Tag über feilgeboten. Das größte **Einkaufszentrum** ist **GuimarãeShopping** (neben dem Busbahnhof), nördlich in der Rua Dr. Alfredo Pimenta liegt der **Supermarkt Pingo Doce**. Regionales **Kunsthandwerk** vertreibt Loja da Oficina (Rua da Rainha 126 in der Altstadt).

Feste In Guimarães und Nachbarschaft vergeht kaum eine Woche ohne Fest. Etwas Besonderes ist das **Leinenfest** am ersten Samstag im Juli. Auf der Quinta da Corredoura in **São Torcato** kann man den

Verarbeitungsprozess von der Ernte bis zum fertigen Produkt verfolgen. Dazu gibt es Musik und fröhliche Stimmung.

Festlicher Höhepunkt ist das Stadtfest **Gualterianas** am ersten Wochenende im August. Die Stadt ist festlich mit Blumengirlanden und bunten Lampen geschmückt, es werden Konzerte aller Musikstile veranstaltet, dazu Folkloredarbietungen, Tiermarkt und Sportwettbewerbe. Jeden Abend erstrahlt außerdem ein Feuerwerk den Himmel. Den grandiosen Abschluss bildet ein Umzug der Stadtbewohner mit selbst gemachten Puppen, Instrumenten und allem Interessanten, was aufgestöbert werden kann.

Reiten   Centro Equestre, Quinta do Loureiro Velho, Apartado 415, ℡ 253557330.

Wandern Im Turismo gibt es ein Faltblatt zu verschiedenen Wanderungen: eine in der Nähe der Citânia dos Briteiros, eine andere rund um die Mühlen des nahen Ortes São Torcato. Dieser Weg wurde vom Verein Montanha Viva angelegt, der auch Wanderungen organisiert. Rua Padre Arieira 292, São Torcato, (868), ℡ 253553139.

Übernachten

Pousada Sta. Marinha 🔟, ca. 3 km östlich (Richtung Penha-Berg). Luxusunterkunft, für die ein Augustinerkloster aus dem 12. Jh. restauriert und durch einen neuen Trakt behutsam erweitert wurde. Für sein harmonisches Werk erhielt der Architekt den höchsten Architekturpreis des Landes. Die Zimmer im alten Trakt sind sehr romantisch mit antikem Mobiliar eingerichtet, entsprechend dem Grundriss der früheren Mönchszellen aber eher klein. Die Zimmer im neuen Teil sind dagegen sehr geräumig und edel. Ruhige Lage mit tollem Blick, allerdings hört man während der Badesaison deutlich die Geräusche vom benachbarten öffentlichen Schwimmbad. Schöner Garten und eigener Panoramapool. DZ je nach Saison 110–190 €. (011). ℡ 253511249, ✆ 253514459, www.pousadas.pt.

**** Toural** 🔟, am südwestlichen Rand der Altstadt. Modern eingerichtetes Hotel mit geräumigen Zimmern, die trotz der funktionalen Ausstattung freundlich und gemütlich wirken. Prunkstück ist die weitläufige und verspielte Außenfassade zum Largo do Toural. Der Eingang versteckt sich hingegen am rückseitigen Largo A. L. de Carvalho. DZ mit Frühstück ca. 90 €. Largo A. L. de Carvalho, (427), ℡ 253517184, ✆ 253517149, www.hoteltoural.com.

São Mamede 🔟, beim Markt. Die Unterkunft befindet sich in einem Betonblock, doch die 27 soliden Zimmer sind empfehlenswert und deshalb auch oft ausgebucht. DZ ca. 37–48 €. Rua de São Gonçalo 1, (525), ℡ 253513092, ✆ 253513863, www.residencial-smamede.com.

Trinas 🔟, am nördlichen Altstadtrand. Das hübsche Altstadthaus wirkt etwas dunkel, auch die Einrichtung der elf Zimmer ist in dunklem Braun gehalten, alle mit Bad, Telefon und Fernseher. Trotzdem ist der Preis in der Hochsaison vielleicht etwas überhöht. DZ 35–50 €. Rua das Trinas 29, (134), ℡ 253517358, ✆ 253517362, www.residencialtrinas.com.

**** D. João IV** 🔟, gegenüber dem Bahnhof. Ideal für Zugreisende mit viel Gepäck. Die schlicht eingerichteten Zimmer sind in einem schmalen Betongebäude untergebracht und haben Bad und Klimaanlage. Außerdem kann man im Fernseher unter 40 Kanälen wählen. 35–45 €, je nach Saison. Av. D. João IV 1660, (534), ℡ 253514512, ✆ 253514485, www.hoteldomjoaoiv.com.

》》》 Lesertipp: Albergaria Palmeiras 🔟, modern eingerichtete Zimmer mit Bad und Terrasse inkl. Frühstück und Stellplatz in der Tiefgarage 40–60 € (Tipp von Claus Mahr). Centro Comercial Palmeiras, 4. Stock, ℡ 253410324, ✆ 253417261, www.albergaria palmeiras.com. **《《《**

Turismo de Habitação   Casa de Sezim, ca. 5 km südwestlich über die N 105 bis Covas, dann nach Santo Amaro. Elegantes Anwesen, seit 1376 im Familienbesitz. Aufmerksamkeit erregen über die Grenzen Portugals hinaus historische Landschaftstapeten mit Motiven der Alten und Neuen Welt aus dem 19. Jh. Seit 1930 wird auf dem Landgut ein bekannter Vinho Verde produziert. Neun edel eingerichtete, teilweise sehr geräumige Zimmer. DZ ab 95 €. Santo Amaro, (913), ℡ 253523000, ✆ 253523196, www.sezim.pt.

Castelo de
Guimarães

Igreja do São Miguel
do Castelo

Paço dos Duques
de Bragança

Largo
Condessa
Mumadona

Museu de Arte
Primitiva Moderna

Praça de
Santiago

Igreja Nossa Senhora
da Oliveira

Largo
João
Franco

Largo da
Oliveira

Museu Alberto
Sampaio

Museu da Sociedade
Martins Sarmento

Plataforme
des Artes

Largo do
Toural

Largo da
República
do Brasil

Teleférico
zur Penha

Rua Dr.
José Sampaio

Largo
25 de
Abril

Igreja dos
Santos Passos

Largo de
S. Gualter

Markthalle

Palácio da
Vila Flor

Bahnhof

Guimarães

50 m

Quinta de Cima de Eiriz, ca. 10 km östlich Richtung Felgueiras. Rustikales Landhaus am Südhang des Monte da Penha mit weitem Blick. Vergleichsweise einfach eingerichtete Zimmer mit schönem Holzboden und Zentralheizung. Auch ein Pool gehört zum Anwesen. DZ ca. 65 €. Calvos, (601), ✆ 253541750, ✆ 253452551, www.quintade cimadeeiriz.com.

Hostel Prime 🔟, südwestl. des Zentrums; hell eingerichtete, etwas spartanische Zimmer in einem Stadthaus aus dem 17. Jh. Küchenbenutzung möglich. Bett im Schlafsaal ab 14 €, DZ inkl. eig. Bad ca. 39 €. Rua da Liberdade 42-44, (441), ✆ 253546335, www. hostelprimeguimaraes.com.

Jugendherberge 🔟, modernes Haus in zentraler Lage hinter dem Palácio Vila Flôr. Neben Schlafsälen gibt es auch Doppelzimmer und Apartments mit Kitchenette für vier Gäste. Im Mehrbettzimmer 11–14 €, DZ 32–38 €, Apartment 60–70 €. Complexo Multifuncional de Couros, Largo da Cidade, ✆ 253421380, ✆ 253421381, http://microsites.juventude.gov.pt/portal/ pt/pguimaraes.htm.

Camping * Parque de Campismo da Penha, ca. 6 km südöstlich von Guimarães (nahe Penha). Idyllische, empfehlenswerte Anlage am bewaldeten Berghang, eigenes Schwimmbad und Minimercado. Zu erreichen sowohl mit dem Teleférico und dann 10 Min. zu Fuß oder mit dem Bus, entweder über Belos Ares oder über Covas. Person ca. 2,62 €, Zelt 2,08–3,93 €, Auto ca. 2,08 €. Geöffnet Anfang Mai bis Mitte Sept. Penha Costa, ✆/✎ 253515912, www.turipenha.pt.

* **Caldas das Taipas**, ca. 7 km nördlich bei Taipas. Der Platz befindet sich in einer bewaldeten Flussniederung neben dem öffentlichen Dorfschwimmbad. Geöffnet 1.6.–16.9. Mit den Bussen in Richtung Braga erreichbar. Person 2,10 €, Zelt 2,10–2,30 €, Auto 1,60 €. Rua Rodas Guimarães, Caldas das Taipas (364), ✆ 253576274.

Vila Fria, ca. 15 km entfernt, bei Felgueiras, Kleiner, ländlicher Platz mit ausreichend Schatten. Person 2,14–2,66 €, Zelt 1,88–3,39 €, Auto 1,63–2,02 €. Geöffnet 1. März bis 31. Okt., sonst nur auf Anfrage. Lugar da Boavista, Vila Fria, (4610-842), ✆ 255346403, ✎ 255346402, pcampfelgueiras@mail.telepac.pt.

Essen & Trinken/Nachtleben

→ Karte S. 127

Restaurants Solar do Arco 🔟, in einem alten Stadthaus in der Altstadt. Hell und gemütlich, weiße Tischdecken, täglich wechselnde Speisekarte, auf der Fisch und Meeresfrüchte dominieren, es gibt aber auch Deftiges wie Tripas. Hauptgerichte ab 10 €. Im Winter Mi Ruhetag. Rua de Santa Maria 48–50, ✆ 253513072.

Etc 🔟, nahe Santos-Passos-Kirche. Gelb ist unverkennbar die Lieblingsfarbe des kräftig gebauten Wirtes, der seinen Gästen mit einem etwas launischen Humor begegnet. Die beiden Speisesäle sind immer voll, auch viele junge Leute treffen sich hier – kein Wunder, gibt es doch täglich wechselnde Hauptspeisen (meist zart auf Holzkohle Gegrilltes) ab ca. 8 € und eine riesige Auswahl von ca. 28 (!) Salaten von ca. 4–25 €. So Ruhetag. Rua da Ramada 50, ✆ 253412022.

Adega do Caquinhos 🔟, in einer schmalen Altstadtgasse. Eine richtig einfache Tasca aus früheren Zeiten. Dona Augustas Kochkünste sind vom hinteren Speisesaal aus zu bewundern, täglich zaubert sie drei verschiedene Gerichte für ca. 12 € für 2 Pers.

auf den Tisch, darunter oft frische Sardinen. Travessa da Arrochela, ✆ 253516917.

Nora do Zé da Curva 🔟, versteckt am Rande der Altstadt, das wohl am schwierigsten zu findende Restaurant der Stadt: durch das Einkaufszentrum in der Rua Santo António 117 hindurch, beim schmalen Durchgang am Ende rechts erreicht man einen einfachen, großen und fensterlosen Speisesaal, in dem nur etwa fünf Tagesgerichte, darunter immer auch Bacalhau, die Mägen der Einheimischen erfreuen. Freundlicher Service. Hauptspeisen ab 15 € für 2 Esser. Sonntagabend geschlossen. Tv. Gil Vicente, ✆ 253414457.
Einen eher auf Touristen ausgerichteten Ableger gibt es inzwischen unter dem Namen **Novo Nora Zé da Curva** 🔟 in der Rua da Rainha 125-129; Hauptspeisen ab 8,50 €, So abends und Mo geschl.

🌿 cor de tangerina 🔟, schräg gegenüber dem Kastell; im 1. Stock eines historischen Bürgerhauses betreibt die gleichnamige Kooperative ein anspruchsvolles vegetarisches Restaurant, das die fleischlastigen regionalen Gerichte mit Gemüse variiert. So kommt die traditionelle *açorda* (eine Art flüssiger Brotteig) nicht mit dem üblichen fetten Schweinefleisch, sondern mit Pilzen verfeinert auf den Tisch. Zum Hinschmelzen sind die Süßspeisen. Die Zutaten kommen von kleinen Bauern aus der Umgebung, die Kräuter aus dem eigenen Garten, in dem bei schönem Wetter gespeist wird. Tische und Stühle wurden in einer sozialen Einrichtung in Guimarães gefertigt. Dazu gibt es eine kleine Verkaufsstelle mit Fair-Trade-Produkten und – Franziskaner Weißbier! Hauptgericht etwa 11 €. Im Winter Mo Ruhetag. Largo Martins Sarmento 89, ✆ 253542009. ∎

Cinecittá 🔟, am Santiago-Platz. Mit vielen Filmplakaten dekorierte Kneipe, in der es Sandwichs ab 3 € und große Salate ab ca. 5,50 € gibt. Herrlich sitzt man auch auf dem Platz. So geschlossen. Praça de Santiago 26, ✆ 918436231 (mobil).

Mumadona 🔢, im Norden des Altstadtkerns. Kleines, kachelgeschmücktes und sehr beliebtes Lokal mit freundlichem Service und großer Auswahl, darunter auch Omeletts. Im Mittelpunkt aber steht die regionale Küche. Hauptgerichte (halbe Portion) ab ca. 5 €. Sonntagabend geschlossen. Rua Serpa Pinto 268, ✆ 253416111.

Cafés Confeitaria Egas Moniz 🔢, unscheinbares, kleines Café schräg gegenüber dem Museu Alberto Sampaio. Leckeres süßes und pikantes Gebäck, zu empfehlen ist der Wickelkuchen mit Mandelfüllung (ähnlich wie Marzipan) namens *trança da amêndoa*. Rua Alfredo 13.

Café Milenário 🔢, am Largo do Toural. Traditionscafé mit großem, einfach eingerichtetem Saal und reichlich Gebäck. Largo do Toural 45.

≫ Mein Tipp: Pousada Sta. Marinha, ca. 3 km östl. (Richtung Penha-Berg) → „Übernachten". Den Kaffee im vormals klösterlichen Kreuzgang zu nehmen hat seinen Preis (Espresso ca. 2,50 €), vermittelt aber unter Begleitung von Mönchschören aus dem Lautsprecher romantische Gefühle. ≪

Nachtleben La Movida 🔢, im Stadtteil Azurém. In der neuen Bar/Disco treffen sich die Schönen von Guimarães auch wegen der Terrasse mit Blick auf die Burg. Schwerpunkt Dance und House, auch Konzerte. Fr/Sa von Mitternacht bis 6 Uhr geöffnet. Lugar da Bornaria.

El Rock 🔢, im Herzen der Stadt. Kleine Alternativbar mit Stühlen auch im Freien. Wie der Name schon sagt, gibt es Rockmusik, außerdem Alternatives. Tägl. 14–24 Uhr. Praça São Tiago 31.

Sehenswertes

Kastell/Kapelle São Miguel: Mächtig erhebt sich die Festung auf einem Hügel über der Altstadt. Erbaut Mitte des 10. Jh., danach mehrfach verändert und erweitert, befindet sich diese wohl wichtigste romanische Wehrburg in Portugal in ausgezeichnetem Zustand. Der Grundriss der Anlage gleicht einem Ritterschild. Acht viereckige Wehrtürme schützen den Burghof, in dessen Mitte sich als Rückzugsort in allerhöchster Not der 27 m hohe Burgfried Torre de Menagem freistehend erhebt. Er kann bestiegen werden, von oben bieten sich ebenso wie von den begehbaren, zinnenbekrönten Mauern schöne Ausblicke. Von der Stadtmauer, die unter König Dinis im 14. Jh. als Schutz um die ganze Stadt angelegt wurde, sind allerdings nur noch Reste erhalten. In den Rang einer portugiesischen Kultstätte wurde die Kapelle São Miguel aus dem frühen 12. Jh. unterhalb des Kastells (in Richtung Herzogspalast) erhoben, soll doch hier der Überlieferung nach Afonso Henriques, späterer Portugals erster König, getauft worden sein. Unter den Grabplatten in dem sehr einfachen Kirchlein ruhen vermutlich die Gebeine adliger Krieger, die an der Seite Afonsos gekämpft haben.

Kastell und Kapelle tägl. 10–18 Uhr, Eintritt frei. Torre de Menagem: Eintritt 2,50 €, unter 25 J., über 65 J. und mit Cartão Jovem 1,25 €.

Palast der Herzöge von Bragança: Im Kontrast und als Ergänzung zur machtvollen Burg ließ Dom Afonso, unehelicher Königssohn und später Herzog von Bragança,

Minho

zwischen 1420 und 1442 einen wahrlich majestätischen Palast in gotisch-norman-
nischem Stilmix errichten. Die kurios wirkenden 39 zylindrischen Kamine wurden
erst bei späteren Renovierungsarbeiten aufgesetzt. Afonso war weit gereister Kos-
mopolit, fast unportugiesisch und eher französisch-mediterran wirkt deshalb sein
Bau rund um einen von Arkaden gesäumten Innenhof. Die Ausstattung der Säle ist
Ausdruck adeliger Prunksucht. Riesige Wandteppiche vermutlich nach Entwürfen
des portugiesischen Malers Nuno Gonçalves stellen die nordafrikanischen Feldzüge
König Afonso V. dar. Es sind allerdings in Madrid gefertigte Kopien. Einige der ori-
ginalen flämischen Gobelins wurden von Peter Paul Rubens entworfen und stellen
Szenen aus dem Leben eines römischen Konsuls dar. Auch je drei wuchtige Vasen
aus Delft und aus China gehören zur protzigen Inneneinrichtung der weitläufigen
Säle. Beeindruckend ist das Zusammenspiel der Schnitzereien und Decken aus
Holz mit dem harten Granitstein der Wände.

Tägl. 10–18 Uhr. Eintritt 5 €, unter 14-Jährige frei, bis 25 und über 65 J. 2,50 €, mit Cartão
Jovem 2 €.

Largo und Igreja Nossa Senhora da Oliveira: Den zentralen Largo da Oliveira
dominiert die Kirche „Unserer Frau des Olivenbaums“. Im 7. Jh. war der westgotische Adelige Wamba gerade bei der Landarbeit auf dem damals noch brachliegen-
den Platz, als er zum König ernannt wurde. Nur machte ihm das Säen und Ernten
weit mehr Spaß als das Herrschen. So nahm er den abgefallenen, verdorrten Ast eines Olivenbaums und steckte ihn mit der Erklärung in die Erde, nur dann das
Königsamt antreten zu wollen, wenn dieser wieder austreibe. Kaum im Boden, begannen grüne Blätter zu sprießen, Wamba wurde König, und der Platz hatte seinen
Namen. Der heutige Kirchenbau geht auf ein Gelübde von König João I. zurück, der
nach seinem Sieg von Aljubarotta über spanische Truppen 1385 das schon bestehende romanische Gotteshaus restaurieren und erheblich erweitern ließ. Aus dieser
Zeit stammt das Westportal. Danach wurde das Bauwerk noch mehrmals verändert, der wuchtige Turm kam 1523 hinzu. Das Ergebnis ist eine romanisch-manue-

Die mächtige Festung von Guimarães

linisch-gotische Mischung mit einem Chor im Stil der Renaissance. Vor der Kirche erhebt sich ein gotischer Säulengang über einem steinernen Siegeskreuz. Auch hier war der Grund für die Errichtung eine siegreiche Schlacht: Bei Salado hatten 1340 Portugiesen und Spanier vereint marokkanische Truppen geschlagen.

Mo–Sa 8.30–12 und 15.30–19.30, So 9–13 und 17–20 Uhr. Eintritt frei.

Museu Alberto Sampaio: In den Räumen des der Igreja Nossa Senhora da Oliveira angegliederten Klosters und im Kreuzgang aus dem 12. Jh., der durch eine seltsam ungleichmäßige Form besticht, werden die Schätze aus dem aufgelösten Kollegiat und sakrale Kostbarkeiten aus anderen Kirchen und Abteien der Umgebung ausgestellt. Es ist ein kleines, aber wertvolles Museum mit kunstvollen Skulpturen, Gold- und Silberarbeiten, mittelalterlichen Heiligenabbildungen und Grabmälern. Die Textilrüstung von João I., die er bei der Schlacht von Aljubarrota trug, ist eine wahre nationale Reliquie, die aber auch zeigt, wie klein der König von Statur war.

Di–So 10–18, im August bis 24 Uhr. Eintritt 3 €.

Romantische Häuser säumen die Gassen

Altes Rathaus und Museum für naive Kunst: Der alte Rathausbau gegenüber der Oliveira-Kirche, unter dessen Bögen hindurch man auf den Nachbarplatz São Tiago gelangt, wurde zu Beginn des 14. Jh. begonnen. Sehenswert ist die bemalte Holzdecke im Inneren, das auch dem *Museu de Arte Primitiva Moderna* Heimstatt gewährt. Wie der Museumsprospekt ganz unbescheiden verkündet, ist naive Malerei von internationalem Rang zu sehen. An einer solchen enormen Bedeutung scheinen die Stadtväter allerdings selbst zu zweifeln, denn das Museum ist schon seit Jahren wegen Umbau geschlossen, der nicht so recht vorankommt.

Leidensweg Christi: Nicht nur in den Kirchen, sondern auch auf den öffentlichen Straßen errichtete im Jahre 1727 eine christliche Bruderschaft sieben Kreuzwegstationen. Fünf dieser ausgefallenen *Capelas dos Passos de Paixão de Cristo* stehen noch heute in Häusernischen über die Altstadt verteilt und laden Gläubige zum Gebet ein, etwa in der Rua de Santa Maria, am Largo João Franco oder hinter dem Museu Alberto Sampaio.

Museu Arqueológico Martins Sarmento: Das archäologische Museum befindet sich im einstigen Dominikanerkloster in Südwesten der Stadt, der hübsche Kreuzgang aus dem 14. Jh. beherbergt einen Teil der Ausstellungsstücke. Von besonderem Interesse sind Fundstücke aus den Keltensiedlungen von Briteiros (s. u.) und

Sabroso. Auffallend ist die *Pedra Formosa,* eine große Steintür mit Ritzzeichnungen, mit der das Krematorium von Briteiros für die keltischen Totenkulte verschlossen wurde. Die Exponate aus römischer Zeit – Grab- und Markierungssteine sowie Münzsammlungen – fallen dagegen etwas ab.

Di–So 9.30–12 und 14–17 Uhr. Eintritt 1,50 €. Rua Paio Galvão.

Igreja São Francisco und Igreja dos Santos Passos: Die seltsam in sich verschachtelte Franziskuskirche aus dem 14. Jh., die im 18. Jh. grundlegend umgestaltet wurde, steht im Süden der Stadt. Sehenswert sind der Altar mit kunstvoll geschnitzten vergoldeten Aufsätzen, der zweistöckige Kreuzgang und der gotische Kapitelsaal. Nicht weit entfernt (am Ende einer Gartenanlage hinter dem Largo República do Brasil) fasziniert die Igreja dos Santos Passos dank ihrer beiden schlanken und verspielten Türme, die das schmale, verzierte Eingangsportal umfassen und gemeinsam mit den weiß-blauen Außenkacheln eine architektonische Rarität bilden.

Igreja São Francisco: Di–Sa 10.30–12 und 15–16 Uhr sowie So vormittags. Igreja dos Santos Passos: Mo–Sa 7.30–12 und 15–17 Uhr, So nur vormittags.

Centro Cultural im Palácio Vila Flor: Durch jahrelange Sanierungsarbeiten wurde eines der interessantesten Baudenkmäler der Stadt, der Palácio Vila Flor aus dem 18. Jh., in dem Königin Maria II. einst Guimarães die Stadtrechte verliehen hatte, in ein prunkvolles Kulturzentrum umfunktioniert. Der einheimische Architekt Fernando Seara Sá erhielt die Außenfassaden und die herrlichen Gärten hinter dem Gebäude und setzte in den entkernten Palast zwei Auditorien mit jeweils 800 bzw. 200 Plätzen, dazu ein Restaurant, ein Café und ein Zentrum für neue Medien. 14,7 Mio. Euro ließ sich die Stadt den Umbau kosten und wirbt nun mit dem Motto: *Em Guimarães, a cultura tem espaço* – „In Guimarães hat die Kultur einen Platz". Es gibt regelmäßige Konzerte, anspruchsvolles Kino und Theateraufführungen (Avenida Dom Afonso Henriques).

Igreja dos Santos Passos vor der Serra da Penha

Plataforma das Artes e da Criatividade: Ebenfalls stolze 13,6 Mio Euro kostete der wuchtige Kunsttempel, der aus goldfarbenen Würfeln gebildet wird. Die Plataforma ist Heimstatt der Sammlung des auch international hochgeschätzten einheimischen Künstlers José de Guimarães. Seine halb abstrakten, bunten Figuren und Halbkreise ähneln ein wenig der Kunst Mirós. Zu sehen sind auch politische Plakate, z. B. aus der Zeit der Nelkenrevolution. Dazu kommen Werke aus der Privatsammlung, besonders beeindruckend der „Magie-Saal" mit afrikanischen und südamerikanischen Masken. Wechselausstellungen moderner portugiesischer Künstler ergänzen das Angebot.
Tägl. 10–18 Uhr. Eintritt 4 €.

Umgebung von Guimarães

Igreja Santa Marinha da Costa (Pousada): Zur Kirche am Anstieg zum 3 km östlich von Guimarães gelegenen Berg Penha führt eine wuchtige Freitreppe. Wie in ziemlich allen Kirchen der Stadt zeigt sich ein bemerkenswerter Stilmix. Fassade, Orgel und Chor sind Rokoko, das Granitgewölbe der Hauptkapelle ist Renaissance, das Gestühl eine klassizistische Schnitzarbeit. In den ursprünglichen Klosterräumen ist heute eine elegante Pousada untergebracht, die auch besichtigt werden kann (→ „Übernachten" S. 126).
Die Kirche ist nur unregelmäßig geöffnet.

Montanha da Penha: Vom bewaldeten Hausberg aus genießt man einen wirklich atemberaubenden Blick auf Stadt und Umland. Außerdem kann man Minigolf spielen, auf Trimm-dich-Pfaden joggen, picknicken oder die zahlreichen Grotten erforschen. Auf dem 8,5 km langen Wanderweg PR 3 Rota da Penho lassen sich die 400 Höhenmeter auf das Gipfelplateau in 2½ bis 3 Std. überwinden. Ausgangspunkte sind der Parque da Cidade oder die Igreja dos Santos Passos.

Eine abenteuerliche Aufstiegsalternative ist der *Teleférico*. Die vier Personen fassenden Gondeln überwinden den Höhenunterschied auf einer Länge von 1700 m in nur etwa zehn Minuten. Für nicht Schwindelfreie bietet sich eine Busfahrt an. Am 2. Sonntag im September gibt es eine religiöse Wallfahrt auf die Berghöhe, doch auch an gewöhnlichen Wochenenden und Sommertagen fühlt man sich manchmal wie in einer vorweihnachtlichen Fußgängerzone, während werktags außerhalb der Ferienzeiten Ruhe garantiert ist.

Die Gondelbahn fährt Nov.–März, im April, Mai und Okt. bis 18.30 Uhr, Juni–Sept. Mo–Fr bis 19 und Sa/So bis 20 Uhr; geschlossen am letzten Mo im Monat sowie bei widrigem Wetter. Einzelticket einfach ca. 2,75 €, hin/zurück 4,50 €, bis 4 J. kostenlos, von 4 bis 12 J. und ab 65 J. 1,85 €/2,25 €. Busse fahren 6-mal tägl. vor dem Gebäude der Telecom und zudem 11-mal tägl. hinter dem Largo do Toural (dann über Covas).

Citânia dos Briteiros: Citânias werden keltische Siedlungen genannt, die es in Nordportugal vor fast drei Jahrtausenden zahlreich gab. Briteiros, knapp 10 km nördlich von Guimarães gelegen, gilt mit seinen einst nahezu 200 Häusern als bedeutendste. Die schmalen Straßenzüge ziehen sich durch das Ruinenfeld der zusammengebrochenen Häuser. Ihr Grundriss ist deutlich erkennbar, ebenso die Umgrenzungen der zugehörigen Ställe und Gärten. Die schützenden Mauerringe wurden entlang ihrem früheren Verlauf rekonstruiert und zwei Rundhäuser im 19. Jh. wiederaufgebaut. Unklar ist allerdings, inwieweit sie mit ihren spitz zulaufenden Strohdächern wirklich dem Original entsprechen.
Tägl. 9–12 und 13–18 Uhr. Eintritt 3 €. Abfahrt vom Busbahnhof Guimarães: 2-mal tägl. hin und zurück, dann noch 500 m bis zum Ausgrabungsort.

Minho

Straßenaltar für die Karprozession

Braga

ca. 130.000 Einwohner

Die Stadt lebt in ihren Gegensätzen, die nicht wirklich zusammenpassen – und dem Besucher gerade deshalb reiche Eindrücke ermöglichen. Braga bezeichnet sich stolz als Portugals religiöse Hauptstadt. Bedeutende Kirchen sind zahlreich. Doch zugleich leben hier so viele Studenten, dass man sich mit ebenso viel Selbstbewusstsein die jüngste Gemeinde Europas nennt. Nachtbars und Diskotheken sind an fast jeder Ecke zu finden.

Seit die städtischen Hauptstraßen in Tunnels unter die Erde verlegt worden sind, ist Braga noch attraktiver geworden. Stilvolle Kaffeehäuser stellen ihre Tische rund um die weitläufige Praça da República auf, den städtischen Mittelpunkt und Treffpunkt von Alt und Jung. Von hier zweigen die hübschen Fußgängerstraßen ab und führen zu den wichtigsten Bauwerken, auch zur prachtvollen Kathedrale, die bis heute die kirchliche Macht symbolisiert. Weit mehr als 30 Sakralbauten beherbergt die Stadt. Doch beim Schlendern durch die Gassen sollte man sich Zeit lassen und nicht nur auf die bedeutenden Gebäude achten. Da lässt sich auch mal ein Blick in den romantischen Innenhof eines mittelalterlichen Palastes werfen, in dem sich die moderne Universität einquartiert hat. Oder man kann die zahlreichen Wappen bestaunen, die die Herrenhäuser und Brunnen auf den vielen kleinen Plätzen schmücken, vielleicht auch die Reste der römischen Stadtmauer oder den Brunnen *Fonte do Idolo* mit steinernem Figurenschmuck. Und eine Fahrt auf den Wallfahrtsberg Bom Jesus sollte man einplanen, ein prägnantes Beispiel für die Widersprüchlichkeit, in der sich die Stadt eingerichtet hat. Das Heiligtum hoch über Braga ist tagsüber eine viel besuchte Pilgerstätte, manch einer rutscht demütig auf den Knien die Stufen hinauf, doch das zugehörige Terrassencafé wird dank des herrlichen Fernblicks zum abendlichen, gänzlich unreligiösen Treffpunkt der Erholungssuchenden.

Dann denkt kaum jemand daran, dass 1926 von Braga aus der Militärputsch seinen Ausgang nahm, der später zur Einsetzung des Diktators Salazar führte, oder dass schon wenige Wochen vor der Nelkenrevolution 1974 demokratisch gesinnte Soldaten von hier aus auf Lissabon zumarschierten, um die Diktatur zu stürzen. Wieder so ein Gegensatz.

27 v. Chr. machten die Römer *Bracara Augustus* zur Hauptstadt ihrer Provinz Galécia, die aus Galicien und dem Minho bestand. Fünf wichtige Verbindungsstraßen führten vom Verwaltungssitz bis nach Kantabrien, der nördlichen Grenze des Herrschaftsgebietes. Bracara wurde zum bedeutenden Gewerbe- und Handelszentrum, das 409 die Sueben zu ihrem religiösen Mittelpunkt machten. Sogar ein Konzil wurde 561 hier abgehalten. Schließlich kamen 585 die Westgoten. Die folgenden Jahrhunderte waren bestimmt von Kriegen zwischen den Goten, Mauren und christlichen Rückeroberern. 715 nahmen die Mauren die Stadt ein, mussten sie aber schon 25 Jahre später an den König von Oviedo, Afonso „den Katholischen", abgeben. Der zweite Eroberungsversuch 985 durch Almansor, den Kalifen von Cordoba, war so viel erfolgreicher auch nicht, 1040 fiel die Stadt endgültig in christliche Hände. Die Könige ernannten Braga zur offiziellen Residenz, der Boom beim Kirchenbau setzte ein, die Stadt blühte ökonomisch und geistig auf. Der heute noch gerne benutzte Titel „portugiesisches Rom" stammt aus diesen Tagen.

Basis-Infos

Postleitzahl 4700

Information Turismo an der Praça da República 1, Ecke Av. Central/Av. da Liberdade, ℡ 253262550, ✆ 253613387. Mo–Fr 9–13 und 14–18.30, Sa/So 10–13 und 14–18 Uhr, im Sommer oft auch länger. Die Stadtverwaltung hat diverse Broschüren aufgelegt, darunter drei themenorientierte Stadtrundgänge: das römische Braga, mittelalterliches Braga und Barock in Braga. Außerdem monatlich neu: *Braga Cultural* mit den wichtigsten Infos.

Hin und weg Von Braga aus gibt es ausgezeichnete Busverbindungen in alle Richtungen. Der Busbahnhof liegt zentral hinter der Markthalle an der Av. General Norton de Matos. Shuttle zum Flughafen Porto 9-mal tägl., So 8-mal, Busse fast halbstündlich nach Porto und Guimarães, alle ein bis zwei Stunden nach Barcelos, und Gerês, 10-mal Vila Real, 1-mal Monção, 6-mal Bragança, 2-mal Chaves (über Bóticas), 7-mal Amarante. Am Wochenende seltener. Aktuelle Fahrpläne gibt es im Turismo.

Der Bahnhof liegt am Largo da Estação am westlichen Stadtrand. Tägl. 19 **Direktzüge** nach Porto, vier Direktzüge nach Lissabon, 14-mal tägl. nach Viana do Castelo (über Barcelos), 10-mal nach Vila Praia de Âncora, Caminha und Valença (mit Umsteigen). Es gibt ein gut ausgebautes **innerstädtisches Bussystem** mit insgesamt 86 (!) Buslinien, davon 12 Abend- und Nachtbuslinien. Infos bei TUB (Transportes Urbanas de Braga), www.tub.pt, ℡ 253606890.

Taxis erreicht man unter ℡ 253683228.

Adressen/Telefonnummern Polizei ℡ 253200420, ℡ 253215444; Hospital ℡ 253253253. Die **Post** befindet sich an der Rua do Raio. Im **Internet** kann man in folgenden drei von der Stadtverwaltung eingerichteten *Espaços Internet* kostenlos surfen: *Espaço Internet I*, Praça Conde de Agrolongo 177, Mo–Fr 9–12.30, 14.18.30, Sa 9–13 Uhr; *Espaço Internet II* in der Videoteca II, Parque da Ponte, Mo–Fr 9.30–12.30, 14–18, Sa 9–13 Uhr; *Espaço Internet III*, Mercado Cultural de Carandá, Rua Dr. Costa Júnior, Mo–Fr 9–17.30, Sa 9–12.30 Uhr. Weitere Möglichkeiten bietet die *Videoteca Municipal I*, Rua do Raio, Mo–Fr 9.30–12.30, 14–18, Sa 10–12.30 und 14–17 Uhr.

Wäscherei Bragalava mit zwei Filialen in der Travessa Conselheiro Lobato 158 und der Av. Dr. António Palha 94, beide südlich außerhalb des Zentrums.

Aktivitäten Espaço Livre organisiert Rafting, Mountainbike-Ausflüge, Paintball. Rua Nuno de Morais 23, ℡ 914392358 (mobil), www.espaco-livre.com.

Minho

Einkaufen Mercado da Saudade, der kleine Laden vor der Kathedrale verkauft alte portugiesische Markenwaren und Feinkost, vieles davon kann in der angeschlossenen Bar probiert werden. Rua Dom Paio Mendes 59.

Bragashopping in der Av. Central 37 ist zwar ziemlich hässlich, doch gibt es hier eine Menge Läden, ein Kino mit mehreren Sälen und im Untergeschoss den **Supermarkt Pingo Doce** (tägl. bis 20 Uhr).

Feste Der Festkalender beginnt im März mit dem über die Stadtgrenzen hinaus bekannten **Festival Braga Jazz**, bei dem auch viele junge Bands auftreten. In der ersten Julihälfte wird Braga während des Festivals **Mimarte** (aus mímica/Mimik und arte/Kunst) zur Schauspielbühne. Theatergruppen aus ganz Portugal und einige ausländische Truppen sind zu Gast. Doch die Höhepunkte des Jahres bilden die religiösen Feste.

Die **Osterwoche Semana Santa** macht Braga zur religiösen Metropole Portugals. Jeden Tag bzw. jede Nacht gibt es eine andere Prozession. Highlight ist die **Processão do Senhor Ecce-Homo**. Fackeltragende, barfüßige Büßer ziehen schwarz gekleidet, die Gesichter unter schwarzen Kapuzen mit schmalen Augenschlitzen versteckt, durch die Hauptstraßen. In der ganzen Stadt sind holzgeschnitzte Altäre aufgestellt, die die Stationen des Kreuzweges nachstellen.

Das dem Stadtheiligen **São João** gewidmete Stadtfest ist zwar ebenfalls religiösen Ursprungs, die Feierlichkeiten am 23., 24. und 25. Juni sind aber inzwischen vor allem weltlich geprägt: Folkloregruppen, Feuerwerke und geschmückte Umzüge prägen das Bild. Doch auch religiöse Darstellungen sind überall zu sehen.

Kunsthandwerk Artikel wie etwa azulejoeingefasste Spiegel bekommt man im **Turismo**. Die recht kitschige Ausführung entspricht allerdings vielleicht nicht jedermanns Geschmack. Braga ist bekannt für die Produktion religiöser Kunst, von Heiligenfiguren bis Hausaltären gibt es alles. Einige Geschäfte befinden sich in der Fußgängerzone, z. B. **Casa Arte Cristã**, Rua do Souto 38/40, und **Casa Santo António** in Haus Nr. 20/22.

Markt Die Markthalle liegt an der Praça do Comércio am nördlichen Rand des Zentrums (nur vormittags). Interessant ist der **Wochenmarkt** immer dienstags auf dem Messegelände Parque das Exposições am nördlichen Stadtrand. Hier kann man die Arbeit von Handwerkern bestaunen und außerdem frischen Fisch, Wäsche, Schuhe usw. kaufen.

(Übernachten   → Karte S. 138/139

Im historischen Stadtzentrum finden sich in alten Stadtpalästen einige hübsche, kleine Pensionen, moderne Großhotels gibt es in Gehweite am südlichen Stadtrand. Eine ruhige Alternative in grüner Umgebung hoch über der Stadt sind die Hotels an der Wallfahrtskirche Bom Jesus. Schwierig kann die Hotelsuche in der Osterwoche werden, wenn die großen religiösen Festumzüge viele Besucher in die Stadt locken. Dann erhöhen auch einige Unterkünfte ihre Preise.

****Mercure Braga Centro** 29, ca. 500 m südl. des Tourismusamtes. Bestes Hotel im Zentrum. Die 128 Zimmer des neuen Kettenhotels sind in hellen Brauntönen gehalten, zu den Annehmlichkeiten gehören Minibar, Kaffeekocher und eigene Garage (gegen Gebühr). Je nach Buchungsbedingungen sehr unterschiedliche Preise ab 49 € pro Zimmer ohne Frühstück. Praceta João XXI, (036), ✆ 253206000, ✉ 253206010, www.accorhotels.com.

** Dona Sofia** 14, zentral gelegen. Freundliches Haus, die modernen, geräumigen Zimmer sind mit viel Liebe zum Detail eingerichtet. DZ ab 65 €. Largo São João de Souto 131, (326), ✆ 253263160, ✉ 253611245, www.hoteldonasofia.com.

** Ibis** 4, zentral gelegen. Im Stile der Kette modern-funktional eingerichtet, die 72 Zimmer relativ groß. Zimmer unabhängig von der Belegungszahl 35–49 € je nach Saison und Buchungsbedingungen (ohne Frühstück), eigene Garage 5,50 €. Rua do Carmo 38, (309), ✆ 253204800, ✉ 253204801, www.ibishotel.com.

Albergaria Bracara Augusta 9, neue Herberge in einem alten Stadtpalast im Zentrum. Schön ist der Garten, in dem bei entsprechendem Wetter auch gefrühstückt werden kann. Die rückwärtigen Zimmer sind ruhiger. DZ je nach Saison 89-99 €. Av. Central 134, ℰ 253206260, ℰ 253206269, www.bracaraaugusta.com.

Albergaria da Sé 25, in einer kleinen Fußgängerzone direkt hinter der Kathedrale. Die nur zwölf Zimmer sind nicht ganz so luxuriös ausgestattet, wie es das edle Ambiente des Hauses vermuten ließe, doch besitzen sie allen notwendigen Komfort im historischen Ambiente. Angeschlossen ist ein Restaurant, das auch auf der Terrasse serviert. DZ je nach Saison 45–60 €. Rua Dom Gonçalo Pereira 39–45, (032), ℰ 253214502, ℰ 253214501, www.albergaria-da-se.com.pt.

Albergaria Senhora-a-Branca 7, am östlichen Rand des Zentrums. Das gut geführte, kleine Hotel ist in einem hübschen dreistöckigen Bürgerhaus untergebracht. Viele der etwas dunkel eingerichteten, aber komfortablen Zimmer weisen auf einen ruhigen Innenhof. DZ ca. 45-70 € inkl. Hotelgarage. Largo Senhora-a-Branca 58, (443), ℰ 253269938, ℰ 253269937, www.albergariasrabranca.pt.

**Bragatruthotel 17, freundliche Familienpension am Beginn einer kleinen, aber nicht unbedingt leisen Fußgängerzone. Das alte Stadthaus wurde innen grundlegend saniert, die 13 Zimmer sind ordentlich ausgestattet, wenngleich sich über die Bilder und Objekte einheimischer Künstler streiten lässt. DZ ca. 45 €. Rua de S. Marcos 80, (306), ℰ 253277187, www.truthotel.com.

Truthostel 16, nahe dem Tourismusamt. Im gleichen Besitz, aber einfacher. Basicroom mit einem bis vier Betten. DZ ca. 35 €, Bett im Schlafsaal ca. 15 €. Av. da Liberdade 738, (249), ℰ 253609020, www.truthostel.com.

Braga Pop Hostel 3, im nördl. Stadtzentrum. Dem Namen gemäß sind die 5 Zimmer, die Küche und die Gemeinschaftsräume farbenfroh gestaltet, eine Terrasse gibt es auch. Fahrradverleih. Bett im Schlafsaal ab 16 €, DZ ab 38 €. Rua do Carmo 61-3, 3. Stock (309), ℰ 253058806, http://bragapophostel.blogspot.pt.

Bom Jesus **** Hotel do Parque, im Park von Bom Jesus (ca. 5 km außerhalb). Die komfortablen Zimmer sind in einem noblen Gebäude untergebracht. Beeindruckende Empfangshalle, angenehm möblierte Zimmer mit allem Komfort, aber etwas hell-

Prozession in der Semana Santa

hörig, v. a. wenn man spät zu Bett gehende Zimmernachbarn hat. Reichhaltiges Frühstücksbuffet. DZ 84–102 € je nach Saison. Monte de Bom Jesus, (455), ℰ 253603470, ℰ 253603479, www.hoteisbomjesus.pt.

**** **Hotel do Elevador**, am Berghang inmitten des üppig grünen Bom-Jesus-Parks. Unter demselben Management wie das Parque, das Hotel wurde Ende der 1960er Jahre für Pilger gebaut. Geräumige Zimmer, meist mit Balkon und tollem Blick, dekorative Möbel. Ein Panoramarestaurant gehört dazu. DZ 84–102 € je nach Saison. Monte de Bom Jesus, (455), ℰ 253603400, ℰ 253603409, www.hoteisbomjesus.pt.

Turismo de Habitação Casa dos Lagos, etwa 400 m unterhalb der Wallfahrtskirche links an der Straße. Das Haus wurde Ende des 18. Jh. vom Grafen von Frião erbaut und gehört zu einem Landgut. Die drei komfortablen Zimmer und drei

Apartments jeweils mit Balkon liegen straßenabgewandt. Toller Blick auf Braga, Garten, Pool, Solarium, Reitmöglichkeiten. DZ ca. 80 €, Apartments ca. 140 €. Monte de Bom Jesus, (455), ℡ 253676738, ✆ 253679207, casadoslagosbomjesus@oninet.pt.

**** **Golden Tulip**, in Falperra, 6 km südöstlich an der Straße nach Sameiro. Großzügige Zimmer in einem modernisierten Kloster. Geeignet für Entspannungssuchende: Pool im Freien, Health Club mit Pool, Sauna, türkischem Bad, Fitnessraum und Tennisplatz. Kein Wunder, dass hier schon die spanische Nationalmannschaft und Otto Rehhagels Griechen während der Fußballeuropameisterschaft 2004 genächtigt haben. DZ je nach Saison ca. 50–80 €. Sta. Cristina de Longos 4800 Guimarães, ℡ 253240700, ✆ 253240740, www.goldentulipbraga.com.

Jugendherberge Pousada de Juventude **2**, am östlichen Stadtrand. Zwei DZ mit WC und 18 Schlafsäle mit acht oder zehn Betten, Selbstkocherküche, auch Frühstücksmöglichkeit. DZ ca. 25–27 €, Mehrbettraum ca. 10–12 €. Rua de Sta. Margarida 6, ℡ 253263279, ✆ 253232101, http://microsites.juventude.gov.pt/Portal/pt/PBraga.htm.

Camping * **Parque da Ponte**, ziemlich klein, terrassenförmig, im unteren Teil sehr schattig. Bademöglichkeit nebenan im städtischen Schwimmbad. Der Platz schließt um 23 Uhr! Die Mauern sind aber nicht sehr hoch. Je nach Saison pro Pers. 2,17–2,49 €, Zelt 2,01–6,52 €, Auto 1,64–2,17 €. Ganzjährig geöffnet. São Lazaro, südlich an der Straße EN 101 in Richtung Guimarães, ℡/✆ 253613385.

Nachtleben (S. 141)
- 5 Rocco
- 10 Insólito
- 11 Velha-a-Branca
- 26 Latino Caffé Caffé
- 28 Minimercado Mavy
- 30 Sardinha Biba

Übernachten (S. 136 - 138)
- 2 Jugendherberge
- 3 Braga Pop Hostel
- 4 Ibis
- 7 Albergaria Senhora-a-Branca
- 9 Albergaria Bracara Augusta
- 16 Truthostel
- 17 Bragatruthotel
- 21 Dona Sofia
- 25 Albergaria da Sé
- 29 Mercure Braga Centro

Essen & Trinken (S. 138 - 140)
- 1 Gosto Superior
- 6 Casa Pimenta
- 12 Astória
- 18 Cozinha da Sé
- 19 Taberna do Felix
- 20 Colher de Pau
- 22 Adega Malhoa
- 23 Inácio
- 24 Bem-me-quer
- 27 A Ceia

Essen & Trinken

Oft in kleinen Gassen versteckt finden sich in Braga nette Restaurants mit gutem Essen. Am Campo das Hortas wenig westlich der historischen Altstadt haben sich mehrere Mittelklasselokale angesiedelt und das „Feld der Gemüsegärten" zu einer Essensoase werden lassen. Spezialitäten hier wie überall in der Stadt sind zahlreiche Bacalhau-Gerichte und Zicklein. Eine Empfehlung sind zudem viele Traditionscafés mit Atmosphäre.

Inácio **23**, am Campo das Hortas. In seiner über 70-jährigen Geschichte hat Inácio schon zahlreiche Wettbewerbe gewonnen. Noble, aber doch entspannte Atmosphäre in den beiden Speisesälen mit offenem Kamin und alter Holzdecke. Bacalhau bildet den Schwerpunkt der Karte, dazu viele deftige Gerichte nach regionalen Rezepten. Hauptgerichte ab etwa 11 €. Di geschlos-

sen. Campo das Hortas 4 (Rua Francisco-Sanches), ℡ 253613235.

Bem-me-quer **24**, direkt daneben. Der Speiseraum im Parterre ist modern, der im Obergeschoss rustikal eingerichtet. Natürlich fehlt auch hier nicht der Bacalhau, noch stärker vertreten sind aber deftige Fleischgerichte. Auf jeden Fall aber sollte

man etwas Platz im Magen für die vielfältigen Nachspeisen freihalten. Hauptgerichte etwa 13–15 €. Campo das Hortas 6, ☏ 253262095.

Adega Malhoa 22, westlich der Kathedrale. Originale Tasca mit nur 35 Plätzen und regionalen Gerichten wie Bacalhau, Sardinen mit Bohnenreis oder Fleischeintöpfe. Inzwischen stört ein Fernseher die Atmosphäre etwas. Hauptgericht ab 6,50 €. Mo Ruhetag. Rua Dom Paio Mendes, 19, ☏ 964005971 (mobil).

Astória 12, im Zentrum. Anfang des Jahrtausends wurde das Traditionscafé über drei Stockwerke in eine ultramoderne Bar-Café-Disco in alten Gemäuern umgebaut, machte aber schnell pleite und funktioniert

nunmehr als Bar-Café-Restaurant. Im gestylten Interieur und auf der Terrasse werden Snacks sowie regionale und internationale Speisen gereicht. Hauptspeisen ab 8 €. Praça da República 5, ☏ 2532112440.

Taberna do Felix 19, versteckt hinter der Kathedrale. Die alten Einrichtungsgegenstände erinnern an die Anfangszeiten. Es gibt nur eine kleine Auswahl an Gerichten, die aber frisch zubereitet sind, etwa Reis mit Ente. Wenige Tische auch im Freien. Hauptspeisen ab 9 €. Nur abends offen, So geschlossen. Praça Velha 18–19, ☏ 253617701.

Colher de Pau 20, direkt neben dem Felix. Spezialität sind die iberischen Vorspeisen (ca. 7 €) und Bacalhau oder Entenreis.

Hauptspeisen ab 9 €. Mittags und So ganztägig geschlossen. Praça Velha 17, ✆ 253269298.

A Ceia , 200 m südlich des Tourismusamts. Vor allem mittags immer voll. Einfach, aber bequem, besonders interessant ist die Kombination aus Neonbeleuchtung, Großbildschirm und den wuchtigen Granitwänden. Große Auswahl an Schnitzel- und Stockfischgerichten. Hauptgerichte ab 6,50 €. Mo geschlossen. Largo do Rechicho 331, ✆ 253263932.

Casa Pimenta 6, im nördlichen Zentrum. Üppige Portionen, die auch für drei reichen, in einem volkstümlichen, aber sehr sachlich eingerichteten Lokal. Gute Auswahl an regionalen Weinen. Hauptgerichte ab 7 € (halbe Portion). Do Ruhetag. Praça Conde de Agrolongo 46–48, ✆ 253262119.

Gosto Superior 1, im Nordosten nahe dem Zentrum. Der einzige Vegetarier heißt auf Deutsch „Vortrefflicher Geschmack"; daran müssen sich nun der Vollwertreis mit Brokkoli und Blumenkohl oder die Gemüsetorte messen lassen. Hauptgericht um 6 €, auch kleine Speisen um 4 €. So Ruhetag. Praça Mouzinho de Albuquerque 29, ✆ 25321768. ▪

»» Lesertipp: Cozinha da Sé 18, kleines, heimeliges Lokal mit sehr guten Eintöpfen

(Martin Göttl). Rua do Frei Caetano Brandão 95, ✆ 253277343. ««

Cafés und Weinbars Frigideiras do Cantinho 15, nahe der Kathedrale. Über der Ruine eines römischen Hauses aus dem 3. Jh., von dessen alten Steinen man am Tresen nur durch den Glasboden getrennt ist, gibt es eine riesige Kuchenauswahl und kleine Gerichte wie die namengebenden *frigideiras* (Würstchen in Blätterteig). Largo S. João de Souto 1.

»» Mein Tipp: A Brasileira 14, nahe dem Turismo. Das originelle Kaffeehaus im Herzen von Braga ist nach sorgsamer Restaurierung immer voller Leben, was sowohl am historischen Ambiente als auch an den dafür günstigen Preisen liegt. Largo do Barão de S. Martinho. ««

Vianna 13, ebenfalls am Platz vor dem Turismo – und ebenfalls ein alteingesessenes Traditionscafé (seit 1871). Besonders toll ist die große Terrasse auf dem Platz. Arcada da Praça da República.

Bom Jesus, neben der Wallfahrtskirche Bom Jesus (5 km außerhalb). Wenn abends die Pilger und Touristen weg sind, trifft sich in warmen Nächten Jung und Alt oberhalb der Stadt, um bei tollem Blick vom Terrassencafé einen Verdauungstrank zu nehmen.

Ein starker Kaffee im Café Brasileira gefällig?

Nachtleben → Karte S. 138/139

Dank der vielen Studenten hat sich ein reges Nachtleben entwickelt. Einige Einrichtungen haben sich in der Szene über die Jahre gehalten, aber es entstehen natürlich auch immer wieder neue Bars und Discos, die oft allerdings ebenso schnell wieder verschwinden.

Sardinha Biba 30, in einer kleinen Seitenstraße der Av. 31 de Janeiro. Luftig hohe Halle mit Schrägdach und viel Glas. Die Sitzgruppen sind großzügig im Raum verteilt. Zur Seite ein Open-Air-Schwimmbad. Wer ein Bad nehmen will, sollte wissen, dass man nicht nass über die beiden Tanzflächen (eine in Richtung Latino, die andere Techno) laufen darf. Fr und Sa 23–6 Uhr, teilweise auch Mi geöffnet. Praça Dr. Cândido da Costa Pires.

Minimercado Mavy 23, am südl. Rand der Zentrums. Ein alter Tanta-Emma-Laden ging pleite, eine Bar zog ein und behielt möglichst viel der alten Einrichtung bei. Mo–Sa 22–2 Uhr. Rua do Alcaide 35 A.

Insólito 10, nördlich des Turismo. Eine der angesagtesten Orte zum Tanzen für alle Freunde guter Rock-, Pop- und elektronischer Musik, teilweise auch live. Viele Studenten. Mo–Sa 22–4 Uhr. Av. Central 45.

Rocco 5, neben der Klosterkirche Pópulo. Der Tanzpalast in einem 400 Jahre alten Bürgerpalast ist aus dem einst berühmten Populum hervorgegangen. Interessante Musikmischung: auf der Tanzfläche House und Hitparade, ein Extrasaal steht für Standardtänze zur Verfügung. Do–Sa 22–5 Uhr, Fr oft Sonderveranstaltungen. Campo da Vinha 115.

≫ Mein Tipp: Velha-a-Branca **11**, Bar, Kulturzentrum, Konzertsaal – wohl der angesagteste Alternativtreff in Braga mit Café, Bar, Ausstellungen, Konzerten, Theater, Politik. Largo da Senhora-a-Branca 23. **≪**

Latino Caffé Caffé 26, südliche Altstadt. Trotz der rustikalen Holzeinrichtung ist die Bar bei Studenten sehr beliebt. Manchmal auch Live-Musik. Di–Sa 22–2 Uhr, Rua do Anjo 56. In dem Viertel gibt es noch einige weitere angesagte Bars.

Sehenswertes

Rua do Souto: Die Lebensader Bragas wurde im 18. Jh. angelegt. Die zweistöckigen Barockhäuser mit ihren schmiedeeisernen Fenstervorbauten erzählen vom reichen Handel. Gleich am Straßenanfang (nahe der Praça da República) reckt sich der Wachturm *Torre de Menagem* empor, wichtigstes Zeugnis der Befestigungsanlage aus dem 14. Jh., die zu Beginn der 20. Jh. abgerissen wurde. Am anderen Ende liegt der gepflasterte Largo do Paço mit einem wappengeschmückten Brunnen, den die Erweiterung des *erzbischöflichen Palasts* aus dem 17. und 18. Jh. umläuft. Die älteren gotischen Palastteile aus dem 14. und 15. Jh. sind allerdings dem dahinterliegenden *Jardim de Santa Bárbara* zugewandt. Der Palast, in dem heute eine der größten portugiesischen Sammlungen historischer Bücher untergebracht ist, war Sitz der sogenannten República Bracarense, die vom Erzbischof während langer Jahrhunderte regiert wurde. Erst 1790 entzog Maria I., Portugals erste Königin, der Kirche die Machtbefugnisse. Weiter verläuft der Straßenzug, nun allerdings unter anderem Namen, zum *Neuen Stadttor*, das bis ins 19. Jh. die wichtigste Zugangsmöglichkeit zur Stadt bot.

Sé (Kathedrale)/Museu da Sé: Wenige Schritte entfernt hatten Mauren im 8. Jh. die frühchristliche Marienkirche zerstört, vier Jahrhunderte später ließ Herzog Dom Henriques an gleicher Stelle den Grundstein für die Kathedrale legen. Der romanische Bau wurde immer wieder verändert und erweitert, denn die Kirchenväter von Braga wollten es mit den größten Kirchen aufnehmen. Herausgekommen ist ein unvergleichlicher Stilmix. Aus der romanischen Epoche stammen das Südportal und das Kirchenschiff. Der Haupteingang führt in eine Vorhalle aus der Spätgotik. Besonders kunstvoll ist das schmiedeeiserne Gitter gearbeitet. Chor und Hochaltar weisen manuelinische Stilelemente auf, ebenso das Taufbecken am Eingang, zu dessen Füßen Engel und Löwen einander offensichtlich gefährlich nahe kommen – gefährlich zumindest für die Engel. Im 17. und 18. Jh. nahm die Kirche durch stillose Umbauten einigen Schaden, aus dieser Zeit stammen auch der überbordende barocke Kirchenschmuck und die zweigeteilte Orgel. Der gotische Kreuzgang wurde zerstört, ein neuer Kreuzgang im Sinne des damaligen Zeitgeists an seine Stelle gesetzt. Über diesen gelangt man in prächtige Nebenkapellen und ins *Museu da Sé*. Aus dem üppigen Domschatz ragen einige Ausstellungsstücke heraus: ein reich verzierter Silberkelch vermutlich aus dem 9. oder 10. Jh., ein verschnörkeltes arabisches Schmuckkästchen ebenfalls aus dieser Zeit und ein Eisenkreuz, das der Entdecker Pedro Alves Cabral in Händen hielt, als er 1500 zum ersten Mal brasilianischen Boden betrat.

In den Nebenkapellen sind die Sarkophage bedeutender Männer der Kirchengeschichte aufgestellt. Die *Capela de São Geraldo* wurde nach dem ersten Bischof benannt, der hier liegt. Sie wurde im 14. Jh. erbaut, die vergoldeten Holzschnitzereien und die Azulejos stammen aus dem 18. Jh. Im mit Figuren reich verzierten Sarkophag in der *Capela da Glória* ruht Bischof Gonçalves Pereira, der einst Soldaten aus dem Minho gegen marokkanische Truppen befehligte. Die Fresken im arabischen Stil wirken da ungewollt wie eine Satire auf den katholischen Fundamentalismus. In der unprätentiösen *Capela dos Reis* (Königskapelle) liegen Graf Henrique und Dona Teresa, die Eltern des ersten portugiesischen Königs. Nach ihrem Tode sollen sie, so die Legende, zunächst in einen einzigen Sarg verfrachtet worden sein, denn der eitle Erzbischof habe auf den anderen für sich selbst spekuliert. Erst als dessen Bedürfnisse anderweitig befriedigt worden seien, habe man die Knochen wieder auseinander geklaubt.

Eine Seltenheit findet sich an der östlichen Außenwand der Kathedrale in der Rua de Nossa Senhora do Leite. Eine bezaubernd gestaltete Jungfrau Maria, die *Senhora do Leite* („Milchmadonna"), gibt dem Jesuskindlein die Brust. Symbolische Bedeutung erlangt die Figur durch die beigefügten Wappen des Königs und des Erzbischofs, womit beide für sich in gleichem Maße in Anspruch nehmen, die Stadt zu nähren. Einmal mehr zeigt sich Braga als Stadt der Widersprüche.

8–19 Uhr, im Winter bis 18.30 Uhr. Eintritt in die Kirche frei, Hochchor und Seitenkapellen 3 €. Museum Di–So 9–12.30 und 14–18.30 Uhr, im Winter bis 17.30 Uhr. Eintritt 2 €.

Die Kathedrale von Braga

Die Gärten des Bischofs

Minho

Solar und Casa dos Coimbras: Östlich der Kathedrale beherrschen der Palast und die kleinere Casa dos Coimbras den Largo de São João do Souto. Fast komisch wirkt das farbige, von unbekleideten Mädchenfiguren getragene und von lustigen Drachen beschützte Familienwappen aus dem 18. Jh. Manuelinische Fenster, jedes anders ornamentiert, durchbrechen die granitene Fassade. Kurios auch die turmartige gotische Kapelle der Casa. Beachtenswert sind die römischen Ausgrabungen unter dem benachbarten Café Frigideiras do Cantinho (→ „Cafés" auf S. 140).

Fonte do Ídolo: Die römische Quelle zwischen der Rua do Raio und der Rua de São Lazaro diente zugleich als frühchristliche Kultstätte. Archäologen vermuten, dass hier eine regionale Flussgöttin verehrt wurde, die durch einen in lange Gewänder gehüllten weiblichen Körper von 1,10 m Höhe dargestellt wird.
Di–Fr 9–12.30 und 14–17.30, Sa/So 11–17 Uhr. Eintritt 1,75 € inkl. Filmvorführung, 0,90 € für Studenten, Arbeitslose und Rentner.

Museu dos Biscainhos: Wenig nördlich vom Neuen Stadttor lässt sich in einem barocken Wohnpalais das blaublütige Leben einer reichen Adelsfamilie vom frühen 17. Jh. bis 1963 besichtigen. Luxus und Reichtum sind überall greifbar. Der Garten mit seinen uralten Bäumen und Brunnenanlagen zählt zu den berühmtesten Barockgärten Portugals und ist eine überraschend grüne Idylle mitten im Stadtzentrum. Der Treppenaufgang ist verschwenderisch mit Azulejos ausgeschmückt, und in der Küche steht ein Eisenwagen, an dem gleichzeitig 20 Schinken geräuchert werden konnten. Einrichtungsgegenstände, Bilder und Porzellan sind vom Feinsten. Die Stallungen wurden im 19. Jh. angebaut. Auch die Pferde sollten ein Stück vom Luxus abbekommen, ein jedes hatte seine eigene Box. Derweilen hungerte das einfache Volk, hatte oft kein Dach über dem Kopf und ging natürlich zu Fuß.
Di–So 10–12.15 und 14–17.30 Uhr. Eintritt 2 €.

Museu Regional de Arqueologia D. Diogo de Sousa: Das archäologische Museum ist in einen supermodernen, weiß gestalteten Neubau etwa 10 Min. südlich des Stadtzentrums eingezogen. Auf zwei Etagen werden Ausstellungsstücke von der Altsteinzeit bis zur römischen Epoche gezeigt.
Di–So 10–17.30 Uhr. Eintritt 3 €.

Portugals ungewöhnlichstes Fußballstadion

Estádio Municipal: Das Fußballstadion am nördlichen Stadtrand wurde anlässlich der Europameisterschaft 2004 für 71,9 Mio. € vom Architekten Souto Mouro als bizarres Kunstwerk errichtet. 1,7 Mio. m^3 Steinbrocken wurden aus dem Felsmassiv Monte Castro herausgesprengt, um das Stadion als Amphitheater in den Felsen hineinzubauen, der die Begrenzung hinter dem südlichen Tor bildet. Hinter dem nördlichen Tor öffnet sich das Stadion zur Landschaft, Zuschauerplätze gibt es nur auf Tribünen an den beiden Längsgeraden. Die Tribünendächer wurden der Bauweise der Inkas nachempfunden, sie sind durch 68 Stahlseile miteinander verbunden. Technischer Leckerbissen ist die weltweit größte Anzeigetafel.
Führungen Mo–Fr 10.30 und 15.30 Uhr, 5 €.

Glocken aus Braga

Braga ist katholisch. Kein Wunder, dass die einzige Fabrik zur Herstellung von Kirchenglocken ihren Sitz in Braga, genauer im Vorort Ferreiros hat. *Serafim da Silva Jerónimo* wurde 1932 gegründet und hat seitdem bereits mehr als elftausend (!) Glocken für portugiesische Gotteshäuser gefertigt. Man geht mit der Zeit, und inzwischen kommen aus Braga auch Turmuhren, die die die Glocken computergestützt zum Läuten bringen – oder elektrische Kerzen in den Kirchen für den Obolus der Gläubigen ...

Capela de São Frutuoso: Ebenfalls am Stadtrand (nicht weit vom Stadion und neben der Franziskanerkirche) steht das im 7. Jh. erbaute Mausoleum für den westgotischen Bischof Frutuoso. Ein griechisches Kreuz mit einem Kuppelbau im Zentrum bildet den Grundriss der Kapelle, eines der seltenen Beispiele für vorromanische Sakralbauten in Portugal. Aus dieser Zeit sind noch das Tonnengewölbe aus

Ziegeln im westlichen Arm und die Zentralkuppel zu sehen, beides im 11. Jh. nach dem Verfall unter maurischer Herrschaft restauriert.

Unregelmäßig geöffnet, Eintritt frei.

Umgebung von Braga

Bom Jesus do Monte: Hunderte von Stufen einer doppelläufigen Treppe steigen die frommen Pilger hinauf, bis sie die Wallfahrtskirche inmitten dichter Wälder erreicht haben. Manche erledigen die Anstrengung dieses Kreuzwegs mit 14 Stationskapellen auf den Knien! Zweck ist die Vereinigung der fünf weltlichen Sinne Sehen, Hören, Riechen, Schmecken und Tasten mit den christlichen Tugenden Glaube, Hoffnung und Nächstenliebe. Auf der Höhe warten neben der für Wallfahrer wichtigen, kunsthistorisch allerdings wenig bedeutenden Kirche eine Aussichtsplattform, ein Café, Hotels und hübsche Gartenanlagen. Wer mag, kann auch mit dem Auto hinauf, Parkplätze sind aber manchmal Mangelware. Schöner ist es sowieso zu Fuß oder mit der Wasserballastbahn *Elevador do Bom Jesus*. Für die Fahrt wird ein Tank in der oberen Kabine mit Wasser gefüllt. Durch ihr Gewicht zieht sie bei der Talfahrt die untere hoch. Das Wasser wird oben am Berg aus einem kleinen Teich gezapft – pro Fahrt werden 3500 Liter benötigt!

Tägl. 7.10–20.40 Uhr. Verbindung mit Buslinie 02 von der Avenida da Liberdade in Braga 2-mal stündlich (10 Min. und 40 Min. nach der vollen Stunde, Sa/So seltener).

Nossa Senhora do Sameiro: Weitere 200 m höher steht die nächste, allerdings stillose Wallfahrtskirche. Von Bom Jesus werden auch geführte Pferde- und Ponyritte hinauf angeboten. Der halbstündige Ritt kostet etwa 5 €. 1876 wurde mit dem Bau der Kirche begonnen, als Papst Pius IX. eine in Rom geschaffene Statue der Jungfrau von Sameiro weihte. Eine riesenhafte Papstfigur überragt heute die Szenerie. Zu ihrer Einweihung kamen 1954 mehr als eine halbe Million Pilger.

Mosteiro de Tibães: Das portugiesische Mutterhaus der Benediktinermönche liegt etwa 6 km westlich nahe der N 205-4 Richtung Barcelos. Es bildet mit einem lang gestreckten, rechtwinkligen Klostergebäude, der Kirche und den Klostergärten eine harmonische Einheit mit der Natur nahe am Rio Cávado. Das Kirchengebäude, erbaut zwischen 1628 und 1661, ist eines der frühen Marksteine der barocken Baukunst. Fast wird man vom vielen Gold in dem einschiffigen, aber doch großzügigen Sakralbau erschlagen. Nach der Säkularisierung 1834 wurde das Kloster an eine Privatperson verkauft, die es verfallen ließ. Erst 1986 kaufte der Staat es zurück, machte es nach grundlegender Sanierung für die Öffentlichkeit zugänglich und richtete ein Hotel ein.

Di–So 9–13 und 14–18 Uhr, Führungen um 11, 15, 16.30 Uhr. Eintritt 4 €.

Póvoa de Lanhoso   ca. 3500 Einwohner

Póvoa de Lanhoso, etwas abseits der Verbindungsstraße von Braga nach Gerês gelegen, ist ein gesichtsloses Provinzstädtchen. Doch hat es eine lange und aufregende Geschichte hinter sich.

An frühen Reichtum erinnern zwei romanische Kirchen in den Ortsteilen Lanhoso und Fontacarda. Während die *Igreja de Lanhoso* ein kleines, aus Granit erbautes Gotteshaus aus dem 12. Jh. ist, gilt die um 1260 erbaute *Igreja de Fontarcada* als typisches Beispiel der Spätromanik im Minho. Das von einer Rosette gekrönte Hauptportal und zwei Nebenportale führen in ein sehr hohes und lang gestrecktes Kirchenschiff mit wuchtiger Holzdecke.

Minho

Im wahrsten Sinne den Höhepunkt bildet das auf steilen Felsen thronende romanische *Kastell*, einst wichtiger militärischer Stützpunkt während der christlichen
Rückeroberung Portugals. Dramatisches ereignete sich zwischen den heute so
friedlichen Burgmauern, von denen sich der Blick bis zum Gebirge des Nationalparks von Gerês weitet: Bedroht von der bösen Schwester Dona Urraca und
schließlich in der Schlacht von Batalha 1128 von ihrem noch treuloseren Sohn in
die Flucht geschlagen, floh Dona Teresa hierher – erfolglos, denn schon bald wurde
sie ins endgültige Exil nach Galicien gejagt, während ihr Sohn als Dom Afonso
Henriques erster König von Portugal wurde. Doch so bald kehrte keine Ruhe ein.
Ende des 12. Jh. zerstörte die Eifersucht die Burg. Dom Rodrigo bezichtigte seine
Frau Inês Sanches der Untreue, sperrte sie mitsamt des verdächtigten Benedikti-
nermönchs und einiger Mitwisser im Alkoven der Königin ein und zündete die Festung an. Selbst die Haustiere verbrannten. Die Burg wurde im 18. Jh. wiederaufgebaut, und 1996 richtete man im Turm ein kleines Geschichtsmuseum ein (Di–So
10–12.30 und 14.–17.15 Uhr. Burgfried kostenlos, lohnenswerte Turmbesteigung
und Museum 2 €, ermäßigt 1 €).

Noch einmal schrieb Póvoa de Lanhoso Geschichte. 1846 begann hier ein Bauernaufstand, bei dem Frauen an vorderster Front die Regierung stürzten. Das Denkmal
für die Anführerin Maria da Fonte steht allerdings weit weg im Lissabonner Stadtteil Campo de Ourique, wo die zu Stein gewordene Kämpferin mit der Waffe in der
Hand und wild entschlossenem Gesichtsausdruck in einem Stadtgarten wacht.

Postleitzahl 4830

Information Der Turismo liegt am Largo
Barbosa e Castro (Av. da República) im
Zentrum, ✆/✉ 253639708. Di–Sa 10–13 und
14.30–18 Uhr, So nur vormittags. Dort wird
auch regionales Kunsthandwerk verkauft.

Hin und weg Busse fahren regelmäßig
nach Braga. Taxis sind unter ✆ 253253253 zu
erreichen.

Adressen/Telefonnummern Polizei
✆ 253631262; Centro de Saúde ✆ 253639670;
Krankenhaus ✆ 253639030. Die Post befindet
sich in der Rua Comandante Luis Pinto da
Silva. Im Espaço Internet im Espaço Jovem,
Parque do Pontído, kann man kostenlos
surfen (Mo–Sa 10–18, im Sommer bis 19 Uhr).

Aktivitäten/Baden/Wandern Im
Adventure Park DiverLanhoso in Porto do
Bois bei Oliveira (ca. 8 km östlich) gibt es
verschiedene Sportangebote von Reiten
bis Klettern (www.diverlanhoso.pt).

In der Umgebung finden sich hübsche
Flussstrände, v. a. die **Praia Fluvial da Rola**
in Taíde (ca. 12 km südlich am Rio Ave) und
die **Praia Fluvial de Oliveira** am Ribeiro de
Vides (ca. 8 km westlich). Beide mit Bar,
Picknickplatz und WC.

Die Stadtverwaltung hat vier Wanderwege
in der Umgebung angelegt. Auskünfte
beim Tourismusamt.

Übernachten Hotel Rural Maria da
Fonte, ca. 3 km nordwestlich. Schönes
Landhotel, die 30 modern eingerichteten
Zimmer verteilen sich auf drei sorgfältig
restaurierte alte Granitgebäude eines ländlichen Anwesens. Zum Haus gehören ein In-
door- und Outdoor-Pool, Gymnastikraum
und ein Reitzentrum. Zudem ein helles eingerichtetes Restaurant, das auf Ökoproduk-
te aus eigener Landwirtschaft zurückgreift
– wie z. B. die heimische Schweinerasse
Bísara. DZ je nach Saison ca. 49–90 €. Calvos, (065), ✆ 253639600, ✉ 253639601, www.
mariadafonte.com. ■

Weitere   Übernachtungsmöglichkeiten
→ „Umgebung von Póvoa de Lanhoso".

Essen & Trinken O Victor, ca. 10 km
nördlich. Eines der berühmtesten Restaurants der Gegend, obwohl oder vielleicht
weil eigentlich nur zwei Gerichte angeboten werden: zartes Kalbskotelett und gegrillter Bacalhau mit Pellkartoffeln. Die
treuen Fans behaupten, dass dies der
beste Bacalhau weltweit mit den besten
Kartoffeln Portugals sei. Gespeist wird im
großzügig rustikalen Ambiente eines früheren Lebensmittelladens. Hauptspeise ca.
28 € für 2 Pers. Reservierung ist vor allem in
den Sommermonaten notwendig. São
João de Rei, ✆ 253909100.

Umgebung von Póvoa de Lanhoso

Berühmt für ihre Filigranarbeiten sind die *Goldwerkstätten* des 7 km entfernten *Travassos*. Praktisch alle Familien haben sich seit Generationen dieser Tätigkeit gewidmet. Erkennbar sind die noch etwa drei Dutzend Ateliers im Bezirk an den großen, viereckigen, nach Süden ausgerichteten Fenstern, durch die möglichst viel Licht die Arbeitsplätze erhellt. Das hübsche *Goldmuseum* in der Casa de Alfena, die auch Zimmer vermietet, beschreibt anschaulich die Geschichte der Juweliere.

Am Wochenende von 14.30 bis 17.30 Uhr, wochentags nur nach Voranmeldung. ✆ 253943790, www.museudoouro.com.

Übernachten **Casa de Alfena**, Turismo de Habitação. Die Unterkunft ist in den herrschaftlichen Gebäuden eines Landsitzes aus dem 18. Jh. untergebracht, der auch Goldwerkstätten beherbergte (heute Museum). Zum Haus gehören Gartenanlagen und ein Pool. DZ ca. 80–90 €. Aldeia de Baixo-Travassos, (771), ✆ 253943790, ✉ 253943792, www.casadealfena.pt.

Templo do Senhor Bom Jesus da Cruz mit dem seltenen achteckigen Grundriss

Minho

Barcelos

ca. 20.000 Einwohner

„Prinzessin vom Fluss Cávado" lässt sich das Provinzstädtchen im Land des bunten Hahns gerne preisen. Die hübsche Altstadt wird von Gottes- und Adelshäusern vor allem aus dem 15. und 16. Jahrhundert gesäumt. Von hier weitet sich der Blick auf das fruchtbare Hügelland und die kleinere Schwestergemeinde Barcelinhos auf der anderen Flussseite, die über eine fünfbogige gotische Brücke erreicht wird.

Heute wird Barcelos vor allem mit dem wohl *größten Wochenmarkt Portugals* gleichgesetzt, der immer donnerstags auf dem weitläufigen, von Bäumen beschatteten Campo da República veranstaltet wird. An schönen Tagen kommen Zehntausende, um sich an all den bunten Waren zu erfreuen. Bauern verkaufen Gemüse, Obst und lebende Tiere, fahrendes Volk bietet Kleidung, Schuhe und Kinderspielzeug feil. Wem die Hotelmatratze zu hart oder zu weich ist, kann durch den Erwerb einer eigenen Bettauflage Abhilfe schaffen. Nicht zuletzt der großen Nachfrage auf diesem Markt ist es zu danken, dass sich Barcelos zu einem der wichtigsten Zentren für Kunsthandwerk in ganz Portugal entwickelt hat.

Enge Gassen durchziehen das Zentrum

Auch oder gerade an den anderen Wochentagen ist das enge historische Zentrum einen Besuch wert. Lang zieht sich die hübsche Fußgängerzone durch die Altstadt, deren Gassen von wuchtigen Bürgerhäusern gesäumt sind. Viele junge Leute bestimmen das Stadtbild, sie studieren im nahen Braga, aber wohnen im preiswerteren Barcelos. Die Zeiten, als das Städtchen ein Zentrum des Nachtlebens war, sind allerdings vorbei. Viele Bars und Discos mussten schließen.

Bedeutende archäologische Funde gibt es nicht, und der Ortsname taucht erstmalig im 12. Jh. auf. Doch dann, noch in der Gründungsphase der portugiesischen Nation, ehrt König Afonso Henriques etwa zwischen 1140 und 1146 – das genaue Datum lässt sich nicht feststellen – Barcelos mit den Stadtrechten und zusätzlich mit der Bezeichnung *minha vila* – „meine Stadt". 1298 wird Barcelos zur Grafschaft erhoben, 1572 zum Herzogtum. Letzteres wirkte sich entscheidend auf die Entwicklung aus, denn Barcelos konnte eine eigene Verwaltungsstruktur aufbauen und sich unabhängig machen vom bisherigen Zentrum *Castelo de Neiva*, einem heute unbedeutenden Fischerort. Der Wochenmarkt, der schon seit dem Mittelalter existierte, wurde zum wichtigsten regionalen Handelsort. Im 18. Jh. erlebte Barcelos einen weiteren Entwicklungsschub und weitete sein Stadtgebiet schnell über den bisherigen, von einer Stadtmauer umgebenen Siedlungsbereich aus. Barocke Kirchenbauten sind Zeugnis dieser Epoche.

Basis-Infos

Postleitzahl 4750

Information Das Tourismusamt **Centro de Interpretação** residiert im Wehrturm Torre de Menagem am Largo da Porta Nova. Mo–Fr 9.30–18 (im Winter nur bis 17.30 Uhr), Sa 10–13 und 14–17 Uhr, So nur im Sommer 10–13 und 14–16 Uhr. Auf der Spitze des Turms gibt es eine Aussichts-

plattform, innen führen örtliche Handwerker ihre Kunstfertigkeiten vor.

Hin und weg Der zentrale Busbahnhof liegt an der Av. das Pontes im Vorort Arcozela (ca. 1 km Richtung Norden). Von hier fahren die **Busse** aller Gesellschaften ab. Busse fahren 4-mal tägl. nach Viana do Castelo (außer Sa/So), 5-mal Esposende, 3-mal

Porto, 9-mal Póvoa de Varzim), 5-mal Ponte de Lima, stündl. Braga (am Wochenende weniger häufig).

Mit der **Bahn** 14-mal nach Viana do Castelo, 12-mal Braga (Umsteigen in Nine) und 13-mal Porto (davon 6-mal direkt), 10-mal nach Vila Praia de Âncora, Caminha und Valença.

Taxis erreicht man unter ☎ 253811299.

Adressen/Telefonnummern Polizei ☎ 253832500, ☎ 253832660; **Hospital** ☎ 253809200; **Post**, Jardim dos Barrocas.

Aktivitäten **Reiten** kann man bei Equivau, Lugar do Chouve in Barqueiros (ca. 5 km die EN 205 Richtung Póvoa de Varzim), ☎ 965009490 (mobil), http://equivau. blogspot.com. Außerdem hat die Quinta de Comba einige Pferde (→ „Übernachten").

Die Associação Amigos da Montanha bietet **Wandern**, **Radausflüge**, **Klettern** und **Kanufahren** an. Rua Custódio Vilas Boas in Barcelinhos (auf der anderen Flussseite), ☎ 253831647, www.amigosdamontanha.com.

Einkaufen Am Donnerstag ganztägig bekommt man alles nur Erdenkliche auf Portugals größtem **Wochenmarkt** auf dem Campo da República. Die **Markthalle** liegt im nördlichen Stadtzentrum am Ende der Rua Filipa Borges (ganztägig außer So). Allerdings sind viele Stände nicht mehr geöffnet, was einen etwas trostlosen Eindruck hinterlässt. Dennoch die beste Möglichkeit, frisches Obst zu kaufen. In der gleichen Straße liegt der **Supermarkt Pingo Doce** (tägl. bis 21 Uhr). Eine große Auswahl an **Kunsthandwerk** gibt es im Centro de Interpretação im Turm am Largo da Porta Nova.

Feste Die **Festas das Cruzes de Barcelos** eröffnen am 3. Mai die religiösen Prozessionen im Minho. In der ganzen Woche um diesen Tag wird gefeiert. Am 1. Mai etwa füllen Handwerker die Straßen und führen ihre Tätigkeit vor. Und herrliche Blumenteppiche kleiden die Mauern der Kirche Bom Jesus aus. In jeder Nacht bildet ein buntes Feuerwerk den Höhepunkt.

Von Karfreitag bis Ostersonntag findet in **Viatodos** (gut 10 km südlich an der EN 204 Richtung Porto) eines der letzten traditionellen **bäuerlichen Volksfeste** statt. Geschmückte Traktoren ziehen durch die Straßen, wichtigster Programmpunkt ist ein dörfliches Pferderennen.

Minho

(Übernachten   → Karte S. 150

Im Innenstadtbereich sind Betten rar. Allerdings gibt es in der Umgebung zahlreiche ländliche Unterkünfte in teilweise sehr romantischen Gebäuden.

*** **Bagoeira** 🔟, die Besitzer des gleichnamigen Restaurants (s. u.) haben im selben Gebäude eine komfortable Unterkunft mit 57 Zimmern eröffnet. DZ je nach Saison 50–75 €. Av. Dr. Sidónio Pais 57, ☎ 253809500, ☎ 253824588, www.bagoeira.com.

*** **Hotel do Terço** 🛛, die 37 sehr modern eingerichteten Zimmer, die teilweise über einen Balkon verfügen, liegen in einem Haus am Rande der Altstadt. Höhepunkt ist die Bar im obersten Stockwerk. DZ je nach Saison ca. 45–65 €. Rua de São Bento 7, ☎ 253808380, ☎ 253808383, www.arterco.com.

****Dom Nuno** 🔳, nordöstlich vom Campo da República. Dreistöckiger Neubau, doch die Zimmer, teilweise mit Balkon, sind mit wuchtigen Möbeln im alten Stil ausgestattet. DZ 40–60 € je nach Saison. Av. D. Nuno Álvares Pereira 76, (234), ☎ 253812810, ☎ 253816336, www.hotelnuno.com.

Turismo de Habitação **Quinta de Santa Comba**, ca. 5 km südl. Richtung Farmalicão. Rustikales Haupthaus eines bäuerlichen Anwesens (mit landwirtschaftlichem Betrieb) aus dem 18. Jh. mit eigener großer Kapelle. Für die Gäste stehen drei Pferde und ein Pool zur Verfügung. DZ ca. 65–80 €, Apartment ca. 130 €, leichter Nachlass in der Nebensaison. Lugar de Crujães, Varzea, (536), ☎ 253832101, ☎ 253834540, www.sta comba.com.

Convento da Franqueira, 6 km südlich auf der EN 306 Richtung Póvoa de Varzim. Ein von Pinienwald und Weinstöcken umgebenes Klostergebäude aus dem Jahre 1563 wurde von den englischen Besitzern stilvoll renoviert. Weiter Blick, ruhiges Ambiente. Der Pool wird aus Quellwasser gespeist. Die Quinta produziert Vinho Verde in einer modernen Kelterei, die besichtigt werden kann. Nur von April bis Oktober geöffnet. DZ ca. 100 €. Lugar de Pedrego, Pereira (301), ☎ 253831606, ☎ 253832231, www.quinta dafranqueira.com.

Barcelos

50 m

Nachtleben (S. 151)
4 Vaticano
6 Garden Caffé
9 Turismo

Essen & Trinken
(S. 150/151)
3 Pérola
5 Bagoeira
7 Dom António
8 Casa dos Arcos

Übernachten (S. 149)
1 Dom Nuno
2 Hotel do Terço
5 Bagoeira

Essen & Trinken

Die Auswahl an Restaurants ist groß, denn alleine am Markttag kommen sie auf ihre Kosten; weil sie aber auch an den ruhigen Tagen Geschäfte machen möchten, ist die Qualität erstaunlich gut.

Bagoeira 5, an der südlichen Seite des Campo da República. Schon vor vier Jahrhunderten wurden hier die Marketender bewirtet. Traditionelle Einrichtung und traditionelles Essen wie Ochsenschnitzel, Bacalhau, Zicklein oder Lamm. Außerhalb der Markttage fällt zum Glück nicht auf, dass es fast 1000 Sitzplätze in neun Speisesälen gibt. Hauptgerichte ab ca. 7,50 €, dazu gibt es deftiges Schwarzbrot. Av. Dr. Sidonio Pais 57, ✆ 253811236.

Casa dos Arcos **8**, in der westlichen Altstadt. Auch in diesem rustikalen Haus ist viel Platz für Liebhaber deftiger Küche vom Bohneneintopf mit Spanferkel über Geflügelwürstchen bis Bacalhau. Hauptspeisen ab 12 €, halbe Portionen ab 9 €. Rua Duques de Bragança 185, ℘ 253811975.

Dom António **7**, in der Fußgängerzone. Drei gemütliche, kleine Speisesäle mit Wänden aus Ziegeln und Bruchstein. Leckere Gerich-

te aus der Region, Hauptgericht ca. 15 €, halbe Portionen ab 7,50 €, Tagesgerichte ab 5 €. Rua D. António Barroso 85, ℘ 253812285.

Pérola **3**, nördlich des Campo da República. Die Cervejaria erinnert etwas an einen Schnellimbiss, sehr nett sitzt man aber im gläsernen Vorbau. Spezialitäten sind Bacalhau und frischer Fisch. Halbe Portionen ab 6 €. Tägl. bis 2 Uhr geöffnet. Av. Nuno Álvares Pereira 50, ℘ 253821363.

Nachtleben

Garden Caffé **6**, hinter dem Largo da Porta Nova. Im hinteren Teil des ehemaligen Feuerwehrhauses hat die moderne, helle Bar eröffnet. Tagsüber gibt es Kaffee in relaxter Atmosphäre, abends wird auf den beiden Plattentellern unterschiedliche Musik aufgelegt, Fr/Sa auch Livemusik. Largo Dr. José Novais 31.

Turismo **9**, hinter der Pfarrkirche. Eigentlich ein Restaurant, aber Freitag und Samstag

(bis 3 Uhr) wird Housemusic gespielt, sporadisch auch live. Erholung findet man auf der Terrasse. Rua Duque de Bragança 167.

Vaticano **4**, östlich des Campo da República. Der „Vatikan" gehört demselben Besitzer wie das Turismo; es soll der größte House-Club ganz Portugals sein, zu dem die Fans selbst aus Lissabon anreisen. Sa 23.30–4 Uhr. Rua Cândido da Cunha de Barcelos 118.

Minho

Sehenswertes

Igreja de Nossa Senhora do Terço: Nordwestlich des Campo da República glänzt die ehemalige Klosterkirche des Benediktinerordens mit großflächigen Kachelbildern aus dem 18. Jh. Beeindruckend ist auch die Kassettendecke, auf der Lebensstationen des Ordensgründers abgebildet sind.

Im Land des bunten Hahns

Auf allen portugiesischen Märkten und Souvenirläden begegnet einem ein bunter, aus Ton gebrannter Hahn. Bevor er zur Attraktion wurde, lag er – der Legende nach – auf dem Grill eines äußerst zufriedenen Richters in Barcelos. Dieser wollte mit seinen Freunden das Todesurteil gegen einen frommen galicischen Pilger feiern. Und das kam so: Die Gemeinde war beunruhigt wegen eines nicht aufgeklärten Verbrechens. Als vermeintlicher Täter wurde ein Galicier ausgemacht. Nichts Böses ahnend kam nun unser frommer Galicier durch Barcelos, wurde aufgrund seiner Nationalität festgenommen und kurzerhand vom Richter abgeurteilt, ein wenig auch Ausdruck mittelalterlicher Fremdenfeindlichkeit. Der Unschuldige zeigte auf den Hahn und stieß unter dem Gelächter der Anwesenden hervor: „Dieser Hahn wird krähen, wenn Ihr mich hängt und damit aller Welt Euer Fehlurteil aufzeigen." Und tatsächlich! Als die Falltür unter dem Galgen geöffnet wurde, erhob sich das Brathendl vom Grill, schlug mit den Flügeln und krähte lauthals. Zum Glück für alle war der Henkerstrick jedoch nur lässig um den Hals des Todgeweihten gelegt gewesen, er überlebte und kehrte sogar nach Jahren zurück, um ein Steinkreuz zu Ehren der Jungfrau Maria und des heiligen Jakobus aufzustellen. Es ist heute im archäologischen Museum beim Paço dos Condes de Barcelos zu bewundern.

Templo do Senhor Bom Jesus da Cruz: Die freistehende achteckige Kirche am südwestlichen Rand des Campo da República entstand im 16. und 17. Jh., als auf dem Erdboden ein schwarzes Kreuz (port. *cruz*) erschienen sein soll. Das Fest der blumengeschmückten Kreuze eröffnet im Frühjahr die Saison der religiösen Feste, dann ist das Innere der Kirche mit Blumenteppichen bunt ausgeschmückt. Auch außerhalb der festlichen Zeiten ist der Platz um das Gotteshaus ein Treffpunkt der Einheimischen.

Museu de Olaria: Das Museum der Töpferkunst öffnete 1963 seine Pforten in der Altstadt und wurde 2013 vergrößert. Die Ausstellung basiert auf der reichen Sammlung eines ortsansässigen Ethnografen. Mit den Jahren kamen Ausstellungsstücke aus ganz Portugal hinzu, bis die Zahl auf 6600 Exponate anwuchs, darunter auch einige wenige ausländische. Die Zusammenstellung von Tonwaren, die im Alltag verwendet wurden, soll die Erinnerung an die frühere Lebensweisen wachhalten.
Di–So 10–18 Uhr. Eintritt 2,50 €, mit Cartão Jovem und Rentner 1,25 €, unter 12 J. und über 65 J. frei. Rua Cónego Joaquim Gaiolas.

Paço dos Condes de Barcelos: Um immer Kontrolle über die Bewegungen in die Stadt hinein zu haben, bauten die einstigen Grafen ihren Palast auf die Anhöhe oberhalb der gotischen Brücke, diese gleichsam überschauend und überwachend. Die Zeit hat ganze Gebäudeteile des Herrschersitzes zerstört (vor allem das wehrhafte Eingangstor), doch ist die frühere Adelsmacht noch spürbar. In den Ruinen ist neben archäologischen Funden das Wegkreuz ausgestellt, das der durch das krähende Brathendl gerettete Pilger im 14. Jh. als Dank aufgestellt hatte (siehe oben).
Tägl. 9–17 Uhr. Eintritt frei.

Igreja Matriz: Im 13. und 14. Jh. errichtet und im 18. Jh. umgestaltet, weist die benachbarte gotische Pfarrkirche noch einige romanische Stilelemente auf, insbesondere am Portal. Auffallend sind die beeindruckenden Azulejos im Inneren. Gegenüber erhebt sich die breite Fassade des Rathauses, einst Herberge für Pilger auf ihrem Weg nach Santiago de Compostela.

Solar dos Pinheiros: Hinter der Kirche ist der granitene Adelspalast der Familie Pinheiros mit zwei Ecktürmen weiterer Ausdruck für den Reichtum, den einige Familien im 15. Jh. nach Barcelos brachten. In der hübschen Gartenanlage steht ein früher Schandpfahl, von hier aus lässt sich auch weit in die Landschaft schauen.

In Barcelos ist das Schuheputzen fest in Männerhand

Windmühlen am Strand von Apúlia

Minho

Die Küste entlang

Apúlia

Das gänzlich unspektakuläre Städtchen am Atlantik zeigt keine besonderen Reize jenseits des Strandes. Doch dieser wird hübsch von restaurierten Windmühlen auf den Dünen gesäumt und ist deswegen besonders romantisch.

Postleitzahl 4740

Post Avenida da Praia

Baden Heller Sandstrand vor der weiten Dünenlandschaft. Blaue Flagge, beste Infrastruktur mit Cafés, Sonnenschirmen und Strandkörben. Gut für Surfer!

Übernachten *** Apúlia Praia Hotel, 200 m vom Strand. 2004 eröffnetes, modernes Hotel in einem Betonbau. Komfortable Zimmer, nach vorne mit Balkon und Meerblick. Bislang sehr gutes Preis-Leistungs-Verhältnis. DZ je nach Saison ca. 50–85 €. Av. da Praia 45, (033), ✆ 253989290, 📠 253989299, www.apuliapraia-hotel.com.

Essen & Trinken Camelo, gegenüber dem Strand. Moderner Glaspalast und sehr beliebt. Gegessen wird auf mehreren Ebenen mit tollem Blick auf den Atlantik, natürlich gibt es hervorragend zubereitete Fische und Meeresfrüchte. Trotz der Größe freundlicher Service. Hauptspeisen ab ca. 9 €. Mo Ruhetag. Rua do Facho (nahe Av. da Praia), ✆ 253987600.

≫ Mein Tipp: Etwa 1,5 km außerhalb (Av. Marginal de Cedovém, Straße nach Ofir) finden sich nebeneinander zahlreiche Tavernen, schon von weitem erkennbar durch die „Rauchzeichen" der riesigen Holzkohlegrills. Exzellenten Arroz de Marisco gibt es bei Cabana, Lugar de Cedovém, ✆ 253982065. ≪

Fão/Ofir

Über den gesichtslosen Hauptort Fão am südlichen Ufer des Rio Cávado erreicht man die Touristensiedlung Ofir am gleichnamigen Prachtstrand mit feinem Sand, gesäumt von einem dichten Pinienwald und geprägt von einem vielfältigen, auf Urlauber ausgerichteten Angebot. In biblischen Zeiten soll hier das Ofir gelegen haben, von dem die Phönizier ausgezogen waren, um dem israelitischen König Salomon reiche Schätze zu beschaffen. Ein erst jüngst eröffnetes Kunstmuseum musste aus finanziellen Gründen wieder schließen, an seiner Stelle sind im Centro Cultural de Fao in der Rua Profa. D. Ida Eires in Fão hin und wieder Ausstellungen zu regionalen Themen zu sehen.

Basis-Infos

Postleitzahl 4740

Hin und weg Tägl. 6-mal **Busse** nach Esposende.

Adressen/Telefonnummern Polizei ℡ 253961233 (in Esposende); Hospital ℡ 253989300. **Post** in Fão in der Rua Azevedo Coutinho. **Fahrräder** werden im Hotel Ofir (s. u.) vermietet.

Baden Früher gehörte die **Praia de Fão** in Ofir der Oberschicht. Ein exklusiver Strand ist sie dank des Pinienwaldes und der opti-malen Wasserbedingungen bis heute geblieben. Der Tidenhub ist gering, und das Wasser soll das klarste der ganzen Minho-Küste sein. Viele Surfer und Nacktbader. Der Strand ist in der Hauptbadezeit bewacht. Blaue Flagge.

Feste Mitte August gibt es in Fão gleich zwei Festwochen: Am **Festival des Bieres und der Meerestiere** beteiligen sich fast alle Restaurants der Stadt mit besonderen Gerichten, während regionale Produzenten die **Woche des Kunsthandwerks** feiern.

Übernachten/Essen/Nachtleben

Übernachten **** **Hotel Ofir**, direkt am gleichnamigen Strand. Großhotel mit 188 komfortablen, aber etwas abgewohnten Zimmern mit Balkon und teilweise Meerblick. Im Sommer wird an der Bar abendliche Livemusik geboten. Außerdem zwei Pools, zwei Tennisplätze, Kindergarten, Bowlingbahnen, Fußballplatz und natürlich Fitnessraum, je nach Saison und Aussicht. DZ ca. 48–90 €. Av. Raul de Sousa Martins, (405), ℡ 253989800, ℡ 253981871, www.axis hoteis.com.

Parque do Rio, am Rio Cávado nahe dem Strand. Das Plus ist der 20.000 qm große Pinienhain, in den der wenig verträumte Betonbau mit 36 Zimmern romantisch eingebettet ist. Dazu Pool und Tennisplatz. DZ ca. 70–90 € (ohne Frühstück) je nach Saison. Av. Raul de Sousa Martins, Apt. 1, (908), ℡ 253981521, ℡ 253981524, www.estalagem parquedorio.com.

Jugendherberge Foz de Cávado, im Zentrum von Fão. Modernes Haus. Die Hälfte der Zimmer sind DZ mit WC. Vierbettzimmer 10–14 €, DZ 26–36 € (je nach Saison und sanitären Einrichtungen), Apartment für vier Pers. 42–62 €. Alameda Bom Jesus, ℡ 253981790, ℡ 217232101, http://microsites. juventude.gov.pt/portal/pt/default.htm.

Camping Clube de Barcelos, südlich von Fão. Schattiger, ca. 500 m vom Meer entfernt gelegener Platz. Zugang nur mit nationaler oder internationaler Campingkarte. Hinter Fão in Richtung Porto, am Dorfkrankenhaus vorbei und dann nach rechts abbiegen. Preis mit C.C.N. pro Pers. ca. 1,30 €, Zelt 2,56–3,34 €, Auto ca. 1,50 €. Mit F.I.C.C. Zelt 4,26–5,57 €, Person 3,80 €, Auto 3,75 €. Ganzjährig geöffnet. ℡/℡ 253981777, www.cccbarcelos.com.

Essen & Trinken A Lareira, in Fão. Zum einfachen Ambiente passt die leckere regionale Küche, etwa gegrillter Fisch aus dem Meer oder Bohneneintopf mit Meeresfrüchten. Hauptgerichte ab 9 €. Mo Ruhetag. Rua dos Bombeiros Voluntários, ℡ 253981588.

Tio Pepe, auch in Fão. Eines der ältesten Restaurants des Orts, aber inzwischen mit roten Wänden und Tischdecken aufgehübscht. Rippchen (*costelinhas*), Bacalhau und in der Saison Neunauge (*lampreia*) sind die Spezialitäten, außerdem Fisch vom Grill. Ausreichende halbe Portion ab 8 €, Fisch ca. 30 €/kg. Di Ruhetag, außer im Aug. Rua dos Bombeiros 4, ℡ 253981510,

Rita Frangueira, im Ortszentrum. Die Nähe von Meer und Fluss prägen die Speisekarte, es gibt aber auch Fleischgerichte. Eine Spezialität sind mit Garnelenpaste gefüllte Schweinekoteletts, Höhepunkt sind aber die Süßspeisen. Hauptgerichte ab ca. 8,50 €. Mi Ruhetag. Rua Azevedo Coutinho 23, ℡ 253981442.

Bar de Fão, an der Straße Ofir–Fão. In der Nähe des Strandes von Ofir etabliert sich allmählich das Nachtleben. Wer dazugehören möchte, nimmt hier seinen Kaffee, Drink oder eine kleine Speise und zieht anschließend weiter. Av. da Praia, ℡ 253981472.

Nachtleben Pacha, in Strandnähe. Großdisco mit Dancemusic und verschiedenen Themenabenden, etwa die „Fiesta Cubana", „Afrikanische" oder „Arabische Nacht". Im Hochsommer tägl. 23–4 Uhr. Lugar das Pedrinhas, www.pacha-portugal.com.

Esposende

Das Städtchen am Nordufer des Rio Cávado ist durch den Fluss vom Atlantik getrennt. Obwohl es bis zum Strand nicht mehr als 1500 m sind, wurde der Ort trotz einiger neuer Hotels und hoher Apartmenthäuser noch nicht vom Massentourismus überrollt – Esposende hat sich das Flair des romantischen Fischereihafens bewahrt.

Schon im 13. Jh. gab es hier Schiffswerften, Esposende war ein wichtiger, durch eine Befestigungsanlage geschützter Marinehafen. 1552 waren 17 Karavellen angemeldet. Doch ein Report an den König aus dieser Zeit betont: „Die Anwohner des Bereichs von Esposende geben kund, dass es an jenem Ort 370 bis 400 Nachbarn gibt und viele noble Häuser, auch viele reiche Leute, die meisten im Dienst Ihrer Majestät im Hafen tätig, in dem 70 bis 80 große Schiffe liegen."

Aus dieser goldenen Zeit stammt auch die am nördlichen Rand des historischen Zentrums gelegene *Pfarrkirche,* die allerdings in der Folgezeit baulich verändert wurde. Auffallend sind die klassizistischen Elemente an der Fassade, die von zwei quadratischen Türmen begrenzt wird. Beeindruckend ist das martialische *Denkmal für die Werftarbeiter* nur wenige Meter entfernt. Bronzene Figuren stemmen mit größtem körperlichem Einsatz die Schiffsbalken in die Höhe. Die Kapelle zu Ehren des Senhor dos Mareantes, des Herrn der Seefahrer, im Inneren der ebenfalls aus dem 16. Jh. datierenden *Igreja da Misericórdia* gilt als das kunsthistorische Schmuckstück der Stadt. Der goldene Altar ist reich verziert, die Holzdecke in Kassettenform zeigt die zwölf Apostel. Die Kirche liegt neben dem eleganten *Rathaus* aus dem 17. Jh. Gegenüber lohnt das Gebäude des *Stadtmuseums* einen Blick. Es wurde 1911 vom Architekten der Wallfahrtskirche oberhalb von Viana do Castelo, Ventura Terra, errichtet und diente als Theater. Die Ausstellung zeigt neben Kacheln archäologische Fundstücke und eine kleine volkskundliche Sammlung (Di–Fr 10–18, Sa/So 15–18 Uhr, Eintritt frei).

Minho

Die Pfarrkirche von Esposende mit markanten klassizistischen Elementen

Durch die geradlinigen Straßen und über die weitläufigen Plätze zwischen weiteren historischen Gebäuden lässt es sich genüsslich flanieren. Wer etwas Ruhe nahe am Meer finden will und den Fußweg zu den Stränden nicht scheut, ist in Esposende richtig. Im Sommer, wenn es auch hier voller wird, fährt ein Traktor mit angehängtem Wagen die Badehungrigen zu den Stränden beim Fort aus dem 17./18. Jh., das für den Bau eines Leuchtturms teilweise abgerissen wurde.

Basis-Infos

Postleitzahl 4740

Information Turismo im Auditório Municipal, Mo–Fr 9.30–12.30 und 14–18, Sa 9.30–12.30 und 14–17.30 Uhr, im Sommer unregelmäßig auch am So geöffnet. Largo Rodrigues Sampaio 47, ℅/℡ 253961354.

Hin und weg Tägl. 4-mal **Busse** nach Porto und Vila do Conde, 11-mal Póvoa de Varzim (dort in die S-Bahn umsteigen) 11-mal Viana do Castelo (Sa/So jeweils nur 4-mal), 5-mal Braga und Barcelos. Nächste **Bahnstation** ist Barcelos. **Taxis** erreicht man unter ℅ 253965232.

Adressen/Telefonnummern   Polizei ℅ 253961233; Hospital ℅ 253969480; Post in der Rua Eng Custódio Vila Boas.

Aktivitäten Ausflüge zu Fuß, per Mountainbike oder Kanu organisiert Dunar im Vorort Marinhas, Travessa Sra. das Neves 9, ℅ 968680025 (mobil), ℡ 253963331, www.dunar.pt. **Bootsfahrten** in den Naturpark Rio Cávada organisiert das Centro de Atividades Naúticas-Forum Esposendense an der Uferstraße (http://forum-esposendense.pt). Dieses beherbergt auch ein **Tauchzentrum**.

Baden Die langen, gelbgrauen Sandstrände, 1,5 km entfernt am Zufluss des Rio Cávado eignen sich für Surfer und Badende. Blaue Flagge! Platz für Ballspiele, zudem Café, Schirme, Strandkörbe.

Einkaufen Jeden zweiten Mo gibt es einen **Wochenmarkt**, die kleine **Markthalle** ist tägl. außer So geöffnet.

Feste/Veranstaltungen Esposende ist berühmt für die **Romária de São Bartolomeu do Mar** am 24. August, wenn das Banho Santo veranstaltet wird, das Heilige Bad im Meer. Kinder zwischen drei und elf Jahren werden von ihren Eltern in voller Montur ins Wasser getaucht, um ihnen die Angst vor dem kühlen Nass zu nehmen. Überlebensgroße und reich geschmückte Heiligenfiguren überwachen die Szenerie.

Übernachten/Essen & Trinken

Übernachten *** Hotel Suave Mar, zwischen Strand und Ortszentrum. Modernes Hotel mit schönem Swimmingpool im Atrium. Elegante Zimmer mit Balkon, ein Teil geht auf den Innenhof, viele aber mit Blick auf Meer und Flussmündung (gegen Aufpreis). Sehr gutes Restaurant. DZ ca. 51–100 € je nach Lage und Saison. Av. Eng. Arantes e Oliveira, (204), ℅ 253969400, ℡ 253969401, www.suavemar.com.

*** Apartamentos Túristicos Pinhal da Foz, am nördlichen Ortsrand. Neue, sachlich orientierte Anlage mit 14 Apartments für max. vier Pers. Hotelservice, Health Club, Sauna, Solarium, Tennis, Pool. Ferreira da Silva, (270). Je nach Saison für zwei Pers. ca. 60–90 €, für vier Pers. 90–120 €, oftmals nur für mehrere Tage buchbar. Rua João Ferreira da Silva, (270), ℅ 253961098, ℡ 253965937, www.clubepinhaldafoz.com.

Essen & Trinken Dom Sebastião, im Stadtzentrum. Einfach, aber gut. Spezialitäten sind Bacalhau und *bife*. Außerhalb der Saison Mi abends geschlossen. Hauptspeisen um 7,50 €, Rua Conde do Castro 3, ℅ 253961414.

Adega Regional O Barrote, hinter dem Rathaus. Im winzigen Speiseraum werden an gefliesten Tischen nur zwei täglich wechselndes Gericht für ca. 7 € serviert. Außerdem gibt es eine reichliche Auswahl an *petiscos*. Man kann am kleinen Platz im Freien sitzen. Di Ruhetag. Largo Dr. Fonseca Lima, ℅ 253963884.

Confeitaria Marbela, am Ende der Fußgängerzone. Das Café ist bekannt für seine große Auswahl an Gebäck und herrlichen Pralinen aus eigener Herstellung. Rua 1° de Dezembro 71.

Umgebung von Esposende

Castro de São Lourenço: In der Gemeinde von Vila Chã wurde eine von Steinmauern geschützte Ansiedlung aus der Eisenzeit freigelegt. Auch Keramiken aus dem 6. Jh. v. Chr. sowie römische Münzen und ein Opferaltar wurden entdeckt. Die Ausgrabungsstelle liegt auf einem strategisch wichtigen Berg, auf dem im 16. Jh. ein kleines Kastell erbaut wurde. Von hier eröffnet sich ein schöner Blick bis zum Atlantik.

Die Siedlung erreicht man über die EM 550 Richtung Vila Chã, die am Hotel Zende (in Esposende) von der EN 13 abzweigt.

Parque Natural do Litoral Norte: Das geschützte Küstengebiet kann am schönsten per Boot, aber auch zu Fuß und teilweise mit dem Auto erschlossen werden. Zahlreiche Vogelarten lassen sich beobachten, die Pflanzenvielfalt ist enorm. Darüber hinaus sind unberührte Orte zu entdecken. *Barco do Lago* ist ein malerisches Flussdorf, in *São Bartolomeu do Mar* leben viele Einwohner vom Seetang, den sie mit Hilfe zugkräftiger Maultiere aus dem Meer holen, zum Trocknen auslegen und als Dünger verkaufen.

Information: Rua 1°de Dezembro 65, (226), Esposende, ✆ 253965830, ✆ 253965330.

Minho

Stimmungsvolle Renaissance auf der Praça da República

Viana do Castelo   ca. 29.000 Einwohner

Eine der hübschesten Städte Portugals, schon die Römer nannten sie „pulchra", die Schöne. Der Ort bezaubert mit seiner autofreien Altstadt, von deren zahlreichen Renaissancepalästen und reizenden Plätzen eine fast italienische Stimmung ausgeht. Die nahen Atlantikstrände sowie Wanderungen in den umliegenden Hügeln bereichern den Aufenthalt.

Jede Menge ehrwürdiger Patrizierhäuser mit kunstvollen manuelinischen Fensterumrandungen und geschmiedeten Eisenbalkonen bezeugen den über Jahrhunderte währenden Wohlstand der Hafenstadt. Die Bewohner betrieben bereits im Mittelalter lukrativen Handel mit Nordeuropa und fingen Kabeljau vor der Küste Neufundlands.

Später beteiligte sich manch ein Sohn der Stadt an den Entdeckungs- und Seefahrten nach Indien und Brasilien, und man profitierte vom Fernhandel mit den portugiesischen Kolonien, insbesondere mit den brasilianischen Zuckerimperien. Die seit dem Mittelalter bedeutenden Werften stehen aufgrund der aktuellen Krise heute allerdings vor dem Aus. Schon vor ein paar Jahren konnte eine Schließung nur durch einen 800 Mio. € umfassenden Staatsauftrag für zwei hypermoderne, politisch jedoch höchst umstrittene Riesen-U-Boote abgewendet werden, die ein deutsches Konsortium vor Ort baute. Auch der neue Industriehafen am linken Flussufer steht an der maritimen Tradition der Stadt. Bei den jüngsten Stadterneuerungsmaßnahmen wurde darüber hinaus ein neuer Jachthafen eröffnet und die Uferpromenade mit großräumigen, schicken Restaurants aufgewertet. Des Weiteren ist am Flussufer ein futuristisches Verwaltungsgebäude entstanden, verantwortlich waren die nordportugiesischen Architektenstars Fernando Távora und Alváro Siza Vieira, der das innen spektakuläre Bibliotheksgebäude entworfen hat. Nur wenige Schritte westlich wurde 2013 das *Centro Cultural Coliseu* eröffnet. Die Mehrzweckhalle nach Entwürfen des großen nordportugiesischen Architekten Souto de Moura bietet 4000 Besuchern Platz und wird dank ihrer umlaufenden Rohre vom Volksmund *pompidouzinho*, kleines Centro Pompidou, genannt. Teil der städtischen Verschönerungsmaßnahmen sollte auch der Abriss eines unansehnlichen Hochhausbaus nahe der Uferstraße sein, der jedoch durch jahrelange juristische Auseinandersetzungen mit einigen Wohnungsbesitzern immer wieder verhindert und 2013 schließlich aufgrund der Kosten ganz gestoppt wurde.

Erste Siedler waren die Keltiberer der Eisenzeit, die etwa 500 v. Chr. ihre befestigte Wohnanlage, das *castro,* wie damals üblich hoch auf einem schützenden Hügel errichteten. Wenig später gründeten griechische Kaufleute eine Handelsniederlassung am Flussufer. Es folgten die Römer, die beide Siedlungen übernahmen. Im Mittelalter wurde Viana eine wichtige Etappe auf dem Pilgerweg nach Santiago de Compostela und erhielt früh ein Hospiz für die frommen Wanderer, das noch heute zu sehen ist. Doch der eigentliche Aufschwung setzte ein, als König Afonso III. den Ort unter dem Namen *Viana da Foz do Lima* in den Rang einer *vila* erhob, ihm also die städtischen Freiheitsrechte verlieh. Selbiger Monarch begann mit dem Bau einer schützenden Stadtmauer und förderte den Seehandel: die Stadt entwickelte sich zum wichtigen Umschlagsplatz von Handelsgütern von und nach Flandern und solchen der Hanse. Folge dieser merkantilen Aktivitäten war die Ansiedlung einer bedeutenden jüdischen Kolonie aus Katalonien im Jahre 1439.

Mit den portugiesischen Entdeckungsfahrten wuchs der Wunsch nach einer größeren Flotte, die u. a. in Vianas Werften gebaut wurde. Allerdings zog der Reichtum auch ausländische Piraten an. Heroisch wehrte die Bevölkerung im Jahre 1574 eigenhändig einen Überfall französischer Korsaren ab und überließ das Schicksal ihrer Stadt nicht den Soldaten.

Das 18. Jh. brachte dank brasilianischen Goldes und Zuckers weiteren Wohlstand. Die erste Hälfte des folgenden Jahrhunderts war geprägt von den blutigen Wirren des Bürgerkriegs zwischen Absolutisten und Liberalen. Danach folgten Auseinandersetzungen innerhalb des liberalen Lagers, die im Minho in der *Revolte von Patuleia* gipfelten. Sie führte zu heißen Schlachten um die Festung Vianas, 1847 hielt die Stadt einer Belagerung von 45 Tagen stand. Aus Dank für den königstreuen Einsatz verlieh Maria II. Viana ein Jahr darauf die vollen Stadtrechte und ihren heutigen Namen *do Castelo.* Die Stadt revanchierte sich und nannte ihren Hauptplatz fortan *Platz der Königin.* Erst mit Ausrufung der Republik 1910 wurde er in *Praça da República* umbenannt.

Basis-Infos

Postleitzahl 4900

Information Das **Regionale Tourismus-amt** befindet sich im früheren Pilgerhospiz in der Rua Hospital Velho. Mo–Sa 9–13 und 14–17.30 Uhr, im Sommer Mo–Sa 9.30–12.30 und 14–18 Uhr. ✆ 258822620, 📠 258827873.

Das **Städtische Viana Welcome Center** ist in einen kleinen Flachbau am Kai eingezogen. Nov.–Feb. Di–So 10–13 und 14–17 Uhr, Juli/Aug. bis 19, sonst bis 18 Uhr. Schwerpunkt ist Promotion und Verkauf von Freizeitangeboten. Praça da Liberdade, ✆ 258098415, www.vivexperiencia.pt/viana welcomecenter.

Hin und weg Busse etwa stündlich nach Afife (nicht So), 11-mal nach Vila Praia de Âncora und Caminha, Esposende, Póvoa de Varzim (mit Umsteigen, dann die S-Bahn nach Porto), Vila do Conde, 8-mal Porto; stündlich nach Ponte de Lima, Ponte da Barca und Arcos de Valdevez, 12-mal Valença und Monção, 4-mal nach Melgaço. Der Busbahnhof liegt zentral direkt neben dem Bahnhof.

Per **Bahn** 14-mal nach Barcelos, 14-mal nach Braga (mit Umsteigen in Nine), 13-mal nach Porto (teilweise mit Umsteigen), 10-mal Vila Praia de Âncora, Caminha und Valença, 4-mal Afife und Moledo do Minho.

Taxis erreicht man unter ✆ 258826641.

Adressen/Telefonnummern Polizei ✆ 258822022, ✆ 258822041; Hospital ✆ 258802100. Die **Post** liegt am Ende der Av. dos Combatentes da Grande Guerra. Kostenlosen Zugang zum **Internet** gibt es bis 24 Uhr in der Jugendherberge (Rua da Argaçosa), früher schließen der Espaço Internet (Rua do Poço 16 und Rua General Luis Rego) sowie in der Stadtbibliothek (Rua Cândido dos Reis). Die **Selfservice-Wäscherei** LAV befindet sich beim Laden von Staples nordöstl. des Zentrums.

Baden Direkt am Ort gibt es keine Bademöglichkeiten, doch die Strände um Viana zählen zu den schönsten und saubersten der ganzen Küste. Alle sind bewacht und haben die Blaue Flagge. Die **Praia Canto Marinho** bei Carreço (langer, rötlich-brauner Sandstrand, 3 km nördl.) und die **Praia do Rodanho** bei Vila Nova de Anha (Dünen, hellgrauer Sand, 4 km südl.) wurden von der größten portugiesischen Umweltschutzorganisation Quercus sogar mit dem Titel *Praia Dourada* („Goldener Strand") ausgezeichnet.

Hauptbadestrand ist die behindertengerechte **Praia do Cabedelo** auf der anderen Flussseite, eine hellsandige Badebucht in einer Dünenlandschaft. Auch Surfen und Windsurfen ist hier möglich, außerdem ist ein Café vorhanden. Von Juli bis September fährt ein Badeboot von Viana aus alle halbe Stunde hinüber, sonst seltener.

Besonders zum Baden geeignet ist der **Strand von Afife** (heller Sand, wenig Steine, Café, ca. 12 km nördl.), da das hügelige Hinterland den Ostwind abhält. Die nördlichen Strände sind per Bus (vom Busbahnhof aus) gut zu erreichen.

Einkaufen Der große **Wochenmarkt** wird immer freitags vor der Zitadelle (Campo do Castelo) veranstaltet. Hier gibt es alles von Weinfässchen und Haushaltswaren über Klamotten und Vögel bis hin zu Blumen. Spezialisiert auf filigranen **Goldschmuck**, den die Frauen anlässlich der großen Feste tragen, hat sich die Ourivesaria Freitas in der Rua Sacadura Cabral 16 im Zentrum. Handgewebtes **Leinen** gibt es bei Casa Sandra, Largo João Tómas Costa 16 (gegenüber dem Jardim Público). Ein supermodernes **Einkaufszentrum** mit 112 Läden, 16 Restaurants und Bowlingbahn hat neben dem Bahnhof eröffnet und zieht sich über die Gleise Richtung neuem Busbahnhof hinüber. Im Untergeschoss gibt es einen **Supermarkt**.

Einen weiteren **Supermarkt** (Froiz) gibt es in der zentralen Avenida das Combatentes 236. Der bescheidene **Bioladen Bionative** befindet sich in der Rua Mateus Barbosa 52 im Ortszentrum.

Feste Neo-Pop Musicfestival, Mitte August, mit internationalen DJs und Bands, gewidmet den neuesten Tendenzen der Dance- und Elektronikmusik.

Jazz na Praça da Erva, Ende Juli, Jazz im Freien mit internationalen und nationalen Größen.

Romaria da Senhora da Agonia: Mitte/Ende August, größtes Sommerfest in Nordportugal (→ S. 167).

Minho

Aktivitäten

Kanu- und Kajakfahrten Organisiert werden die Fahrten von **Cavaleiros do Mar**, ✆ 258824455, www.cavaleirosdomar.com.

Karting Ein Kartódromo befindet sich am Strand von Amorosa, ✆ 258320080.

Fahrradverleih Räder verleiht das Welcome Center (s. o.).

Segeln Viana besitzt eine eigene Marina am Jardim Público. ✆ 258359546.

Stadtspaziergänge Das Welcome Center (s. o.) hat themenorientierte Rundgänge ausgearbeitet, etwa zur modernen Architektur in Viana.

Surfen An den Stränden von Amorosa, Cabedelo und Afife werden Surfbretter verliehen. Zentrum ist Afife, wo der **Surf Clube** de Viana auch Unterricht erteilt. Rua José Espregueira 62, ✆ 258826208, www.surfingviana.com. 40 €/Einzelstunde, 20 € in Gruppen, Bretter 20 €/Tag.

Tauchen Tauchkurse und Tauchausflüge bei **Amigos do Mar**, ✆ 258827427, www.amigosdomar.pt, und Cavaleiros do Mar, s. o.

Wandern Die Faltblätter des Regionalen Tourismusamts zu Touren in die unmittelbare Umgebung sind leider oft vergriffen, wurden 2013 aber neu aufgelegt. Die Wege sind markiert und können auch ohne Beschreibung gegangen werden. Sie sind auch auf der Homepage des Viana Welcome Center (s. o.) zu finden.

Übernachten

→ Karte S. 162/163

Pousada de Santa Luzia 🔟, auf dem gleichnamigen Hügel über der Stadt. Eine der schönsten Pousadas, nicht nur wegen der ruhigen Lage mit fantastischer Fernsicht, sondern auch wegen der geschmackvoll gediegenen Einrichtung des allein stehenden und prächtig restaurierten Palastes aus dem beginnenden 20. Jh. Pool, Tennisplatz, Fitnessraum, je nach Saison und Ausblick. DZ mit Bad ca. 110–216 €. Monte de Santa Luzia, ✆ 258800370, 📠 258828892, www.pousadas.pt.

***** **Casa Melo Alvim** 🔳, beim Bahnhof. Das historische Herrenhaus der Stadt aus dem Jahre 1509 wurde zu einer Luxusherberge. Durch verschiedene An- und Umbauten in seiner Geschichte vereint das Gebäude fast alle Baustile Portugals seit der Manuelinik. Beeindruckend sind Eingangshalle und Treppenaufgang. Unterschiedlich gestaltete, komfortable Zimmer. DZ je nach Saison 85–175 €. Av. Conde da Carreira 28, (343), ✆ 258808200, 📠 258808220, www.meloalvimhouse.com.

*** **Rali** 🔳, am nordöstlichen Rand der Altstadt. Hinter der vierstöckigen Betonfassade verbirgt sich ein gepflegtes Hotel mit freundlichem Service. Die Zimmereinrichtung stammt aus den 1970er Jahren, die Bäder sind schön modernisiert. Den großen Überraschungseffekt liefert ein allerdings kleines Hallenbad direkt hinter der Lobby. Von einigen der vorderen Zimmer, die zur Bahnlinie und Hauptstraße weisen, hat man einen Blick auf den Santa-Luzia-Hügel. Die Zimmer nach hinten sind dafür ruhig. DZ je nach Saison und Ausstattung 35–70 €. Av. Afonso III 180, (477), ✆ 258829770, 📠 258820060, http://hotelraliviana.com.

** **Viana Sol** 🔢, an einem kleinen Platz gegenüber den Docas. Etwas für 70er-Jahre-Fans, die dafür darüber hinwegsehen, dass das Haus dringend einer Sanierung bedürfte. Auffällig die riesige Eingangshalle mit viel Glas, Kristall und Spiegeln. Die geräumigen Zimmer sind schnörkellos eingerichtet. Schöner Blick auf den Hafen von der Panoramaterrasse. DZ je nach Saison ca. 58–73 €. Largo Vasco da Gama, (322), ✆ 258828995, 📠 258823401, www.hotelvianasol.com.

Margarida da Praça 🔢, am südlichen Altstadtrand. 13 großzügige Zimmer, modern, funktional und etwas spärlich eingerichtet. Die Bäder sind relativ klein, aber ebenfalls modern. DZ je nach Saison ca. 45–70 € ohne Frühstück. Largo 5 de Outubro 58, (616), ✆ 258809630, 📠 258809639, www.margaridadapraca.com.

** **Jardim** 🔢, neben Margarida da Praça. 20 saubere und sehr geräumige Zimmer mit dunkler Einrichtung, die Hälfte mit Blick zum Fluss. Freundlicher Service. DZ ca. 45–90 € je nach Saison. Largo 5 de Outubro 68, (515), ✆ 258828915, 📠 258828917, www.residencialjardim.com.sapo.pt.

Laranjeira **5**, nahe Praça da República. Neue Unterkunft mit supermodernen Zimmern, die allerdings klein sind. DZ ca. 68–83 €. Rua Cândido dos Reis 45, (344), ✆ 258822261, 📠 258821902, www.residencia laranjeira.com.

* **O Laranjeira** **11**, gleich um die Ecke, aber unabhängig. Einfache, sehr freundlich eingerichtete und in unterschiedlichen Farben dekorierte Unterkunft mit nur 7 Zimmern. Die sog. Standardzimmer sind allerdings extrem klein, die übrigen Zimmer auch nicht viel größer. DZ 40–60 € je nach Saison und Größe. Zusätzliche fünf Apartments sind geplant. Rua Manuel Espregueira 24, ✆ 258822258, 📠 258402967, www. olaranjeira.com.

Jugendherberge Azenhas D. Prior **13**, ca. 1,5 km östlich der Altstadt. Modernes Flachgebäude mit 9 DZ und 16 Vierbettzimmern. Schöne Sonnenterrassen. Selbstversorgerküche und Restaurantbetrieb. Waschmaschine und Fahrradverleih. DZ je nach Saison und Ausstattung 26–36 €, Bett im Schlafraum 11–14 €. Rua da Argaçosa, (394), ✆ 258800260, 📠 258800261, http:// microsites.juventude.gov.pt/portal/pt/pviana_ do_castelo.htm.

Turismo de Habitação Casa dos Costa Barros **14**, im Herzen der Altstadt. Hinter einer der schönsten manuelinischen Fassaden aus dem 16. Jh. werden zehn freundliche und geräumige Zimmer vermietet, die mit viel Geschmack und altem Mobiliar komfortabel eingerichtet sind. Das Frühstück wird im Wohnzimmer der gastfreundlichen Familie serviert. DZ ca. 55–70 € (keine Kreditkarten). Rua de São Pedro 22–28, (538), ✆ 258823705, 📠 258824383, www. casacostabarros.pt.

Paço d'Anha, ca. 4 km südlich (am Rande von Vila Nova de Anha). Auf dem Weingut aus dem 16. Jh. wurden Landarbeiterhäuschen, die in einer großzügigen Gartenanlage liegen, restauriert und sehr liebevoll eingerichtet. Auf jeden Gast wartet eine Flasche des hauseigenen Vinho Verde. Viele deutsche Urlauber. Apartment für zwei Pers. ca. 80 € inkl. Frühstück, für vier Pers. ca. 140 €., Av. da Estrada Real, Vila Nova de Anha, (032), ✆ 258322459, 📠 258323904, http://pacoanha.com.

Casa Santa Filomena, in Afife (ca. 12 km nördlich). In einem kleinen landwirtschaftlichen Anwesen, umgeben von Gärten und Weinreben, werden vier Zimmer vermietet, die ansprechend und komfortabel eingerichtet sind. Zum Strand etwa 1 km. DZ je nach Größe ca. 50–60 €. Estrada de Cabanas, Afife, (012), ✆ 258981619, 📠 226175936, scc.com.smiths@mail.telepac.pt.

Quinta da Boa Viagem, ca. 3 km nördlich. Der Name stammt von der Hauskapelle aus dem 16. Jh., in der die Seeleute für eine gute Rückkehr beteten. Edel und rustikal eingerichtete Apartments in den ehemaligen Stallungen des adeligen Anwesens, das von barocken Gärten umgeben ist, auch ein Pool ist vorhanden. Apartments für zwei Pers. je nach Saison ca. 60–90 €, für vier Pers. 100–130 €. Além do Rio, Areosa, ✆ 258835835, 📠 258836836, www. quintadaboaviagem.com.

Camping *** Orbitur, auf der anderen Flussseite, ca. 3 km außerhalb. Während der Sommermonate laufen Pendelboote die Stadt an. Der Platz liegt versteckt in den Dünen an einem Wäldchen ca. 300 m landeinwärts vom Strand von Cabedelo. Im Sommer meist viele Stechmücken. Auch kleine Bungalows werden vermietet. Pro Person je nach Saison 3,80–6,40 €, Zelt 5–11,10 €, Auto 3,50–5,90 €. Rua Diogo Álvares, Cabedelo, Darque, (161), ✆ 258322167, 📠 258321946, www.orbitur.pt.

Essen & Trinken

→ Karte S. 162/163

Restaurants Casa do Pasto Maria de Perre **17**, in der Altstadt. Einst eine einfache Tasca, erstreckt sich das Restaurant inzwischen über zwei Stockwerke. Etwas folkloristisch eingerichtet, aber ausgezeichnete regionale Küche, neben Bacalhau-Gerichten auch frischer Fisch oder Zicklein. Halbe Portionen ab 8 €. So abends und Mo geschl. Rua da Viana 118, ✆ 258822410.

»»» Mein Tipp: Casa Primavera – Taberna Soares **12**, westliche Altstadt. Eine Tasca, wie es sie eigentlich gar nicht mehr gibt. Offene Küche, daneben die Theke, davor alte Fischer mit ihrem Weinglas und der kleine Speiseraum, dahinter ein zweiter Saal und eine Terrasse. Und dazwischen wuselt die junge Besitzerin Maria Soares. Auf den Tisch kommt, was gerade da ist, meist eine einfache Fischplatte oder Schnitzel, aber auch allerlei Meeresfrüchte, oft auch eine Suppe – nach alter Tradition anschließend gereicht. Der Nachtisch kann dann auch schon mal ausgegangen sein. Dafür wird zum Kaffee die Schnapsflasche gereicht – und all das zusammen kostet schließlich etwa 6 €. So Ruhetag. Rua Góis Pinto 57, ℡ 258821807. **«**

O Garfo 16, nahe den Docas. Eine Tasca in dörflichem Stil mit kleinem, ansprechend eingerichtetem Gastraum und Terrasse. Deshalb auch stark von Touristen frequentiert. Auf den Tisch kommt bevorzugt gegrillter Fisch, auch Fleisch vom Holzkohlengrill. Hauptspeisen um 10 €. Sa Ruhetag. Largo 5 de Outubro 28, ℡ 258829415.

Taberna do Valentim 9, am westlichen Stadtrand. Der Wirt hatte sich ein wenig übernommen und nahe seinem Stammsitz ein zusätzliches Restaurant eröffnet. Dann kam die Krise, und nun funktioniert außer in der Hochsaison nur mehr das moderne und wenig anheimelnde Lokal. Doch weiterhin werden frische Fische vom nahen Hafen direkt auf den Tisch gebracht. Wenn die Fischer (etwa wegen eines Sturms) nicht ausfahren konnten, bleibt auch das Lokal geschlossen. Hausspezialität ist der Fischeintopf Caldeirada. Hauptgericht ab ca. 12 €, gegrillter Fisch je nach Gewicht, ab ca. 33 €/kg. Sonntags und nach Unwettern geschlossen. Av. Campo do Castelo, o. Nr., ℡ 258827505. Stammsitz in der Rua Monsenhor Daniel Machado 180 manchmal geöffnet.

O Pescador 7, ein weiteres Fischlokal, ebenfalls in der westlichen Altstadt. Tolle Fisch- und Meeresfrüchteplatten im geschmackvoll eingerichteten Lokal (nur die Klimaanlage ist im Sommer etwas kühl). Hauptgericht ab 9,50 €, die Spezialitätenplatten gibt es nur für 2 Pers. ab ca. 26 €. Di Ruhetag. Largo São Domingos 35, ℡ 258826039.

Laranjeira 5, im Zentrum. Kühle Einrichtung, riesige Speisekarte mit 37 Hauptgerichten aus der einheimischen Küche. Hauptgericht ab 10 €. Sa Ruhetag. Rua Manuel Espregueira 24, ℡ 258822258.

Estação Viana Shopping 3, neben dem Bahnhof. Im Shoppingcenter haben nicht nur McDonalds & Co. ihre Pforten geöffnet, sondern auch einige Traditionsrestaurants wie die **Taberna do Valentim**. Wirklich schön sitzt man bei warmem Wetter auf der Terrasse des **Camelo** mit weitem Blick.

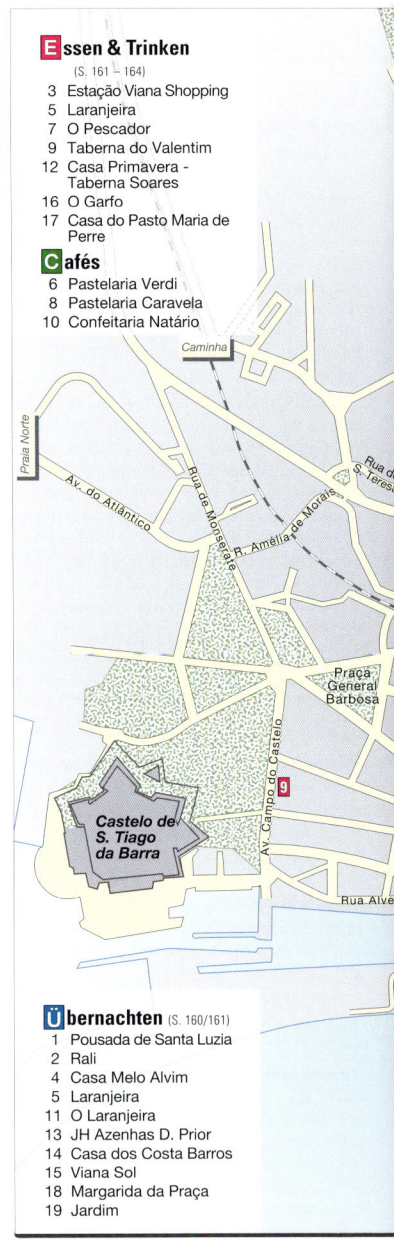

E ssen & Trinken (S. 161 – 164)
- 3 Estação Viana Shopping
- 5 Laranjeira
- 7 O Pescador
- 9 Taberna do Valentim
- 12 Casa Primavera - Taberna Soares
- 16 O Garfo
- 17 Casa do Pasto Maria de Perre

C afés
- 6 Pastelaria Verdi
- 8 Pastelaria Caravela
- 10 Confeitaria Natário

Ü bernachten (S. 160/161)
- 1 Pousada de Santa Luzia
- 2 Rali
- 4 Casa Melo Alvim
- 5 Laranjeira
- 11 O Laranjeira
- 13 JH Azenhas D. Prior
- 14 Casa dos Costa Barros
- 15 Viana Sol
- 18 Margarida da Praça
- 19 Jardim

Monte Santa Luzia

Standseilbahn

Estrada de S. Luzia

R. Martins Delgado

Rua D. Moisés Alves de Pinho

Rua Domingos José de Morais

Avenida 25 de Abril

Rua Ernesto Roma

Avenida Capitão Gaspar de Castro

BUS

Convento Santa Ana

Bahnhof

Av. Conde Carreira

R. dos Bombeiros

R. E. Navarro

Av. Rocha Páris

Avenida 25 de Abril

Avenida Afonso III

R. M. Fiuza Júnior

Rua de Aveiro

Rua da Bandeira

R. dos Rubins

R. dos Bombeiros

Rua General Luis

do Rego

R. Nova de Santana

Av. dos Combatentes da Grande Guerra

Rua da Bandeira

Rua da Bandeira

Avenida 25 de Abril

E. da Papanata

Museu da Arte e Arqueologia

Rua M. Espregueira

Praça da República

R. da Palha

R. R. da Palha

R. Nova de S. Bento

Gontim

Rua do

R. da Gramática

gos S. Domingos

Rua S. Clara

Loureiro

R. Glão Coutinho

R. Aurora do Lima

R. dos Caleiros

Largo João da Costa

Av. Luis de Camões

Largo Vasco da Gama

R. 5 de Outubro

R. da

Serqueira

Centro Cultural Coliseu

Stadtbücherei

Ponte de Lima

Porto

R i o   L i m a

Badeboote nach Cabedelo

Viana do Castelo

100 m

1 2 3 4 5 6 8 11 13 14 15 16 17 18 19

Camelo, ca. 2 km östlich. an der EN 202. In drei rustikalen Sälen ist Platz für 800 Gäste. Und nicht selten ist es voll hier. Aber auch im Freien an Granittischen unter Weinreben können besondere Stockfischgerichte, Fische aus dem Fluss und dem Meer, vor allem aber deftige regionale Fleischgerichte probiert werden. Hauptgericht ab 8 €, häufig auch Menus um 12 €. Mo Ruhetag. Rua de Santa Maria 119, Santa Maria de Portuzuelo, ℡ 258839090.

Igreja da Misericórdia

>>> **Mein Tipp:** Pedra Alta, ca. 8 km westlich in Serreleis direkt am Rio Lima. Ein echter Tempel für Freunde von hervorragend zubereiteten Meerestieren. Fast zu schade zum Essen ist der riesige Grelhado de Marisco mit Hummer, Krebsen, Garnelen und Muscheln (auf zwei Ebenen aufgetürmt), der locker für vier Pers. reicht (ca. 46 €). Auch empfehlenswert Reis mit Meeresfrüchten für zwei Pers., mit Taschenkrebs und Hummer, auch in einfacher Variante ohne Hummer. Praia Fluvial Barco do Porto, ℡ 258871463, zu erreichen über die N 202 Richtung Ponte de Lima und nach 8 km in Serreleis der Ausschilderung folgen. <<<

Cafés Confeitaria Natário ❿, nahe Praça da República. Eine Pflichtadresse für alle, die regionale Backwaren in urigem Ambiente eines Traditionscafés der 1960er Jahre genießen wollen. Neben Süßigkeiten wird Gesalzenes (salgados) gereicht: in Blätterteig gebackene Garnelen, Lachs oder Ente. Kaum werden vormittags die heißen Platten aus der eigenen Backstube angeliefert, stehen die Kunden Schlange. Di Ruhetag. Rua Manuel Espregueira 37.

Pastelaria Verdi ❻, neben der Misericórdia-Kirche. Kleine Gerichte und riesige Auswahl an leckeren Obstkuchen und anderen süßen Köstlichkeiten. Man kann auch hübsch an den Tischen in der Fußgängerzone sitzen. Sa Ruhetag. Rua Cândido dos Reis 30.

Pousada Santa Luzia, auf dem gleichnamigen Berg. Das Terrassencafé der Pousada steht allen offen. Es macht Spaß, sich in den gemütlichen Korbsesseln zu räkeln und den Blick weit über die Küste schweifen zu lassen.

Pastelaria Caravela ❽, hinter der ehrwürdigen Fassade des historischen Patrizierhauses befindet sich die modern gestaltete Snackbar und Cafeteria mit großer Kuchentheke, aber auch frisch gepressten Fruchtsäften und fantasievollen Salaten ab 4 €. Praça da República 62.

Sehenswertes

Unbestrittenes Prunkstück ist die malerische *Praça da República,* die von erhabenen manuelinischen und Renaissancegebäuden umgeben ist und zu Recht als einer der schönsten Plätze Portugals bezeichnet wird, auch wenn inzwischen überdimensionierte moderne Skulpturen den Gesamteindruck etwas stören. Rund um den meist blumengeschmückten Renaissancebrunnen wird abends flaniert, man trifft sich in zahlreichen Cafés oder schaut dem fröhlichen Treiben zu. König Manuel I. ließ den Platz zu Beginn des 16. Jh. als illustre Open-Air-Kulisse für höfische Feste anlegen, man bezeichnete ihn auch als „Saal im Freien". Der Brunnen wurde 1551 von João Lopes dem Älteren gebaut, dem damit sein Meisterstück gelang: das wuchtige Baumaterial Granit löste er elegant auf, indem er ihn reich mit Blumen- und Tierabbildungen verzierte und mit dem Wappen Manuels I. krönte. Das Christusritterkreuz und das Astrolabium künden von dessen Anspruch auf Weltherrschaft.

Altes Rathaus: Aus mächtigen Granitquadern setzten galicische Bauleute den zinnengekrönten *Paços de Concelho* im frühen 16. Jh. zusammen, der einer wehrhaften spätgotischen Trutzburg gleicht. An seiner eher schmucklosen Fassade sind nur die königlichen Insignien von Manuel I. (Christusritterkreuz über dem portugiesischen Wappen) zu sehen, außerdem ein Astrolabium und eine Karavelle, die an die Bedeutung der Seefahrt für diese Stadt erinnern. Unter den mächtigen drei Spitzbögen konnten früher die Bäcker ihr Brot verkaufen, im 1. Stock tagte der Stadtrat. Heute werden die Räumlichkeiten für wechselnde Ausstellungen genutzt.

Misericórdia-Armenhaus: Das restaurierte Renaissance-Gebäude aus dem Jahr 1589 links vom Rathaus fällt mit einer ungewöhnlichen, verspielten Fassade auf, die den stilistischen Einfluss der flandrischen Handelspartner der Stadt vermuten lässt. Anstelle von Säulen ließ der einheimische Baumeister João Lopes der Jüngere die Last des Gebälks von Atlanten schultern. Sofern die seitliche Pforte geöffnet ist, gelangt man am Ende des schön gekachelten Durchgangs zu einem beschaulichen Innenhof, einem versteckten Ort der Stille, in dem die erhabene Renaissancebaukunst langsam verfällt. Bis 1982 diente dieses Gebäude als städtisches Krankenhaus, das sich inzwischen in einem weithin sichtbaren, monströsen Betonbau hinter dem Bahnhof befindet.

Minho

Zentrum für erneuerbare Energien

Portugals frühere sozialdemokratische Regierung setzte auf erneuerbare Energien. Über 2,5 Mrd. € wurden bis 2011 in Windenergie investiert. Der Anteil sauberer Energien am portugiesischen Stromverbrauch liegt inzwischen über 50 %. Zwei strategische Projekte in der Umgebung von Viana do Castelo bilden die Grundlage dafür.

Am 31. Oktober 2006 wurde der Grundstein für den Bau von sechs Fabriken für Windräder gelegt, die von einem Konsortium unter der Leitung der deutschen Enercon betrieben werden. Insgesamt 1500 Arbeitsplätze wurden so geschaffen, die Produktion ist für den Export, aber auch für Portugal bestimmt, u. a. für den Windpark Oberer Minho bei Vila Nova de Cerveira nördlich von Viana, der mit einer Kapazität von 292 Megawatt einer der größten Europas ist.

Zugleich treibt Portugal mit Unterstützung ausländischer Investoren die Entwicklung der Energiegewinnung aus Meereswellen voran. Nicht wenige Wissenschaftler sehen hier eine der wichtigsten Energiequellen der Zukunft. Bereits in Betrieb befindet sich eine Anlage nahe Aguçadoura bei Apúlia südlich von Viana do Castelo.

Diese zukunftsorientierte Energiepolitik ist seit dem Regierungswechsel 2012 auch unter den Vorzeichen der Wirtschaftskrise ins Stocken geraten, staatliche Investitionen wurden zurückgefahren, was sogar den Fortbestand der Fabriken bedroht.

Badezelte bei Viana do Castelo

Misericórdia-Kirche: Der rechts angrenzende weiße Bau stammt ebenfalls aus dem 16. Jh., wurde jedoch in der Blüte des Barocks nachträglich üppig verziert. Sehenswert sind die blau-weißen Kachelpaneele, 1714 in Lissabon angefertigt, die die christlichen Gebote einer tätigen Nächstenliebe („dem Hungernden zu essen geben", „den Kranken pflegen", „die Gefangenen besuchen" etc.) bildhaft unter das Volk bringen. Leider ist dieses kunsthistorische Kleinod oft verschlossen, doch öffnet es seine Pforte wenigstens zur sonntäglichen Messe und meist auch in der Hochsaison.

Igreja Matriz: Nachdem die früheste Kirche ungeschützt außerhalb der Stadttore vor den Toren der Stadt gelegen war, machte man sich im 15. Jh. an den Bau einer neuen Kirche, die nunmehr innerhalb der Stadtmauer stehen sollte. Auch hier waren galicische Baumeister am Werk. Sie schufen einen an ihre Heimat erinnernden wehrhaften Kirchenbau mit Zinnentürmen, der am Übergang von der Romanik zur Gotik steht. Bedeutsam ist der reiche Figurenschatz am Hauptportal, auf dessen linken und rechten Seite etwas steif wirkende Apostel den Kirchenbesucher grüßen. Oberhalb des Bogens wurde das Jüngste Gericht in Szene gesetzt. Dem Inneren der dreischiffigen Kirche setzten plündernde napoleonische Soldaten und ein Brand von 1809 stark zu. Der Wiederaufbau erfolgte in romantischer Spielart. Mittels neogotischer Bemalung des weißen Stucks versuchte man, den ursprünglichen Geist der Kirche wieder einzufangen, mit zweifelhaftem Erfolg. Von den Verwüstungen weitgehend verschont blieb hingegen die prunkvolle *Kapelle der Seefahrer* im nördlichen Querschiff. Eine mehrfarbige Holzschnitzerei stellt die Grablegung Jesu dar und wurde etwa 1530 in Antwerpen in Auftrag geben, gleich daneben ist ein Modell einer Hamburger Galeone zu bewundern – beide zeugen vom intensiven kulturellen und merkantilen Austausch mit nordeuropäischen Städten.

Convento Santa Ana: Das etwas vom Hauptplatz entfernt gelegene, mächtige Benediktinerinnenkloster wurde zu Beginn des 16. Jh. erbaut, als architektonisches Kleinod gilt sein eleganter manuelinischer Turm. Bis zur Schließung des Klosters 1895, als die letzte Nonne starb, beherbergte es ein Krankenhaus, heute ist hier ein Alters- und Behindertenheim untergebracht. In einer Nische beim Kirchenportal versteckt

sich die namensgebende heilige Anna, die Mutter Marias. Der einschiffige Innenraum ist übermäßig reich mit Holzschnitzereien und Azulejos verziert, und an der flach gewölbten Kassettendecke prangen 45 Gemälde mit biblischen Szenen.
Geöffnet zu den Messen tägl. von 17 bis 18.30 Uhr.

Igreja São Domingo: Die Dominikanerkirche wurde im schlichten Renaissancestil im späten 16. Jh. erbaut, das dazugehörige Kloster fiel einem Brand Anfang des 20. Jh. zum Opfer. In der prächtigen *Kapelle Unserer Lieben Frau der Meere* beteten und beten junge und alte Frauen für die gesunde Rückkehr ihrer Ehemänner auf hoher See, während der prunkvolle Barockaltar im nördlichen Querschiff der Maria mit dem Rosenkranz *(Senhora do Rosário)* geweiht und mit einer besonders prächtigen *talha dourada* (vergoldeten Holzschnitzereien) ausgeschmückt ist.

Sommerliches Festspektakel: Romaria da Senhora da Agonia

Sicherlich gibt es viele berühmte Umzüge und Prozessionen im Norden Portugals, und besonders häufig finden sie in den Sommermonaten statt. Aber die Königin aller Umzüge ist die *Romaria da Senhora da Agonia,* die Viana do Castelo drei Tage lang zu einem Hexenkessel werden lässt. Am Wochenende, das dem 20. August am nächsten kommt, findet sich kein noch so überteuertes freies Hotelbett, und am besten, man kommt zu Fuß über die alte Eiffelbrücke. Der zentrale Platz verwandelt sich in ein Farbenmeer aus Hunderten von Mädchen und Frauen, die die alten Familientrachten aus der Truhe geholt haben und stolz zur Schau tragen. Die roten Schürzen über einem schwarzen Rock sind kunstvoll bestickt. Über die ebenfalls bestickte weiße Bluse wird ein rotes Tuch geworfen und dazu jede Menge filigraner Goldschmuck angelegt, dekorative Ketten oder Ohrringe. Andersfarbig gewandete Frauen benachbarter Orte stoßen hinzu, immer neue Musikgruppen kommen, volkstümliche Umzüge folgen. Auffallend sind die überdimensionierten „Dickköpfe"

Farbenfrohe Marienverehrung

aus Pappmaché, die humorvollen *cabeçudos*. Aber die eigentliche Hauptperson bleibt die tragische Senhora da Agonia: über einen hunderte Meter langen Blumenteppich wird sie zu dem Fischerboot getragen, das sie den Fluss Lima hinab aufs hohe Meer bringt, wo sie gesegnet wird. In den Kirchen werden Votivgaben dargebracht, um sich damit für Überlebende von Schiffbrüchen und Unwettern auf hoher See dankbar zu zeigen. So offenbart der aus dem 18. Jh. stammende Kult noch heute seine maritimen Wurzeln.

Minho

Museu da Arte e Arqueologia: Schräg gegenüber der Dominikanerkirche ist in einem stattlichen barocken Herrenhaus aus dem 18. Jh. ein sehenswertes Regionalmuseum untergebracht. Ausgestellt ist eine der größten Porzellansammlungen Portugals mit Fayencen aus der alten Fabrik von Viana (Raum 2) und blau-weißen Tafelservicen beeindruckt: kunstvoll mit Intarsienschmuck aus Elfenbein, Schildkrötenpanzern und Tropenhölzern verzierte indoportugiesische Exponate stehen neben Möbeln nach arabischem, italienischem oder holländischem Geschmack, die auf unterschiedlichen Wegen nach Viana gelangten. Besonders opulent fallen die Ausschmückungen der Beletage mit barocken Azulejo-Paneelen aus. Vier Bilder repräsentieren die verschiedenen Erdteile mit jeweils typischen Zugtieren für eine königliche Kutsche: Pferde stehen für Europa, Kamele für Afrika, der Löwe für Asien – in Amerika werden in bester Kolonialistenmanier gar Indianer vor den Wagen gespannt.

Di–So 10–13 und 15–18, im Sommer bis 19 Uhr. Eintritt 2 €, mit Cartão Jovem und Rentner 1 €, das Ticket gilt auch für das Trachtenmuseum.

Casa dos Nichos: In einem der ältesten und nobelsten Stadtgebäude aus dem 15. Jh. ist ein Teil des Archäologischen Museums untergebracht. Neben einigen Ausstellungsstücken und einer virtuellen Einführung in die Frühgeschichte wird ein 20-minütiger Film gezeigt.

Tägl. 10–13 und 14–17 Uhr. Eintritt frei.

Museu do Traje: Wer die farbenfrohen, kunstvoll bestickten Trachten der Frauen Vianas auch einmal außerhalb der großen Stadtfeste und Umzüge bewundern möchte, sollte das Trachtenmuseum besuchen, das in einem monströsen Bau aus der Salazar-Zeit am südwestlichen Ende der Praça da República untergebracht ist. Durch Vergrößerung und Neugestaltung ist die Ausstellung noch attraktiver geworden, u. a. wird im früheren Tresorraum regionaler Goldschmuck gezeigt.

Di–So 10–13 und 15–18, im Sommer bis 19 Uhr. Eintritt 2 €, mit Cartão Jovem und für Rentner 1 €. Ticket gilt auch für das Museu Municipal.

Wallfahrtskirche Santa Luzia

Wallfahrtskirche Santa Luzia: 742 schweißtreibende Stufen führen durch einen mittelmäßig gepflegten Park hinauf zur alles überragenden Wallfahrtskirche. Wer es einfacher haben möchte, fährt per Auto oder schnuckeliger historischer Standseilbahn *(Elevador de Santa Luzia)*, die ca. 100 m rechts hinter dem Bahnhof abfährt, allerdings 2 € für die einfache Fahrt (Hin- und Rückfahrt 3 €) kostet. Die mächtige Basilika wurde vom angesehenen portugiesischen Architekten Ventura Terra, der sichtlich beeindruckt vom Pariser Sacré Cœur war, 1898 im neobyzantinischen Stil entworfen. Die Bauarbeiten begannen jedoch erst 1926 und dauerten ganze 28 Jahre. Wie ihr französisches Pendant ist die Kirche dem Herz-Jesus-Kult gewidmet. Die modernen Rosettenfenster bringen buntes Licht in den Kirchenraum, die Kuppel ist innen mit dekorativen Fresken bemalt, die Kreuzweg und Himmelfahrt Christi zeigen. Man kann auf die Kuppel hinaufsteigen oder per Lift hochfahren und den Blick schweifen lassen über die Stadt, die Flussmündung, die gegenüberliegenden weiten Sandstrände und den unendlichen Atlantik: wahrlich eines der schönsten Panoramen Portugals.

Im Winter 8–17 Uhr, im Sommer 8–19 Uhr. Für die Kuppelbesteigung zahlt man 1 €.

Citânia de Santa Luzia: Auf dem Berg und hinter der Pousada liegen die Ausgrabungsstätten der ersten keltiberischen Siedlung und Keimzelle des heutigen Viana, die immerhin bis ins 4. Jh. n. Chr. bewohnt war. Es wurden die Grundmauern von etwa 40 Behausungen freigelegt.

10–12 und 14–17 Uhr, Mo geschlossen. Eintritt 2 €.

🚶 **Wanderung 1: Trilhos dos Canos de Água** → S. 256
Rundwanderung entlang und über alten Wasserkanälen

🚶 **Wanderung 2: Entlang Vianas Küste** → S. 258
Abwechslungsreiche Rundwanderung oberhalb des Meeres

Vila Praia de Âncora
ca. 5000 Einwohner

Auch wenn sich das Städtchen an der Mündung des Rio Âncora in den letzten Jahren dem Tourismus geöffnet hat, leben viele Einwohner noch vom Fischfang und vom Trocknen des Seetangs, der dann als Dünger auf die Felder kommt. Auch weil die romantischen Ecken fehlen, ist der Ort normal geblieben und bietet sich als Alternative zu den Urlaubshochburgen an. Die lang gezogene Strandpromenade wird von Restaurants und Cafés gesäumt und im Norden von der Burganlage Forte da Lagarteira abgeschlossen.

Einen Besuch lohnt der *Kalvarienberg,* der sich ca. 2 km im Landesinneren über dem Ort erhebt. Hübsche Gartenanlagen liegen zu Füßen der Capela de Nossa Senhora do Calvário, die über einen treppenförmigen Kreuzweg erreicht wird. Der Panoramablick ist ein Erlebnis. Ebenfalls 2 km vom Ortszentrum (aber in südlicher Richtung an der Rua Miguel Lombarda) belegt das *Dolmengrab von Barrosa* die vorzeitliche Besiedlung. Die Grabkammer wird von einem Stein bedeckt, der auf neun Säulensteinen liegt. Auch die *Cividade,* Reste einer Festungsanlage aus der Bronzezeit, geben Zeugnis vom Leben unserer Vorfahren. Von der Gemeindeverwaltung aus führt ein 2,3 km langer Fußweg, der auch mit dem Mountainbike befahren werden kann, nach Süden zu diesen steinernen Überresten vergangener Zeiten.

Basis-Infos

Postleitzahl 4900

Information Turismo in der Av. Ramos Pereira (am südl. Ende der Strandpromenade), ☎ 258911384, 📠 258911338. Mo–Sa 9.30– 12.30 und 14–17.30 Uhr. Hier gibt es auch ein wenig Kunsthandwerk.

Hin und weg Jeweils 10-mal tägl. **Züge** nach Viana do Castelo, über Barcelos nach

Nine, nach Valença (über Moledo, 4-mal) und nach Caminha, 10-mal nach Porto (teils mit Umsteigen in Viana). Stündlich **Busse** nach Viana do Castelo sowie 12-mal nach Monção (über Caminha und Valença), 7-mal Esposende, 4-mal Vila do Conde, Póvoa de Varzim und 7-mal Porto.

Taxis erreicht man unter ℡ 962670901 (mobil).

Adressen/Telefonnummern   Polizei ℡ 258959260; Centro de Saúde ℡ 258959070. Kostenlosen **Internetzugang** bietet der Espaço Internet in der Gemeindeverwaltung (Rua Miguel Bombarda, Mo 9–19, Sa 10–14 Uhr) und in der Ludoteca (Rua Co-

mendador Canas, Mo 14.30–18.30, Di–Fr 10–12.30/14–18.30, Sa 15–18 Uhr).

Baden   Der Strandbereich von Gelfa am Forte do Cão wurde durch millionenschwere Umbauarbeiten neu gestaltet. Es gibt ein Uferpromenade, Cafés, Kinderspielplatz, Umkleidekabinen, Parkplätze usw. Ähnlich stark frequentiert ist die Praia de Vila mit ihrem hellen Sand zwischen kleineren Felsen. Hier werden auch Sonnenschirme und Strandkörbe vermietet.

Fahrradfahren   Ein Fahrradweg verbindet den Ort mit Caminha. Die Fortsetzung nach Süden ist geplant.

Übernachten/Essen & Trinken

Übernachten   *** Hotel Meira, im Zentrum. Gutbürgerliches Hotel, viele spanische Reisegruppen. Pool und Bar. DZ ca. 55–135 €, je nach Saison und Ausstattung. Rua 5 de Outubro 56, (456), ℡ 258911111, ℡ 258911489, www.hotelmeira.com.

Quim Barreiros, an der Strandpromenade. Die Zimmer unterm Dach sind etwas kleiner, dafür aber mit Terrasse zum Meer, etwas renovierungsbedürftig. DZ mit Meerblick je nach Saison ca. 49–79 €, nach hinten etwa 10 € günstiger. Av. Dr Ramos Pereira, (432), ℡ 258959100, ℡ 258959109, www.albergariaquimbarreiros.com.

Casa da Torre, Turismo de Habitação oberhalb des alten Dorfes Âncora. Modernisiertes und erweitertes Landhaus aus dem 18. Jh. mit sechs Zimmern. DZ ca. 45–55 € (mit Frühstück), verschieden große Apartments für bis zu acht Pers. 55–130 € (ohne Frühstück), Mindestaufenthalt 2 Nächte. Lugar da Igreja, (019), ℡/℡ 258911897, www.casadatorre.com.pt.

Camping   ** Sereia da Gelfa, 1,5 km südlich, zum Strand sind es ca. 500 m. Großes Areal mit relativ viel Schatten durch hohe

Pinien. Im Eingangsbereich großer Pool. Je nach Saison Pers. ca. 2,15–4,30 €, Zelt ca. 1,65–7,10 €, Auto ca. 2,10–4,20 €. Geöffnet 1. Feb. bis 15. Dez. ℡ 258401596, ℡ 258911537, www.sereiadagelfa.com.

*** Paço, am Rio Âncora. Schattiger Platz. Je nach Saison Person ca. 3,20–4 €, Zelt 2,40–5,40 €, Auto 2,30–3 €. Geöffnet 15. April bis 30. Sept. ℡/℡ 258912697, www.campingpaco.com.

Essen & Trinken   Tasquinha do Ibraim, nahe Fischerhafen. Schon international preisgekrönt wurde der Vorspeisenwagen *Entrada à Tio Plácido* mit in Meerwasser gekochten Meeresfrüchten. Ansonsten bietet das rustikale Restaurant Grillspeisen (meist Fisch) ab 10 €. Im Winter Di Ruhetag. Rua dos Pescadores, ℡ 258911689.

Rias Baixas, an der Strandpromenade. Eines der zahlreichen Lokale entlang der Küstenstraße und eines der preisgünstigeren. Einfacher Speisesaal mit Papiertischdecken, aber mit schönen Kachelbildern an der Wand. Meeresfrüchte zu Kilopreisen, Fisch, aber auch Pizza, Hauptspeisen ab ca. 8 €. Av. Dr. Ramos Pereira 231, ℡ 258915110.

Moledo do Minho   ca. 1300 Einwohner

Zwar ist der Ort inzwischen eng bebaut, doch fehlen bislang störende Hochhäuser. Einst traf sich hier die High Society aus Porto zur Sommerfrische, die alten Villen nahe den Stränden erinnern an diese Zeiten. Aber noch heute finden Sommerfrischler ein ruhiges Plätzchen am weitläufigen Strand oder Erholung im nördlich angrenzenden Pinienwald, durch den ein etwa 1000 m langer Fußweg zur schmalen Mündungsbucht des Rio Minho führt. Landeinwärts breitet sich der Fluss binneneartig aus. Allerdings haben Wind und Meer viel Sand vom

Strand gespült, sodass dieser immer schmaler wurde und zeitweise sogar gesperrt werden musste.

Postleitzahl 4910

Information Im Hochsommer ist, sofern Personal vorhanden, ein kleiner **Turismo** am Strand geöffnet.

Hin und weg Jeweils 4-mal tägl. Züge nach Caminha, Valença, Viana do Castelo (über Vila Praia de Âncora), Nine (über Barcelos), nach Porto.

Baden Der traumhafte, feinsandige Strand von Moledo, einer der schönsten entlang der Küste, erstreckt sich über eine Länge von 2 km. Dahinter breitet sich Pinienwald aus. Der Strand ist bewacht und

mit der Blauen Flagge ausgezeichnet. Im Sommer werden Strandkörbe und Sonnenschirme verliehen. Im Mündungsgebiet des Rio Foz sind einige **Flussstrände** angelegt, doch ist das Meerwasser generell sauberer.

Übernachten Casa da Eira, Turismo de Habitação oberhalb des Strandes in Richtung Kirche, von dort der Ausschilderung folgen. Tolle Aussicht über den Minho. DZ ca. 49–65 €, App. für 2 Pers. ca. 59–70 €, Extrabett 10 €. Rua do Ingusto 247, Gateira, (218), ✆ 258722180, www.casadaeira.com.

Caminha

ca. 2300 Einwohner

Minho

Die alte Stadtmauer schützt das charmante Städtchen vor dem auf der Hauptstraße nach Galicien vorbeirasenden Verkehr. Enge Gassen durchziehen das alte Zentrum rund um die eindrucksvolle Praça Conselheiro Silva Torres, die wegen des gleichnamigen Brunnens aus dem Jahr 1517 im Volksmund auch Largo do Terreiro genannt wird. Straßencafés säumen den Platz, prächtige Bürgerhäuser die städtischen Wege.

Umschlossen wird Caminha von den Flüssen Coura und Minho, der hier die Grenze zu Spanien bildet; eine Autofähre setzt über. An Wochenenden und im August platzt der Ort entsprechend aus allen Nähten. Nur wenige Meter entfernt von der Anlegestelle (am nordöstlichen Stadteingang) erhebt sich hinter der mittelalterlichen Stadtmauer die Hauptsehenswürdigkeit, die *Igreja Matriz*. Die Pfarrkirche ist der prächtigste Bau der portugiesischen Frührenaissance, der allerdings deutlich sichtbar auch gotische Elemente aufweist. 1488 legte König João II. den Grundstein, erst 1565 wurde das Werk ganz aus hellem Granitstein vollendet. Der zinnenbesetzte Glockenturm verleiht der dreischiffigen Kirche ein wehrhaftes Äußeres. Das mit Figuren hübsch geschmückte Hauptportal wird von zwei schmalen Strebepfeilern mit Fialentürmchen begrenzt, die den Blick auf das Lamm Gottes leiten. Auch das südliche Seitenportal wird von reichem Figurenschmuck geziert. Im Inneren sind die Holzdecken im arabisch beeinflussten Mudejarstil und der achteckige manuelinische Taufstein bemerkenswert.

Die enge *Rua Direita,* die heimliche Hauptstraße mit ihren künstlerisch gestalteten Hausfassaden und zahlreichen Bars, führt zur *Torre de Relógio* und zum Hauptplatz. Der Turm kann bestiegen werden (Eingang und Öffnungszeit wie Turismo, Eintritt 1 €). Er bildet mit dem Rathausgebäude eine Einheit und ist der einzige erhaltene von ehemals zehn Wachtürmen aus dem 13. Jh., die Glocken wurden erst 1610 aufgesetzt. An der südöstlichen Ecke der Praça Conselheiro Silva Torres (zu Beginn der Rua da Corredoura) steht die flache *Casa dos Pitas* aus dem 17. Jh., erbaut im manuelinischen Stil, der sich hier ein Jahrhundert länger hielt als im übrigen Portugal. Die *Igreja da Misericórdia* aus dem 16./17. Jh. erhebt sich wenige Schritte nördlich in der Rua de São João. Doppelstöckige Arkaden bestimmen seit 1687 das Kirchenäußere.

Basis-Infos

Postleitzahl 4910

Information Turismo im Glockenturm am Hauptplatz Praça Conselheiro Silva Torres. Mo–Sa 9.30–12.30 und 14–17.30, im Sommer bis 18 Uhr. Hier gibt es auch Faltblätter zu Wanderungen in der Umgebung. ℡ 258921952.

Hin und weg Jeweils 10-mal tägl. Züge nach Valença, Viana do Castelo (über Vila Praia de Âncora und Moledo do Minho), 9-mal nach Porto, 10-mal über Barcelos nach Nine, 2-mal nach Vigo. Stündlich **Busse** nach Viana do Castelo (über Vila Praia de Âncora), jeweils 12-mal nach Monção (über Valença), 7-mal Porto und Esposende, 4-mal Vila do Conde und Póvoa de Varzim. **Fähren** nach Galicien fahren außer montags regelmäßig von der Schiffsstation Ferry Boat am nordöstlichen Stadtausgang ab. **Taxis** erreicht man unter ℡ 258921401.

Adressen/Telefonnummern Polizei ℡ 258719030 ; **Centro de Saúde** ℡ 258719300. **Post** in der Rua de Setembro 16. Kostenloser **Internetzugang** in der Biblíoteca Munícipal (Travessa do Tribunal, Mo–Fr 9.30–12.30, 14–18, Sa 9.30–12.30 Uhr) und Turismo (s. o.).

Aktivitäten Wanderungen und Kajakfahrten bietet **Minhaventura** an. Calçada de Stª António 1-2° Esq., ℡ 962023674 (mobil), ✆ 249836999, www.minhaventura.com.

Baden Caminha bezeichnet sich als den einzigen Ort Portugals mit Meeres- und Flussstränden. Doch der bewachte **Strand am Flussdelta Foz do Minho** (ohne Blaue Flagge) ist häufig überfüllt. Dann bieten sich die herrliche **Praia da Caminha** mit Blauer Flagge (etwa 1,5 km westlich, mit Café und Restaurant) und die **Festungsinsel Insua** (→ „Umgebung von Caminha") als Alternativen an.

Einkaufen Immer mittwochs findet ganztägig westlich des historischen Zentrums einer der größten **Wochenmärkte** der Region statt. Dort steht auch die **Markthalle**. Der **Supermarkt Pingo Doce** (tägl. geöffnet) befindet sich am Ortsausgang Richtung Spanien.

Radfahren Ein Radweg führt nach Vila Praia de Âncora und soll bis Viana do Castelo und Esposende verlängert werden.

Übernachten

Hotels **** Hotel **Porta do Sol**, an der Hauptstraße nach Viana do Castelo (ca. 2 km südlich der Altstadt). Großer, 2010 komplett renovierter Betonkasten mit ganz modernen Zimmern, Swimmingpool im Freien und in der Halle, Health Club. Schöner Blick über die Mündung des Minho, allerdings erst hinter der Hauptstraße. Die Zimmer nach hinten sind ruhiger. DZ je nach Saison, Blick und Wochentag ca. 75–155 €. Av. Marginal Lote 1, (104), ℡ 258710360, ✆ 258710361, www.hotelporta dosol.com.

Muralha de Caminha, nahe der Bootsanlegestelle. 2012 eröffnete Stadtunterkunft (Alojamento Local) für Fans der grauen Farbe. Denn diese bestimmt die Einrichtung der nur sieben modern-komfortablen Zimmer. DZ je nach Saison ca. 60–70 €, 10 € Aufschlag für den Flussblick. Rua Barão de São Roque 69 (340), ℡ 258728199, muralhade caminha@gmail.com

Arca Nova, südwestlich des Bahnhofs. Saubere Unterkunft in einem neueren Haus. Ordentliche Zimmer mit Bad oder Du/WC, teilweise mit Balkon. Zimmer nach hinten sehr ruhig. DZ mit Bad je nach Zimmerqualität ca. 38–75 €, ohne Bad ca. 23–45 €. Geöffnet nur Mai–Okt. Largo Sidónio Pais, (120), ℡ 258721590, ✆ 258728120, www.residencialarcanova.pt.

Hotel Rural Casa da Anta, ca. 6 km nordöstlich bei Lanhelas. In diesem sehr rustikalen Landhaus mit 15 Zimmern wird versucht, das frühere Leben nachzubilden. Allerdings wirken die Tanzdarbietungen oder mittelalterlichen Essgelage manchmal ein wenig wie dem Komödienstadl entsprungen. Man muss ein Faible dafür haben. Komfortable Zimmer, einige mit sehr altem Mobiliar. DZ ca. 65–80 €. Lugar da Anta, Lanhelas (201), ℡ 918106210 (mobil), www.casa-da-anta.com.

Turismo de Habitação Casa de Esteiró, ca. 1,5 km südlich. Das etwa 200 Jahre alte Landhaus ist vollgestellt mit antikem Mobiliar und umgeben von hohen Bäumen — sehr romantisch. Die Zimmer, Studios und

Apartments für 2–4 Pers. sind über das Haupthaus und einen modernen Anbau verteilt. Je nach Größe, Ausstattung und Saison ca. 70–130 €. Vilarelho, ✆ 258721333, ✆ 258921356, www.manorhouses.com/manors/portugal/casadeesteiro.html.

Camping ** Orbitur, 2 km südlich bei den Stränden. Etwas Schatten durch Pinien. Je nach Saison Pers. 3,50–5,80 €, Zelt 4,80–10,10 €, Auto 3,30–5,50 €. Ganzjährig geöffnet. ✆ 258921295, ✆ 258921473, www.orbitur.pt.

Essen & Trinken

Restaurants Rio Coura, südlich des Bahnhofs. Bei Einheimischen sehr beliebtes, einfaches Lokal abseits der Touristenpfade. Traditionelle Gerichte wie Seeteufelreis und Zicklein am Spieß, aber auch Schweinefleisch mit Garnelen und verschiedenen Dips. Hauptspeisen ab ca. 9 €. Es werden auch einfache Zimmer mit Du/WC für ca. 25–35 € vermietet. Sonntagabend und Mo geschlossen. Av. Saraiva de Carvalho, 1–5, ✆ 258921142.

»» Mein Tipp: Amândio, im Zentrum. Originelles, ein wenig wie ein chaotisches Wohnzimmer eingerichtetes Restaurant, geführt von einem Wirt, der sich selbst auch als Dichter versteht. Zunächst gibt es etwa 20 kleine Vorspeisen für ca. 6 € pro Pers., dann folgen die häufig wechselnden Hauptgerichte (ab ca. 10 €). Große Weinauswahl. Im Winter Sonntagabend geschlossen. Rua Direita 129, ✆ 258921177. **««**

Duque de Caminha, im Zentrum. Ein Portugiese, der lange Jahre in Belgien gearbeitet hat, erfüllte sich einen Traum und eröffnete ein attraktives Restaurant. Hoffentlich halten nach dem Umzug 2013 die verfeinerten Rezepturen für Fisch, Meeresfrüchte und Fleisch ihr Niveau. Hauptgericht ab ca. 12 €. Sonntagabend und Mo geschlossen. Rua Ricardo Joaquim de Sousa 33, ✆ 258722046.

O Chafariz, am Hauptplatz. Restaurant und Cervejaria in einem. Frische gegrillte Fische, Eintöpfe mit Meeresfrüchten und traditionelle Fleischgerichte aus dem Landesinneren stehen auf der Speisekarte. Hauptgerichte ab 10 €. Mo Ruhetag. Praça Conselheiro Silva Torres, ✆ 258721194.

O Remo, an der Bootsanlegestelle. Besonders Anhänger von Meeresfrüchten finden hier eine große Auswahl an Gerichten, aber auch Fleisch steht auf der Karte. Hauptge-

Minho

Prozession in Caminha

richte ab ca. 8 €, die meisten liegen aber über 14 €. Montagabend und Di sowie zwei Wochen im Dezember geschlossen. Av. Dantas Carneiro, ☏ 256722707.

Adega do Chico, im Zentrum. Eines der ältesten und populärsten Restaurants der Stadt, Spezialität ist Bacalhau. Hauptspeisen ab 11 €. Do und teilweise Mittwoch-

abend geschlossen. Rua Visconde Sousa Rêgo 30, ☏ 258921781.

Café Confeitaria Colmeia, am Hauptplatz. Unter den vielen Straßencafés rund um den romantischen Platz ragt die Confeitaria dank der großen Auswahl an Gebäck aus eigener Herstellung hervor. Praça Conselheiro Silva Torres.

Umgebung von Caminha

Forte da Ínsua: Die Befestigungsanlage liegt 200 m von der Küste entfernt im Mündungsdelta des Rio Minho auf einer kleinen Felsinsel. Die Keimzelle der Anlage war das alte Kloster Santa Maria de Ínsua aus dem Jahre 1392, das zwischen 1649 und 1652 erweitert und zum Bollwerk gegen Seeräuber und spanische Angreifer ausgebaut wurde. Während der Sommermonate setzen Boote über, Infos gibt es in den Strandcafés.

Serra de Arga: Etwa 10 km östlich von Caminha erhebt sich bis auf über 800 m Höhe die fast unberührte Hügelkette Serra de Arga. Hier – weitab vom Trubel an der Küste – bilden Mensch und Natur noch einen Einklang. Wilde Pferde ernähren sich vom Weidegras unterhalb der kahlen Berggipfel. Tiefer unten leben die Einwohner von *Arga de São João, Arga de Baixo* und *Argo de Cima* von spärlichem Landbau, Imkerei und Schafzucht (zu erreichen zunächst über die N 301 und dann die kurvenreiche N 552). In dieser Abgeschiedenheit lässt es sich auf schmalen Pfaden herrlich wandern. Infoblätter gibt es in den Tourismusämtern der umliegenden Städte. Geführte Wanderungen organisiert das Unternehmen Serra d'Arga an (http://serradearga.com).

> 🥾 **Wanderung 3: Durch die Serra de Arga**   → S. 260
> Rundwanderung mit fantastischen Fernblicken über die Hügelwelt

Den Rio Minho entlang

Vila Nova de Cerveira   ca. 900 Einwohner

Gerne lässt sich der historische Ort als *Vila das Artes,* als „Stadt der Künste", bezeichnen. Alle zwei Jahre öffnet die Kunstbiennale von Cerveira ihre Tore. Dann treffen sich bildende Künstler, Literaten, Musiker, Tänzer und Theaterschaffende aus verschiedenen Ländern zu Ausstellungen, Workshops und interkulturellem Austausch. Doch auch außerhalb der Biennalezeit kann man sich von der Kunst inspirieren lassen. Im nur unregelmäßig, aber meist nachmittags geöffneten *Forum Cultural* finden sich Skulpturen und Bilder vieler zeitgenössischer portugiesischer und einiger internationaler Künstler. Ihre im Freien ausgestellten Werke erweitern die Sinne aber auch beim Stadtbummel.

Ein *Aquamuseu do Rio Minho* zeigt die Flussfische in Aquarien, außerdem die Techniken des Fischfangs. Durch die Gartenanlagen führt ein biologischer Lehrpfad (Di–So 10–12.30 und 14–18 Uhr, Eintritt 2,20 €).

Ein Hirsch als Wappentier

Einst hatten die Götter des Olymp entschieden, dass ein Hirsch (port. *cervo*) König werden sollte. Das stolze Tier zog mit seiner Herde in das damals von Menschen noch unbesiedelte Gebiet am Rio Minho, das nun „Land des Hirsches" genannt wurde. Durch Kämpfe und Schicksalsschläge wurde die Kolonie dezimiert, nur der alte König war noch am Leben, als die christlichen Rückeroberer das Gebiet erreichten. Das Duell mit deren Anführer gewann der alte Hirsch, doch von den Göttern wurde er getäuscht. Einsam ließen sie ihn elendig verenden, die *Terra da Cervaria* verschwand auf ewig.

1320 ließ König Dinis den Ort mit 100 Einwohnern als Schutz gegen kastilische Angreifer anlegen und von einer *Befestigungsmauer* mit acht Wachtürmen umgeben. Erfolgreich, denn weder gelang den spanischen Truppen 1643 noch Napoleon 1809 die Eroberung der Stadt. Innerhalb der gut erhaltenen Stadtmauern von 7,5 m Höhe und 2 m Dicke befindet sich die *Igreja Matriz* mit klassizistischem Portal und einem verschwenderisch gestalteten vergoldeten Barockaltar. Hübsch ist der Vorplatz mit den angrenzenden schmalen Gassen. Jüngst restauriert wurde der frühere Sitz der Stadtverwaltung, ein mächtiges Gebäude aus dem 16. Jh., vor dem ein eindrucksvoller Schandpfahl die städtische Unabhängigkeit bezeugt. Die *Igreja da Misericórdia* in unmittelbarer Nachbarschaft glänzt mit einem beeindruckenden Gemälde des Ecce-Homo. Lohnenswert ist ein kurzer Abstecher zur Stadtbibliothek. Untergebracht ist sie im *Solar dos Castros* (18. Jh.), dem mächtigsten historischen Bürgerhaus der Stadt, einem Granitbau mit eindrucksvollem Treppenaufgang und einem hübschen Garten auf der Rückseite.

Postleitzahl 4920

Information Casa do Turismo, Praça do Município, Mo–Sa 10–13 und 14–18 Uhr. ℡ 251708023. 📠 251708024.

Hin und weg 10-mal tägl. **Züge** nach Valença, Viana do Castelo (über Vila Praia de Âncora und Moledo do Minho), 10-mal Porto und nach Barcelos, 2-mal nach Vigo. Der Bahnhof liegt am südlichen Ortsausgang. Etwa 100 m entfernt starten die **Busse** fast stündlich nach Valença, Caminha und Viana do Castelo (dort Umsteigemöglichkeiten). **Taxis** erreicht man unter ℡ 251794842.

Adressen/Telefonnummern Polizei ℡ 251795113; Centro de Saúde ℡ 251795289; Post an der Praça do Alto Minho.

Baden Am örtlichen Flussstrand hinter dem alten Forte de Lovelha am nördlichen Ortsrand. Landschaftlich reizvoller zeigt sich die **Praia de Covas** am Rio Coura (ca. 15 km südöstlich von der N 302).

Einkaufen Jeden Samstag findet der große **Wochenmarkt** auf der Praça da Galiza im Ortszentrum statt. Nomen est omen: Besonders viele Besucher kommen aus Spanien.

Feste Alle zwei Jahre (jeweils zu den ungeraden Jahreszahlen) trifft sich die portugiesische und internationale Kunstwelt zwischen Mitte August und Mitte September zur **Bienal de Cerveira**, Nordportugals größtem Kunstfestival (www.bienaldecerveira.pt).

Aktivitäten Die sehr rührige Organisation Clube Celtas do Minho hat verschiedene **Wanderwege** rund um die Stadt angelegt. Außerdem werden geführte Wanderungen angeboten, darüber hinaus betreibt die Organisation noch drei **Kletterschulen** in der Umgebung. Das Büro liegt 13 km außerhalb in Covas, Lugar da Presa, ℡ 251818027, http://celtasdominho.blogspot.pt.

Animaminho verleiht Fahrräder, Boote, Inlineskates und Kletterausrüstung. Außerdem werden Ausflüge und Drachenfliegen organisiert www.animaminho.eu, ℡ 962892606 (mobil).

Minho

Übernachten **** **Boega**, in Gondarém, ca. 3,5 km südl. Der Palast aus dem 17. Jh. diente schon einmal als Pilgerhospiz und beherbergt inzwischen in drei Gebäuden rund um einen Kreuzgang Ruhe und Komfort suchende Urlauber. Großer Gartenbereich. Zimmer je nach Saison und Ausstattung 55–110 €. Quinta do Outeiral, 4920-061 Gondarém, ✆ 251700500, 🖂 251700509, www.boegahotel.com

Pousada da Juventude, Jugendherberge am Rande des historischen Zentrums. Neues Haus mit Zwei-, Drei-, Vier- und Sechsbettzimmern. Im Mehrbettzimmer 11–14 €, DZ mit WC ca. 32–38 €. Largo 16 de Fevereiro 21, ✆ 251796113, 🖂 217232101, http://microsites.juventude.gov.pt/portal/pt/pcerveira.htm.

Camping *** **Covas**, 13 km östlich Richtung Paredes de Coura. Neben etwas Schatten gibt es einen Pool, einen Gesellschaftsraum und eine Bar. Auch Bungalows, Caravans, Zelte und Fahrräder werden vermietet. Pro Pers. je nach Saison 2,50–3,85 €, Zelt 3–4,90 €, Auto 2,20–2,75 €. ✆/🖂 251941555, www.parquecampismocovas.com.

Essen & Trinken   **Adega Real**, gegenüber der Pfarrkirche. Typische Weinstube auf zwei Ebenen, sehr gemütlich eingerichtet. Ländliche Küche, auch vom Meer beeinflusst, Hauptspeisen ab ca. 13 € für 2 Esser. Di Ruhetag. Largo do Terreiro 66, ✆ 251795366.

Valença do Minho   ca. 14.000 Einwohner

Dank ihrer exponierten Lage auf zwei schmalen Hügeln hoch über dem Rio Minho wurde die Stadt schon früh zum Bollwerk gegen das angrenzende Spanien ausgebaut. Die heutige Befestigungsanlage, die das historische Stadtzentrum weitläufig umgibt, wurde im 17. und 18. Jahrhundert im Vaubanschen Stil angelegt.

Seit aber zusätzlich zur doppelstöckigen Eisenbrücke Ponte Internacional, die in der Bauweise Eiffels im 19. Jh. eine erste Verbindung zum galicischen Nachbarort Tui schuf, die neue Autobahn eröffnet wurde, kann auch die stärkste Festung dem

Besucher und Andenkenläden in Valença do Minho

spanischen Ansturm nicht mehr standhalten. An Wochenenden und schönen Sommertagen schieben sich Zehntausende von Besuchern durch die engen Altstadtgassen. Wer nicht gerade an einem stürmischen Regentag den Ort besucht, sollte sein Auto auf den öffentlichen Parkplätzen außerhalb der Burganlage abstellen.

Innerhalb der mächtigen Mauern durchziehen enge Gassen die Altstadt. Restaurants und Cafés wechseln mit Geschäften ab, die Textilien, Haushaltswaren und Souvenirs anbieten. Immer wieder eröffnen sich weite Ausblicke über das Tal des Rio Minho und die bewaldeten Hügel Galiciens.

Rund um den Hauptplatz, die Praça da República, und in der Rua da Direita finden sich schöne Bürgerhäuser aus dem 15., 17. und 18. Jh. Die dreischiffige *Igreja da Colegiada*, auch Santo Estevão genannt, stammt aus dem 14. Jh. und wurde 1792 im klassizistischen Stil restauriert. Sehenswert sind die farbig bemalten Holzaltäre und der fast protzig wirkende Bischofsstuhl in einem Mix aus Gotik und Mudejarstil aus dem 15. Jh. Noch älter ist die romanische *Igreja de Santa Maria dos Anjos*, deren Baubeginn auf das Jahr 1276 datiert wird. Besondere Beachtung verdient die Fensternische auf der Rückseite.

Fans der roten Helme dürfte ein eigens den Löschmännern und Löschfrauen gewidmetes Museum gefallen. Für dieses *Feuerwehrmuseum* im alten Militärhospital sammelte der frühere Feuerwehrmann Manuel Sobral über 4000 Ausstellungsstücke aus aller Welt (Di–Fr 10–12.30 und 14–17 Uhr, Sa/So nur nachmittags, Eintritt 1,50 €, Rua Dr. Ilídio do Vale). Ein nicht weniger kurioses *Eisenbahnmuseum* am Bahnhof ist vorübergehend oder vielleicht auch für immer geschlossen. Darüber entscheidet nach der Privatisierung der künftige Besitzer der portugiesischen Bahn.

Postleitzahl 4930

Information Tourismusamt, Paiol do Campo de Marte (historisches Zentrum hinter dem südlichen Stadttor). Mo–Sa 9.30–12.30 und 14.30–17.30 Uhr. ☎ 251823329.

Hin und weg 10-mal tägl. **Züge** nach Viana do Castelo (über Caminha, Vila Praia de Âncora und Moledo do Minho), 10-mal über Barcelos nach Nine, 10-mal nach Porto (davon 4-mal mit Umsteigen), außerdem tägl. 2-mal über Tui nach Vigo. Der Bahnhof liegt etwa 800 m vom Turismo entfernt in südlicher Richtung. **Busse** jeweils 12-mal tägl. nach Monção, 7-mal Esposende, 4-mal Vila do Conde, Póvoa de Varzim und 7-mal Porto, außerdem häufige Verbindung nach Viana do Castelo (über Caminha, Moledo do Minho und Vila Praia de Âncora). Der Busbahnhof liegt ebenfalls etwa 800 m vom Turismo entfernt in südwestlicher Richtung. **Taxis** erreicht man unter ☎ 251822121.

Adressen/Telefonnummern Polizei ☎ 251822125; Centro de Saúde ☎ 251800020; Post am Bahnhof; kostenloser Internetzugang in der Bibliothek, Av. de Juventude, südöstl. vom Zentrum.

Fahrradfahren Der Fahrradweg ecopista folgt der alten Eisenbahnstrecke bis Monção.

Wandern Mehrere ausgeschilderte Wanderwege führen in die nähere Umgebung. Infos im Tourismusamt.

Übernachten Pousada de S. Teotónio, innerhalb der Stadtmauern. Von der nur 18 Zimmer (teilweise mit Balkon) zählenden, sehr komfortablen Pousada, die nach dem Schutzheiligen der Stadt benannt ist, eröffnet sich ein fantastischer Blick über die Umgebung. DZ ca. 95–210 €, je nach Saison und Wochentag. Baluarte do Socorro, (735), ☎ 251800260, ☏ 251824397, www.pousadas.pt.

*** Valença do Minho, an einer Ausfahrtsstraße südlich des historischen Zentrums. Funktionales Hotel mit etwas altmodisch eingerichteten Zimmern. Günstiges Restaurant. DZ ca. 36–60 € je nach Saison und Ausstattung der Bäder. Av. Miguel Dantas, (678), ☎ 251824392, ☏ 251824321, www.hotel valencadominho.com.

Val Flores, über einem Einkaufszentrum an der Hauptstraße (unterhalb der Festung). In dunklem Holz schlicht möbliert, doch für den Preis recht komfortabel ausgestattete Zimmer, einige mit kleinem Balkon zur Stadtmauer. DZ je nach Saison ca. 30–45 €. Centro Comercial Val Flores, Esplanada São Gião, (645), ☎ 251824106, ☏ 251824129.

Quinta Grande Raposeira, Turismo de Habitação. Auf dem gut 100 Jahre alten Landgut (ca. 500 m westlich der Autobahn nach Spanien) wird noch Mais angebaut, deshalb sind die Tenne und die großen Maisspeicher fester Bestandteil des Besitzes. Die Zimmer sind nicht sehr groß, aber geschmackvoll hell eingerichtet. Garten mit Kastanien- und Orangenbäumen. DZ ca. 70 €. Raposeira, (639), ✆/✉ 251826618, http://homepage.oninet.pt/534mtz.

Casa da Eira, Turismo de Habitação, ca. 10 km Richtung Monção, im 17. Jh. für Mönche erbaut. An die Zeit, als hier noch Landwirtschaft betrieben wurde, erinnern der ori-

ginale Maisspeicher und die Tenne (portug. eira). Hinzugekommen ist der Pool. Rustikal eingerichtete Zimmer. Je nach Saison ca. 70–80 €. Lagos, Gondomil, (414), ✆ 251921905, ✉ 251921904, www.casaeira.net.

Essen & Trinken Mané, an der südlichen Ausfahrtsstraße. Gut zubereitete Traditionsgerichte, darunter auch Deftiges wie Eisbein oder Fleischeintöpfe, aber auch verschiedene Bacalhau-Gerichte. Hauptgerichte ab 12 €. Im zugehörigen Café im Erdgeschoss gibt es auch einfachere Speisen. Mo Ruhetag, im Januar geschlossen. Av. Miguel Dantas 5, ✆ 251823402.

Umgebung von Valença do Minho

Parque do Monte Faro: Die N 101-1 steigt ca. 7 km nach Südosten an, bis sie den Gipfel des Monte Faro auf 565 m Höhe erreicht. Hier steht, umgeben von schattenspendenden Bäumen, die Kapelle zu Ehren der *Nossa Senhora do Faro* mit einer seltenen Sonnenuhr. Herrlich weitet sich der Blick über Valença nach Galicien und das Mündungsgebiet des Rio Minho.

Monção   ca. 2400 Einwohner

Neben dem seltenen Alvarinho-Wein bringt der Boden rund um das alte Städtchen heißes, sulfathaltiges Wasser hervor, das es über Jahrtausende zu einem bekannten Thermalbad inmitten grüner Hügel gemacht hat. 2008 verhalf ein spanisches Unternehmen dem Badebetrieb zu neuer Blüte.

Bereits 2041 v. Chr. soll der Ort von Berbern auf ihrer Flucht vor dem grausamen König von Babylonien gegründet worden sein, verlor aber bald wieder an Bedeutung. Erst König Dinis ließ zwischen 1305 und 1308 eine Befestigungsanlage gegen Angriffe Kastiliens errichten. In diesem Zusammenhang sollten die Frauen des Städtchens bald als *Heroínas de Monção* zu großer Berühmtheit gelangen: 1369 belagerten kastilische Truppen die Burg, deren Vorräte sich dem Ende zu neigten. In verzweifelter Lage kam die Bäckerin Deu-la-Deu Martins auf eine geniale Kriegslist. Aus dem letzten Mehl backten sie und ihre Mitstreiterinnen weißes Brot und schickten es den Belagerungstruppen mit dem Hinweis, sie könnten jederzeit mehr bekommen. Diese zogen daraufhin überzeugt von der Sinnlosigkeit ihres Unterfangens ab. In Gedenken an die damaligen Ereignisse kann man in den Bäckereien bis heute *paozinhos de Monção* kaufen. Die Heldin von einst liegt gemeinsam mit ihrem Ehemann in der gotischen Seitenkapelle der ursprünglich romanischen Pfarrkirche im Stadtzentrum begraben.

Von der Befestigungsanlage, von der aus ein unterirdischer Gang zum Flussufer führte, steht nur noch ein kleiner Abschnitt nahe der Rua dos Néris. Die übrigen **Festungswälle**, die das teilweise verkehrsberuhigte historische Zentrum mit seinen ansehnlichen Bürgerhäusern umlaufen, sind während der Jahrhunderte nach den jeweiligen Erfordernissen der modernen Kriegsführung ausgebaut worden. Diese Zeiten sind zum Glück vorbei, inzwischen führt eine Brücke ins benachbarte Spanien, und Heimatdichter wie João Verde besingen Portugal und Galicien als „zwei Verliebte, die der Fluss zusammenbringt."

Basis-Infos

Postleitzahl 4950

Information Tourismusamt in der Casa do Curro, Praça Deu-la-Deu, ✆ 251652757, ✆251652751. Di–Sa 9–12.30 und 14.30–18 Uhr. Dort gibt es Infos zu Wanderungen im Umkreis von 15 km.

Hin und weg **Busse** fahren vom ehemaligen Bahnhof aus 1-mal tägl. nach Arcos de Valdevez und Braga, 12-mal geht es nach Valença, Caminha und Viana do Castelo (dort Umsteigemöglichkeiten nach Vila do Conde, Póvoa de Varzim und Porto). **Taxis** erreicht man unter ✆ 251652210 oder ✆ 251652326.

Adressen/Telefonnummern Polizei ✆ 251652921; Centro de Saúde ✆ 251653926; Post an der Praça da República. Im **Espaço Internet** in der Stadtbibliothek kann kostenlos gesurft werden (Rua Eng. Duarte Pacheco).

Aktivitäten Die ehemalige Bahnstrecke nach Valença wurde zu einem attraktiven **Fahrradweg** umgebaut. **Baden** im Rio Minho ist an der **Praia Fluvial** wegen der schlechten Wasserqualität nicht ratsam, an den anderen Flussabschnitten ist es wegen der Strömung zu gefährlich!

Einkaufen Nur in Monção und Melgaço wird der weiße **Alvarinho-Wein** angeboten. Verschiedene Adegas ermöglichen Weinproben, darunter der ca. 3 km südöstlich in Mazedo gelegene Zusammenschluss Adega Cooperativa Regional de Monção (www.adegademoncao.pt). Die Stadtverwaltung betreibt den Alvarinho-Palast in der Casa do Curro an der Praça Deu-la-Deu (Gebäude des Turismo); hier kann auch probiert werden. Der **Markt** liegt unmittelbar südlich an der Ausfahrtsstraße, die **Supermärkte** Minipreço und Pingo Doce findet man 4 km außerhalb Richtung Valença.

Feste Das religiöse Stadtfest **Festa da Coca**, dessen Wurzeln ins 13. Jh. zurückreichen, wird an Fronleichnam veranstaltet. Nach dem Kirchenbesuch führt die Prozession auf den Hauptplatz. Dort bilden die Zuschauer einen Kreis, und in der Mitte beginnt der Kampf zwischen Gut und Böse. Das Gute wird durch den heiligen Georg (São Jorge), das Böse durch einen grässlichen Drachen, genannt Coca, symbolisiert. Die Zuschauer feuern nun die Gegner an, es kann durchaus passieren, dass der Drache größeren Zuspruch findet.

Übernachten/Essen & Trinken

Übernachten Convento dos Capuchos, ein 500 Jahre altes Kloster wurde 2007 in ein modernes Luxushotel umgewandelt mit Restaurant und Wellnessbereich. Die Preise sind allerdings entsprechend stolz: DZ ca. 105–200 €. Quinta do Convento de Santo António (418), ✆ 251640090, ✆ 251640091, www.conventodoscapuchos.com.

***Fonte da Vila**, Stadtpalast im Zentrum. Die Einrichtung der 19 Zimmer bewegt sich irgendwo zwischen alt und modern, auf jeden Fall aber sehr komfortabel. Kostenloser Parkplatz. DZ je nach Saison 40–65 €. Estrada de Melgaço, ✆ 251656269, www.fontedavila.com.

Muralhas do Miño, ebenfalls im Zentrum. Die portugiesische Freundschaft mit Spanien ist schon so weit gediehen, dass die Pension ungestraft die spanische Namensversion des Minho-Flusses annehmen darf. 11 farblich unterschiedlich gestaltete, meist von hellem Braun bestimmte Zimmer. Bei

unserem Besuch funktionierte in einigen Zimmern das WLAN nicht. DZ um 50 €. Largo do Rosal 1, ✆ 251656424, muralhas.mino@gmail.com.

Dom Afonso, ca. 500 m östlich des Zentrums. Moderner Neubau mit 35 komfortablen Zimmern. DZ je nach Saison 50–65 €, auch Dreibettzimmer. Quinta da Caldeira, (421), ✆ 251656187, ✆ 251656189, www.albergariadomafonso.com.

Solar de Serrade, Turismo de Habitação, 3 km südöstlich. Ebenfalls zu einem Weingut gehört dieses luxuriöse Adelshaus aus dem 17. Jh. Die eleganten Zimmer und Suiten sind größtenteils mit altem Mobiliar eingerichtet. DZ 75–95 €. Mazedo, (280), ✆ 251654008, ✆ 251654041, www.solardeserrade.pt.

Quinta de Santo António, Turismo de Habitação, 12 km westlich (auf halber Strecke nach Melgaço). Von diesem alten Bauernhof aus eröffnet sich ein weiter Blick über die hügelige Landschaft. Dazu gehören Pool, Bar und die Möglichkeit zum Angeln im nahen Fluss. In den rustikalen Anbauten wurden fünf Apartments für 2 Pers. (ca. 65 €) und eines für 4 Pers. (ca. 130 €) geschaffen. Albergaria (740), ✆ 251534206, ✆ 226183228.

Essen & Trinken Sete à Sete, unmittelbar vor dem südlichen Stadttor. In einem kleinen Raum mit wuchtigen Granitwänden wird regionale Küche auf den Tisch gebracht, etwa Fische aus dem Fluss oder Wild und sonntags die Spezialität Zicklein nach Art von Monção. Hauptgericht ab 10 €. Mo Ruhetag. Fora de Portas (Rua Cons. João da Cunha), ✆ 251652577.

Cabral, etwas versteckt beim Rathaus. Auch von den städtischen Bediensteten gerne besucht, ebenfalls in mächtigen Steinmauern, vorherrschend frischer Fisch und Meeresfrüchte, aber auch gegrilltes Fleisch. Hauptgerichte ab ca. 7,50 €, teilweise Fr geschlossen. Rua 1ª de Dezembro, ✆ 251651775.

Deu-la-Deu, nahe dem innerstädtischen Hauptplatz. In hellbraun und grün gehaltener Einrichtung gibt es vor allem Fleischgerichte vom Grill, aber auch verschiedene Reiseintöpfe ab 9 €, günstigere Mittagsmenüs. Praça da República, ✆ 251652137.

Firminos, im Zentrum. Im Keller des Café Central gibt es wechselnde Tagesgerichte, auch hier vor allem vom Grill. Hauptgerichte ab 8,70 €, viele Gerichte für 2 Pers. Praça Deu-la-Deu, ✆ 251652491.

Umgebung von Monção

Palácio da Brejoeira: Etwa 3 km südlich an der Straße nach Ponte de Barca fällt die lange klassizistische Palastfront sofort ins Auge. Erbaut zwischen 1804 und 1828, dabei unterbrochen durch die napoleonische Besetzungszeit, sollte die Anlage den Lissabonner Königspalast in Ajuda nachahmen. Auf 18 ha wird Alvarinho-Wein angebaut. In guten Jahren werden in der schlosseigenen Kellerei 120.000 Flaschen des Qualitätsweins gekeltert

Di–So 9.30–12, 14–17.30 Uhr. Palastbesichtigung 5 €, Palast und Weinkeller 7.50 €, mit zusätzlicher Weinprobe 10 €.

Im Palácio da Brejoeira regiert noch eine echte Schlossherrin

Eine portugiesische Schlossherrin

Distinguiert empfängt Maria Hermínia d'Oliveira Pães ihre handverlesenen Gäste und führt sie mit dezent aristokratischem Stolz durch ihren weitläufigen Besitz. Die repräsentativen Prunksäle sind mit unzähligen Kronleuchtern und Spiegeln, leicht verblichenen französischen Seidentapeten und großflächigen Porträts des portugiesischen Hochadels geschmückt. Im Speisesaal warten 36 schwere Holzstühle um einen ornamentierten dunkelfarbigen Tisch scheinbar auf die Rückkehr einer königlichen Tafelrunde. Im Nachbarraum steht unberührt das Bett, in dem König Manuel 1908 nur zwei Jahre vor seiner Absetzung durch bürgerliche Revolutionäre nächtigte.

„Nur von allerhöchster Qualität", preist die Dona ihren Wein an, „elegant und frisch". Einen kleinen Seitenhieb auf önologische Fachsimpeleien verkneift sie sich nicht. „Mein Alvarinho schmeckt nicht nach Bananen oder Waldfrüchten, sondern rein nach unserer Traubensorte." Viele Vorstellungen zur Verbesserung der Weinherstellung und Zukunft der Palastanlagen hat die energische Dame, ein selbstbewusstes Persönchen mit onduliertem weißem Haar, die Lippen tiefrot und die Brauen über den fast schwarzen Augen violett nachgezogen. Zu ihren mittelfristigen Vorhaben gehört der Export ihres Weines nach Deutschland. Kaum zu glauben, dass die Dame des Hauses schon die 90 überschritten hat. Aber dank eines täglichen guten Tropfens und des angenehm milden, sonnigen Klimas in der Region des *vinho alvarinho* reifen gute Pläne lange.

Melgaço

ca. 2600 Einwohner

Enge, von granitenen Häusern gesäumte Gässchen winden sich durch die Altstadt und streben der Burganlage zu. Städtisches Wahrzeichen ist der freistehende, hoch aufragende Wachturm. Der Gesundheit dienen die Thermen und viele Wassersportmöglichkeiten im Tal des hier noch wilden Rio Minho.

Die wenigen Straßen des historischen Zentrums sind so eng, dass kaum ein Auto hindurchpasst. Wenn nicht gerade Markttag ist oder ein Stadtfest ausgerichtet wird, zeigen sich auch nur wenige Menschen. Die Häuser sind schmuck saniert, viele gehören Spaniern, die sie wegen der romantischen Ruhe, der reinen Luft und der grünen Umgebung zu ihrem Wochenenddomizil gemacht haben. Schon 1170 erkannte Portugals erster König Afonso Henriques die strategische Bedeutung der Region hoch über dem Rio Minho, entsprechend alt sind die Bauwerke. Die einfache *Igreja Matriz* stammt aus dem 12. Jh. Spuren der Romanik sind erhalten geblieben, doch wurde die Kirche mehrfach umgebaut. Beachtenswert sind die reliefartigen Tierdarstellungen im Tympanon des Portals. Ebenfalls mehrfach umgestaltet wurde die *Igreja da Misericórdia* aus dem 13. Jh.

Unverändert erhalten geblieben ist dagegen ein weiteres Bauwerk aus dem 13. Jh., der von Burgmauern geschützte *Wachturm*. Vom begehbaren Burgfried eröffnen sich fantastische Fernblicke in alle vier Himmelsrichtungen, besser sind sie nur noch von der Turmspitze aus. Über eine Eisenleiter im Inneren gelangt man hinauf, vorbei an archäologischen und kulturhistorischen Ausstellungsstücken. Beeindruckend ist auch das Echo innerhalb des Festungswalls (Burg: tägl. 10–18.30 Uhr, Eintritt frei; Turm: tägl. außer Mo 9.30–12.30 und 14–17, im Hochsommer bis 19 Uhr, Eintritt 1 €; Kombiticket für alle Museen 2,50 €).

Melgaço gehört zum Anbaugebiet des Alvarinho-Weines. In einem luxuriösen Patrizierhaus im Stadtzentrum hat der *Solar do Alvarinho* seinen Sitz und vermarktet dort den Rebensaft von insgesamt 19 Produzenten, deren Erzeugnisse man natürlich auch kaufen kann. Es werden verschiedene Weine zur kostenlosen Probe angeboten. Außerdem gibt es viele Infos, eine Bar mit hervorragendem Schinken und Würsten aus heimischer Produktion und zuvorkommende, sehr kompetente Angestellte, manche davon mit Englisch- und Französischkenntnissen (Weinprobe tägl. 10–12.30 und 14.30–19 Uhr, Rua Direita, ℡ 251410195).

Nahe dem Turismo wurde ein sehr interessantes Museum eingerichtet, das dem Schmuggel, der Auswanderung aus wirtschaftlicher Not und der Zuwanderung gewidmet ist. Gezeigt werden auf zwei Etagen beispielsweise ein Schmugglerboot, ein Röstgerät für geschmuggelten Kaffee, aber auch alte Pässe und Koffer der zur Emigration gezwungenen Menschen, ihre Lebensbedingungen in der Fremde sowie die Veränderungen des örtlichen Lebens durch Zugewanderte (Di–So 10–12.30 und 14–17, im Hochsommer bis 19 Uhr, Eintritt 1 €, Kombiticket 2,50 €).

Basis-Infos

Postleitzahl 4960

Information Turismo in der Rua Loja Nova (dunkles Steingebäude am Ortseingang), ℡ 251402440, 🖷 251402437. 9.30–12.30 und 14–17.30 Uhr, Sonntagnachmittag geschlossen. Auch ein wenig Kunsthandwerk wird verkauft.

Hin und weg **Busse** fahren am Largo Amadeu Abílio Lopes am nordöstlichen Stadtrand regelmäßig nach Monção, dort Umsteigemöglichkeiten, 4-mal Viana do Castelo. **Taxis** erreicht man unter ℡ 936973979 oder ℡ 962350909 (mobil).

Adressen/Telefonnummern Polizei ℡ 251402346; Centro de Saúde ℡ 251400330; Post in der Rua Afonso Costa. Im Espaço Internet an der Praça da República kann kostenlos gesurft werden.

Aktivitäten Melgaço Radical im Centro do Estágio (im Vorort Prado) organisiert Rafting, Kanufahren, Klettern und Wanderungen. ℡ 251402155, www.melgacoradical.com.

Einkaufen Die moderne **Markthalle** mit kleinem Angebot (nur vormittags, So geschlossen) liegt außerhalb der Stadtmauern (nordöstlich der Burganlage). Interessanter ist der freitägliche **Wochenmarkt** auf dem Platz vor der Markthalle. Eine geschmackvolle Auswahl an **Kunsthandwerk** führt der Solar do Alvarinho (s. o.), eine kleinere Auswahl der Turismo.

🍃 Centro de Artesanato, in Cerdedo, Prado, 1,5 km südwestlich. Hier wird das Tradition des Webens aus Leinen und Wolle wachgehalten und aus der Schur der einheimischen Schafe Decken und Teppiche in Handarbeit gefertigt. Das Vorbild für die Puppenkleider liefern alte Trachtenmuster. ∎

Feste Ende April wird die **Festa do Alvarinho e do Fumeiro** gefeiert. Der gerade abgefüllte Jahrgang steht zum ersten Mal zur Verkostung bereit. Dazu gibt es *fumeiros*, im Winter geräucherte Würste. Die Restaurants kochen speziell auf die Weine abgestimmte Gerichte.

Im August wird die dreitägige **Festa da Cultura** mit viel Animation gefeiert.

Wandern Mehrere Wanderwege in der Umgebung, Infos im Turismo.

Übernachten/Essen & Trinken

Übernachten **** Monte Prado, im Vorort Prado (ca. 1,5 km südwestlich). 2004 eröffnetes Hotel mit allem Komfort inkl. Hallenbad und Fitnessraum, das aber inzwischen einer Renovierung bedürfte. Es werden verschiedene Aktivprogramme angeboten. DZ je nach Saison 75–105 €. Monte Prado, (320), ☎ 251400130, 📠 251400149, www.hotelmonteprado.pt.

Pemba, an der zentralen Bushaltestelle. Lange dümpelte diese Unterkunft an der Grenze der Illegalität vor sich hin, ist aber inzwischen ganz offiziell als lokale Unterkunft anerkannt und wurde auch renoviert. Die einfachen Zimmer sind mit Bad oder Du/WC ausgestattet. DZ mit zwei Betten je nach Saison 25–40 € ohne Frühstück. Praça Amadeu Abílio Lopes, (531), ☎ 251402555.

Jugendherberge Melgaço, modernes Haus in einem Sportkomplex vor den Toren der Stadt mit 62 Betten, darunter auch ein behindertengerechtes DZ und zwölf Vierbettzimmer, Fahrradverleih. Im Schlafsaal 11–14 €, DZ 32–38 €, Vierbettzimmer 48–60 €. Complexo Desportivo Monte Prado, ☎ 251410200, 📠 217232101, http://microsites.juventude.gov.pt/portal/pt/pmelgaco.htm.

Camping ** Lamas de Mouro, ca. 10 km die EN 202 nach Süden. Platz mit recht viel Schatten. Auch Zelte und Bungalows werden vermietet. Je nach Saison pro Pers 3,20–4,20 €, Zelt 2,80–6,40 €, Auto 3,20 €. ☎ 251465129, www.camping-lamas.com.

Essen & Trinken Sabino, am Rathausplatz. Auf zwei Ebenen, im Untergeschoss fensterlos. Mittags herrscht oft Hochbetrieb. Grillgerichte ab ca. 6,50 € und Bacalhau-Gericht ab ca. 12,50 € (für zwei Esser) bestimmen die Karte. Di Ruhetag. Largo Hermenegildo Solheiro 46, ☎ 251404576.

>>> Mein Tipp: Panorama, in der Markthalle. Das farbenfrohe Ambiente lässt die Handschrift des Wirts Adelino Lindo erkennen, der auch mit seiner Persönlichkeit den Raum füllt. Es gibt unzählige Vorspeisen und ausgezeichnete regionale Hauptgerichte, z. B. Fasan in Weinessigsauce oder Maifisch *(savel)* aus dem Fluss. Großes Weinangebot. Hier passt alles. Hauptgericht um 14 €. Sonntagabend, Mo und 2. Oktoberhälfte geschlossen. Edifício do Mercado Municipal, ☎ 251410400. **<<<**

Umgebung von Melgaço

Capela de Nossa Senhora da Orada: Etwa 1 km nördlich an der EN 301 steht, hübsch restauriert, ein romanisches Kleinod aus dem 11./12. Jh. Das Nordportal ist mit reliefartig in den Stein geschlagenen Tier- und Pflanzenfiguren geschmückt und macht einen fast orientalischen Eindruck.

Thermen in Peso: Gut 3 km in Richtung Monção liegen inmitten eines dunkel bewaldeten Kurparks die Heilquellen. Das Wasser ist stark kalzium- und magnesiumhaltig und hilft bei Diabetes und erhöhten Cholesterinwerten ebenso wie bei Verdauungsproblemen, Bronchitis, Rückenschmerzen und, und, und. Hübsch ist die Badehalle mit vielen kunstvoll geschmiedeten Eisenträgern.

Übernachten *** Boa Vista, (ca. 4 km Richtung Valença). Angenehmes Haus in Peso (nahe den Thermalquellen). Komfortable Zimmer, nach hinten teilweise mit Balkon. Pool, Tennis, Basketball. DZ je nach Saison ca. 60–65 €. Peso-Paderne, (235), ☎ 251416464, 📠 251416350, www.hotelboavistamelgaco.com. Im angeschlossenen Restaurant kann ab 8 € ordentlich gespeist werden, v. a. Bacalhau.

Essen & Trinken Adega do Sossego, in Peso versteckt gegenüber Hotel Boa Vista. Freundlicher Familienbetrieb in einem rustikalen Granithaus. Es ist alles sehr romantisch. Nur wenige Gerichte stehen auf der Karte, darunter Forelle oder Maifisch, aber auch gute Steaks. Hauptgericht ab ca. 13 €. Mi Ruhetag. ☎ 251404308.

Castro Laboreiro: Der kleine Ort, etwa 25 km südlich an der N 202 und schon an den Grenzen des Nationalparks Penedo-Gerês gelegen, wird von einer Burgruine aus dem 12. Jh. überragt. Sie wurde durch eine Explosion der Waffenkammer fast vollständig zerstört. Ein kleines Heimatkundemuseum erzählt vom Leben in den Bergen (Di–So 10–12.30 und 14–17 , im Hochsommer bis 19 Uhr, Eintritt 1 €,

Minho

Kombiticket 2,50 €). In der Umgebung gibt es zahlreiche Zeugnisse frühmenschlicher Besiedlung wie Steingräber aus der Jungsteinzeit und Menhire. Eine portugiesische Abart der Schäferhunde ist hier heimisch und trägt den Namen des Ortes.

Im Tal des Rio Lima

Arcos de Valdevez   ca. 3500 Einwohner

Das unprätentiöse Landstädtchen am Rio Vez blickt auf eine ereignisreiche Geschichte zurück, lag es doch einst an der Hauptverbindungsstraße zwischen Nordportugal und Galicien. Der Ortskern mit ungewöhnlich vielen mittelalterlichen Kirchen erinnert an diese Blütezeit.

Arcos de Valdevez wird durch den Fluss mit hübscher Uferpromenade und Bademöglichkeiten zweigeteilt. Bürgerlich gediegen geht es im Ortsteil rechts des Ufers zu, der durch mächtige Patrizierhäuser rund um das Rathaus geprägt ist. Im davor aufgestellten manuelinischen Schandpfahl sind – eine kulturhistorische Besonderheit – der Name des Steinmetzes João Lopes und das Entstehungsjahr 1587 eingemeißelt. Ein schöner Blick über das grüne Tal des Rio Vez bietet sich vom Vorplatz der *Igreja do Espírito Santo* (17./18. Jh.) am nördlichen, höher gelegenen Rand der Altstadt. Die einschiffige Kirche ist mit reich vergoldeten Altären ausgeschmückt. Die Hauptkirche *Igreja Matriz* im Zentrum wurde zwischen 1690 und 1700 im Barockstil auf dem Grundriss eines lateinischen Kreuzes errichtet; angegliedert ist die *Capela do Calvário* mit seltenen Rokokoaltären. Das älteste Kirchengebäude ist die *Capela de Nossa Senhora da Conceição* mit romanischen und gotischen Stilelementen, gut sichtbar sind noch die Reste seltener Wandfresken im schlichten Innenraum. Doch damit muss die Kirchenbesichtigung noch lange nicht zu Ende sein, wären da doch noch die Kirchen aus dem 18. Jh., etwa die Igreja da Misericórdia und die Igreja da Lapa. Allerdings sollte über all den Gotteshäusern ein Spazier-

Arcos de Valdevez ist eine Stadt der Kirchen

gang durch die geschäftigen Altstadtstraßen mit ihren schönen Wohnhäusern nicht zu kurz kommen.

Eine Brücke aus dem 19. Jh. führt schließlich hinüber zum eher ländlich geprägten Ortsteil auf der linken Flussseite. Hier begrüßen den Besucher ein aus den Spendengeldern der Gläubigen finanziertes Steinkreuz (1831) und der barocke Stadtpalast *Casa da Ponte*. Die stattlichen 13 Wohnräume des reichen Bauherrn befanden sich im 1. Stock über dem Lager. Natürlich darf auch hier eine – klassizistische – Kirche nicht fehlen, die wegen des monumentalen Treppenaufgangs den eigentümlichen Namen „Zum heiligen Paío und den Stufen" führt.

Basis-Infos

Postleitzahl 4970

Information Centro Municipal de Informação e Turismo, Mo–Sa 9.30–12.30 und 14–17.30, im Sommer bis 18 Uhr; häufig auch am Sonntag offen. Rua Prof. Mário Júlio Costa, ✆ 258520530, ✇ 258520535.

Hin und weg Tägl. 3-mal **Busse** nach Braga, 10-mal nach Ponte da Barca, Ponte de Lima und Viana do Castelo, 1-mal nach Monção. Busbahnhof etwa 900 m außerhalb des Orts an der EN 101 in Richtung Monção. **Taxis** erreicht man unter ✆ 258516257 oder -58.

Adressen/Telefonnummern Polizei ✆ 258521510; Centro de Saúde ✆ 258520120; Post in der Rua General Norton Matos.

Aktivitäten Die Agentur Centro Aventura organisiert **Kanufahrten**, **Mountainbike**-Ausflüge und **Wanderungen**, Lugar de Casal, Lote 3, Parada ✆ 919977056 (mobil), www.centroaventura.pt. **Reiten** kann man im Centro Hípico do Mezio, Vilar do Suente, Soajo, ✆ 258526452, ✇ 258526088. Der Wanderreiterhof Equivaldevez, Quinta do Fijó, bietet Übernachtungsmöglichkeiten und

begleitete Ausritte von einer Stunde bis mehreren Tagen ✆ 258515320 (Unterkunft), 963794266 (Reitausflüge, handy), http://quintadofijo.net.

🌿 Sabores do Minho, in Grijó, ca. 13 km nördl. Richtung Paredes de Coura. Joaquim Carlos Dantas hat es sich seit der Jahrtausendwende zur Aufgabe gemacht, die ökologische Vielfalt der Region zu erhalten – und das im weitesten Sinne: Er veranstaltet Backkurse für lokale Brot- und Gebäcksorten (nach Voranmeldung ab 3 Pers.), er legt Wanderwege an, fördert die Slowfood-Bewegung, fertigt Würste aus dem Fleisch der *porco bisaro*, der heimischen Schweinerasse, und, und, und. Grijó, ✆ 927227473 (mobil), www.saboresdominho.com und www.habitatnatural.pt. ■

Einkaufen Der Supermarkt Pingo Doce liegt etwa 5 km südlich an der Straße nach Ponte da Barca (direkt vor der Autobahn), tägl. 9–21, im Sommer bis 22 Uhr geöffnet.

Markt Jeden 2. Mittwoch offener Wochenmarkt *(feira)* an der EN 101, am Ortsausgang in Richtung Ponte de Lima.

Übernachten/Essen/Nachtleben

Übernachten Costa do Vez, 2 km auf der EN 101 Richtung Monção. Angenehm eingerichtete, moderne Zimmer mit allem Komfort. Wegen des hervorragenden Preis-Leistungs-Verhältnisses selbst in der Nebensaison häufig ausgebucht. Die Zimmer nach hinten sind ruhiger. DZ 45–50 €, Suite 57,50–65 €. Silvares, (483), ✆ 258521226, ✇ 258521157, www.costadovez.pt.

Tavares, im Zentrum. Die Pension bietet große, teilweise etwas dunkle Zimmer, der Service ist freundlich. DZ 35–45 € je nach

Saison. Rua Padre Manuel José da Cunha Brito, (463), ✆ 258516253, ✇ 258522851.

D. Isabel, nahe dem Turismo. Ordentliche, helle Zimmer mit Klimaanlage und Bad. Allerdings halten auch die guten Fenster den Lärm der nahen Hauptstraße nicht ganz ab. DZ 35–60 €. Campo do Traslardário, (593), ✆ 258520380, ✇ 258520389.

Paço da Glória, Turismo de Habitação, ca. 7 km südwestlich in Richtung Viana do Castelo. Zwei Zimmer in einem romantischen, legendenumwobenen Palast aus dem

Minho

18. Jh., dazu sieben Zimmer im Anbau. Toller Pool in einem alten steinernen Wassertank. DZ im Anbau ca. 75 €, im Hauptgebäude ca. 100 €. Lugar da Jolda, (205), ✆ 258947177, 🖂 258947497.

Essen & Trinken O Lagar, neben der Misericórdia-Kirche. Kleines Restaurant, die Köchin hat ihr Handwerk gelernt. Tagesgerichte ab ca. 12,50 €. Rua Vaz Guedes, ✆ 258516002.

Minho Verde, im Zentrum. Die Snackbar serviert eine überraschend gute regionale Küche. Hauptgericht ab 7 €. So Ruhetag. Rua Dr. Mário Júlio Almeida e Costa 27, ✆ 258516296.

≫ Mein Tipp: Grill Costa do Vez, zum gleichnamigen Hotel gehörend, 2 km auf der EN 101 Richtung Monção. Rustikales, sehr angesehenes Restaurant in wuchtigen Granitmauern. Sogar die halben Portionen reichen fast für zwei. Viele Grillgerichte mit Rindfleisch, aber auch Bacalhau-Spezialitäten, hervorragend ist der Zickleineintopf. Halbe Portion ab ca. 8,50 €. Mo Ruhetag, ✆ 258516122. **≪**

Nachtleben Casa das Artes, im Zentrum. Das Haus der Künste veranstaltet häufig Konzerte, auch Disco. Jardim dos Centenários, ✆ 258520520, www.casadasartes-arcosdevaldevez.blogspot.pt.

Ponte da Barca   ca. 2200 Einwohner

Eine Brücke verhalf dem Ort seit dem frühen 15. Jahrhundert zu Bedeutung und Namen: Die Brücke ersetzte die Fähre (portug. „barca") und erleichterte Pilgern den Weg nach Santiago de Compostela. Bis heute prägt der 180 m lange, zehnbogige Flussübergang das Bild des hübschen Städtchens, das sich auch als Ausgangspunkt für Entdeckungsfahrten und Wanderungen in den Ausläufern des Nationalparks Peneda-Gerês (s. u.) anbietet.

Im historischen Zentrum reihen sich granitene Wohnhäuser und öffentliche Gebäude aus dem 16. und 17. Jh. aneinander, besonders hübsch rund um den Largo da Misericórdia, der von der Rokokofassade der Kirche bestimmt wird. Wenige Schritte die Straße hinab liegt der Rathausplatz, direkt daneben erhebt sich die Johannes dem Täufer geweihte *Igreja Matriz*, die 1738 fertiggestellt wurde. Dem damaligen Zeitgeist entsprechend ließen die sechs reichsten Familien eigene Seitenkapellen anfügen.

Doch die kulturhistorisch interessantesten Gebäude stehen wenige Schritte östlich der Brücke (dort auch der manuelinische Schandpfahl, dem im 18. Jh. ein neuer Abschluss aufgesetzt wurde). Nicht zu übersehen ist die *Markthalle* aus dem Jahre 1752. Die Arkadengänge dienten Händlern und Bootsleuten mitsamt ihren Waren als Schutz. Im benachbarten Quarteirão Piloto mit einigen manuelinischen Häusern aus dem frühen 16. Jh., den ältesten des Ortes, übernachtete einst König Manuel I. höchstpersönlich. Wenige Zeit danach, allerdings ohne unmittelbare Verantwortlichkeit des Königs, wurden hier die Dichterbrüder Diogo Bernardes und Frei Agostinho da Cruz geboren. Ihnen ist der benachbarte *Jardim dos Poetas* gewidmet. Direkt am Flussufer liegt unter schattigen Bäumen der wohl schönste Picknickplatz des Minho-Tales inklusive Kiosk und Café.

Basis-Infos

Postleitzahl 4980

Information Tourismusamt in der Rua Dom Manuel I. Di–Sa 9.30–12.30/14–18 Uhr, im Winter Mo–Sa 9–12/14–17.30 Uhr. ✆ 258452899.

Der Hauptsitz von **ADERE**, der Promotionagentur für den Gerês-Nationalpark, befindet sich am Largo da Misericórdia 10. Mo–Fr 9–12.30 und 14.30–18 Uhr. Das Büro ist eine der besten Informationsquellen zu kulturellen Ereignissen, Wanderungen und Unterkünften im und um den Nationalpark. ☎ 258452250, ☏ 258452450, www.adere-pg.pt.

Hin und weg 5-mal tgl. Busse nach Braga (von dort weiter nach Gerês und Porto), 10-mal nach Arcos de Valdevez und Ponte de Lima. **Taxis** zu erreichen unter ☎ 258452210, 258454175, 258452234.

Adressen/Telefonnummern   Polizei ☎ 258452141; **Centro de Saude** ☎ 258452134; **Post** in der Rua José Oliveira Carneiro Bolsas.

Bootsverleih Im Sommer werden am Fluss neben dem Hallenbad Kanus verliehen.

Einkaufen Kunsthandwerk und regionale Produkte gibt es im geräumigen Ausstellungszentrum von **ArteBarca** neben dem Tourismusamt; auch Wein, Honig, Räucherwürste und andere Spezialitäten aus einheimischer Herstellung werden angeboten. Der **Supermarkt Pingo Doce** (3 km nördlich an der Straße nach Arcos de Valdevez) hat tägl. 9–21, im Sommer bis 22 Uhr geöffnet.

ⓘ Übernachten/Essen & Trinken

Übernachten **Casa Nobre do Correio-Mor**, ein ehrwürdiges Stadthaus südlich der Pfarrkirche, im 17. Jh. Sitz des Postmeisters. Die Gäste nächtigen in unterschiedlich großen Zimmern, DZ 55–90 € je nach Qualität. Rua Trás do Forno 1, ☎/☏ 258452129.

Maria Gomes, in der Altstadt. Der Stolz auf ihren Familienbesitz ist der redseligen Besitzerin Maria Gomes an der Nasenspitze abzulesen. Saubere, aber sehr einfache Zimmer ohne Bad von unterschiedlicher Größe. Bei schönem Wetter wird das Frühstück auf der Terrasse über dem Fluss serviert. DZ ca. 25 €. Rua Conselheiro Rocha Peixoto 13, (626), ☎ 258452288.

》》 Lesertipp: Quinta da Prova, direkt nach der Brücke stadtauswärts; es handelt sich um kleine Ferienhäuschen und Wohnungen, die sich mit toller Aussicht am Fluss befinden. Geführt von einem Biologieprofessor. Besonderes Plus: Frühstück wird gegen Aufpreis ins Apartment gebracht (Tipp von Marcus Lang). Prova, ☎ 228312365, www.quintadaprova.com. 《《

》》 Lesertipp: Casa de Abbades, jeweils ca 8 km entfernt Ponte de Lima und Ponte da Barca. Schönes, renoviertes, herrschaftliches Landhaus aus dem 17. Jh. inmitten von Weinfeldern. Empfangen werden Sie von gastfreundlichen Besitzern, bedient von nettem Personal. 3 Wohnungen für jeweils 4 Pers. werden vermietet; jede Wohnung mit 2 Schlafzimmern, Wohnzimmer mit Cheminée, Esszimmer, Küche, Bad, alle Räume mit Zentralheizung. Das Haus ist umgeben von einem großen Garten mit Orangenbäumen. Schwimmbad. 2 Pers. 75 €/Tag, 4 Pers. 100–145 €/Tag, jeweils inkl. Frühstück. Abendessen 25 €/Pers. (Tipp v. Alice Gambembo und Raeto Thommen). Rua do Paço 81, Granda, ☎ 258948227, www.casadeabbades.com. 《《

Camping Entre-Ambos-os-Rios, 11 km östlich. Einfacher Platz am Fluss, teilweise Schatten. Kiosk vorhanden. Pers. 3,50–4 €, Zelt je nach Größe und Saison 3,35–5 €, Auto 3,50–3,75 €. Geöffnet Mitte Mai bis Ende Sept. ☎ 258588361, ☏ 258452450, www.adere-pg.pt.

Essen & Trinken Varanda do Lima, nahe der Brücke. Bacalhau-Gerichte und Meeresfrüchte bestimmen die Speisekarte des beliebten Ausflugslokals. Hauptgericht ab 11,50 €. Do Ruhetag. Campo do Corro, ☎ 258453469.

Maria Gomes (→ Übernachten), preiswertes Restaurant mit regionaler Küche. v. a. Gegrilltes von Fisch und Fleisch, auch Bacalhau. Hauptgericht ab 6 €, mittags komplettes Menu ca. 6 €.

Umgebung von Ponte da Barca

Bravães: Am Ortsrand von Bravães (4 km westlich) steht die einfache Kapelle São Salvador aus dem 13. Jh., deren Portale zu den wichtigsten Zeugnissen der Romanik im Minho zählen. Prächtig skulptiert zeigen die Archivolten vielgestaltige Menschenfiguren, Vögel und geometrische Bilder. Die schönsten Fresken aus dem Inneren der Kapelle wurden leider abgenommen und ins Museum nach Guimarães gebracht (Schlüssel im 200 m entfernten Café Canarinho).

Minho

Lindoso: Der kleine Ort liegt ca. 23 km nordöstlich von Ponte da Barca nahe der spanischen Grenze. Das historische Highlight sind die Reste der Trutzburg gegen Spanien inkl. Museum für archäologische Funde und mittelalterliche Waffen (allerdings nur unregelmäßig geöffnet). Berühmt ist Lindoso vor allem für sein originelles Ensemble aus 64 unterschiedlich erbauten Maisspeichern, die auf steinernen Stelzen stehend in die Höhe ragen.

Übernachten *** **Peneda**, das 2006 wieder eröffnete Hotel liegt zwischen Lindoso und Melgaço im nördlichen Peneda-Gebirge. Die angenehmen Zimmer sind in hellen Braun- und Rottönen gestaltet. Dazu gibt es einfache, rustikale Zimmer in einem Anbau und ein gesondertes Haus für Gruppen bis zu 12 Pers. DZ je nach Saison ca. 50–75 €, im Anbau ca. 40–55 €, Gruppenhaus (bis 12 Pers.) ca. 170 €. Lugar da Peneda, Gavieira (4970-150), ☏ 251460040, http://hotel.peneda.net.

🚶 **Wanderung 4: Zu den Mühlen von Parada**   → S. 262
   Überwiegend schattige idyllische Rundwanderung meist auf alten Wegen

🚶 **Wanderung 5: Rund um Entre-Ambos-os-Rios**   → S. 263
   Abwechslungsreicher Rundweg durch Traditionsdörfer und Mischwälder

---

Ponte de Lima
ca. 3200 Einwohner

Die Römer sahen im Rio Lima einst den mythischen Strom Lethe, einen der fünf Flüsse, die zur Unterwelt des Hades führen. Heute hat der Fluss seinen Schrecken verloren, das Städtchen inmitten saftig grüner Berge verströmt dank vieler manuelinischer Gebäude und prunkvoller Herrenhäuser eine Spur von Erhabenheit.

Wie eine Rampe führt die Brücke, die der Stadt Namen und militärisch-ökonomischen Rang verlieh, buchstäblich direkt in die lebendige Praça de Camões hinein, liegen doch unter dem Platz zwei massive Abschlussbögen verborgen. Nach dem Abriss der wehrhaften Stadtmauern mitsamt ihrer sieben Portale im 18. und 19. Jh. gleicht der zum Fluss hin offene Platz vor pittoresken Häuserfassaden einer veritablen Theaterkulisse, in der täglich das Stück „Des Minhos schönste Stadt" aufgeführt werden könnte. Zahlreiche Cafés laden zu einer erholsamen Pause ein. Der zentrale, von einer Sphärenkugel gekrönte Brunnen aus dem 16. Jh. zieht die Blicke auf sich. Den Fluss entlang erstreckt sich eine herrlich lange Platanenallee voll bunten Lebens. Erst kürzlich wurde die Stadt von der EU für die Restaurierung ihres architektonischen Erbes mit einem Preis geehrt. Die teilweise verkehrsberuhigten mittelalterlichen Gassen laden zum Flanieren ein, vorbei an einer bunten Mischung aus nostalgisch-ehrwürdigen und jugendlich-schrillen Geschäften, mittelalterlichen Brunnen und kleinen Straßencafés. Eine zusätzliche Attraktion bildet das Gartenfestival auf der anderen Flussseite, das im Sommerhalbjahr von internationalen Landschaftsarchitekten gestaltet wird.

Ponte de Lima gilt als einer der ältesten Orte Portugals, ist streng genommen aber eine vorportugiesische Stadtgründung: Bereits 1125 – und damit etliche Jahre vor der Staatsgründung Portugals – verlieh Gräfin Teresa, die Mutter des ersten portugiesischen Königs Afonso Henriques, dem Ort die Stadtrechte. Eine wirtschaftliche Blütezeit setzte ein, die Tradition der regelmäßigen Markttage hat sich bis heute erhalten – jeden zweiten Montag wird die Stadt zu einem einzigen Marktflecken. Zwischen 1359 und 1370 ließ Pedro I. eine gewaltige Stadtmauer mit neun Türmen errichten, die den Ort sicher vor spanischen Begehrlichkeiten schützte. Etwa zur gleichen Zeit wurde die römische Brücke verlängert. Seitdem benutzen sie viele Pilger auf ihrem Weg nach Santiago de Compostela, die gelben Pfeile sind das Zeichen.

Basis-Infos

Postleitzahl 4990

Information Posto de Turismo am Flussufer am Passeio 25 de Abril (Torre de Cadeia Velha), Mo–Sa 9.30–12.30 und 14–18, im Winter 9–12.30 und 14–17.30 Uhr. ℡ 258942335, ℡ 258942308.

Die zentrale Reservierungsstelle des **Turismo de Habitação** (Turihab), Solares de Portugal, befindet sich unterhalb der Burg an der Praça da República (062), ℡ 258741672, ℡ 258741444, www.solaresde portugal.pt.

Hin und weg Stündlich **Busse** nach Viana do Castelo, 10-mal tägl. nach Ponte da Barca und Arcos de Valdevez, 1-mal Porto und Braga (von dort weiter nach Gerês). Valença do Minho erreicht man über Viana (per Bus) und von dort aus weiter per Zug. Die Busse halten an der Av. António Feijó und am Busbahnhof etwa 1 km südlich vom Zentrum an der Durchgangsstraße N 203. **Taxis** erreicht man unter ℡ 258753193.

Adressen/Telefonnummern Polizei ℡ 258900380, ℡ 258900240; **Hospital** ℡ 258909500; **Post** an der Praça da República. Kostenlosen **Internetzugang** hat man im Espaço Internet, Av. António Feijó (ca. 100 m südlich der Burg), Mo–Fr 13–20, Sa 10–20 Uhr. Alternativen sind die Jugendherberge und die Biblioteca Municipal (Rua Cardeal Saraiva). WLAN-Empfang gibt es im gesamten Stadtgebiet umsonst. Infos unter: www.cm-pontedelima.pt.

Baden Die Wasserqualität am Flussstrand **Praia Fluvial do Arnado** hinter der Capela do Anjo da Guarda hat leider in den letzten Jahren deutlich nachgelassen.

Bootsverleih Etwas flussabwärts auf der gegenüberliegenden Uferseite beim **Clube Náutico**.

Einkaufen Regionale Produkte wie Würste, Käse und Früchte kann man in der renovierten **Markthalle** an der Platanenallee einkaufen (bis 14 Uhr). Der größte **Supermarkt**

Minho

Idyllische Altstadtecke in Ponte de Lima

Continente liegt östlich des Zentrums in der Rua da Balduarte (ohne Nr.). Jeden zweiten Montag wird am Flussufer ein gigantischer **Wochenmarkt** abgehalten. Neben Kleidung, Stoffen und Haushaltswaren wechselt auch Vieh den Besitzer. Ansprechendes regionales **Kunsthandwerk** wird im Posto de Turismo und im benachbarten Laden **Cadeia das Mulheres** verkauft. Die Keller der örtlichen **Weinkooperative** (Adega Cooperativa) befinden sich in der Rua Conde de Bertiandos und können nach vorheriger Anmeldung (✆ 258909700) wochentags besichtigt werden. Dort wird in großen Aluminiumtanks roter und weißer Vinho Verde gekeltert.

Pittoresker Gemüseladen

Feste **Vaca das Cordas**, seit Jahrhunderten erfreuen sich die Bewohner am Vortag von Fronleichnam daran, einen als Kuh verkleideten Ochsen mit geschützten Hörnern an 10 m langen Seilen mehrmals um die Kirche zu zerren und anschließend durch den ganzen Ort zu jagen.

Ende Juni dreht sich auf der **Feira do Cavalo** alles um die lusitanische Pferderasse. Es werden Dressurwettbewerbe, Derbys, Umzüge und Ausritte geboten, dazu Konzerte und regionale Küche.

Zwischen Juni und Oktober findet auf der anderen Flussseite ein internationales **Gartenfestival** mit spektakulären Pflanzenarrangements statt (Eintritt 1 €).

Das Stadtfest **Feiras Novas** findet traditionell am zweiten Wochenende im September statt und ist Anlass für eine üppige Ausschmückung der Stadt, zahlreiche Kultur- und Musikveranstaltungen, Feuerwerke und über den ganzen Ort verstreute Wein- und Imbissbuden.

Golf 18 Löcher zählt der Platz des **Clube de Golfe de Ponte de Lima** an der EN 201 in Feitosa (ca. 2 km südlich).

Radfahren/Wandern Am Flussufer und an Obst- und Weingärten entlang wurde ein schöner Rad- und Fußgängerweg angelegt, der nach einem gut einstündigen Spaziergang zu dem 5 km westlich gelegenen **Solar de Bertiandos** führt; allein die Betonplatten des Weges stören die Idylle. Wer mehr möchte: insgesamt wurden inzwischen 70 km Rad- oder Wanderwege in der Umgebung von Ponte de Lima ausgebaut. Der Turismo hält hierzu eine Infobroschüre bereit. **Leihstationen für Fahrräder** befinden sich an der Markthalle (nahe Flussufer) sowie am Infozentrum der Seen von Lagoas.

Reiten **Centro Equestre Vale do Lima** in der Quinta da Sobreira, Feitosa (ca. 2 km südlich), ✆ 258743620, www.grupojpimenta.com.

Sauna/Massagen **Health Club Nova Geração** im Edifício Rio Sul, Rua Dr. Cassiano Baptista, ✆ 258941800.

(Übernachten

Hotels ****** InLima**, zentrumsnah an der Einfahrtsstraße nahe der Autobrücke, das einzige gehobene Hotel im Ort. Es ist alles sehr modern, inkl. der Architektur des weißen Gebäudes. Sehr komfortable Zimmer in hellen Farben, dazu großer Spa. DZ 55–100 € je nach Saison. Rua Agostinho José Taveira, Lote 6, (072), ✆ 258900050, ✆ 258900059, www.inlimahotel.com.

São João, hinter dem Hauptplatz. Einfache, traditionell dunkel eingerichtete Zimmer.

DZ je nach Saison 30–50 €. Largo de São João, (049), ✆/✆ 258941288.

Pinheiro Manso, am Ortsrand an der N 203. Moderne, aber einfache Unterkunft mit hellem, freundlichem Ambiente, Pool im Garten, privater Parkplatz. DZ ca. 45–50 €. Lugar de Nabais, Seara, (755), ✆ 258943775, ✆ 258943860, www.pinheiromanso.com.

Turismo de Habitação Über 50 Herrenhäuser sind in und um den Ort verstreut, die mit Preisangaben in einer vollständigen

Liste des Posto de Turismo aufgeführt sind. Die Buchungszentrale Turihab (siehe „Information") hat nicht alle diese Häuser im Programm.

Mercearia da Vila, zentral, nahe der Pfarrkirche. 5 lichte, unterschiedlich eingerichtete Zimmer, in denen meist Weiß vorherrscht. Dazu eine Suite im Dachgeschoss des Stadthauses. Eine Gemeinschaftsküche und eine empfehlenswerte Snackbar sind weitere Annehmlichkeiten. DZ ca. 60–70 €, Suite ca. 15 € Zuschlag. Rua Cardeal Saraiva 34–36 (076), ✆ 258753562, www.merceariadavila.pt.

Casa do Pinheiro, ebenfalls im Zentrum. Der Hit ist der Garten mit wunderschönem Baumbestand und Pool. Insgesamt sieben Zimmer, die Standardzimmer sind allerdings ziemlich klein. DZ ca. 65 €, 5 € Aufschlag für größere Zimmer. Rua General Norton de Matos 40–50 (118), ✆ 258943971, www.toprural.pt/Quinta-ou-casa-rural-quartos/Casa-Do-Pinheiro_40516_f.html.

Casa do Outeiro, ebenfalls in Arcozelo; öffnete als eines der ersten Adelshäuser 1980 seine Türen für zahlende Gäste. Die rührige Gastgeberin schafft eine sehr gemütliche Atmosphäre, beeindruckend sind die alte Küche, die riesige Bibliothek und ein fast verwunschener, märchenhafter Garten mit kleinem Pool. Nur drei Zimmer. DZ ca. 80 €, EZ ca. 75 €. Arcozelo, (261), ✆/✆ 258941206.

Jugendherberge Pousada de Juventude, das moderne Haus am Ortsrand ist behindertengerecht eingerichtet. Mehrbettzimmer je nach Saison 10–12 €, DZ ca. 24–26 € ohne und ca. 26–30 € mit WC., Rua Papa João Paulo II (062). ✆ 258751321, ✆ 217232101, http://microsites.juventude.gov.pt/Portal/pt/PPonte_Lima.htm.

Pilgerherberge Albergue de Peregrinos, am gegenüberliegenden Ende der Brücke wurde 2009 in der leuchtend roten „Casa do Arnado" eine komfortable Unterkunft mit Kapazität für 50 Pilger eröffnet. Übernachtung in Schlafsälen 3–12 €, Aufnahme zwischen 17 und 22 Uhr. Largo Alexandre Herculano (172), ✆ 925403164 (mobil), albergue deperegrinos@cm-pontedelima.pt.

Essen & Trinken

Restaurants Alameda, am Fluss (nahe dem Hauptplatz). Uriges, immer volles Restaurant auf zwei Etagen mit riesigen Portionen. Unbedingt das Zicklein probieren, wenn es auf der Speisekarte steht. Hauptspeisen ab ca. 8 €. Mo Ruhetag. Alameda de S. João (bei der Brücke), ✆ 258941630.

»» Mein Tipp: A Carvalheira, auf der anderen Flussseite, 2 km nordwestlich an der Straße nach Valença. Feinschmeckerlokal, bekannt für seine variantenreichen Vorspeisen *(petiscos)*, die für sich allein schon eine gute Mahlzeit ausmachen können. Verfeinerte Minho-Küche mit besten regionalen Zutaten, z. B. Bacalhau mit Maisbrot, Schweinshaxe aus dem Ofen oder Entenreis. Vorspeisen meist zwischen 3 und 8 €, Hauptgericht ab 17 € (für 2 Pers.). An Wochenenden ist Reservierung sinnvoll. Mo Ruhetag. Arcozelo, ✆ 258742316. **«««**

A Tulha, im Ortskern. Beste Qualität und große Weinauswahl. Rojões und Arroz de Sarrabulho (in Blutsauce geschmorte Schweinemedaillons mit Reis) und die hauseigene Leite Creme sind weithin geschätzt. Hauptgerichte um 12 €. Mo Ruhetag. Rua Formosa, ✆ 258942879.

O Brasão, gegenüber dem A Tulha. Bekannt für freundlichen Service und seine Gerichte vom Holzofengrill. Hauptgerichte ab ca. 11 €. Rua Formosa 1, ✆ 258941890.

Escondidinho, nahe Lg. de Camões. Unten eine urige Tasca, der Speiseraum liegt im Obergeschoss. Große Auswahl an Vorspeisen *(petiscos)* ab 1,50 € und gute Hausmannskost in großzügigen Portionen. Das geschmorte Zicklein (12,50 €) oder der Bohneneintopf (10 €) reichen für zwei Esser. Tägl. 12–21 Uhr. Rua do Rosário 5, ✆ 258942828.

Vaca da Cordas, ebenfalls nahe Lg. de Camões. Auch hier gibt es eine riesige Auswahl an Vorspeisen ab 2,50 €, dazu entsprechend dem Namen Steaks, auch Bacalhau und Reisgerichte ab 22 € für 2 Pers. So. Ruhetag. Rua Padre Francisco Pacheco 39-41, ✆ 258741167.

Kneipen Mehrere Bars finden sich zu Beginn der Rua Formosa, etwa Klaustrophobia und Chusso.

Bar S. A., um die Ecke, ebenfalls gut für einen Drink, zum Billardspielen im 1. Stock oder zum Surfen im Netz. Mo–Fr 13–2, Sa und So 14–2 Uhr. Beco das Selas 5.

Sehenswertes

Römisch-romanische Brücke: Von der ursprünglich römischen Brücke über den Fluss Lima stehen auf 100 m Länge am gegenüberliegenden Ufer acht Rundbögen und versinken halb im Wiesenboden. Unter Kaiser Augustus wurde sie im 1. Jh. n. Chr. als Teil des wichtigen Militärweges von Braga gen Norden erbaut. Mit der Urbarmachung der Ländereien veränderte der Fluss sein Bett und nahm gleichzeitig an Breite zu, sodass die antike Brücke im 14. Jh. um 277 m verlängert und mit zwei Wehrtürmen befestigt wurde. Heute steht am Übergang zwischen ursprünglich römischer und romanischer Brücke die barocke *Igreja Santo António da Velha Torre,* deren Name (*velha torre* = alter Turm) an den ehemaligen Wehrturm erinnert. Der 4 m breite Übergang wird von 30 Brückenbögen gestützt, die aufgrund der Versandung des Flusses nur noch teilweise zu sehen sind.

Mittelalterliche Stadtbefestigung und Stadtarchiv: An die Stadtmauer erinnern noch die beiden zum Flussufer hin ausgerichteten gotischen Türme *Torre de São Paulo* und *Torre da Cadeia Velha,* Letzterer ein 1511 erbauter, quadratischer Gefängnisturm mit extradicken Mauern. Heute befindet sich dort das Stadtarchiv (rückwärtiger Eingang), in dem auf Tierhaut geschriebene Edikte aus vergangenen Zeiten einlagern. Gleich dahinter sieht man das gotische Stadttor *Porta Nova.* Geöffnet wie Tourismusamt, Eintritt frei.

Capela de Nossa Senhora da Penha de França: Unmittelbar neben dem ehemaligen Gefängnisturm erhebt sich die Renaissancekapelle, die im 18. Jh. mit einem prächtig vergoldeten Altar ausgeschmückt wurde. Das ursprünglich schlichte Kirchlein wurde für die neben einsitzenden Gefangenen errichtet, die durch ein vergittertes Besuchszimmer den Messen folgen konnten.

Igreja Matriz: Begonnen wurde der frühgotische, ursprünglich einschiffige Kirchenbau 1425. Eine Granitrosette aus dem 20. Jh. prangt über dem gotischen Ein-

Römisch-romanische Kirche am Ufer des Rio Lima

gangsportal, ein zinnenbekränzter Turm unterstreicht die Bedeutung als Wehrkirche. Im 16. Jh. wurde die Kirche im manieristischen Stil umgebaut und um zwei Seitenschiffe und einen neuen Altarraum ergänzt. Ins Auge fallen die Seitenkapelle des einflussreichen Adelsgeschlechts Bertiandos und der vergoldete Barockaltar. An der Außenwand der Kirche ist auf einem blau-weißen Azulejobild der 1640 gekrönte König João IV. zu Pferde dargestellt.

Igreja da Misericórdia: Durch einen italienisch inspirierten Vorhof mit klassischer Säulenkolonnade gelangt man zur gegenüberliegenden einschiffigen Kirche des Misericórdia-Ordens, im 17./18. Jh. im eher schlichten manieristischen Stil erbaut. Die zwei Skulpturen am Seiteneingang stammen bereits aus dem 16. Jh. und stellen das Eintreiben von Spenden dar.

Manuelinische Stadthäuser: In den Straßen Beato Francisco Pacheco und Vasco da Gama nördlich der Praça de Camões erinnern 17 palastartige Gebäude aus dem 16. Jh. an die glorreichen Entdeckungszeiten Portugals. Ihre massiven Granitmauern haben dem Zahn der Zeit bis heute erfolgreich getrotzt.

Igreja und Museu dos Terceiros: Das Museum befindet sich in einem säkularisierten Franziskanerkloster und wurde kürzlich sehr ansprechend renoviert Die einschiffige Klosterkirche aus dem 17. Jh. zieren ein schönes Marienbildnis sowie die Seitenkapelle des *Senhor dos Passos,* der traditionellen Figur der Karfreitagsprozessionen. Im Museum werden klösterlichen Kirchenschätze sowie ethnografische Exponate und archäologische Funde aus der Region ausgestellt.
Di–So 9–12.30 und 14–18 Uhr, Mo geschlossen. Eintritt 2,50 €.

Capela do Anjo da Guarda: Die romanisch-gotische Kapelle auf der gegenüberliegenden Uferseite diente den Flussschiffern als Schutzhütte bei aufziehenden Gewittern und sonstigen Widrigkeiten. Ihre Ursprünge reichen ins späte 14. Jh. zurück, in der Barockzeit wurde die bunt bemalte Figur des heiligen Michael von einer eleganten, baldachinähnlichen Außenkonstruktion umgeben.

Parque do Arnado: Der benachbarte botanische Mustergarten führt die Besucher durch 2,5 ha Grünanlagen aus verschiedenen Epochen und Kulturkreisen: im römischen Garten wachsen Rosmarin, Lilien und Efeu, der terrassenförmig angelegte Labyrinthgarten erinnert an den Knossos-Palast auf Kreta, der barocke an strenge französische Gartenbaumuster, während die Skulpturen des Renaissancegartens der griechischen Mythologie entstammen.

Umgebung von Ponte de Lima

Solar de Bertiandos: Nach 5 km auf der N 202 Richtung Viana do Castelo stößt man auf eines der architektonisch herausragenden Gebäude des Lima-Tales. Im Mittelpunkt des Herrensitzes steht der ursprüngliche manuelinische Turm aus dem 15. Jh., von dem sich rechts und links zwei im 18. Jh. zusätzlich errichtete Barockgebäude abwenden, denn die Nachfahren der Gründer lagen sich über viele Generationen hinweg in den Haaren und lebten getrennt voneinander in den beiden Gebäudeteilen. Zum Nachlass gehören antike Möbel, Waffen, Bilder und Manuskripte. Vor den Gebäuden erhebt sich ein wuchtiger Pranger.

Lagoas de Bertiandos: Hinter dem Solar erstreckt sich ein Seen- und Sumpfgebiet, das kürzlich unter Naturschutz gestellt worden ist. Verschiedene leichte Wander-, Pflanzen- und Vogelbeobachtungswege sind angelegt. Auch Rotwild tummelt sich in den umliegenden Mischwäldern. Ein Besucherzentrum am Eingang des Parks erteilt Auskünfte und vertreibt Informationsmaterial, darunter Wegbeschreibungen (www.lagoas.cm-pontedelima.pt).

> **Wanderung 6: Im Naturpark Lagoas**   → S. 264
> Durch Sumpfgebiete und und vogelreiche Seenlandschaft

Nationalpark Peneda-Gerês

Die stillen Naturlandschaften der Gebirgszüge von Peneda, Soajo, Laboreiro, Amarelo und Gerês bilden den einzigen Nationalpark auf dem portugiesischen Festland. Karge Bergzüge, dicht bewaldete Hügel und seenreiche Täler schaffen einen natürlichen Dreiklang. Atlantische, mediterrane und kontinentale Klimaeinflüsse und eine vitale Umwelt bringen eine Fauna und Flora hervor, wie sie nirgendwo sonst in Europa zu finden ist. Markierte Wanderwege erleichtern die Entdeckung dieses Naturparadieses.

Gegründet wurde der Nationalpark 1971 auf einer Fläche von fast 70.000 ha. Nordöstlich des Verwaltungszentrums Gerês schwingt sich der Park bis zu einer Höhe von 1545 m auf. Einsam ist es hier oben, die kargen, steil abfallenden Felsen erinnern an die französischen Pyrenäen. Seltene Vögel und Schmetterlinge haben sich die Hoheit in den Lüften erhalten. Beim Wandern ist Trittsicherheit unbedingte Voraussetzung.

Tiefer unten zeigt sich ein völlig anderes Bild. Dunkle Wälder, grüne Weidewiesen und fruchtbare Felder erfreuen das Auge. Sie werden aus klaren Bergbächen, reinen Quellen und tiefblauen Seen bewässert. Verschiedene Quellwasser werden auch zu Heilzwecken verwendet und, in Flaschen abgefüllt, in ganz Portugal unter dem Namen Fastio ver-

Wanderwege durchziehen den Nationalpark

kauft. Neben Wandern stehen also auch Kuren und Wassersport auf dem Programm, darüber hinaus kann man reiten oder sich auf dem Mountainbike durchs Gelände schlagen. Und nicht zuletzt sind seltene Tiere und Pflanzen zu bestaunen.

Die hohe Niederschlagsmenge von fast 3000 mm pro Jahr (etwa das Fünffache des Algarve-Wertes) und fruchtbare Böden waren schon immer die ideale Voraussetzung für ertragreichen Ackerbau und erfolgreiche Viehzucht. Die ältesten Zeugnisse menschlichen Lebens stammen aus der Jungsteinzeit, auch Kelten und Römer hinterließen ihre Spuren. Sie entwickelten den Anbau auf terrassierten Böden. Heute zählt der Park etwa 15.000 Einwohner, viele leben in winzigen Dörfern oder einsamen Weilern. Zusätzlich zur Landwirtschaft wird der sanfte Tourismus zu einer wichtigen Einnahmequelle.

Fauna: Auffälligste Bewohner sind die *garranas,* kleine Wildpferde, die man häufig im Raum von Gerês zu Gesicht bekommt. Scheuer sind die Raubtiere: Wölfe, Füchse, Ginsterkatzen, Marder, Luchse, Frettchen. Manchmal sieht man auch einen Fischotter im Uferbereich der Wasserläufe verschwinden. Stark vermehrt haben sich Wildschweine, seltener sind Hirsche und Rehe. Braunbären sind vor einem Jahrhundert ausgerottet worden, die Schlangen für Menschen nicht gefährlich. Ihre helle Freude werden Vogelbeobachter finden. Am Wasser leben Graureiher, Eisvögel, Haubentaucher, Teichhühner, Gebirgsstelzen, Seeamseln und zahlreiche Entenarten. In Gegenden mit Landwirtschaft finden Wiedehopfe, Einfarbstare, Bachstelzen, Rauchschwalben, Hausrotschwänze oder Steinkäuze ihren Lebensraum. Im Waldgebiet bis auf etwa 1000 m Höhe leben Habichte, Blaumeisen, Gimpel, Waldeulen, Grünspechte, Kleiber und Pirole. Höher hinauf zieht es Gartenbaumläufer, Fichtenkreuzschnäbel und die Raubvögel: Steinadler, auch noch Habichte, Rothalsziegenmelker, Wanderfalken, Milane und Uhus. Die Parkverwaltung führt hübsch bebilderte Informationsblätter in Portugiesisch (mit lat. Namen).

Flora: Hohe Regenmengen, unterschiedliche Höhenlagen und Klimazonen sowie die Abgeschiedenheit schaffen ideale Bedingungen für vielfältigen Pflanzenwuchs. Hier wachsen knorrige Korkeichen, dort helle Birken. Hohe Kiefernwälder ziehen sich die Hänge hinan, schlanke Zypressen strecken sich dem Himmel entgegen. Gelb überzieht der Stechginster im Frühjahr den Boden, später taucht der Blütenteppich der einzigartigen Gerês-Schwertlilie die Landschaft in tiefes Blau, und schnell treibende Bodenfarne überwuchern die Wege. Dazwischen wachsen Erdbeerbäume, aus deren Früchten Schnaps gebrannt wird.

Geologie: Massiver Granit, durchzogen von kleinen Schieferschichten, bestimmt den geologischen Aufbau. Bis zu 500 m können die Granitfelsen abfallen. Einige jüngere, weniger fest gefügte Sedimentschichten setzen sich aus Ablagerungen der Eiszeit und Schwemmgut zusammen.

Verhaltensregeln: Besucher des Nationalparks sollten einige Regeln beachten. So sind wildes Campen, Feuermachen und Rauchen außerhalb der Ortschaften untersagt. Leider kommt es trotzdem immer wieder zu Waldbränden (nicht nur im Sommer!). Angeln ist nur mit Genehmigung erlaubt, über die Modalitäten gibt die Parkverwaltung Auskunft. Beim Wandern sollten die ausgewiesenen Wege nicht verlassen werden, beim Autofahren muss man auf Tierwechsel achten. Bei hohem Verkehrsaufkommen (etwa an Wochenenden oder im August) werden die Zufahrten von Gerês und von Campo do Gerês nach Portela do Homem für den Autoverkehr reglementiert. Es herrscht dann Halteverbot in diesen Abschnitten. Bei der Einfahrt erhält man an einer Kontrollstelle einen Nachweis mit der Uhrzeit, der bei

Minho

der Ausfahrt überprüft wird. Wer zu lange unterwegs war, steht in Verdacht, geparkt zu haben, und muss mit empfindlichen Strafen rechnen.

Wandern: Es gibt zwei von der Parkverwaltung und neun von der Stadtverwaltung ausgeschilderte Wanderwege Der Schwierigkeitsgrad der in der Regel ca. 10 km langen Touren ist mittel bis hoch, aufgrund der An- und Abstiege auf lockerem Stein sind Wanderschuhe dringend angeraten. Faltblätter in portugiesischer und englischer Sprache sind im Tourismusamt von Gerês erhältlich, außerdem ein ausführliches Wanderbuch, allerdings nur in Portugiesisch. Ebenfalls nur in Portugiesisch sind sie im Internet unter www.cm-terrasdebouro.pt/trilhos/trilhos.htm herunterzuladen. Aufgrund von Kompetenzstreitigkeiten gibt es Auskünfte zu den beiden Wanderwegen der Parkverwaltung nur an deren Sitz; die Wege sind rot-gelb gekennzeichnet. Da das Tourismusamt mit dem Anlegen der Wege Neuland betrat und keine Erfahrungen hatte, sind die Wegmarkierungen teilweise schlecht zu finden. Immerhin wurden manche zwischenzeitlich zugewachsene Abschnitte wieder nachgebessert und neu markiert. Ein wenig eigener Orientierungssinn kann trotzdem nicht schaden. Nach den Waldbränden im Jahre 2012 sind einzelne Wanderungen allerdings nur eingeschränkt begehbar.

Wanderkarten: Zusätzlich zu den einzelnen Faltblättern vertreibt die Parkverwaltung eine Übersichtskarte im Maßstab 1:100.000 mit Höhenlinien und befestigten Straßen, die zum Wandern allerdings aufgrund des großen Maßstabs nur sehr bedingt taugt. Topografische Karten im Maßstab von 1:25.000 (allerdings ohne Wanderwege) gibt es beim portugiesischen Militär! Sie werden inzwischen auch an Pazifisten und Nichtmilitärs widerspruchslos ausgeliefert, nachdem früher v. a. von ausländischen Bestellern bisweilen Begründungen für den Verwendungszweck verlangt worden sind. Die Karte Nr. 43 umfasst das Gebiet unmittelbar um Gerês, die Wandergebiete der Umgebung decken die Nr. 9, 17, 30 und 44 fast vollständig ab. Zu beziehen über: Instituto Geográfico do Exército, Av. Dr. Alfredo Bensaúde, 1849-014 Lisboa, ✆ 218505300 oder 218505368, www.igeoe.pt. Preis: ca. 6 €. Die Karten sind auch in einigen Buchhandlungen gegen einen kleinen Aufpreis erhältlich.

Basis-Infos

Information ADERE, die Entwicklungsagentur für die Gebiete des Nationalparks und zugleich beste Informationsquelle, befindet sich in Ponte da Barca. Hier können auch Unterkünfte gemietet werden. Mo–Fr 9–12.30 und 14.30–18 Uhr. Largo da Misericórdia 10, ✆ 258452250, 🖂 258452450, www.adere-pg.pt.

Centro de Educação Ambiental do Vidoeiro (regionaler Sitz der Parkverwaltung), ca. 1,5 km nördlich von Gerês an der Straße nach Spanien (neben dem Campingplatz). Es gibt zahlreiche Broschüren zu Fauna, Flora, Bodenbeschaffenheit, jedoch kaum Informationen zu Wanderwegen. April–Okt. 9–12 und 14–16.30 Uhr. ✆ 253390110, 🖂 253391496.

Posto de Turismo in Gerês und Rio Calde (→ jeweils dort). Neben kleinen Faltblättern zu markierten Wanderwegen gibt es in beiden Tourismusämtern allgemeine touristische Informationen auch über die weitere Umgebung.

Ausflüge Im Park verkehren kleine **Ausflugsbusse des Hotels Universal**. Unterwegs wird oft angehalten, und ein Führer berichtet Themen aus den Bereichen Geologie und Flora. Im Sommer sollte man mindestens einen Tag vorher buchen. Außerhalb der Saison fährt der Bus nur, wenn mindestens die Hälfte der Plätze besetzt ist. Vier unterschiedliche Touren (2–5½ Std.) werden angeboten:

Pedra Bela: Die kürzeste Tour geht zum Aussichtspunkt Pedra Bela und von dort zum Wasserfall von Arado. Preis: 5 €, Dauer: 2 Stunden.

Campo do Gerês: Sehr hübsch ist die Strecke von Albergaria im Norden bis zum Stausee Vilarinho das Furnas und weiter zum Dorf Campo do Gerês (→ S. 201). Preis: 5,50 €, Dauer: 3 Stunden.

Terras de Bouro: Ziel ist das gleichnamige Verwaltungszentrum, das etwas gesichtslos wirkt, aber im Rathaus eine hübsche Ausstellung über Gebräuche und Traditionen der Region organisiert hat. Angehalten wird auch im Pilgerort São Bento da Porta Aberta. Preis: 8 €, Dauer: 5 Stunden.

Castro Laboreiro: Die längste Tour führt durch den Norden des Parks, vorbei an den warmen Quellen von Rio Caldo über Castro Laboreiro nach Soajo und Lindoso. Zurück geht es über Ponte da Barca. Preis: 10 €. Dauer: 5½ Stunden.

Baden Bei **Albergaria** (etwa 7 km nördlich von Gerês) befinden sich einige traumhafte **Badebecken** inmitten kolossaler Granitfelsen und umgeben von üppigem Grün. Wassertemperatur im Sommer bis zu 19 °C. Parkplätze gibt es an der Grenzstation. Den Flusslauf hinauf folgen weitere Badegelegenheiten. Mitten im romantischen **Kurpark von Gerês** versteckt sich ein von hohen Bäumen umgebenes, beheiztes **Schwimmbad**. Mai–Okt. tägl. 9–19 Uhr. Eintritt 1 €.

Organisierte Aktivitäten Água, Montanha e Lazer vermietet Fahrräder, Kanus und Tretboote und organisiert u. a. Wanderungen und Jeeptouren. Sitz am See von Rio Caldo. Lugar de Paredes, ✆ 253391779 oder 968021142 (mobil) 📠 253391598, www.aguamontanha.com.

Equicampo mit Sitz in Campo do Gerês hat sich auf Ausritte spezialisiert. ✆ 253161405, www.equicampo.com.

Trote Gerês betreibt einen Campingplatz in Cabril im Ostteil des Parks und unternimmt Ausritte in die Umgebung und Paddelausflüge auf dem Stausee. Eiredo, Cabril, ✆ 253659860.

Gerêsmont, das jüngste der Freizeitunternehmen mit Sitz in Gerês. Rua de Arnaçó 43, ✆ 253391360, 919617773 (mobil), www.geresmont.com.

… und im Tale ruhet der See

PlanAlto führt Wanderungen, Orientierungsmärsche und Mountainbike-Touren und organisiert Klettern in die Felsen. Campo do Gerês, ✆ 253351005, 253353314.

Quinta da Caniçada hat als Besonderheit Ballonfahrten über den Hügeln im Programm. Die Fahrt kostet 800 € für zwei Teilnehmer und 1000 € für bis zu fünf Mutige, die im Ballon Platz finden. Nur gegen Voranmeldung. Fornelos, ✆ 253640374, 939237526 (mobil) 📠 253647185, www.clube balonismo.com.

Gerês Equi'Desafios organisiert Ausritte, Wanderungen, Klettern, Jeepausflüge. Rua Dr. Francisco Xavier de Araújo, 4840-100 Terras de Bouro, ✆/📠 253352803, ✆ 917919831 (mobil), www.equidesafios.com.

Übernachten

Jugendherberge Vilarinho das Furnas, nahe Campo do Gerês. Einfaches, aber frisch renoviertes Haus in wunderschöner

Umgebung. Es werden Mahlzeiten serviert und Fahrräder verliehen. Im Mehrbettzimmer ca. 11–14 €, im DZ mit WC ca. 32–40 €,

Apartment für 2 Pers. 65–80 € (je nach Saison). São João do Campo, ✆ 253351339, 🖷 217232101, http://microsites.juventude.gov.pt/Portal/pt/PVilarinho_das_Furnas.htm.

Camping ** Vidoeiro, ca. 1,5 km nördlich von Gerês. Viele Schattenplätze. Neben dem Platz befindet sich der regionale Sitz der Parkverwaltung. Person 3,50–4 €, Zelt je nach Größe 3,35–5,30 €, Auto 3,50–3,75 €. Geöffnet Mitte Mai bis Mitte Okt. ✆ 253391289, 🖷 258452450, www.adere-pg.pt.

*** **Cerdeira**, in Campo do Gerês. Der Platz liegt nahe am Stausee Vilarinho das Furnas. Schattig. Auch kleine Bungalows sind zu mieten. Minimercado, Restaurant. Person 3,20–5,50 €, Zelt 2,80–9,50 €, Auto 3–4,90 € je nach Saison. Ganzjährig geöffnet. ✆ 253351005, 🖷 253353315, www.parquecerdeira.com.

Gerês Green Park, etwa 30 km südöstlich von Gerês. Der schattige Platz liegt nahe bei einem Stausee oberhalb des kleinen Dorfes Cabril. Er wird von einem Unternehmen betrieben, das auch Freizeitaktivitäten organisiert (z. B. Ausritte für Gruppen und Kanuvermietung). Person ca. 4–5 €, Zelt ca. 4–10,50 €. Geöffnet März–Okt. Cabril (5470-013), ✆ 253659860, www.geresgreenpark.com.

Gerês   ca. 1100 Einwohner

Auf 400 m Höhe liegt in einem schmalen Tal und umgeben von steilen Berg„riesen" das touristische Zentrum des Nationalparks. Schon ab 1733 wurde das Heilwasser in steinernen Tanks gesammelt, 1882 das erste Hotel eröffnet, und drei Jahre später erreichte die Hauptstraße von Braga das Thermalbad. Vor 100 Jahren war es bei reichen Geschäftsleuten und Nichtstuern schick, in den komfortablen Unterkünften abzusteigen, sich von Geliebten oder Ehefrauen verwöhnen zu lassen und für das gute Gewissen noch ein wenig heilsames Wasser zu schlucken. Im Kurpark ergötzte man sich beim Flanieren am plätschernden Wildbach oder beim Rudern auf dem kleinen See – so wie auch heute noch. Frühmorgens stehen viele Menschen mit ihren Gläsern vor der Heilquelle am nördlichen Ortsrand in der Schlange und warten auf Zuteilung der helfenden Tropfen.

Mit Eufémia gegen Übergewicht

Dass die Wasser von Gerês fließen und heute auch gegen Dickleibigkeit helfen können, verdanken wir der Jungfrau Eufémia. Zumindest verlautet dies die Heiligensaga. Das Mädchen zog sich in die Berge von Gerês zurück, um dort ihr einsames Leben dem Gebet zu widmen. Doch böse Ungläubige, vom Fanatismus getrieben, verfolgten es und kreisten es vor einem Felsen ein. Rettung schien aussichtslos. Da öffnete sich das Gestein wie von Gottes Hand, und Eufémia gelang die Flucht vor ihren erstaunten Peinigern. Seitdem sprudelt zwischen den Felsblöcken das heilvolle und gegen so ziemlich alles helfende Wasser hervor.

Doch sind auch Zeichen der Krise unübersehbar, reiche Flaneure suchen sich modernere Plätzchen für ihre Tätigkeit. Vom mächtigen Hotel Central steht nur mehr die Fassade, auch einige ehrwürdige Häuser sind baufällig. Deshalb setzt man seit kurzem auf den Aktivtourismus als Alternative. Durchaus erfolgreich, wie die erst kürzlich restaurierten Wohngebäude und die große Zahl der Erholungssuchenden besonders an Wochenenden und im Hochsommer zeigen. Gerês besitzt wieder einen guten Ruf, auch wenn mehr Streifzüge mit dem Auto als auf Schusters Rappen unternommen werden.

Basis-Infos

Postleitzahl 4845-067 (Zentrum)

Information Tourismusamt am Kreisel an der südlichen Ortseinfahrt. Tägl. 9.30–12.30 und 14–17.30 Uhr, wegen Personalmangels allerdings häufig So und Mo geschlossen. Rua 20 de Janeiro 45, ☎ 253391133, ✆ 253391282.

Allgemeine Informationen zum Park erhält man im **Centro de Educação Ambiental do Vidoeiro**, ca. 1,5 km nördlich von Gerês an der Straße Richtung spanischer Grenze (neben dem Campingplatz). April–Okt. 9–12 und 14–16.30 Uhr. ☎ 253390110, ✆ 253391496.

Hin und weg Busse 10-mal werktags (4-mal am Wochenende) nach Braga. **Taxis** erreicht man unter ☎ 253391214.

Adressen/Telefonnummern Polizei ☎ 253900010; Rotes Kreuz ☎ 253391660. Die **Post** liegt an der südlichen Ortseinfahrt. Kostenlos im **Internet** surfen kann man im Espaço Internet im Centro de Animação Termal (Mo–Fr 10–17.30 Uhr). Auch Ausdrucken ist möglich.

Heilkuren Das Mineralwasser aus den Quellen von Gerês hilft bei Problemen mit Leber oder Galle, gegen Bluthochdruck, bei Diabetes und chronischem Rheumatismus. Und es hilft gegen Übergewicht – so steht es zumindest im Prospekt. Das Wasser ist verschreibungspflichtig, die „Trinkgebühr" von ca. 50 € schließt drei Arztbesuche mit ein. In der Säulenwandelhalle wachen weiß befrackte Schwestern über das an Felsen herunterrieselnde Quellwasser. Wer aufs Trinken verzichten will, kann sich in den kürzlich modernisierten Thermen ganzjährig verwöhnen lassen: unter der schottischen Dusche, im türkischen Bad, bei Unterwassermassagen. Es gibt unterschiedliche Programme von Sauna für 8 € bis sechs Tage Wohlfühlen für 223 € (jeweils zzgl. 3 € Tagesgebühr), ☎ 53391113, ✆ 253391184, www.aguasdogeres.pt.

Übernachten/Essen & Trinken

Es gibt zahlreiche lizensierte Privatunterkünfte im Nationalpark. Auskunft erteilen die Tourismusämter und die Organisation ADERE (s. o. Information/ADERE).

Übernachten *** Águas do Gerês, an der Ortsstraße. Das offizielle Kurhotel ist frisch renoviert, sehr komfortabel und sachlich eingerichtet. Die Zimmer (mit schönen Bädern) im 1. Stock sind sehr geräumig. Auf dem Frühstücksbuffet steht auch Schonkost. Der kostenlose Parkplatz ist etwa 500 m entfernt. DZ ca. 56–86 € inkl. Eintritt in Kurpark und Schwimmbad. Av. Manuel Francisco da Costa 136, (067), ☎ 253390190, ✆ 253390199, www.aguasdogeres.pt.

*** Universal, an der Ortsstraße. Ebenfalls renoviertes Haus, sehr geschmackvoll eingerichtet. Besonders hübsch ist der begrünte, überdachte Innenhof. Die Zimmer nach hinten weisen auf den rauschenden Bach. Eigener Pool und Tennisplatz in 300 m Entfernung. DZ 50–75 € je nach Saison. Av. Manuel F. Costa, (067), ☎ 253390220, ✆ 253391102, http://ehgeres.com.

*** das Termas, neben dem Universal und unter gleicher Leitung, auch der Standard ist ähnlich. (Je nach Saison DZ ca. 40–60 €.

Im Winter geschlossen. Av. Manuel F. Costa, (067), ☎ 253391220, ✆ 253391102, http://ehgeres.com

Apartamentos Gerês Ribeiro, etwas unterhalb und unter gleicher Leitung. Neues Aparthotel, Apartments 45–65 € für bis zu zwei Pers., 65–93 € für bis zu vier Pers. Av. Manuel F. Costa, ☎ 253900060, ✆ 253391112, http://ehgeres.com.

** Moderna do Gerês, am westlichen Hang. Renovierte und geschmackvoll eingerichtete Zimmer mit unterschiedlicher Größe, auch die Bäder sind sehr verschieden. DZ mit zwei Betten befinden sich im Anbau. DZ je nach Saison 40–70 €. Rua de Arnaçó, (063), ☎ 253391219, ✆ 253392044, www.pensaomoderna.com.pt.

** Baltazar, oberhalb der Heilquellen an der Straße nach Spanien. Freundlicher Service, aber recht kleine, schlicht eingerichtete Zimmer in einem Granithaus, das nach einem Brand 1997 neu aufgebaut wurde. Die Zimmer nach hinten sind ruhiger. DZ 40–55 € je nach Saison. Av. Manuel Francisco

Minho

da Costa, (067), ✆ 253391131, 📠 253392057, www.baltazarhotel.com.

Adelaide, ca. 800 m den westlichen Hang hinauf. Große Pension in mehreren zusammenhängenden Häusern. Recht einfach eingerichtet, aber viele Zimmer haben einen Balkon mit sehr schöner Aussicht, allerdings mit erheblichem Preisaufschlag. Neu ist der Pool. DZ im Sommer 50 € (ohne Balkon) bzw. 63 € (mit Balkon), im Winter 40 € bzw. 45 €. Lugar de Arnassó, (063), ✆ 253390020, 📠 253390029, www.pensao adelaide.com.pt.

** Central Jardim, gegenüber dem Águas de Gerês (s. o.). In einem modernen Granitgebäude untergebrachte, gut geführte, einfache Pension mit vielen Kurgästen. DZ 45–55 €. Geöffnet nur während der Kursaison von Mai bis Okt. Av. Manuel Francisco da Costa, (067), ✆ 253391669, 📠 253391804, www.centraljardim.com.

Essen & Trinken Adelaide, in der gleichnamigen Pension (s. o.). Spitze sind die Tische auf der verglasten Veranda mit Blick auf die Bergwelt. Hauptsächlich werden

Grillgerichte gereicht, darunter auch Zickleinbraten. Viele Pensionsgäste. Hauptgericht ab 7 €. ✆ 253390020.

≫≫ Mein Tipp: Baltazar, in der gleichnamigen Pension (s. o.). Sehr hübsch eingerichtetes Lokal mit guter Küche. Zur Einstimmung kommen einige besondere Tapas auf den Teller, es folgen traditionelle Gerichte wie Forelle mit Bergschinken oder Bacalhau. Punkt 21 Uhr werden die Kurgäste der Pension mit kräftigen Glockenschlägen zu Tee und trockenen Keksen gebeten. Hauptgerichte ab 7,50 €. Av. Manuel Francisco da Costa, ✆ 253391131. **≪≪**

Lurdes Capela, an der unteren Ortseinfahrt. Sehr lecker sind die Forellen, der Zickleinbraten und das einheimische Barroso-Rind, auf Bestellung gibt es auch Hirsch oder Wildschwein. Unbedingt Platz im Magen für die tollen Kuchen und Nachspeisen lassen! Fast immer voll und sehr netter Service. Hauptspeisen ab 7,50 €, tgl. geöffnet, Rua Dr. Manuel Gomes de Almeida, 77 ✆ 253391208.

🚶 Wanderung 7: Der „Weg der Faulheit"   → S. 265
    Schmale Waldwege, auch zu einem kleinen Wasserfall

🚶 Wanderung 8: Zu den Aussichtspunkten rund um Gerês   → S. 266
    Rundwanderung auf Wegen und Pfaden mit vielen Fernblicken

---

Weitere Orte im Nationalpark

Rio Caldo: Am südlichen Haupteingang zum Park erstreckt sich die Häuseransammlung entlang der Straßen und dem Ufer des Stausees Barragem da Caniçada, der künstlich angelegt wurde und der Energiegewinnung dient, aber wie ein natürlicher See wirkt. In Rio Caldo fehlt neben einem eigentlichen Ortskern auch die Schar der Thermalreisenden. Dafür hat sich ein Zentrum des Wassersports herausgebildet, Motor-, Tret-, Segel-, Ruder- und Paddelboote werden vermietet. Auch Tauchen und Wasserski sind möglich.

Postleitzahl 4845-023

Information Tourismusamt direkt am Kreisel am See. Tägl. 9.30–12.30 und 14–17.30 Uhr. ✆ 253391503.

Übernachten Do Rita, an der Straße nach São Bento. Geräumige Zimmer mit Balkon zum See. Im Innenhof werden große Fleischportionen auch für Nichthotelgäste serviert. DZ ca. 35–40 €, im August Aufschlag. Lugar do Assento, ✆ 253391164,.

Lagoa Azul, ca. 6 km nördlich Richtung Gerês. Über dem See gelegenes, neues Haus mit 13 modernen und komfortablen Zimmern und herrlichem Blick über den See. Die drei Zimmer im 1. Stock mit großem Balkon. DZ ca. 40 €, im August ca. 55 €. Vilar da Veiga, (062), ✆/📠 253391370, www. lagoaazul.no.sapo.pt.

Pousada de São Bento, ca. 9 km südlich an der N 304. Hoch am steilen Hang über dem

Rio Cávado und dem Stausee Caniçada gelegenes Granitgebäude. Von der Terrasse und den meisten Zimmern hat man einen atemberaubenden Blick über Hügel und Täler. Pool und Tennisplatz vorhanden. DZ je nach Saison und Ausstattung 90–204 €. Caniçada (4850-047), ☎ 253647190, 🖂 253647867, www.pousadas.pt.

Auf einen Kaffee zu Cristiano Ronaldo

Ein ruhiges Fleckchen hat sich der portugiesische Fußballstar für ein Ferienhäuschen ausgesucht. Direkt am Ufer des Sees steht sein futuristischer, in Weiß gehaltener Prachtbau, designed von Stararchitekt Souto Moura. So wirklich besuchen kann man Cristiano allerdings denn doch nicht, von Land her ist die Zufahrt gesperrt, aber von einem der Ausflugsschiffe kann man ihm zumindest zuwinken. Für viele Portugiesen eine große Attraktion.

São Bento: Am 21. März, 11. Juli und 13. August sollte man die Straße von Rio Caldo nach Campo do Gerês besser meiden. Dann machen sich Tausende von Gläubigen in Bussen und Privatautos in den Pilgerort São Bento (6 km nördlich) auf, suchen möglichst nahe an der Kirche zum heiligen Benedikt einen Parkplatz (den es schon früh morgens nicht mehr gibt), rutschen auf Knien einmal um das Gotteshaus herum und erhoffen sich schließlich Erlösung im Inneren des Heiligtums. Doch auch an normalen Wochenenden muss man ein wenig Zeit bei der Ortsdurchquerung einplanen.

Campo do Gerês: Weitere 8 km nördlich liegt das mittelalterlich anmutende Dorf. Die Häuser sind aus dunklen Granitquadern zusammengesetzt, die Ställe befanden sich unterhalb der Wohnungen, die Wärme der Tiere wurde im Winter als natürliche Heizquelle genutzt. Die schmalen Dorfgassen sind durch einen Baldachin aus Weinreben gegen die Sonne geschützt. In der Dorfbibliothek ist das *Museu Etnográfico de Vilarinho das Furnas* untergebracht, in dem u. a. bäuerliches Handwerkszeug ausgestellt ist (Di–So 10–12, 14–17 Uhr, Juli–Sept. Di–10–17 Uhr, Eintritt 2,50 €). Erbaut wurde es mit Steinquadern aus einem Nachbarort, der heute nicht mehr existiert. Als 1972 der nahe Stausee Vilarinho das Furnas geflutet wurde, zog er das 50 Familien zählende Dorf mit in die Tiefe.

Portela do Homem: Der staubige, schmale Fahrweg von Campo do Gerês nach Portela folgt der alten römischen Straße *Trilho da Geira,* die Braga mit Asturien verband; von Gerês führt eine landschaftlich reizvolle, kurvige Bergstraße zum Grenzübergang nach Spanien. Ins Zollhäuschen ist in Zeiten der europäischen Annäherung eine Snackbar eingezogen. Ein Denkmal ist den portugiesischen Emigranten gewidmet, allzu viele haben in den vergangenen Jahrhunderten auf der Suche nach einem besseren Leben ihrem Heimatland den Rücken kehren müssen.

Castro Laboreiro, Lindoso und *Entre-Ambos-os-Rios* im äußersten Norden und Westen des Nationalparks sind am besten über Melgaço, Arcos de Valdevez und Ponte da Barca zu erreichen und dort beschrieben.

Minho

🚶 Wanderung 9: Zum Gipfel des Calcedonia → S. 268
Steiler Aufstieg und atemberaubende Ausblicke auf die raue Bergwelt

Die römische Brücke von Chaves

Trás-os-Montes

Die Region Trás-os-Montes, auf deutsch „Hinter den Bergen", zählt zu den ärmsten Gegenden Europas. Kaum ein Landstrich wurde so wenig von Menschenhand verändert wie der äußerste Nordosten Portugals.

Ein unvergessliches Erlebnis für alle, die alte Zeiten entdecken wollen, die für viele Bewohner allerdings keine guten waren. Sie mussten abwandern, nach Mitteleuropa, nach Porto oder Lissabon. Die Zurückgebliebenen leben von der Landwirtschaft, nur ein wenig vom Tourismus. Wer durch die einsamen Landschaften fährt, sieht manchmal noch Bauern, deren Pflug noch das Maultier zieht.

Steinerner König in Bragança

Im Örtchen *Rio de Onor* im reizvollen *Naturpark von Montesinho* leben die Einwohner in einer solidarischen Dorfgemeinschaft und teilen Brot, Arbeit und eine eigene Sprache. Im nahen *Bragança,* aus dem die letzte portugiesische Königsdynastie stammt, hat noch der Bischof das Sagen. Doch auch moderne Entwicklungen zeichnen sich ab. Die Stadt *Mirandela* hat ein attraktives Museum geschaffen, dessen Sammlung zeitgenössischer portugiesischer Kunst in Portugal ihresgleichen sucht. Und das wehrhafte **Chaves,** in dessen mittelalterlichen Gassen neuzeitliches Leben tobt,

ist dank modernisierter Heilbäder eine wichtige Kurstadt. Aus den umliegenden Dörfern kommen im ganzen Land hochgeschätzte Mineralwässer und der rote *Vinho dos Mortos* (Totenwein), der – in Flaschen eingegraben – in der Erde reift. Dazu isst man die Wurstspezialität *Alheira de Mirandela*, den Bohneneintopf *Feijoada à Transmontana*, Wildbret, Lamm, Zicklein oder zarte Forellen aus den Wildbächen.

Chaves

ca. 22.000 Einwohner

Das malerische Thermalstädtchen war dank seines heilenden Wassers schon in römischer Zeit beliebt und wegen seiner Nähe zu den Goldminen von Jales bedeutend. Auf einer Hochebene gelegen und umgeben vom fruchtbaren Schwemmland des Rio Tâmega, unterstreichen gleich drei Befestigungsanlagen die Wehrhaftigkeit gegen Spanien. Berühmt sind die Winzer für ihre kräftigen Weine und die Köche für die deftige Küche.

Chaves hinterlässt einen quirligen Eindruck. Viele Autos schieben sich durch die Straßen. Doch besonders das rechts des Flusses gelegene verkehrsberuhigte Altstadtviertel *Bairro medieval*, das durch eine römische Brücke mit dem linksseitigen Stadtteil Madalena verbunden ist, hat – wie der der Name schon sagt – seinen mittelalterlichen Charakter bewahrt. Die Stadt war von einem engen Befestigungsring umgeben, der Raum für die Einwohner entsprechend knapp. Folglich bauten sie ihre eng beieinander stehenden Häuser mehrstöckig. Darüber hinaus konstruierten sie in den oberen Etagen balkonartige Vorbauten aus Kastanien- oder Kiefernholz, deren grüne oder braune Bemalung hübsch mit dem Weiß des Mauerwerks kontrastiert. Bis heute bestens erhaltenes Beispiel ist die schmale Rua Direita.

Als Ausgleich für die innerstädtische Enge und sicherlich unter spanischem Einfluss wurden zahlreiche begrünte Plätze und Parks angelegt. Der Kurpark schließt unmittelbar südlich an den Ortskern an und führt über eine Pontonbrücke zum hübschen Jardim Público aus dem frühen 20. Jh. auf der anderen Flussseite. Die

High Noon am Hauptplatz von Chaves

modernen Thermaleinrichtungen zählen die zweitmeisten Kurgäste in Portugal. Ihr natriumhaltiges Heilwasser weist einen pH-Wert von 7,3 auf und misst gleichbleibend 73 °C. Es hilft gegen Rheuma, Atem- und Verdauungsbeschwerden, Nieren- und Leberleiden.

Zahlreiche Felszeichnungen und Megalithgräber belegen die frühe Besiedlung der fruchtbaren Region bereits ab der Jungsteinzeit. 78 n. Chr. gründete Kaiser Flavio Vespasian die römische Siedlung *Aquae Flaviae*, die dank ihrer Lage an der Hauptverbindungsstraße von Braga nach Astorga im heutigen Kastilien bald große Bedeutung erlangte. Wichtigstes Bauwerk aus dieser Zeit ist die römische Brücke. Nach der maurischen Herrschaft fiel Chaves 1160 in christliche Hände und erhielt ein knappes Jahrhundert später die Stadtrechte verliehen. Trotzdem verlor die Stadt an Bedeutung, die sie erst im 17. Jh. während der Unabhängigkeitskriege gegen Spanien wiedergewann. Nun wurde der Ort zur wehrhaften Verteidigungsanlage ausgebaut.

Basis-Infos

Postleitzahl 5400

Information Touristenamt am Terreiro de Cavalaria (Jardim do Bacalhau), Mo–Sa 9– 12.30 und 14–17.30 Uhr. ☎ 276348180.

Hin und weg **Busse** von Autovia do Tâmega und Rede de Expressos fahren tägl. 7-mal nach Porto, 4-mal nach Bragança, 1-mal nach Lamego sowie 6-mal nach Vila Real. Der Busbahnhof liegt neben dem ehemaligen Bahnhof.

Rodonorte startet etwa stündlich nach Vidago, 3-mal Bragança (meist über Vila Real), 6-mal nach Porto, 6-mal nach Amarante, , 3-mal nach Braga und Guimarães (Sa/So 1-mal), 2-mal nach Lamego (So häufi-

ger) sowie 1-mal nach Viana do Castelo (Sa nicht). Die Busse halten am Terminal am Thermalpark.

Taxis erreicht man unter ☎ 276332801 oder 276342469.

Adressen/Telefonnummern Polizei ☎ 276323125; Hospital ☎ 276300900. Die **Post** findet sich in der Rua General Silveira de Carvalho. Kostenlosen **Internetzugang** bieten das neue Centro Cultural de Chaves im ehemaligen Bahnhof am Stadtrand und die Bibliothek am Jardim da Freiras (nahe Post). **Reiten** kann man im Centro Hípico Charri Luxo, Casa Azul, Rua António Sousa Pereira, ☎ 919356252 (mobil).

Einkaufen Mittwochs ist **Markttag** unterhalb des Stadions am nördlichen Stadtrand. Dort steht auch die **Markthalle** (So geschlossen). Unweit des Turismo befindet sich in der Rua Tenente Valadim 53 der **Supermarkt Pingo Doce** (tägl. 8.30–21 Uhr). Das ca. 7 km südöstlich an der EN 213 Richtung Valpaços gelegene Nantes nennt sich nicht zu Unrecht **Töpferdorf**. Hier gibt es schwarze, nach spezieller Art gebrannte Krüge, Schüsseln, Töpfe aus Ton in allen Ausführungen und Größen. Kunsthandwerker treffen sich zu einer Verkaufsausstellung Mitte August.

Feste Am 1., 2. und 3. Mittwoch vor Ostern wird auf der Feirinha de Folares in der Markthalle das mit gehackten Würsten gefüllte Ostergebäck *folar gefeiert und natürlich auch verkauft*. In den Metzgereien kann man *folar* das ganze Jahr über erwerben. Zum **historischen Stadtfest** am 8. Juli ziehen Folkloregruppen durch die Stadt. Das größte Fest mit riesigem Viehmarkt wird an **Allerheiligen** gefeiert, wenn in der ganzen Stadt diverse Veranstaltungen stattfinden (30. Okt. bis 1. Nov.).

Übernachten
→ Karte S. 206

Hotels/Pousadas etc. **** Forte de São Francisco **1**, in der Festung aus dem 17. Jh. Hier treffen sich historischer Geist und moderner Luxus. Dazu gehören neben den vornehm eingerichteten Zimmern romantische Patios, blumenbewachsene Gartenanlagen, ein großer Swimmingpool, Fitnessraum, Sauna und ein nobles Restaurant. Das DZ kostet 80–195 € je nach Saison und Wochentag. Forte de São Francisco, ☎ 276333700, ✆ 276333701, www.fortesaofrancisco.com.

*** AJ **4**, nahe Busbahnhof. Geschmackvoll eingerichtete Zimmer in der großen Familienpension in der dritten Generation. Über den Betten hängen Heiligenbilder. DZ je nach Saison 50–60 €. Rua Joaquim José Delgado, (332), ☎ 276301050, ✆ 276301051, www.hotelaj.pt.

Jardim das Caldas **7**, gegenüber dem Park. Einfache Familienpension in einem Neubau, 13 ordentliche Zimmer, alle mit Dusche oder Bad/WC. DZ ca. 30–40 €. Alameda do Tabolado, Bloco 5, (523), ☎ 276331180, ✆ 276333191, www.jardimdascaldas.com.

Casa das Termas **6**, zwischen römischer Brücke und Thermen. In einem Hochhaus okkupiert eine kleine Pension elf einfache Zimmer mit Klimaanlage. DZ 25–40 € bei zwei Betten, 25–30 € mit Doppelbett.

Alameda do Tabolado, (524), ☎ 276333280, www.residencialtermas.com.

Turismo de Habitação Hotel Rural Casa de Samaiões, ca. 5 km südlich. Sehr ruhig in der Natur gelegenes Landhotel, 18 luxuriöse Zimmer, in altem Stil gestaltet, aus den modernen Zeiten wurden Minibar und Klimaanlage ebenso hinzugefügt wie Sauna, Fitnessraum, zwei Pools (einer für Kinder), Tennis- und Fußballplatz. DZ je nach Saison ca. 72–93 €. Samaiões, (574), ☎ 276340450, ✆ 276340453, www.hotel-casasamaioes.com.

Quinta da Mata, in Nantes (in Richtung Valpaços). Seit 1994 werden auf diesem Anwesen aus dem 17. Jh. sechs rustikal, aber komfortabel mit altem Mobiliar ausgestattete Zimmer vermietet. Dazu gehören Pool, Sauna, zwei Tennisplätze, auch Pferde und Mountainbikes. Ebenfalls aus dem 17. Jh. stammt die hauseigene Kapelle. Sogar Ex-Präsident Mário Soares steht im Gästebuch. DZ für ca. 65–80 €. ☎ 276340030, ✆ 276340038, www.quintadamata.net.

Camping Quinta do Rebentão, ca. 4 km südwestlich an der EN 2. Platz mit recht viel Schatten und Fahrradverleih. Person 2,70–3,20 €, Zelt 2,20–3,50 €, Auto 2,50–3 €. Im Dez. geschlossen. ☎/✆ 276322733, www.roteirocampista.pt/?dir-item-quinta-do-rebentao.

Essen & Trinken
→ Karte S. 206

In ganz Portugal gerühmt wird der Schinken aus Chaves, den mit Kastanien gefütterte Hausschweine liefern. Das Fleisch wird erst eingesalzen und dann geräuchert. Auch die geräucherten Schweinewürste zum Brot, in Blätterteig oder im Eintopf sind eine Spezialität.

Restaurants Carvalho **9**, am Park. Alles dreht sich in diesem klassisch-modernen Restaurant um die junge Besitzerin und ihre

kochende Mutter, die für ihre Kreationen, oft Verfeinerungen der regionalen Küche, schon viele Preise erhalten hat. Hauptspeisen ab

Trás-os-Montes

Chaves

50 m

ca. 7,50 €. Sonntagabend und Mo geschlossen. Alameda do Tabolado, Bloco 4, ✆ 276321727.

≫ Mein Tipp: **Adega Faustino** ▟, im Zentrum. Riesige, alte Holzhalle mit Kopfsteinpflaster (früher Weinlager). Große Auswahl an Speisen, v. a. Bacalhau und gut zubereitetes Grillfleisch. Hauptgerichte mit Beilagen ab ca. 5 €. So Ruhetag. Travessa do Olival, ✆ 276322142. ≪

Aprígio ▟, westlich des historischen Zentrums. Sehr einfaches Familienrestaurant, das von der Freundlichkeit der Wirtsleute und der guten einheimischen Küche lebt. Den Schwerpunkt bilden deftige Fleischgerichte. Hauptgerichte ab ca. 7 €. So abends geschl. Canto de Trás-do-Calvário, ✆ 276321053.

Casa Costa ▟, zwischen Altstadt und Thermen. Nett mit Kacheln dekoriertes Restaurant in früheren, modernisierten Lagerhallen, allerdings von einem übergroßen Fernseher etwas verunstaltet. Bacalhau, Tintenfisch oder Koteletts vom Zicklein stehen auf der tägl. wechselnden Karte. Hauptspeise ab ca. 5,50 €. Rua do Tabolado, ✆ 276323568.

Café Pastelaria Princesa **3**, im Zentrum. Nicht so alt, aber mit hervorragender Auswahl an süßem und pikantem Gebäck. Rua 1º de Dezembro.

Nachtleben Ein neues **Casino** am Stadtrand lockt vor allem Spanier an. 17–3, So ab 15, Fr/Sa und im August bis 4 Uhr. Mit Hotel betrieb. Lugar do Extremo, Valdanta, www.solverde.pt.

Platz heißt die große Disco im Ort, die auch eine Snackbar und Café beherbergt. Musikrichtung Dance, House. Mo–Do 13–2 Uhr, Fr bis 4 Uhr, Sa bis 6 Uhr und So bis 24 Uhr. Alameda do Tabolado, 59 (nahe Fluss).

Sehenswertes

Römische Brücke: Während der Herrschaftszeit Kaiser Trajans zu Beginn des 2. Jh. fertig gestellt, überspannt die *ponte romana* auf 150 m Länge den Rio Tâmega. Die sichtbaren zwölf Bögen sind aus robusten Granitsteinen zusammengesetzt. Mindestens sechs zusätzliche Bögen liegen heute unter der Erde. Die beiden Säulen mit römischen Inschriften in der Brückenmitte sind Kopien der Originale, die im Regionalmuseum ausgestellt sind.

Castelo: Von der alten Burganlage am südwestlichen Altstadtrand (auf der höchsten Stelle des Ortes) sind der 28 m hohe Wachturm und eine Mauer stehen geblieben. Es wird angenommen, dass hier bereits eine römische Befestigungsanlage stand, die von den Mauren ausgebaut und bei der christlichen Rückeroberung weitgehend zerstört wurde. Etwa Mitte des 14. Jh. ließ König Dinis das neue Kastell errichten, das heute ein kleines Militärmuseum beherbergt. Mo–Fr 9–12.30/14–17.30 Uhr, Sa/So nur nachmittags. Eintritt 1 €, mit Cartão Jovem 0,50 € (Kombiticket für alle Sehenswürdigkeiten.

Museu Sacra und Igreja Matriz de Santa Maria Maior: Die nahe gelegene Pfarrkirche an der Praça da República wurde im 12. Jh. auf den Resten einer noch älteren Kapelle erbaut. Vom romanischen Ursprung sind noch der Glockenturm mit Portal und einer Christusfigur im oberen Teil zu sehen. Der Rest wurde im 16. Jh. verändert. Neu eröffnet wurde ein Kirchenmuseum im Anbau.
Tägl. 9–12.30 und 14–17.30 Uhr. Eintritt 1 €, mit Cartão Jovem frei (Kombiticket).

Igreja de Misericórdia: Schräg gegenüber bildet das üppig ausgestaltete Gotteshaus aus dem 17. Jh. einen harten Kontrast. Die mächtige Fassade aus Granit ist mit Säulen und Fenstern geschmückt. Die Innenwände der einschiffigen Kirche wurden im 18. Jh. vollständig mit Azulejos ausgekleidet, die biblische Szenen illustrieren. Die bemalte Holzdecke zeigt Mariä Verkündigung. Reich verziert ist der vergoldete Altar.

Museu Região Flaviense: Ebenfalls nur wenige Meter entfernt (an der Praça de Camões) fällt die langgestreckte Fassade des Palasts der Grafen von Bragança ins Auge, ursprünglich aus dem 15. Jh., in seinem jetzigen Aussehen aus dem 18. Jh. Das Gebäude beherbergt die städtische Bibliothek und das Regionalmuseum. Neben einfacher Volkskunst werden frühgeschichtliche Funde, römische Säulen, Münzen und Grabsteine gezeigt. In der Mitte des Platzes steht der mittelalterliche Pranger, an der oberen Querseite das Rathaus.

Tägl. 9–12.30 und 14–17.30 Uhr. Eintritt 1 €, mit Cartão Jovem 0,50 € (Kombiticket).

Forte de São Francisco: Der Festungsbau erhebt sich nördlich über das historische Zentrum. Zwischen 1658 und 1662 an der Stelle eines Franziskanerklosters errichtet, verbanden sich die Festungsmauern mit der Stadtmauer. Rechtwinklig angelegt, wird die Anlage an jeder Seite durch einen vorgeschobenen Wehrturm

Trás-os-Montes

geschützt und erhält so einen sternförmigen Grundriss. Der gesamte Bau wurde vollständig saniert und in ein Luxushotel umgewandelt. Bei der angeschlossenen Franziskanerkirche begnügte man sich mit einer Innensanierung.

Forte de São Neutel: Außerhalb der Altstadt und noch weiter im Norden (der Himmelsrichtung, aus der die Spanier einfallen würden) wurde 1664 mit dem Bau einer weiteren Festung begonnen, ebenfalls viereckig und mit vorgeschobenem Wehrturm.

Umgebung von Chaves

Outeiro Seco: Ca. 3 km nördlich an der alten Straße nach Spanien liegt am Ortsrand die einschiffige Kirche *Nossa Senhora da Azinheira*, eine der schönsten romanischen Gotteshäuser in Portugal. Die granitenen Außenmauern sind mit Tierfiguren ausgeschmückt (v. a. Hunde), das Innere mit alten Fresken. Die Kapelle wird besonders gerne für Hochzeiten aufgesucht, eine Trauung in den alten Mauern verspricht lebenslanges Eheglück.

Südlich und westlich von Chaves

Vidago: Der 18 km südwestlich von Chaves gelegene 1000-Einwohner-Ort ist berühmt für seine Heilquellen, die das alkalihaltigste Wasser Portugals hervorbringen. Es wird intramuskulär gegen Asthma, Nierenleiden und Diabetes gespritzt. Die Kurperiode reicht vom 15. Mai bis 30. Oktober. Ebenso bekannt ist der gepflegte Kurpark mit altem Baumbestand und See sowie einem der architektonisch interessantesten Hotelbauten des Landes.

Postleitzahl 5425

Information Largo Miguel Carvalho, ✆ 276907470. Di–Sa 9.30–12.30 und 14–17.30 Uhr.

Übernachten ***** Vidago Palace, im Thermalpark. Ein romantisches Kurhotel des frühen 20. Jh. wie aus einem Roman von Tolstoj. Es wurde vom Architekten Siza Vieira 2010 zu einem Luxushotel umgebaut wurde. Entsprechend beginnen die Preise bei 180 €. Parque de Vidago (307), ✆ 276990920, ✉ 276990912, www.vidagopalace.com.

Pedras Salgadas: Schon nach weiteren 12 km folgt der nächste Thermalort. In Pedras Salgadas (500 Einw.) hilft das Wasser zusätzlich gegen Leberleiden und Rheuma. Und es ist sehr schmackhaft. Das in ganz Portugal verbreitete, hochgeschätzte Mineralwasser, umgangssprachlich kurz *pedras* genannt, wird hier in Flaschen gefüllt. Der Kurpark steht dank seines schönen Baumbestandes dem von Vidago kaum nach.

Dorf zu verkaufen

Anfang der 1980er Jahre war es, als der letzte Einwohner das Dorf Covelo do Monte verließ. Covelo do Monte ist auf keiner Karte zu finden, es liegt in der Nähe von Boticas. Nun steht es komplett zum Verkauf, mit seiner Kapelle, dem Brunnen, einer römischen Straße und insgesamt 63 Hektar Fläche. Preis: 8 Millionen Euro, inklusive einer Genehmigung zum Bau von 69 Ferienhäuschen und dazugehörenden Swimmingpools. Ein Paradies der Ruhe soll es werden. Und schon stehen weitere Dörfer in Trás-os-Montes zum Verkauf. Bei Interesse fragen Sie den Immobilienmakler Ihres Vertrauens in Chaves oder Bragança.

Boticas: Der 850-Einwohner-Ort liegt 23 km westlich von Chaves und ist ebenfalls berühmt für seine guten, manchmal heilenden Tropfen – hier allerdings in Form eines Rebensaftes namens *Vinho dos Mortos*, „Totenwein". Der ungewöhnliche Name rührt daher, dass er nicht in der Kelterei, sondern in Flaschen gärt, die für zwei Jahre in die Erde eingegraben werden – eine zufällige Folge der napoleonischen Besatzungszeit: Bevor die französischen Soldaten, denen der Ruf von Weingenießern vorauseilte, den kleinen Ort erreichten, versteckten die Bauern ihre Flaschen unter der Erde. Als sie sich nach dem Abzug der Franzosen ausgruben, glaubten sie, eine Qualitätsverbesserung feststellen zu können. Und davon sind sie bis heute überzeugt. In von allen Erdkrumen gereinigten Flaschen ist der edle Tropfen im Turismo erhältlich (im Dreierpack ca. 15 €).

Information Turismo neben der Markthalle an der Rua 5 de Outubro (Stadtverwaltung). Tägl. 9–12.30 und 14–18 Uhr. ✆ 276410200.

Hin und weg 3-mal **Busse** nach Chaves.

Feste/Märkte Das attraktivste Fest wird am Jahresanfang gefeiert. Wenn die im Winter geschlachteten Schweine frisch zu Würsten geräuchert sind, gibt es im Januar oder Februar (häufig am vorletzten Wochenende im Februar) die **Gastronomiemesse zu Ehren des Schweins.** Folklore, Musik, Tanz und natürlich Gerichte rund ums Schwein stehen auf dem Programm. Jeweils am ersten und dritten Dienstag im Monat wird in Boticas der große **Wochenmarkt** abgehalten.

Übernachten Casa São Cristóvão, Turismo de Habitação, direkt neben dem Turismo. Sechs angenehme Zimmer in einem typischen Bauernhaus nahe am Fluss. Familienanschluss garantiert. DZ ca. 48–70 € je nach Zimmer. Av. 5 de Outubro (304), ✆ 276415486, www.ruralturismo.net.

Camping ** Boticas, ca. 1,5 km nördlich an der EN 311. Von der Stadtverwaltung betriebener, kleiner, recht schattiger Platz im Sportkomplex mit Schwimmbad. Person je nach Saison 2–2,50 €, Zelt ca. 1,50–3,30 €, Auto 2–2,50 €. EN 311, (301), ✆ 276418251, ✉ 276410142, www.cm-boticas.pt.

Carvalhelhos: 5 km westlich von Boticas. Bekannt wegen des gleichnamigen preiswerten Mineralwassers, das allerdings etwas säuerlich schmeckt. Besuchenswert ist der üppig grüne Park mit Wasseranlagen.

Übernachten Casa da Eira Longa, Turismo de Habitação, ca. 4 km südlich in Vilar. Gutshof mit mehreren Gebäuden und fünf freundlichen Gästezimmern sowie einem Apartment, dazu eine traditionelle Küche mit Holzofen, Pool, Tennisplatz, Kinderspielplatz und ein kleines Museum. An die

Landwirtschaft erinnert auch der originale Maisspeicher. DZ ca. 60 €. ✆/✉ 276415979, www.eiralonga.net.

Essen & Trinken Es gibt mehrere einfache Restaurants in Carreira da Lebre an der N 311 in Richtung Carvalhelhos.

Mirandela

ca. 12.500 Einwohner

Das Landstädtchen inmitten einer fruchtbaren Gegend am Rio Tua erlebte dank seiner verkehrsgünstigen Lage mit dem einsetzenden Straßenbau im 19. Jahrhundert einen unerwarteten Aufschwung. Seine interessantesten Bauwerke stammen aus noch früheren Zeiten. Besondere Attraktion aber ist das moderne Kunstmuseum, das sogar einen Umweg lohnt.

Die **römische Brücke,** die im 15. Jh. erneuert und auf 17 Bögen erweitert wurde, führt direkt in das historische Stadtzentrum. Der minarettartige Kirchturm etwas oberhalb des Flusses wurde allerdings erst vor wenigen Jahren errichtet, denn die frühere Hauptkirche war einfach in sich zusammengefallen, ein Schicksal, das leider auch andere alte Gebäude teilen. Vor der Kirche bezeugt eine riesenhafte

Trás-os-Montes

Betonfigur von Papst Johannes Paul II. den rigiden Katholizismus der Landbevölkerung. Unbestrittenen architektonischen Wert besitzt der angrenzende *Paço dos Távoras*. Die Familie Távora stellte den portugiesischen Heeren in den Kämpfen gegen die Mauren und die Spanier Ritter zur Verfügung und erhielt als Dank die Provinz zugesprochen. Ihren barocken Palast, um den sich die Stadt gruppiert und in dem heute die Stadtverwaltung residiert, erbaute sie im 17. Jh. Auch die anderen palastartigen Gebäude stammen aus dieser Zeit.

Wenige Schritte entfernt ist in der Rua Santo António ein **Stadttor** aus den Zeiten zu bewundern, als die Stadt noch von einer Befestigungsmauer geschützt war. Aus Schiefersteinen zusammengefügt, erreicht es eine Höhe von 2,60 m bei einer Breite von 1,80 m. Die erhöhte Terrasse erinnert an den früheren Wehrgang.

1997 wurde das herausragende *Museu Municipal Armindo Teixeira Lopes* in den Räumen des Kulturzentrums eröffnet, benannt nach einem bekannten städtischen Maler. Das Kunstmuseum in der Av. João M. S. Pimentel zeigt ca. 300 Gemälde und Skulpturen der bedeutendsten portugiesischen Künstler der Gegenwart, darunter Werke von Helena Vieira da Silva, Almada Negreiros und Domingos Sequeira. Eine derartige Sammlung zeitgenössischer einheimischer Kunst ist sonst nur noch in Lissabon zu finden (Mo–Fr 9–12.30, 14–17.30 Uhr, Eintritt frei).

Basis-Infos

Postleitzahl 5370

Information Tourismusamt in der Rua Afonso III (nahe Bahnhof). Mo–Fr 9–17, Sa/So 10–16, im Sommer tägl. 10–16 Uhr. ☎ 800300278 (gebührenfrei) und ☎ 278203143.

Hin und weg Das kleine Mirandela besitzt sogar eine Metro, allerdings oberirdisch! Sie fährt etwa alle 30 Min. vom Bahnhof an der Rua D. Afonso III ab, hält noch 2-mal in der Stadt und fährt knapp 8 km auf der ehemaligen Strecke der Linha do Tua in den Vorort Carvalhais. Diese interessante alte **Schmalspurbahn** führte einst bis Tua, wurde aber von der Eisenbahngesellschaft stillgelegt; für eine Wiedereröffnung wird heftig gestritten. www.cp.pt.

Der Busbahnhof liegt neben dem Bahnhof, von dort 14-mal **Bus** nach Porto (meist über Vila Real), 11-mal nach Bragança (am Wochenende seltener), 6-mal Braga, 3-mal Gui-

marães (Fr und So häufiger), 2-mal nach Peso da Régua und Lamego. **Taxis** erreicht man unter ☎ 278262760.

Adressen/Telefonnummern Polizei ☎ 278260000; Hospital ☎ 278260500. Die **Post** befindet sich in der Rua Santo António. **Internetsurfen** kann man an zwei Orten: Loja Ponto Já, Bairro do Fundo de Fomento de Habitação, Bloco 2-Cave (Mo–Fr 13–19 Uhr) sowie in der Bibliothek in der Rua João Sarmento Pimentel (Mo–Fr 9–19, Sa 14.30–18 Uhr).

Aktivitäten In der nahen Umgebung von Mirandela wurden mehrere hübsche **Wanderwege** von 1½ bis 5 Stunden Dauer angelegt. Infos hält das Turismo bereit. **Geführte Wanderungen, Klettern** und **Mountainbiken** organisiert Anitudes, Rua Arq. Albino Luis Araújo Mendo, 50-5º dto. I, ☎ 914716193 (mobil), www.anitudes.com.

Übernachten/Essen & Trinken

Übernachten **Jorge V, ca. 1,5 km nordöstlich Richtung Bragança. Modernes Haus, funktional eingerichtete Zimmer. DZ ca. 35–45 €. Av. das Comunidades Europeias, (205), ☎ 278265024, ✆ 278265025, http://residencialjorgev.pt.

Casa dos Araújos, Turismo de Habitação, ca. 4 km südlich in Frechas. Das renovierte

Landarbeiterhaus mit großer, überdachter Veranda und schönem Blick auf Landschaft und Rio Tua gehört zum benachbarten Adelspalast mit eigener barocker Kapelle. 10 angenehme Zimmer, Pool, Möglichkeit zum Fischen. DZ ca. 60–70 € je nach Saison und Ausstattung. Frechas, ☎ 278945177, ✆ 278265096.

Quinta Entre Rios, ca. 3 km nördlich, hinter dem Campingplatz in Chelas. In einem großen Landhaus aus dem späten 18. Jh. sind die rustikal eingerichteten, aber teilweise etwas kleinen Zimmer untergebracht. Zum Anwesen gehören Pool und Fahrräder. DZ je nach Saison und Ausstattung ca. 60–75 €. Chelas, ✆ 278263160, www.quintaentrerios. no.sapo.pt.

Camping * **Três Rios Maravilha**, 2 km nordwestlich beim Schwimmbad. Ein einfacher Platz mit recht viel Schatten, betrieben vom örtlichen Campingclub. Auch zwei Bungalows werden vermietet. Person je nach Saison 2,50–3,50 €, Zelt/Auto 2,25–3,50 €. Im Dez. geschlossen. Maravilha, (555), ✆/☏ 278263177, www.cm-mirandela.pt

Essen & Trinken O Grês, auf der Verlängerung der römischen Brücke stadtauswärts. Regionale Küche pur, vom Brot aus Mirandela über die Oliven aus Mirandela zu den Alheiras aus Mirandela und schließlich zum Rind aus Mirandela. Nur eigentümlich, dass der Wein aus dem Nachbarort Vila Flor kommt. Hauptspeisen ab ca. 10 €. Sonntagabend geschlossen. Av. Nossa Senhora do Amparo, ✆ 278248202.

D. Maria, auf der anderen Seite des Flusses und nahe der Fußgängerbrücke. Modernes Restaurant mit eleganter Bar und sympathischem Service. Neben der eher deftigen Mirandeler Küche gibt es Fisch und Meeresfrüchte. Hauptspeisen ab ca. 10 €. Rua Dr. Jorge Pires 3, ✆ 278248455.

Polo Norte, gegenüber der römischen Brücke im Zentrum. Durch einen hübschen, mit Azulejos ausgekleideten Treppenaufgang gelangt man in den einfachen Speisesaal im 1. Stock. Ordentliche Auswahl, Hauptspeisen ab ca. 6 €. Rua dos Combatentes da Grande Guerra 2, ✆ 278262188.

Die Alheira de Mirandela

Mirandelas Spezialität ist eine in ganz Portugal bekannte Wurst. Obwohl per Dekret 137.796 vom 30. Dezember 1999 geschützt, darf sie jeder auch zu Hause selbst produzieren. Für 48 Würste nehme man: 3,5 kg Weizenbrot, 3 kg Speck, ein Huhn, ein Kaninchen, Kalbfleisch, einen Schweinskopf, ordentlich viel Knoblauch und Olivenöl, roten Pfeffer, Salz und die entsprechende Zahl von Därmen. Jetzt braucht es nur noch einen ausreichend großen Topf. Das Fleisch wird gekocht, dann klein geschnetzelt. Die Kochbrühe wird in einem anderen Topf über das Brot geschüttet, dann gemischt, bis ein cremiger Brei entsteht. Diese Masse wird gewürzt, anschließend mit dem Fleisch vermengt und in die trockenen Schweine- oder Rinderdärme gestopft. Und schon sind 48 Alheiras de Mirandela fertig.

Ihre Entstehung hatte allerdings einst einen ernsten Hintergrund: Während der Inquisition erfanden Juden das Rezept, um den christlichen Nachbarn den Bruch des Schweinefleischverbots und damit ihre Abkehr vom Judentum zu demonstrieren. Wenn sie die Würste selbst herstellten, ließen sie allerdings den Schweinskopf weg ...

Trás-os-Montes

Umgebung von Mirandela

Museu das Curiosidades: Etwa 15 km nordöstlich liegt an der Straße nach Bragança das Dorf Romeu, in dem ein privates Kuriositätenmuseum Besucher aus aller Welt anlockt. Es präsentiert die wirklich bizarre Sammlung der Familie Menéres, die mit der Korkverarbeitung zu Reichtum kam. Ausgestellt sind frühe Telefonapparate, ein Ford T, Filmprojektoren und Grammofone, alte Uhren, alle längst stehen geblieben, ein Velociped, Fotos, fotokopierte Zeitungsartikel und, und, und ...
10–16 Uhr, im Sommer bis 18 Uhr, Mo ganztägig und Mi nach 16 Uhr geschlossen. Eintritt 1,50 €. www.quintadoromeu.com/museu.html.

Essen & Trinken Maria Rita, in Romeu. Wer während der Betrachtungen der Gegenstände aus der Steinzeit der modernen Technik Hunger bekommt, kann diesen bei deftiger regionaler Küche im rustikalen Familienrestaurant befriedigen. Hauptspeisen ab ca. 10 €. Sonntagabend und Mo ganztägig geschlossen. Rua da Capela, ☎ 278939134.

Murça: 30 km südwestlich (Richtung Vila Real) liegt das verschlafene Städtchen, berühmt für reines Olivenöl und herbe Weine. Doch noch berühmter ist ein Schwein, das alleine den Besuch lohnt: die riesenhafte *Wildsau Porca* aus Granit, die inmitten einer Grünanlage auf dem Dorfplatz von ihrem Steinblock herab die ankommenden Besucher begrüßt. Sie ist heute das Wahrzeichen der Stadt. Ihre Vergangenheit liegt noch etwas im Dunklen, doch soll es sich um ein Fruchtbarkeitssymbol aus den Zeiten der Keltiberer handeln. Ein Spaziergang durch das Ortszentrum führt an verschiedenen Sonnenuhren vorbei, einen zusätzlichen Blick lohnt die reich ornamentierte Fassade der Hauptkirche Misericórdia. Ansonsten schlägt das Leben hier in ganz gemächlichem Takt.

Bragança　　ca. 23.000 Einwohner

Eine steife Brise Katholizismus durchweht die Stadt, aus der die letzte portugiesische Königsdynastie stammt. Nicht nur alte Menschen küssen dem Bischof die Hand, wenn sie ihm auf der Straße begegnen. Zu Stein geworden ist der Konservatismus in mächtigen, bedeutungsvollen Bauwerken. Doch auch attraktive Museen sind mittlerweile hinzugekommen.

Noch heute füllt der alternde Herzog von Bragança die Seiten der Gesellschaftsjournale, nachdem er sich eine deutlich jüngere Frau gesucht und ein Kind nach dem anderen produziert hat – wohl in der allerdings gänzlich unbegründeten Hoffnung, eines von ihnen möge einen zukünftigen Thron besteigen. Eine monarchistische Partei unterstützt ihn in seinem Anliegen, aber nur knapp 0,1 % der Wähler geben ihr die Stimme.

Das mittelalterliche Stadtzentrum spiegelt den Reichtum wider, der einst in der Stadt herrschte. Patrizierhäuser und Adelspaläste rund um die Kathedrale, dem Mittelpunkt der Unterstadt, strahlen bis heute in granitenem Glanz. Eine wuchtige Festungsmauer umläuft die Königsburg auf einer östlich gelegenen Anhöhe. Nach alter Tradition gepflasterte Gassen führen hinauf. Der Blick schweift über die grünen Berge des Naturparks von Montesinhos im Norden und das hügelige Quellgebiet des Rio Sabor im Süden. Doch irgendwie wirkt die Distrikthauptstadt ländlich, fast spießig, fehlen doch Industrieansiedlungen und damit eine Arbeiterschaft, die den Mief der Jahrhunderte hätte aufbrechen können. Weil sie kein Auskommen mehr fanden, verließen in den 1960er und 1970er Jahren viele Menschen die Region Richtung Frankreich, inzwischen wurde sogar der Regionalflughafen reaktiviert, von wo in der Ferienzeit Flüge nach Paris starten. Als Investition in die Zukunft wurden mittlerweile zwei Altstadthäuser saniert und zu Studentenwohnungen, auch für Teilnehmer des Erasmusprogramms, umfunktioniert.

1187 erhielt Bragança – einst wichtige römische Siedlung, dann durch germanische Stämme vollständig zerstört – die Rechtsunabhängigkeit, im gleichen Jahr wurde mit dem Bau der Stadtburg begonnen, die die Region vor kastilischem Zugriff schützen sollte. 1464 verlieh König Afonso V. die Stadtrechte, und zwar auf Wunsch des zweiten Herzogs von Bragança. Der stammte aus jenem Adelsgeschlecht, das nach der Vertreibung der Spanier 1640 bis zur bürgerlichen Revolution 1910 die portugiesischen Könige stellen sollte. Doch davon hatte die Stadt selbst relativ wenig, war sie zwar königlicher Stamm-, doch nicht Wohnsitz. Dieser lag in Vila Viçosa in der südlichen Provinz Alentejo. Erst 1780 wurde Bragança Bischofssitz, bis dahin wurde die Diözese von Braga und später von Miranda do Douro geleitet. Aufgrund des fest verankerten Katholizismus besitzt der heutige Bischof allerdings großen Einfluss in ganz Portugal.

Basis-Infos

Postleitzahl 5300

Information Turismo in der Av. Cidade de Zamora, Mo–Fr 9–12.30, 14–17, Sa 10–12.30 Uhr, im Sommer teilw. erweiterte Zeiten. ✆ 273381273.

Hin und weg Busse fahren grundsätzlich Mo und Fr während der Schulzeit häufiger. Fast stündlich nach Porto (meist über Vila Real). Ebenso häufig nach Vila Real, 6-mal Amarante, Guimarães, Braga, 2-mal Peso da Régua und Lamego, je 1-mal Foz Côa und Trancoso. Die Busse fahren am ehemaligen Bahnhof ab. Innerhalb der Stadt und in die nähere Umgebung (auch in den Naturpark) verkehren die **Stadtbusse** des Unternehmens STUB. Infos zu den Verbindungen im Tourismusamt. **Taxis** erreicht man unter ✆ 273322138.

Adressen/Telefonnummern Polizei ✆ 273300589, ✆ 273303400; Hospital ✆ 273310800; Post Rua 5 de Outubro. Kostenlos im Internet surfen kann man im IPJ, in der Stadtbibliothek, im Wissenschaftsmuseum Ciência Viva und in der Jugendherberge.

Einkaufen Die neue **Markthalle** liegt westlich des historischen Zentrums beim Rathaus. Dort bietet sich auch die beste Möglichkeit zum Erwerb von Kunsthandwerk, insbesondere der *cantarinhas* (s. o.). Wochenmärkte inkl. Viehmarkt finden am 3., 12. und 21. eines jeden Monats statt oder am darauffolgenden Montag, falls dieser Tag aufs Wochenende fällt. Ein modernes Einkaufszentrum mit Supermarkt hat an der Praça Sá Carneiro eröffnet. Wer deutsche Produkte bevorzugt, findet sein Glück bei Lidl hinter der alten Bahnstation.

Feste Zweimal im Jahr lädt Bragança zur großen Feier. Vom 2. bis 4. Mai findet die Feira das Cantarinhas statt. *Cantarinhas* sind aus Lehm gebrannte Wasserkrüge in allen Größen, die früher nicht bemalt waren. Heute sind sie teilweise bemalt und im Tourismusamt ausgestellt. Bei der Feira treiben die Bauern ihre Tiere in die Stadt, wo das Federvieh, die Schweine, Esel und Rinder zum Verkauf angeboten werden; darüber hinaus sind Kleidung, Möbel und Kunsthandwerk im Angebot.

Die **Festa da Cidade** erfüllt im August die Innenstadt mit Leben. Höhepunkt ist das Mittelalterfest **Festa da História** vom 15. bis 17. Aug. in der Citadela. Am Schlusstag, dem **Stadtfeiertag** am 22. August zu Ehren der Nossa Senhora da Graça, wird eine große Prozession veranstaltet. Außerdem gibt es religiöse Darbietungen, Tanz, Folklore und Kunsthandwerk.

Der Schandpfahl von Bragança

Wandern Faltblätter zu Wanderwegen in der Umgebung und allgemeine Informationen zum **Parque Natural de Montesinho** erhält man im Parkbüro: Bairro Rubacar, Rua Cónego Albano Falcão, lote 5, ✆ 273300400, ✉273381179. Sa/So geschlossen, am Wochenende im Büro in Vinhais. Nähere Informationen zum Naturpark → S. 219.

Übernachten

Hotels/Pousadas etc. Pousada de São Bartolomeu **11**, auf einem Hügel am südöstlichen Stadtrand. Geräumiges, modernes Gebäude mit weitem Blick auf den mittelalterlichen Ortskern und die Festungsanlage. Jeglicher Komfort einschließlich Pool in ruhiger Umgebung wird garantiert. DZ je nach Saison 90–170 €. Estrada de Turismo, (271), ✆ 273331493, ✉ 273323453, www.pousadas.pt.

**Classis 1, an der Hauptstraße westlich des historischen Zentrums. Etwas dunkel gehaltene Unterkunft in einem Neubau. Auch die Zimmer, davon zwei im vierten Stock mit Terrasse, sind dunkel eingerichtet, aber mit Klimaanlage und modernen Bädern (Dusche oder Wanne) inkl. Föhn. Die Zimmer nach hinten sind ruhig. DZ ca. 50 €. Av. João da Cruz 102, (178), ✆ 273331631, ✉ 273323458, www.hotelclassis.com.

**Tulipa 2, westlich des Friedhofs. Sehr freundliche und recht ruhige Familienpension etwas versteckt in einer Seitenstraße. Die Lieblingsfarbe der Familie ist Blau. Sie dominiert in Rezeption und fast allen Zimmern. Zum Haus gehört ein einfaches Restaurant mit großen Steaks. DZ ca. 50 €. Rua Dr. Francisco Felgueiras 8–10, (134), ✆ 273331675, ✉ 273327814, www.tulipaturismo.com.

São Roque 3, zwischen Tourismusamt und Burg. Die Unterkunft belegt die beiden oberen Stockwerke eines achtstöckigen Wohnhauses. Sehr einfache Zimmer mit Du/WC, aber mit fantastischem Blick: von den Zimmern nach Norden auf die Berge des Naturparks, nach Süden auf die Burganlage. DZ mit Bad und Frühstück im Panoramasaal ca. 38 €. Rua Miguel Torga, (037), ✆ 273381481, ✉ 273326937.

**Senhora da Ribeira 4, im Zentrum. Etwas versteckt in einem Neubau in einer schmalen Quergasse, recht ruhig. Sachlich eingerichtete Zimmer mit Klimaanlage. DZ mit Bad und Frühstück ca. 40–50 € je nach Saison. Travessa do Hospital Velho 72, (248), ✆ 273300550, ✉ 273300555.

Hospedaria Poças **7**, nahe Kathedrale. Das Restaurant vermietet einige sehr einfache, aber recht geräumige Zimmer mit viel Licht, Holzfußboden und älteren Möbeln. Einige Zimmer im dritten Stock mit großer Terrasse zur Praça da Sé. Zimmer ohne Bad pro Person ca. 10 €. Rua dos Combatentes da Grande Guerra 200, (113), ✆ 273331428.

Turismo de Habitação Quinta da Avozinha, ca. 2,5 km südlich. Das „Landhaus der Großmutter" stammt aus dem Jahre 1930 und wurde in jüngerer Zeit erweitert. Neben vier ansprechend ausgestatteten Zimmern (eines sehr gemütlich unter dem Dach) gibt es auch einen Pool und schöne Sicht auf den Fluss Sabor. DZ ca. 100 €. Cabeça Boa, Samil, ✆ 273331101, ✉ 273329193, www.quintadavozinha.pt.

Jugendherberge Pousada de Juventude **10**, die moderne Jugendherberge mit 28 Zimmern und voll ausgestatteten Doppelzimmern und Apartments ist behindertengerecht angelegt. DZ mit WC ca. 30–32 € je nach Saison, ohne WC 26–28 €, Vier- und Sechsbettzimmer ca. 11–13 €, Apartment 55–60 €. Forte de São João de Deus, ✆ 273329231, ✉ 217232101, http://microsites.juventude.gov.pt/portal/pt/pbraganca.htm.

Camping ** Fundação Inatel, 6 km nördlich Richtung Portelo. Am Flussufer des Rio Sabor (an einer Staustufe des Wasserwerks). Manche Kinder baden sogar im Fluss, die Wasserqualität ist aber sicher nicht okay. Person ca. 4,30 €, Zelt je nach Größe 4,85–6,90 €, Auto ca. 3,05 €. Geöffnet 1. April bis 30. Sept. EN 103.7, Rabal, ✆ 273001090, ✉ 273001097, www.inatel.pt.

** Cepo Verde, in Gondesende (etwa 10 km westlich Richtung Vinhais). Hübsch terrassenförmig auf einem Hügel, Schatten durch Kastanienbäume, mit Pool. Person je nach Saison 2,80–3,85 €, Zelt 2,80–3,90 €, Auto 1,80–2,40 €. Geöffnet 1. April bis 15. Sept. Gondesende, ✆ 273999371, ✉ 273323577, http://www.montesinho.com.

Ein weiterer Campingplatz im Matosinho-Nationalpark (s. dort).

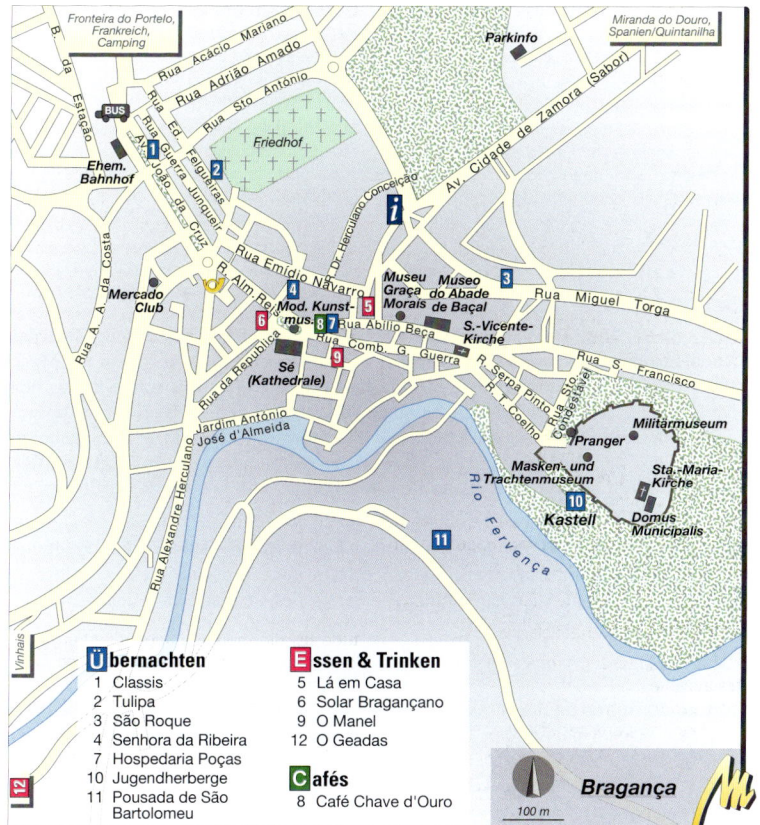

Übernachten
1 Classis
2 Tulipa
3 São Roque
4 Senhora da Ribeira
7 Hospedaria Poças
10 Jugendherberge
11 Pousada de São Bartolomeu

Essen & Trinken
5 Lá em Casa
6 Solar Bragançano
9 O Manel
12 O Geadas

Cafés
8 Café Chave d'Ouro

Bragança
100 m

Essen & Trinken/Nachtleben

Restaurants Lá em Casa **5**, östliches Stadtzentrum. Reiche Auswahl an Fischgerichten und gegrilltem Fleisch an weiß aufgedeckten Tischen in einem sehr netten Speisesaal. Hauptgerichte ab 10 €. Rua Marquês de Pombal 7, ✆ 273322111.

»» Mein Tipp: Solar Bragançano **6**, neben der Kathedrale. Unbestritten die Nummer eins in Sachen Kochkunst und Atmosphäre, zumal die moderne Konkurrenz kürzlich dichtgemacht hat. Im 1. Stock eines reichen Bürgerhauses sitzt man unter Kristallleuchtern, die von der antiken Holzdecke herabhängen. Klassische Musik erfüllt den Raum. Gar nicht so selten genießt an einem Nebentisch der Bischof die Speisen nach regionalen Rezepturen. Viel Wild, etwa Fasan mit Kastanien, Reis vom Hasen oder Rebhuhn mit Trauben. Am besten aber ist vielleicht das Zicklein aus dem Ofen. Hauptgerichte ab 10 €. Im Winter Mo Ruhetag. Praça da Sé, ✆ 273323875. **««**

O Geadas **12**, am südlichen Stadtrand. Im enorm großen Speisesaal mit schönem Blick auf den Pousadahügel wird regionale Küche wie Zicklein oder Wildschwein aufgetischt. Guter Service und große Auswahl.

Hauptgerichte ab ca. 10 €. Sonntagabend zu. Rua do Loreto, ☎ 273324413. Angeschlossen ist ein Pub für danach.

O Manel **9**, nahe der Kathedrale. Gutbürgerliches Restaurant, einfacher Speiseraum im 1. Stock. Deftige regionale Küche, etwa würzig marinierte Fleischspieße. Riesige Portionen, von denen locker zwei Leute satt werden. Hauptgerichte ab ca. 9 €. So Ruhetag. Rua Oróbio de Castro 27, ☎ 273322480.

Cafés   Café Chave d'Ouro **8**, neben der Kathedrale. Das Traditionscafé in Bragança, in dem sich die alten Herren zur politischen Diskussion ebenso treffen wie junge Leute und Familien. Praça da Sé.

Nachtleben   Bekannt für sein Nachtleben ist das katholische Bragança eigentlich nicht unbedingt, wenn da nicht die durchgestylte Disco **Mercado Club** in der neuen Markthalle wäre. Do–Sa 22–5 Uhr

Sehenswertes

Praça da Sé/Dom: Der Platz vor der Bischofskirche bildet das städtische Zentrum. Rundherum befinden sich Cafés und Restaurants, noch 1864 wurde hier der Markt abgehalten. In der Mitte erhebt sich ein barockes Steinkreuz aus dem Jahre 1689. Der einschiffige Dom wurde ursprünglich von den Jesuiten im 16. Jh. errichtet und danach mehrfach umgestaltet. Einen Besuch lohnen der restaurierte Kreuzgang um einen begrünten Innenhof und die Sakristei, an Wänden und Decke ausgeschmückt mit 39 Bildern aus dem Leben des heiligen Ignatius von Loyola, des Gründers des Jesuitenordens.

Modernes Kunstmuseum: Die Verwaltung von Bragança will aus dem Städtchen ein Museumszentrum machen. Das wichtigste neue Museum ist das Centro de Arte Contemporânea Graça Morais, das der in der Region geborenen Künstlerin gewidmet ist. Ihr Werk beschäftigt sich stark mit der Rolle der Frau in der bäuerlichen Welt.
Di–So 10–12.30 und 14–18.30 Uhr. Eintritt 2 €, mit Cartão Jovem 1 €.

Museu do Abade de Baçal: Auf halber Strecke zum Castelo stößt man auf den ehemaligen Bischofspalast, der 1912 in ein ethnografisches Museum umgewandelt wurde. Nicht ohne Grund, denn der frühere Bischof Abade de Baçal hatte sein Leben (1865–1947) ganz der ethnografischen Forschung gewidmet. Heute grüßt er die Besucher selbstzufrieden von einem Ölgemälde im Eingangsbereich. Sicherlich trug auch die Pracht seines Palastes dazu bei, dass der Bischof so lebensfroh dreinschauen konnte. Das gut geordnete Museum vereint römische Funde, kostbare Möbel, Völkerkundliches und Skulpturen. Eine Besonderheit ist die Sammlung der *berrões*, fantastische Schweine aus Granit, ein Fruchtbarkeitssymbol aus der Keltenzeit (siehe auch Murça auf S. 212). Zudem verdient eine Sammlung kurioser Gemälde besondere Beachtung: Sie zeigen die Schandpfähle des ganzen Distrikts.
Di–Fr 10–17, Sa/So bis 18 Uhr. Eintritt 2 €, 14–25 und über 65 J. 1 €, mit Cartão Jovem 0,80 €.

Nur wenige Schritte hinter dem Tourismusamt betreibt die Wohlfahrtsorganisation Santa Casa da Misericórdia ein weiteres Volkskundemuseum, das *Museu Etnografico Dr. Balmarmino Afonso*, das sich dem Themenkreis Landleben widmet.
Mo–Fr 9–12.30 und 14–17.30 Uhr. Eintritt frei.

Largo do Principal/Igreja São Vicente: Im Volksmund heißt der wenige Schritte vom bischöflichen Museum entfernte Platz wegen der gleichnamigen Kirche auch São Vicente. Das ursprünglich romanische Kirchlein wurde im 16., 17. und 18. Jh. mehrfach umgestaltet, als sich die Stadt ausdehnte und die Burgmauern sprengte. Das Kachelbild an der Außenfassade stammt aus dem Jahre 1929 und zeigt General Sepúlvedas Aufruf gegen Napoleons Invasion 1808. Neben der Kirche erhebt sich die frü-

here Residenz des Priors, des sogenannten *principal,* mit hübschen Arkadenbö-
gen. Der Brunnen war 1746 der einzige
in der Stadt, er ist mit den königlichen
Wappen dekoriert. Ein Monument in
der Mitte ist den portugiesischen Gefal-
lenen des Ersten Weltkriegs gewidmet.
Auf engem Raum wird also gewissermaßen allen Bedürfnissen architektonisch
Rechnung getragen – von der Religion
bis zum profanen Trinkwasser. Selbst
Stierkämpfe und Wochenmärkte wurden einst hier abgehalten.

Igreja und Convento de São Bento:
Vom Largo führt die Rua Trindade
Coelho direkt zum Castelo, doch bietet
sich ein kurzer Abstecher zur Benedik-
tinerkirche am nordwestlichen Fuß des
Burghügels an, die eine versteckte Kost-
barkeit aufweist. Man betritt die Kirche
über ein Seitenportal im manieristischen Stil. Doch die besondere Aufmerksamkeit richtet sich auf das De-
ckengemälde und die geometrischen
Stuckarbeiten im Mudejarstil über dem
Altar,   ausgeführt   von   islamischen
Handwerkern im Auftrag der christlichen Herrscher. Verbreitet sind solche
Arbeiten v. a. in Andalusien, in Portugal
findet man sie kaum, eine der wenigen
Ausnahmen lässt sich hier bewundern.

Praça da Sé

Castelo: Wuchtig erhebt sich die weithin sichtbare Burganlage über Bragança, aus
der die 34 m hohe *Torre de Menagem* aus wuchtigem Granit und Schiefer herausragt. Ein doppelter Mauerring schützte die mittelalterliche Stadt *(cidadela)* vor
kastilischen Angriffen. Zwischen 1187 und 1199 wurde ein erster Festungsring errichtet, der später unter dem fleißigen Burgenbauer König Dinis erheblich verstärkt
wurde, sodass das Kastell als uneinnehmbar galt. Aber manchmal war es auch
schwer, hinauszugelangen. Eine hübsche Prinzessin wollte – so die Legende – einen
nicht weniger schönen maurischen Prinzen heiraten, was allerdings der katholischen Vorstellungswelt widersprach. Kurzerhand wurde sie in den Turm an der
Nordseite des Kastells gesperrt und musste dort so lange einsitzen, bis sie dem
heiratsfähigen Alter entwachsen war. Das ist lange her, doch die Häuser der Wohn-
burg sind bis heute bewohnt.

Museu Ibérico da Máscara e do Traje: Der Nordosten Portugals ist berühmt für
winterliche Feste mit jahrhundertelanger Tradition. Farbenfroh sind die Verklei-
dungen, mit denen die Gespenster der dunklen Jahreszeit vertrieben oder der Frühling angelockt werden sollen. In der Rua D. Fernão 24/26 im Burgviertel widmet
das Museum seit 2007 den Masken und Trachten aus der portugiesischen Region
Trás-os-Montes und den Nachbargebieten in Spanien einen eigenen Raum. Auf

drei Stockwerken werden 60 Masken, 45 Trachten und Kunsthandwerksartikel gezeigt. Träger sind die Stadtverwaltungen von Bragança und Zamora (Spanien).
Di–So 10–12.30 und 14–18 Uhr, im Sommer 9–13 und 15–18 Uhr. Eintritt 1 €.

Domus Municipalis/Igreja de Santa Maria: Wenig Genaues ist über einen der ältesten erhaltenen Profanbauten Portugals bekannt. Vermutlich im ersten Drittel des 13. Jh. errichtet, mag es sich um ein Rathaus gehandelt haben, zumindest aber diente der hallenartige Saal mit seinen zahlreichen romanischen Fensterbögen, unter denen sich eine Steinbank entlangzieht, als Versammlungsort für die einflussreichen Männer der *cidadela*. Den eigenartig fünfeckigen Grundriss bestimmte eine darunter liegende Zisterne, in der Regen- und Trinkwasser gesammelt wurde. Die Bezeichnung Domus Municipalis stammt erst aus dem 19. Jh. Die danebenliegende Igreja de Santa Maria hat ihre Ursprünge ebenfalls im 13. Jh. und wurde mehrfach umgestaltet. Eindrucksvoll ist das opulente Eingangsportal aus der Barockzeit.

Torre de Menagem (Militärmuseum): Mit dem Bau des Burgturms wurde 1409 begonnen, 40 Jahre dauerte die Fertigstellung. Ergebnis war, wie zeitgenössische Beobachter angesichts der beiden gotischen Zwillingsfenster gen Osten und Süden befriedigt feststellten, „der eleganteste und schönste Turm des ganzen Landes". Umgeben von kleineren zylindrischen Türmen, erhebt sich die Torre de Menagem 34 m in die Höhe und war damit „höher als die Türme der Kirchen!" Heute ist ein kleines Militärmuseum eingezogen, dessen Besuch den Aufstieg auf die zinnengekrönte Aussichtsplattform ermöglicht.
Di–So 9–12.30 und 14–17 Uhr. Eintritt 2 €.

Pranger: Neben dem inneren Kastell und nahe dem Rathaus erhebt sich auf dem Largo de São Tiago ein eigenartig gestalteter Schandpfahl, der bezeugte, dass die Rechtsprechung in den Händen der weltlichen Macht lag. Die Säule stammt wahrscheinlich aus dem 15. Jh. Doch sie steht auf einem granitenen Schwein aus vorchristlichen Zeiten, einem Fruchtbarkeitssymbol. Es wird im Volksmund das Stadtschwein genannt.

Casa da Sede: In den alten Räumlichkeiten einer Mühle am südlichen Stadtrand hat das Wissenschaftsmuseum Ciência Viva eine interaktive Ausstellung zur Seidenspinnerei eröffnet (*sede* = Seide). Ein interessantes Experiment, nicht nur für Kinder und Jugendliche.
Di–Fr 10–18, Sa/So 11–19 Uhr. Eintritt 2,50 €, mit Cartão Jovem 1,50 €, Familienkarte 5 €.

Umgebung von Bragança

Miradouro de São Bartolomeu: Der Aussichtspunkt etwa 2 km hinter der Pousada de São Bartolomeu (→ „Bragança/Übernachten") liegt südlich fast direkt über dem Burghügel und erlaubt einen außerordentlichen Blick auf das Kastell.

Castro de Avelas: An der IP 4 ca. 6 km westlich von Bragança sind in Castro de Avelas die Reste eines Benediktinerklosters aus dem 12. Jh. zu sehen, das bereits 1543 verlassen wurde. Erhalten blieb die originelle Klosterkirche aus Backsteinen, eine in Portugal einmalige Bauweise.

Vinhais   ca. 600 Einwohner

Bis ins 16. Jh. wurde Vinhais als die „reiche Ansiedlung" bezeichnet. Ein mächtiges Kastell schützte den Ort, der bereits 1253 die Stadtrechte verliehen bekam. Doch Burg und Ort verfielen über die Jahrhunderte, heute stehen nur mehr zwei Torbögen der ursprünglichen Anlage. Ältestes erhaltenes Bauwerk ist die romanische Kirche São Facundo aus dem 12. oder 13. Jh., die auf dem Friedhof steht. Hauptkirche ist die zwischen 1770 und 1780 im Stile der Renaissance erbaute Igreja de São Francisco. Den weltlichen Reichtum lassen einige mächtige Bürgerhäuser erkennen, besonders der Solar der Grafen von Vinhais an der Hauptstraße. Vinhais ist Ausgangspunkt für Ausflüge in die nördlich gelegene, fast unberührte Serra da Coroa, einen Teil des Naturparks Montesinho.

Im **Parque Biológico** können endemische Tiere und Pflanzen bewundert werden. Hinzu kam 2013 ein kleines Zentrum für Pilzkunde. Zudem gibt es preiswerte Übernachtungsmöglichkeiten (tägl. 9–16.30 Uhr, im Sommer 10–18 Uhr. Eintritt 2 €).

Portugalweit gerühmt werden die traditionellen Räucherwürste der einheimischen Metzger; produziert werden davon alljährlich maximal 3000 kg, und nur aus dem Fleisch einheimische Schweine.

Postleitzahl 5320

Information Modernes **Tourismusamt** liegt an der Praça do Município. Im Winter Mo–Fr. 9–13, 14–17, Sa/So 10–13, 14–17 Uhr, im Sommer auch länger. ✆ 273770309.

Hier gibt es Kunsthandwerk und Infos zu Wanderwegen und zu einem Ausflug per Auto: Die **Rota das Árvores Centenárias** führt zu alten Kastanien- und Nussbäumen der näheren Umgebung. Außerdem unterhält der Naturpark von Montesinho das **Infozentrum Casa da Vila**, Dentro da Vila, tägl. 9–12.30, 14–17.30 Uhr. ✆ 273771416.

Übernachten/Essen Cidadela Transmontana, am Ortsende oberhalb der Straße nach Chaves. Moderne Unterkunft mit einfach, aber geschmackvoll eingerichteten 22 Zimmern, von denen sich ein sehr schöner Blick auf die grüne Umgebung eröffnet. Klimaanlage vorhanden. Zur Residencial gehört ein einfaches Restaurant, Hauptspeisen ab ca. 6,50 €. DZ mit Doppelbett ca. 40 €, mit zwei Betten ca. 45 €. Rua dos Frades, (331), ✆ 273771226, ✉ 273770111.

Die Legende vom Feigenbaum auf dem Glockenturm

Als 1834 auch das Franziskanerkloster von Vinhais säkularisiert wurde, fand ein zorniger Mönch noch die Möglichkeit zu einer Abschiedspredigt, die er mit einer Drohung schloss: „In unserer Kirche São Francisco wird keine Messe mehr gelesen werden, bis nicht ein Feigenbaum auf dem Glockenturm wächst." Tatsächlich vergingen nur wenige Jahre, bis auf einem Gesims zwischen den Türmen ein Feigenbaum zu sprießen begann. Zeitgleich erschienen zwei Jesuitenpatres, um eine neuntägige Messe zu lesen. Und der die christlichen Herzen rettende Baum gedeiht weiterhin auf der Kirche ...

Parque Natural de Montesinho

Der 1979 gegründete Naturpark umfasst eine Fläche von 74.229 ha nördlich von Bragança und Vinhais. Es handelt sich um eine einsame, ländliche Region mit rauem Klima, tiefen Tälern und Bergen, die eine Höhe von bis zu 1481 m erreichen. Dahinter liegt Spanien. *Terra fria*, „kaltes Land", wird die Region genannt, nur 9 °C ist die jährliche Durchschnittstemperatur in den Höhenlagen. Trotzdem ziehen sich dichte Eichen-, Kiefern- und Kastanienwälder die Hügel hinan. Kein Wunder, dass Esskastanien in vielen Kochrezepten eine große Rolle spielen. Wölfe, Wildschweine, Hasen und Fasane verstecken sich in den Wäldern, einige wenige Königsadler zeigen sich in den Lüften, und auch die seltenen Schwarzstörche kann

Trás-os-Montes

man manchmal beobachten. Mehr als 110 Vogelarten leben hier, so viele wie nirgends sonst auf so engem Raum in Portugal.

Viele der gedrungenen, flachen Häuser aus Granitmauern und Schieferdächern sind von den Bewohnern verlassen worden, denn die Gegend ist nicht nur die ärmste in Portugal, sondern wohl im gesamten „alten Europa". Eine touristische Infrastruktur ist wenig entwickelt, auch wenn langsam mit dem Anlegen von Wanderwegen begonnen wird. Doch wer Ursprünglichkeit sucht, wird sie hier finden. Eine ganz eigene Kultur hat sich über Jahrhunderte erhalten. Elegische Melodien werden in den Dörfern auf uralten keltischen Dudelsäcken gespielt. Mit kleinen Heimatkundemuseen, die von der Parkverwaltung finanziell und ideell gefördert werden, wird der Versuch unternommen, die alten Traditionen zu bewahren. Besonders zu empfehlen ist das *Museum in Palácios*, ca. 17 km östlich von Bragança an der N 308 gelegen. Im restaurierten Bauernhaus finden sich Küchengeräte, Werkzeuge zur Leinenverarbeitung und eine Weinpresse. Weitere Museen unterhalten die Nachbarorte *Caravela* und *Babe* (jeweils 3 km entfernt).

Die Kommune von Rio de Onor

Über die Jahrhunderte hat sich in dem eigentlich wenig attraktiven Ort an beiden Ufern des Flusses Onor ein Gemeinschaftsleben entwickelt, wie es früher in den armen Gegenden im Minho und in Trás-os-Montes weit verbreitet war – hier aber hat es sich bis heute erhalten. Es gibt noch den Dorfbackofen, in dem das Brot gemeinsam gebacken wird, und auch die Kühe werden von einem Jungen aus dem Dorf gemeinsam auf die Weide getrieben, reihum geht das. Ebenfalls etwas Besonderes ist die Gemeinschaftssprache, eine kuriose Mischung aus Portugiesisch und Galicisch, dazu ein paar keltische Brocken, unverständlich für Außenstehende. Berühmt wurde Rio de Onor durch einen Bericht des Anthropologen Jorge Dias, der in Portugal für großes Aufsehen sorgte. Ob er durch die geweckte Neugier zum Erhalt der dörflichen Strukturen beigetragen hat oder eher deren Auflösung beförderte, bleibt allerdings abzuwarten.

Montesinho, etwa 20 km nördlich von Bragança gelegen, ist Namensgeber für den Park und zugleich der schönste Ort. Viele Häuser sind restauriert, eine hübsche Kirche lädt zum Gottesdienst. Doch auch hier leben nur mehr knapp 50 Einwohner. Einmalig ist das dorfgemeinschaftliche Zusammenleben in *Rio de Onor* an der Grenze zu Galicien. Erreicht wird der Ort auf einer kurvigen, stetig ansteigenden und wieder abfallenden Straße, die weite Ausblicke über die hügelige, von Menschen scheinbar unberührte Landschaft erlaubt. Eigentlich sind es sogar zwei Orte, der andere liegt auf spanischer Seite. Sie sind zu einer Wallfahrtsstätte für Ethnologen geworden.

Information   Ein **Informationsbüro** des Parks befindet sich in Bragança: Bairro Rubacar, Rua Cónego Albano Falcão, lote 5, ✆ 273300400, 📠 273381179. Es gibt eine englischsprachige und mehrere portugiesischsprachige Infobroschüren. Mo–Fr 9–12.30 und 14–17.30 Uhr. Ein zweites, täglich geöffnetes Büro befindet sich in Vinhais (siehe dort).

Hin und weg   Von Bragança aus fahren **Busse** der STUB und der Rodonorte in den Park.

Baden   2 km unterhalb von **Terroso**. Im Ort beim Kreuz abbiegen und links an der Kirche vorbei. Eine Schotterpiste führt ins Tal hinunter. Saftig grüne Liegewiese und ein kristallklares Staubecken des sauberen Rio Baceiro. Man ist praktisch alleine. Von der alten Mühle, die hier stcht, sind das Gebäude und sogar die Turbinenräder noch gut erhalten. Eine weitere Badestelle findet man unterhalb der Brücke (westlich von Vilarinho).

Übernachten Die Parkverwaltung vermietet mehrere Häuser in schöner Umgebung, je nach Größe kosten Sie 40–220 € pro Tag. Daneben gibt es zahlreiche Privatunterkünfte (www.amontesinho.pt).

Moinho do Caniço, Turismo de Habitação, am Fluss Baceiro (13 km westlich von Bragança). Eine ehemalige Wassermühle, die zwischen Bragança und Vinhais in unmittelbarer Nähe des Naturparks liegt. Sehr romantisch und sehr rustikal, aber vielleicht etwas überteuert. Zwei Zimmer für bis zu 6 Pers., abhängig von Gästezahl und Saison ca. 80–100 €. Ponte de Castrelos, Castrelos, www.montesinho.com.

Casa da Bica, ca. 8 km westlich von Bragança Richtung Vinhais. Regionaltypisch aus Schiefer erbautes, rustikales Haus im Naturpark. Vier einfache DZ, je nach Größe und Saison ca. 35–55 €. Gondesende, ℰ 273999454, ℰ 273323577, www.montesinho.com.

Casa dos Marrões, ca. 17 km nordwestlich von Bragança. Das 300 Jahre alte Haus in einem kleinen Dorf im Naturpark, erbaut aus Schiefer und mit Fußböden aus Kastanienholz, bietet sechs rustikale Gästezimmer mit modernen Bädern. DZ je nach Saison ca. 50–60 €. Vilarinho de Cova de Lua, (525), ℰ/ℰ 273999550, www.casadosmarroes.com.

Camping ** Rio de Onor, schattiger Platz mit nur 150 Plätzen am Ortseingang, mit Restaurant, Einkaufsmöglichkeiten und Fahrradverleih. Person ca. 2,50 €, Zelt 3,50 €, Auto 3 €. Geöffnet 1. April bis 30. Sept. ℰ 273927036, anitudes@hotmail.com.

Ein weiterer Platz, **Cepo Verde**, findet sich in Gondesende (etwa 10 km westl. Richtung Vinhais) siehe oben, Bragança.

Elf **Wanderwege** wurden in den letzten Jahren im Naturpark ausgeschildert. Infos dazu gibt es im Naturparkbüro und außerhalb der Öffnungszeiten auch im Tourismusamt von Bragança. Im Internet findet man Karten und Beschreibungen (portug.) zum Herunterladen unter www.cm-branganca.pt, und dann in der rechten Spalte unter dem Link *percursos pedestres*.

Trás-os-Montes

Das unbekannte Portugal entdecken …

Den Rio Douro flussabwärts

Die Fahrt den Douro hinab beginnt an einer tiefen Schlucht, die der Fluss bei *Miranda do Douro* in den farbig glitzernden Schiefer schneidet. Hier liegt die Grenze zu Spanien. Der unscheinbare Nebenfluss Rio Côa allerdings ist es, der dem ebenso unscheinbaren Städtchen *Vila Nova de Foz Côa* nachhaltigen Aufschwung bringen soll. Die UNESCO hat die 1992 an den Uferfelsen entdeckten urzeitlichen Ritzzeichnungen als Welterbe anerkannt. Doch ansonsten bestimmt der Douro die Lebensweise. Zwischen terrassierten Weinbergen schlängelt er sich sanft dahin. Wenn Heinrich Heine Portugiese gewesen wäre, hätte er sicher eine Loreley hoch über diesen romantischen Gestaden entdeckt. Selbst Ritter gab es, sie hinterließen ihre Burgen in *Penedono* und *Lamego*. Auch die Kirchenfürsten fehlten nicht: *Miranda, Torre de Moncorvo, Lamego* und *Vila Real* sind schon lange Bischofssitz mit entsprechend mächtigen Sakralbauten. Aus dem prunkvollen Schlossgut *Mateus* gleich neben Vila Real kommt die bekannteste portugiesische Weinmarke *Mateus Rosé* und aus *Sabrosa* der Weltumsegler Magellan. Die weltberühmten Portweinfirmen haben *Pinhão* und *Peso da Régua* zu ihrem Zentrum gemacht, in der Umgebung reifen die edelsten Trauben. Und in *Amarante* gibt es Teufelchen, die von der Bevölkerung wie Heilige verehrt werden.

Miranda do Douro   ca. 2000 Einwohner

Allein der grandiose Blick auf den Rio Douro lohnt den Besuch. Der Fluss hat eine tiefe Schlucht in den gelb, grün und rötlich schimmernden Fels gegraben und zieht hier den Grenzstrich zu Spanien.

Miranda do Douro versteckt in seinen autofreien Gassen viel Historisches. Vor allem an Wochenenden und im August platzt der sonst verschlafene Ort aus allen Nähten, dann kommen Spanier in großer Zahl auf Stippvisite.

Den Rio Douro flussabwärts

Schon in der Bronzezeit soll an der strategisch wichtigen Stelle über dem Fluss eine Befestigungsanlage gestanden haben. In der Entstehungszeit der portugiesischen Nation entwickelte sich die Stadt in Konkurrenz zu Bragança zum Zentrum des Nordostens. Eine eigene Sprache entstand, das *Mirandês*, eine Mischung aus etwas Spanisch, etwas Portugiesisch und viel Vulgärlatein; Mirandês wird bis heute in den Schulen auch als Schriftsprache gelehrt, 30.000 Menschen sprechen sie, doch nicht im Beisein von Fremden. Man schämt sich, weshalb die Gefahr groß ist, dass die Sprache in ein oder zwei Generationen verschwunden sein wird.

Auch einen kuriosen Stocktanz haben die Einwohner kreiert. Drei Musiker und acht männliche *pauliteiros,* die nach dem portugiesischen Wort für Stöckchen benannten Tänzer, praktizieren das uralte Brauchtum. Die Keltiberer stimmten sich einst mit Schwertertänzen auf Kriegszüge ein. Die Tradition wurde von den Römern übernommen, in Miranda wird sie von derzeit zehn Tanzgruppen fortgeführt, verkommt allerdings etwas zur touristischen Show.

Ein Zukunftprojekt sollte die Einrichtung einer Universität für 400 Studenten werden – doch die Lernwilligen blieben aus, die Hochschule musste bald wieder geschlossen werden. Dazu beigetragen hat vielleicht auch das folgende Geschichtchen: Ein junger Student aus Lissabon, auffallend gepierct, die Haare bunt gefärbt, zog mit seinem Skateboard durch die Fußgängerzone und wurde von einer Gruppe älterer Damen entdeckt – die sofort Anzeige erstatteten. Denn *so* kann man in Miranda doch nicht rumlaufen!

Basis-Infos

Postleitzahl 5210

Information Kleiner **Tourismo** in einem Pavillon am Largo Menino Jesus de Cartolinha. Di–Fr 9–19, Sa–Mo 10–13 und 14–18 Uhr, im Winter tägl. 9–12.30 und 14–17.30 Uhr. ✆ 273431133.

Hin und weg Busse 1-mal tägl. nach Mogadouro, Vila Real, 2-mal Porto (Sa gar nicht). **Taxi** unter ✆ 273432384.

Adressen/Telefonnummern Polizei ✆ 273430010; **Centro de Saúde** ✆ 273430040. Die **Post** liegt rechts hinter der Kathedrale.

Internetzugang in der Casa da Cultura in der Rua Mouzinho Albuquerque im historischen Zentrum.

Aktivitäten   Im Büro des Naturparks *Parque de Douro Internacional* am Largo do Castelo gibt es **Informationen zu Wanderungen** (✆ 273413457). **Flussfahrten** auf einem Boot mit der Kapazität von 120 Pers. bietet *Europarques* einmal tägl. um

16 Uhr an (am Wochenende und im August zusätzlich um 11 Uhr), 20 € pro Pers. ✆ 273432396, www.europarques.com.

Feste   Am dritten Augustwochenende feiert die Stadt die **Festas de Santa Bárbara**. Dann tanzen die Stocktänzer *(pauliteiros)* in den Straßen zu Musik aus dudelsackähnlichen Instrumenten.

) Übernachten/Essen & Trinken

Da Miranda do Douro ein beliebtes Ausflugsziel für Spanier ist, sind die Unterkünfte relativ teuer, am Wochenende gibt es häufig einen Aufschlag. Fast alle Quartiere liegen in den Straßen rund um den Kreisverkehr nahe dem Tourismo.

Hotels/Pensionen   **** Parador Santa Catarina**, nahe Turismo. Das Hotel bräuchte mal eine Auffrischung des Mobiliars, auch sind die Zimmer für die Preisklasse etwas eng. Dafür entschädigt der fantastische Blick auf den Douro und Spanien. DZ 65–100 €. Largo da Moagem, (183), ✆ 273431255, ✉ 273431065, http://hotel paradorsantacatarina.pt.

*** Turismo**, moderne Unterkunft hinter dem Turismo; kleine Rezeption, aber geräumige Zimmer mit Bad und WC. DZ je nach Saison 40–55 €. Rua 1 de Maio 5,

Weinernte im Douro-Tal

(191), ✆ 273438030, ✉ 273438031, www.hotel turismomiranda.pt.

Cabeço do Forte, auf dem Hügel gegenüber dem Castelo. Eine kleine Familienpension mit renovierten und relativ großen Zimmern inkl. Minibar. Schöne Aussicht. DZ ca. 45–55 €, Garage inbegriffen. Rua do Cabeço do Forte 10, (204), ✆ 273431423, ✉ 273431126, www.cabecodoforte.com.pt.

Planalto, modernes Haus nahe dem Turismo. Recht kleine, saubere, spartanisch eingerichtete Zimmer. DZ ca. 25–35 €. Rua 1 de Maio 25, (191), ✆ 273431362, ✉ 273432780, www.hrplanalto.pt.

Santa Cruz, innerhalb der Stadtmauern. Im alten Bürgerhaus ist alles etwas eng, vom Treppenaufgang bis zu den Zimmern. Dafür nächtigt man in der einzigen Unterkunft im historischen Zentrum, die noch dazu renoviert wurde. DZ ca. 35–45 €. Rua Abade de Baçal 61, (201), ✆ 273431374, ✉ 273431341.

Flor do Douro, ebenfalls nahe Turismo. Eine nette Wirtin vermietet insgesamt 12 recht hübsche Zimmer. DZ ca. 35–40 €. Rua do Mercado Municipal 7, (210), ✆ 273431186, http://flordodouro.com.

Camping   ** Santa Luzia**, 2 km außerhalb, beim Schwimmbad. Einfache Einrichtung, aber viele Plätze im Schatten. Person ca. 1,52 €, Zelt je nach Größe 2,10–3,07 €, Auto ca. 2,07 €. Geöffnet nur 1. Juni bis 30. Sept. Rua do Parque de Campismo, (190), ✆ 273431273, ✉ 273431075.

Essen & Trinken   A Balbina, im Zentrum. Hübscher, heller Speisesaal in einem sanierten Stadthaus. Die deftigen Speisen kommen aus dem Holzkohlenofen, v. a. Fleischgerichte, aber auch diverse Bacalhau-

Speisen. Hauptgericht ab ca. 8,50 €. Rua Rainha Dona Leonor, ✆ 273432394.

Capa d'Honras, beim Castelo. Dem Speiseraum fehlt es, da fensterlos, etwas an Atmosphäre, doch die der Region verbundene Kochkunst wurde schon oft prämiert. Bacalhau, Spanferkel, Hammel und Zicklein stehen auf der Speisekarte. Hauptgericht ab ca. 10 €. Travessa do Castelo 1, ✆ 273432699.

Parador Santa Catarina, im gleichnamigen Hotel. Im lichten Speisesaal mit weitem Blick in die Ferne und auf das historische Zentrum werden viele Bacalhau-Gerichte aufgetischt, aber auch Kaninchen mit wilden Kräutern oder Kalbssteak mit Kastanienpüree. Hauptgericht ab ca. 13 €. Largo da Moagem, ✆ 273431255.

O Mirandês, am Kreisverkehr. Ein freundliches Familienrestaurant, in dem es viele Stockfischgerichte und frischen Fisch gibt. Während der Saison auch Wildgerichte. Hauptgericht ab 8,50 €. So Ruhetag. *Auch Zimmervermietung.* Largo da Moagem, ✆ 273431418.

O Buteko, im historischen Zentrum. Speisesaal im 1. Stock. Sehr gute *Posta Mirandesa*, die lokale Spezialität vom einheimischen Rind. Hauptgericht ab ca. 7 €. Praça Dom João III, ✆ 273431231.

Mit Jesus gegen Spanien

Während der Unabhängigkeitskriege gegen Spanien stand es im 17. Jh. schlecht um Miranda. Resigniert hatten die ausgehungerten Einwohner sich dem fremden Joch schon fast unterworfen, als ein fescher Jüngling mit hübschem Hütchen vor den Stadtmauern auftauchte, dem Volk Mut zusprach und es zu den Waffen rief. Bauern und Städter fanden mit einem Mal die Kraft zum Widerstand und bewaffneten sich mit allem, dessen sie habhaft werden konnten – und schlugen die Belagerer mit Äxten, Sicheln und Sensen in die Flucht. Kaum war der Sieg errungen, war der fremde Anführer verschwunden. Wo ist er hin, wer kann es gewesen sein? Für die frommen Portugiesen gibt es darauf nur eine Antwort: Das Jesuskind persönlich hat sie gegen die verhassten Spanier geführt.

Sehenswertes

Alle, die den gestrengen Blicken der ältlichen Damen von Miranda standhalten, führt die Besichtigung des *mittelalterlichen Ortskerns* durch die alte Kopfsteinpflasterstraße Rua da Costanilha, heute Fußgängerzone. Weiße Häuser aus dem 15. und 16. Jh. säumen den Weg. Mittendrin am Largo Dom João III lohnt das *Museu da Terra de Miranda* den Besuch. Neben Ausstellungsstücken aus der Vor- und Frühgeschichte präsentiert das Heimatmuseum Gebrauchsgegenstände aus dem Alltagsleben, Musikinstrumente, Masken und Trachten.
Mi–So 10–18, Di nur 14–18 Uhr. Eintritt 2 €, über 65 J. und mit Cartão Jovem 1 €.

Kathedrale: Am seinem südlichen Ende schließt die Kathedrale aus Granitstein den Ortskern ab. Papst Paul III. hatte Miranda 1545 in den Rang eines Bischofssitzes erhoben, sieben Jahre danach begann der Bau des Gotteshauses, dreischiffig, mit einer von zwei Türmen flankierten Renaissancefassade, dem Hochaltar mit der Mariengeschichte und einem merkwürdigen Altar des Jesús da Cartolinha aus dem 18. Jh. Ein Jesuskindlein von gerade mal 30 cm Höhe steht dort mit roter Schärpe, silbernem Schwert und einem Zylinderhut auf dem Kopf, umgeben von zahlreichen Devotionalien, die von den Gläubigen des Ortes dargebracht werden.
Mi–So 10–18, Di nur 14–18 Uhr. Eintritt frei.

Rio Douro

Reste vergangener Macht – ruinöser Bischofspalast

Bischofspalast und Kastell: Der Bischofspalast hinter der Kathedrale fiel 1706 einem Feuer zum Opfer. Die Arkaden sind stehen geblieben und öffnen sich auf eine reizende Gartenanlage. Doch der Bischof verließ die Stadt auf immer. Auch das Kastell aus dem 12. Jh. liegt in Ruinen, die Pulverkammer explodierte 1760 und ließ nur den Burgfried übrig.

Torre de Moncorvo   ca. 2500 Einwohner

Am Rande der Serra de Reboredo erhebt sich das Landstädtchen mit einer Mischung aus wuchtigen alten und lieblosen neuen Häusern. Beeindruckend ist die gotische Kanzel aus Granit in der Capela da Misericórdia. Überragt aber wird Moncorvo von der respekteinflößenden *Igreja de Nossa Senhora da Assunção* (Mi–So 9–12.30 und 14–17 Uhr, Di nur nachmittags, Eintritt frei, Largo General Claudino). Sie ist noch gewaltiger als die Bischofskirchen von Bragança und Miranda und Ausdruck des Reichtums, den der Ort einst mit dem Abbau von Eisen erlangte. 1544 wurde mit dem Bau begonnen, fast 100 Jahre dauerte die Fertigstellung. Das Ergebnis lässt an eine Wehrburg denken, der dominante Glockenturm verstärkt noch diesen Eindruck. Das Eingangsportal im Stil der Renaissance öffnet sich zum dreischiffigen Innenraum, der von acht zylindrischen Säulen getragen wird. 1617 verlangte die Gemeinde von König Philipp II. einen eigenen Bischofssitz, vergeblich. Dennoch blieb genügend Reichtum, um im 18. Jh. einen reich vergoldeten Holzaltar in die Kirche zu setzen.

Eine kulinarische Spezialität hat Moncorvo weit über die Grenzen des Bezirks hinaus berühmt gemacht, die *amêndoas cobertas*, mit Zucker überzogene Mandeln, die bereits auf der Weltausstellung in Paris 1886 und zehn Jahre später auf der internationalen Messe von Philadelphia Auszeichnungen erringen konnten.

Informationen Turismo in der Casa da Roda, Travessa Campos Monteiro 21, Mo– Fr 9–12.30 und 14–17.30, Sa/So 10–12.30 und 14.30–18 Uhr. ☎ 279252289, ✆ 279200240.

Essen & Trinken O Artur, in Carviçais an der N 220, ca. 17 km Richtung Osten. Ein Gericht machte das einst kleine Restaurant so berühmt, dass es in den 1990er Jahren in große Räumlichkeiten umziehen konnte.

Die begehrte Speise ist ein Rindersteak von enormer Größe und vielgepriesener Zartheit – vom Grill und für ca. 13 €. So abends geschlossen. Lugar de Rebentão, Carviçais, ✆ 279098000.

Vila Nova de Foz Côa   ca. 3000 Einwohner

Das einfache Landstädtchen besitzt abgesehen von einer manuelinischen Kirche, einem Pranger und im ausgehenden Winter hübsch blühenden Mandelbäumen keine Sehenswürdigkeiten. Auch ist das Stadtbild wenig ansprechend. Doch als 1992 bei den Bauarbeiten zu Portugals zweitgrößtem Staudamm der Wasserspiegel des Rio Côa abgesenkt wurde, fanden Archäologen *steinzeitliche Felszeichnungen,* die inzwischen von der UNESCO als Weltkulturerbe der Menschheit anerkannt sind.

Teilweise sind die Zeichnungen 30.000 Jahre alt. Das Besondere: Sie sind an der Oberfläche der senkrechten Schieferplatten zu sehen, nicht wie sonst meist in Grotten oder Höhlen. Gut lassen sich die verschiedenen Techniken der einzelnen Zeitalter erkennen. Zum Teil sind die Pferde, Auerochsen und Hirsche in gepunkteten Linien gezeichnet, die anfangs eingeritzt, später mit Hilfe eines meißelartigen Werkzeugs und eines Schlagsteins in den Schiefer getrieben wurden. Erst später folgten Ritzzeichnungen aus durchgehenden Linien.

Aus Angst vor übermütigen oder mutwilligen Ritzzeichnern der Gegenwart, die vielleicht gerne den Namen der Freundin oder des Freundes in das Flusstal meißeln würden, dürfen nur drei der zahlreichen Fundstellen mit Führer besichtigt werden (→ S. 228). Empfehlenswert ist festes Schuhwerk und im Sommer guter Sonnenschutz, bei schlechtem Wetter regenfeste Kleidung, denn Regenschirme dürfen nicht aufgespannt werden. Die Führer sprechen neben Portugiesisch auch Englisch und Französisch. Eine Anmeldung beim Parque Arqueológico do Vale do Côa im *Museu de Arte e Arqueologia* ist Voraussetzung. Dieses Museum soll den Besuch der Steinzeitzeichnungen vor Ort ergänzen. Neben Fundstücken werden in Videos auch solche Zeichnungen vorgestellt, die bei den Führungen nicht gezeigt werden. Außerdem wird der Verlauf der Erdgeschichte nachgezeichnet (Di–So 10–13.30 und 14–17.30 Uhr, Eintritt 5 €).

Postleitzahl 5150

Information Städtischer **Turismo** an der Ecke der Einfahrtsstraßen Av. Cidade Nova (von Süden kommend) und Av. da Misericórdia (von Bragança kommend). 9–12.30 und 14–17.30 Uhr. ✆ 279760329.

Die **Zentrale des archäologischen Parks** hat ihren Sitz im Parkmuseum, Rua do Museu. Di–So 9–12.30 und 14–17.30 Uhr. Hier ist die Anmeldestelle für die Touren und Informationsstelle über Foz Côa und Umgebung. ✆ 279768260, www.arte-coa.pt.

Hin und weg Tägl. zwei Busse zum Bahnhof in Pocinho. Von dort aus 5-mal tägl. **Züge** nach Tua und Régua, 4-mal nach Porto (teils mit Umsteigen). Die **Busse** fahren am neu erbauten Busbahnhof gegen-

über dem Hospital ab. 1-mal tägl. geht es nach Bragança, Miranda do Douro und Porto. Sonntags so gut wie keine Verbindung. Taxi unter ✆ 279762719.

Adressen/Telefonnummern Polizei ✆ 279760500; **Centro de Saúde** 279762319; **Post** in der Rua Conde de Pinhel, direkt gegenüber liegt der **Markt.**

Übernachten Casa Amarela, beim Turismo. In dem knapp 100 Jahre alten „roten Haus", so der Name auf Deutsch, gibt es sieben schmucke Gästezimmer. DZ ca. 90 €. Av. Gago Coutinho 3, ✆ 279765252, www.casavermelha.com.

Marina, schräg gegenüber vom Turismo. Da nicht immer jemand am Empfang ist, sollte man sicherheitshalber eine Uhrzeit

Rio Douro

vereinbaren. Die Zimmer sind z. T. etwas eng. DZ ab 25 €, ohne Frühstück. Av. Gago Coutinho 2/4, (610), ✆ 279762112.

Jugendherberge Vila Nova de Foz Coa, am nördlichen Stadtrand hinter dem Fußballstadion. Neu erbaut, sehr gut ausgestattet, mit Restaurant, schöner Aussichtsterrasse und Fahrradverleih. DZ je nach Saison und Ausstattung ca. 26–32 €, Mehrbettzimmer 11–13 €. App. für 4 Pers. ca. 55–60 €. Caminho Vicinal Currauteles 5, ✆ 279764041, 📧 217232101,   http://microsites.juventude. gov.pt/portal/pt/pfoz_coa.htm.

Camping Caravan-Platz, 12 km westlich von Vila Nova de Foz Côa. Freixo de Numão, ✆ 279789573.

Vila Nova de Foz Côa, Campingplatz in Vila Flor (etwa 20 km nördlich). Der recht schattige Platz bietet Möglichkeiten zum Tennis- und Volleyballspielen sowie zum Fischen im nahen Stausee. Auch einen Pool gibt es. Person ca. 2,20 €, Zelt 2–2,50 €, Auto ca. 1,70 €. Barragem do Peneireiro, 5360-303 Vila Flor,   ✆ 278512350,   📧 278512380,   www. roteiro-campista.pt/?dir-item-vila-flor.

Essen & Trinken   Zwar reihen sich an den Einfahrtsstraßen und im Ortskern zahlreiche einfache Restaurants, die aber keine wirklich empfehlenswerte Küche bieten. Eine Alternative ist das **Bruiço**, gelegen an der EN 102 etwa 4 km Richtung Guarda beim Picknickplatz. Ländliche Küche, sorgfältig zubereitet. Hauptgericht ab ca. 10 €. Sonntagabend und Mo geschlossen. Estrada do Poio, ✆ 279764379.

Traum zerplatzt

Im Wahlkampf für die Nationalversammlung 1995 spielte die Auseinandersetzung um die Zukunft des Flusstales bei Foz Côa eine bedeutende Rolle. Die Mehrheit der örtlichen Bevölkerung, die konservative Regierung und der staatliche Stromerzeuger EDP versprachen sich von dem Staudammprojekt wirtschaftlichen Aufschwung. Die sozialdemokratische Opposition warb – gestützt auf nationale und internationale Wissenschaftler – für den Erhalt der Steinzeichnungen. Sie gewann die Wahlen, ließ alle Ausbaggerungen einstellen und gründete den *Parque Arqueológico do Vale do Côa*. Große Pläne für den touristischen Aufschwung wurden geschmiedet. Es war an den Bau großer Hotels gedacht, an schicke Restaurants, an ein großes Museum, an Brot und Arbeit für die arme Landbevölkerung.

Abgesehen von der Einrichtung einer gut funktionierenden Parkverwaltung geschah seitdem nichts. Erst 2010 wurde nach jahrelanger Verzögerung ein sehr sehenswertes Parkmuseum eröffnet. Eine gute Anbindung mit öffentlichen Verkehrsmitteln an die größeren Städte lässt aber weiter auf sich warten. Nur einige Regionalstraßen sind frisch asphaltiert – und viele Träume sind zerplatzt. Nun träumt die Stadt wieder vom Staudamm, der jetzt mit Unterstützung weiter Teile der Bevölkerung und gegen den erbitterten Widerstand eines Zusammenschlusses von Umwelt- und Naturschutzverbänden am Unterlauf des Rio Sabor ganz in der Nähe gebaut wird.

Geführte Touren zu den Ritzzeichnungen im Côa-Tal

Die Touren werden von Dienstag bis Sonntag angeboten, die Zeiten sind flexibel und werden mitgeteilt, wenn man sich bei der Parkverwaltung im Archäologiemuseum anmeldet. Sie hängen u. a. vom Stand der Sonne, von den Wetterbedingungen und der Verfügbarkeit des Personals ab.

Canada do Inferno bei Vila Nova de Foz Côa: Am linken Flussufer und unmittelbar am unvollendeten Stausee wurden bisher 40 Ritzgemälde und etwa 150 Einzel-

Vor dreißigtausend Jahren in den Fels geritzt

zeichnungen aus der Altsteinzeit freigelegt. Vor 200 Jahren eiferten religiöse Portugiesen den heidnischen Urahnen nach und meißelten eigene Symbole in den Stein.
Dauer ca. 90–120 Minuten. Treffpunkt: Museum in Vila Nova de Foz Côa, ca. 10 €.

Ribeira de Piscos bei Muxagata: Nach einer Fahrt im Jeep und ca. 30 Minuten
Fußweg gelangt man zu einer der wichtigsten Fundstellen im Vale do Côa. Die
künstlerische Qualität ist hoch, die Motive sind außergewöhnlich, so etwa der
„Mensch von Piscos", eine der wenigen Abbildungen menschlicher Lebewesen aus
jener Zeit.
Dauer etwa 2½ Stunden. Treffpunkt: Empfangszentrum in Muxagata, ca. 10 €.

Penascosa bei Castelo Melhor: Am rechten Flussufer neben einem Badestrand findet sich einer der größten Fundorte. Auf 22 Felsen wurden im Paläolithikum Ritzzeichnungen mit allen damals vorhandenen Techniken und den wichtigsten Motiven angebracht: pferdeähnliche Einhufer, Rinder, urzeitliche Hirsche und Ziegen,
die Symboltiere des Parks.
Dauer etwa 90 Minuten. Treffpunkt: Empfangszentrum in Castelo Melhor, ca. 10 €.

Fariseu/No Rasto dos Caçadores Paleolíticos: Hierbei handelt es sich um zwei
dreistündige Spezialtouren, die erstere im Geländewagen, die andere auf den
Spuren vorgeschichtlicher Jäger
Dauer etwa 3 Stunden. Treffpunkt: Pfarrkirche in Algodres, 14 €.

Nachtausflug: Die nächtlichen Führungen im Jeep zeigen die Ritzzeichnungen von
künstlichem Licht bestrahlt – ihre Wirkung wird damit durch die Schattenbildung
noch verstärkt.
Dauer etwa 3 Stunden. Treffpunkt: Museum in Vila Nova de Foz Côa, 17 €.

Umgebung von Vila Nova de Foz Côa

Freixo de Numão: Ein altes Kastell, das schon 960 erstmals Erwähnung fand, die
Reste eines einst bedeutenden jüdischen Viertels und eine einfache Pfarrkirche findet man in *Numão* (ca. 12 km westlich an der N 222). In der barocken Casa Grande
aus dem 17. Jh., dem Sitz der örtlichen kulturellen Vereinigung, wird eine Ausstellung archäologischer Funde aus der Römer- und Eisenzeit präsentiert.
9–12 und 14–18 Uhr, Mo geschlossen. Eintritt 2 €, über 65 J. und mit Cartão Jovem 1 €.

Rio Douro

Penedono: Granit, wohin das Auge reicht

Penedono   ca. 1200 Einwohner

Das mittelalterliche Städtchen liegt einsam auf fast 1000 m Höhe in den Hügeln zwischen Dourotal und der Nachbarprovinz Beira. Weithin sichtbar ist das alte Kastell, das Prunkstück des Ortes. Erster Burgherr war Álvaro Gonçalves Coutinho, dessen galantes und ungestümes Auftreten durch das portugiesische Nationalepos *Os Lusíadas – Die Lusiaden* berühmt wurde: Er führte elf Adelige nach England und kämpfte dort in ehrenhaften Ritterspielen um die Gunst hübscher Frauen. So weiß es jedenfalls die Sage, und ganz Penedono ist bis heute stolz auf seine Helden.

Die sechseckige, hervorragend erhaltene Burganlage aus dem 14. oder 15. Jh. thront auf einem Granitfelsen, eine steile Treppe führt zu den Zinnen und fünf Türmen. Der Blick weitet sich über die wellige Ebene. Der Ort selbst strahlt eine derartige Stille und Ruhe aus, dass die Vorstellung lärmender Ritter heute absurd erscheint. Wer ein paar Tage ungestört ausspannen will, ist hier richtig. Die schmalen Gassen laden zum Schlendern ein, vor den wenigen Cafés halten alte Männer ihr Schwätzchen. Kleine Dorfhäuser und mächtige Bürgerpaläste säumen die Sträßchen. Auf dem Vorplatz zur Burg steht ein mittelalterlicher Schandpfahl, heute ein harmloses architektonisches Kleinod. Das 2008 eröffnete *Centro de Interpretação de Penedono* widmet sich hauptsächlich archäologischen Funden aus dem Neolithikum (Di–Sa 10–12.30 und 14.30–17.30 Uhr, Eintritt 2 €, über 65 J. und mit Cartão Jovem 1 €).

Postleitzahl 3630

Information Ein hübscher **Turismo** befindet sich vor der Burg. Im Winter Mo–Fr 9–17, Sa 10–12.30 und 14.30–17, So 14.30–17 Uhr, im Frühjahr und Herbst jeweils bis 18 Uhr, im Juli/Aug. bis 19 Uhr. ✆ 254508174.

Hin und weg Busse 3-mal tägl. nach Sernancelhe, 2-mal nach São João de Pesqueira. **Taxis** unter ✆ 254504230 oder 254504217.

Adressen/Telefonnummern Polizei ✆ 254504151; **Centro da Saúde** ✆ 254549302. Kostenlos gesurft werden kann im **Espaço Internet**, Praça 25 de Abril.

Einkaufen Kunsthandwerk, Weine und Olivenöl von Bauern aus der Umgebung.

Feste Zu Ehren des Stadtheiligen Petrus findet am 29. Juni ein großer Festumzug statt. Beim **Desfile Etnográfico** fahren die Bewohner der umliegenden Dörfer auf Wagen durch das Städtchen und führen ihre Handwerke vor.

Übernachten Residencial Flora, ca. 1,5 km unterhalb des Ortskerns an der Nationalstraße. Einfaches Haus mit beschei-denen Zimmern, dafür zum Teil mit Kochnische. DZ mit Doppelbett ca. 30 €, mit zwei Betten ca. 40 €. Estrada Nacional 229, Bairro do Prazo, (229), ✆ 254504411.

Essen & Trinken Piscina, zum städtischen Schwimmbad gehörend. Da Sportler kräftig essen müssen, gibt es im Schwimmbadrestaurant deftige, gut zubereitete Speisen ab 7 €. Schwimmbad unterhalb der Burg, nur im Sommer geöffnet.
Flora, in der gleichnamigen Unterkunft. Im großen Speisesaal treffen sich mittags die Landarbeiter und verzehren vor allem Grillgerichte (ca. 7 €). Estrada Nacional 229, ✆ 254504411.

Ein Portugiese entdeckt die Neuzeit

Am 10. August 1519 verließen fünf Schiffe und 265 Mann Sevilla. Kommandant der unter spanischer Flagge segelnden Flotte war Fernão de Magalhães. Ziel war die Entdeckung eines westlichen Seewegs nach Indien für die spanische Krone, denn das portugiesische Königshaus kontrollierte die östliche Route in das ferne Gebiet, dessen begehrte Gewürze einträglichen Handel versprachen. Zwar war Magalhães selbst portugiesischer Indienfahrer gewesen, doch seine Vorgesetzten verhinderten seinen militärischen Aufstieg und trieben ihn ins Exil. Nach entbehrungsreichen Monaten, Meutereien und Hungersnot entdeckte er gut ein Jahr nach dem Aufbruch die etwa 600 km lange und an ihrer engsten Stelle nur 3 km breite Meeresstraße (Magellanstraße) zwischen dem südamerikanischen Festland und der Insel Feuerland, die die Verbindung zwischen dem Atlantischen und dem von Magellan sogenannten Stillen Ozean bildet.

Dann sollte es noch einmal bis zum 8. September 1522 dauern, bis die „Victoria" als einziges Schiff mit 18 ausgemergelten Seeleuten an Bord erfolgreich nach Sevilla zurückkehrte. Magellan selbst war nicht mehr dabei, er war kurz vor dem Ziel bei Kämpfen mit Eingeborenen auf der Philippineninsel Mactan getötet worden. Doch sein Unternehmen war gewissermaßen die Fahrt vom Mittelalter in die Neuzeit: Es erbrachte den Beweis, dass die Meere miteinander verbunden sind und die Erde keine Scheibe ist, wie es die Kirche behauptete, sondern eine rotierende Kugel. Und das ermöglichte Jules Verne die Umrundung der Erde in 80 Tagen.

Umgebung von Penedono

Senhora da Monte: Eine kleine Kuriosität findet sich in der Nachbargemeinde Penela da Beira. Über dem Dolmen von Carvalhal haben Jahrtausende später Christen die kleine Kapelle Senhora da Monte errichtet. Das uralte Steingrab ist besser erhalten als die Ruinen der kleinen Kirche.

Sernancelhe: Etwa 18 km südlich erhebt sich im mittelalterlichen Sernancelhe eine romanische Pfarrkirche mit freistehendem Glockenturm. Zwar wurden im Laufe der Zeit viele bauliche Veränderungen vorgenommen, doch das reich verzierte Portal ist unverändert geblieben. Auffallend sind die Apostelfiguren mit Petrus und Paulus in ihrer Mitte und sehr schöne Fresken und religiöse Bilder im Kircheninneren. Ein Bummel durch den Ort führt an hübschen Patrizierhäusern aus dem 18. Jh. und einem sehr alten Schandpfahl von 1554 vorbei.

Pinhão ca. 800 Einwohner

Das geografische Zentrum der Portweinregion präsentiert sich ruhig, fast verschlafen. Kleine Gassen wenden sich vom Flussufer ab und steigen zwischen den wenigen Häusern bis zum Rand der Weinberge hinauf. Einen Postkartenblick auf den Ort verspricht die Straßenführung der N 222, die sich kurz vor dem Erreichen der eisernen Brücke steil zum Fluss hinabsenkt. Pinhão entwickelte sich erst mit der Ankunft der Eisenbahn 1880 und wurde zum wichtigen Verkehrsknotenpunkt. Zeitgleich erkannte man, dass die Trauben von allerhöchster Qualität sind. Viele große Weinhäuser ließen sich in der Umgebung nieder. Lagerhäuser und Manufakturen wurden errichtet. Nicht versäumen sollte man einen Blick auf den Bahnhof. Auf 24 großformatigen Kachelbildern werden Szenen rund um den Weinanbau gezeigt. In den alten Werkräumen hat die Portweinfirma Quinta Nova ein privates *Weinmuseum* mit etwa 500 historischen Ausstellungsstücken eingerichtet. Es werden auch Weine verkauft. (offizielle, aber nicht wirklich zuverlässige, Öffnungszeiten sind Mo–Sa 9.30–12.30 und 14–18.30 Uhr, im Sommer tägl. 10 bis 19 Uhr, Führungen um 11, 15 und 17 Uhr für 2,50 € inkl. Weinprobe).

Basis-Infos

Postleitzahl 5085

Information Der kleine Posto de Turismo im Bahnhofsgebäude ist leider meist geschlossen.

Hin und weg Am besten erreicht man Pinhão per Bahn. Der Ort liegt an der malerischen Bahnlinie von Porto nach Pocinho. Je 5-mal tägl. Régua, Porto (teilw. Umsteigen in Régua), Tua und Pocinho. Taxi unter ✆ 962346255 oder 962619350 (beide mobil).

Historische Eisenbahnfahrten siehe unter Peso da Régua S. 236.

Telefonnummern Centro da Saúde ✆ 254732404.

Weinproben Folgende Weinkeller kann man besichtigen, wobei v. a. in der Nebensaison eine telefonische Anmeldung sinnvoll ist:

Quinta de La Rosa, Pinhão, in Richtung Chanceleiros, in der Saison jeweils um 11 Uhr. *Auch Zimmervermietung.* ✆ 254732254, www.quintadelarosa.com.

Quinta da Foz, Pinhão, vor der Quinta de La Rosa (im Besitz von Calém). ✆ 254732353.

Quinta do Seixo, Tabuaço, auf der anderen Seite des Flusses in Richtung Lamego (im Besitz von Sogrape). ✆ 223746100, http://eng.sogravevinhos.eu.

》》 Mein Tipp: Quinta do Panascal, Valença do Douro, in Richtung Lamego, (im Besitz von Fonseca). ✆ 254732321, http://quinta dopanascalvisitorscentre.wordpress.com. **《《**

Übernachten/Essen & Trinken

Übernachten ******** CS Vintage House, am Fluss gelegen. Reine Eleganz strahlt die noble Unterkunft aus. In den Gebäuden aus dem 18. Jh. befanden sich Lagerkeller und die Residenz der Portweinfirma Taylor's, bevor 1998 die Luxusherberge eröffnet wurde. Helle, lichtdurchflutete Zimmer, ruhige Terrasse zum Fluss, Pool, Frühstück

Blick auf Pinhão im Zentrum der Portweinregion

im Garten am Ufer des Douro. Luxuriöse DZ ca. 100–195 €, je nach Saison und Wochentag. Lugar da Ponte, (034), ℡ 254730230, ✉ 254730238, www.hotelvintagehouse.com.

Douro, schräg gegenüber vom Bahnhof. Freundliche Besitzer, teilweise enge Zimmer mit kleinem Bad und einfacher Einrichtung. Einige Zimmer mit Blick auf den Fluss. DZ 45 €, Frühstück 5 €. Largo da Estação, (037), ℡/✉ 254732404.

Ponto Grande, etwas westlich des Bahnhofs. Ebenfalls enge Zimmer und Bäder mit bescheidener Einrichtung, frisch renoviert. DZ ca. 40 €. Rua Central 102–105 (037), ℡ 254732456.

≫ Mein Tipp: Casa do Visconde do Chanceleiros, Turismo de Habitação, ca. 4 km westlich. Herrschaftliches Gut in absolut ruhiger Lage mitten in den Weinbergen; das deutsche Paar Ursula und Kurt Böcking hat das Gut als Ruine übernommen und liebevoll restauriert. Die sehr geräumigen Zimmer sind luxuriös eingerichtet, einige haben sogar Kamin. Pool, Squash, Sauna und Whirlpool gehören ebenso zum Angebot wie ein eleganter Speisesaal. Dort werden regionaltypische Spezialitäten für die Hausgäste gekocht (nur auf Bestellung). Sehr freundlicher und hilfsbereiter Service,

Gastfreundschaft wird großgeschrieben. DZ ca. 135–150 €. Chanceleiros, ℡ 254730190, ✉ 254730199, chanceleiros@chanceleiros.com, www.chanceleiros.com. ≪

Casa de Casal de Loivos, ca. 5 km nördlich. Auf einem Weinberg mit toller Aussicht auf das Dourotal liegt dieses Haus, das seit 1658 im Besitz der Familie Sampayo ist; die Innendekoration verweist auf die lange Tradition. Fünf Zimmer befinden sich im Haupthaus, ein sechstes im Anbau dient bevorzugt Hochzeitspaaren. Auch vom Pool aus herrlicher Blick. DZ ca. 105 €. Casal de Loivos, ℡/✉ 254732149, www.casadecasaldeloivos.com.

≫ Lesertipp: Hotel Rural Quinta Nova, das kleine Hotel des Weinguts Quinta Nova inmitten der Weinberge ist ein idyllischer, ruhiger Platz. Die Anfahrt ist sehr kurvenreich, denn es liegt ziemlich versteckt. Aber es lohnt sich (Brigitte und Christian Günthör). DZ ab 105 €. 5085-222 Covas do Douro, ℡ 254730430. ≪

Essen & Trinken DOC, in Folgosa 14 km Richtung Peso da Régua (→ S. 235).

Rabelo, im Vintage House. Luxusrestaurant in einem Gewölbesaal, die Wände schmücken Fresken mit Motiven aus dem ländlichen

Rio Douro

Leben. Häufig veranstaltet die Weinakademie thematische Dinners rund um den Wein, aber auch sonst stehen Gerichte wie gebratene Ente mit Portweinsauce auf der Karte. Hauptgericht über 20 €. Lugar da Ponte, ✆ 254730230.

Ponto Grande, zur gleichnamigen Pension gehörend. Hell eingerichteter, freundlicher Speisesaal, in dem v. a. Grillspezialitäten auf den Tisch kommen. Hauptgericht ab 7 €, Komplettmenü ca. 15 €. Rua Central 102–105, ✆ 254732456.

Cais da Foz, am Orteingang Richtung Chanceleiros. Das einfache Restaurant an der Uferstraße bietet wenige Tagesgerichte (aus dem Ofen oder vom Grill), Spezialität ist die Schweinshax'n *(joelho de porco)*. Hauptgericht ca. 7 €. Gouvães do Douro, ✆ 254731737.

Sabrosa

ca. 1200 Einwohner

1480 gebar eine unbedeutende Adelige in der Casa dos Pereiras von Sabrosa einen kräftigen Sohn, der wenige Jahrzehnte später das Mittelalter vertreiben und die Neuzeit einläuten sollte: Fernão de Magalhães, auch Magellan genannt, der erste Weltumsegler.

In dem kleinen Städtchen mit einigen hübschen Altstadtgassen und der sehenswerten Pfarrkirche aus dem 17. Jh. erinnert heute nichts mehr an diese gloriose Zeit, es sei denn, man interpretiert den modernen, amüsant gestalteten Brunnen vor dem ehrwürdigen Rathaus als ein solches Zeichen der Verehrung. Ein weiß bemaltes Männchen sitzt zwischen Granitbrocken und neben kahlen, Masten oder Bäume symbolisierenden Steinsäulen im Wasser und schaut in die ferne Landschaft. Diese reizvolle Umgebung ist es auch, die Sabrosa für einen Aufenthalt interessant macht: Weinberge, das nahe Dourotal, Vila Real und Mateus.

Elegisches Gitarrenspiel über dem Douro

Postleitzahl 5060

Information   Turismo in der Rua do Loreto beim Rathaus. Mo–Fr 10–12 und 14–18 Uhr, Mai–Okt. auch Sa/So 10–12.30 Uhr.

Postamt hinter der Banco Totta (nahe der Hauptstraße).

Übernachten   *** Solar dos Canavarros, im Ortszentrum. Das herrschaftliche Gebäude aus dem 17. Jh. wurde um einen Anbau erweitert, in dem sich 50 gepflegte, geräumige Zimmer mit großem Bad und Balkon befinden. Alle weisen auf einen Innenhof mit zwei großen Pools. Die Zimmer im 1. und 2. Stock sind zu bevorzugen, da die Parterrezimmer auf Höhe des Pools liegen. DZ je nach Ausstattung und Lage ca. 82–94 €. Im Winter geschl. Av. dos Combatentes da Grande Guerra, (302), ✆ 259937400, 📠 259930260, www.solardoscanavarros.pt.

Essen & Trinken   Solar dos Canavarro, im Hotel. Das Restaurant im alten Gebäudeteil mit altehrwürdiger Atmosphäre und eigenem Eingang hat sich der regionalen

Küche verschrieben. Eine Spezialität ist der Lammeintopf. Tägl. wechselndes Mittagsgericht für ca. 6 €. Hauptgericht ab ca. 8 €. Im Winter geschl. Av. dos Combatentes da Grande Guerra, ☎ 259930240.

Solar 1, am Ortsrand (von Vila Real kommend). In einem großen Speisesaal, über dessen etwas lieblose Dekoration der weite Blick auf die Weinberge hinwegtröstet, wird neben Gegrilltem deftige Regionalküche serviert, etwa Bohneneintopf mit Schlachtfleisch. Zudem ist das Restaurant offizielle Lotto-Verkaufsstelle. Hauptgericht ab ca. 8,50 €, Mittagstisch ca. 6,50 €. Im Sommer tägl. geöffnet, sonst So Ruhetag. Av. dos Combatentes da Grande Guerra, ☎ 259930540.

Umgebung von Sabrosa

Alijó: Das kleine Städtchen besitzt neben mehreren Kirchen einige gut erhaltene Dolmen und Ritzzeichnungen. Hervorzuheben ist die *Anta da Fonte Coberta,* ein Steingrab mit vieleckigem Grundriss in außerordentlich gutem Zustand. Vom 8 km entfernten Hügel Senhora da Cunha eröffnet sich bei klarem Wetter die schönste Fernsicht über das Tal des Flusses Tua.

Weinprobe: In Favaios bei Alijó kann das zur Enoteca Quinta da Avessada gehörende Weinmuseum besichtigt und der Rebsaft probiert werden. ☎ 259949289, www.enoteca douro.com.

Peso da Régua   ca. 9000 Einwohner

Die quirlige Hauptstadt des Portweins liegt hübsch am rechten Ufer des Rio Douro. Ein Spaziergang, wenn sich die untergehende Sonne im dunklen Fluss spiegelt, mag romantische Gefühle wecken. Doch der eigentliche Ort ist wenig romantisch und bietet sich eher als Ausgangspunkt für Streifzüge per Schiff, historischer Dampflok oder Auto durch das Dourotal an.

1756 gründete der portugiesische Premierminister Marquês de Pombal in Régua die *Allgemeine Weinkompanie des Oberen Dourotals* und ließ die besten Weinlagen mit Marksteinen aus Granit abstecken. Zum ersten Mal weltweit wurde ein begrenztes Weinbaugebiet nach Qualitätsmerkmalen festgelegt, bereits 99 Jahre vor der ersten offiziellen Klassifizierung von Grand-Cru-Weingütern rund um Bordeaux. Bis heute wacht das *Instituto do Vinho do Porto* über die Einhaltung der Regeln und vergibt bzw. entzieht die notwendigen Lizenzen für die Produktion des Portweins.

Die Stadt, im 16. und 17. Jh. aus der Fusion der Ortsteile Peso und Régua entstanden, hat wenig Sehenswertes zu bieten. Einige dörfliche Gassen durchziehen den höher gelegenen Stadtteil Peso. Je näher man zum Ufer kommt, desto mehr bestimmen kleine Geschäfte für den Alltagsbedarf die Szenerie. Selbst durch enge Straßen schiebt sich der Autoverkehr, Peso da Régua ist eine der wenigen portugiesischen Städte ohne Fußgängerzone.

Wirklich sehenswert ist das *Museu do Douro,* das in einem neuen Gebäude direkt am Fluss untergebracht ist. Thema ist neben der Weinproduktion auch das soziale Leben der Bauern und Landarbeiter. Hinzu kommen Ausstellungen zeitgenössischer Künstler, eine Bar für Weinproben und ein Restaurant . Im Garten ist ein *rabelo* ausgestellt, eines der Schiffe, auf denen der Portwein in die Kellereien nach Vila Nova de Gaia gebracht wurde.

Di–So 10–13 und 14.30–18 Uhr. Eintritt 6 €. Rua Marquês de Pombal, www.museudo douro.pt.

Rio Douro

Basis-Infos

Postleitzahl 5050

Information Tourismusamt am westlichen Rand der Innenstadt. Tägl. 9.30–12.30 und 14–18 Uhr. Rua da Ferreirinha. ✆ 254312846.

Bei **Rota do Vinho do Porto** gibt es Informationen zur Weinstraße. Mo–Fr 9–12.30 und 14–17.30 Uhr. Am Bahnhofsplatz Largo da Estação. ✆ 254324774, www.rvp.pt.

Hin und weg Tägl. mit der **Bahn** 13-mal nach Porto (teils mit Umsteigen), je 5-mal nach Pinhão, Tua und Pocinho. Bahnhof am östlichen Rand der Stadt (etwa 2 km vom Turismo entfernt). Busse fahren beim Bahnhof ab, 5-mal tägl. nach Vila Real und 10-mal nach Lamego.

Adressen/Telefonnummern Polizei ✆ 254313614, **Hospital** ✆ 254300500. Die **Post** findet man in der Rua dos Camilos. Kostenlosen **Internetzugang** gibt es in der Stadtbibliothek nahe dem Tourismusamt, Mo–Fr 9.30–12.30 und 14–18 Uhr, Sa nur vormittags, sowie im Espaço Net im Pavilhão Gimnodesportivo im westlichen Stadtteil Godim, Mo–Fr 10–13 und 14–18 Uhr, Mi nur nachmittags.

Schiffs- und Eisenbahnfahrten/Weinprobe/Einkaufen

Schiffsfahrten In Peso da Régua starten zahlreiche Fahrten auf dem Douro. An der Anlegestelle bieten verschiedene Anbieter eine knapp einstündige Fahrt rund um Régua für ca. 10 € an. Halbtägig geht es zwischen März und Okt. mit *Douro Azul* oder *Porto Tours* nach Pinhão und zurück (ca. 30 €). Ein ganztägiger Ausflug für ca. 105 € verläuft bis zur spanischen Grenze nach Barca d'Alva. (ebenfalls März–Okt.).

Historische Eisenbahn Jeden Samstag und Sonntag zwischen Juni und Okt. organisiert die portugiesische **Eisenbahngesellschaft CP** Ausflugsfahrten mit historischen Dampfloks und Waggons, v. a. mit der Henschel 0187/0186. Es geht über Pinhão nach Tua (ca. 50 € inkl. Rückfahrt). Auskunft am Bahnhof, beim Callcenter der Eisenbahn (✆ 221052524) und auf www.cp.pt.

Weinprobe Portweine aller Marken gibt es in der Bar des Museu do Douro. Die Vinhos Castelinho verkaufen ihre Weine auf der **Quinta de São Domingos** (an der Brücke).

Außerhalb öffnen weitere Weinproduzenten ihre Adegas dem Publikum. Wer einen Besuch plant, erhält alle wichtigen Infos bei der Rota do Vinho, auch etwa über Beteiligung an der Weinernte (s. o., „Information"). Ohne Voranmeldung können besucht werden:

Quinta do Tedo, Vila Seca (Richtung Pinhão), ✆ 254789543, www,quintadotedo.com.

Quinta do Vallado, in Vilarinho dos Freires (ca. 6 km nordöstlich), ✆ 254323147.

Einkaufen Die **Markthalle** liegt am westlichen Ende der Rua da Ferreirinha (ganztägig, Sa nur vormittags, So geschlossen).

Wochenmarkt jeden Mittwochvormittag. Mehrere **Supermärkte** finden sich an den Einfallstraßen, u. a. Continente, Rua Lousada im Ortsteil Godim.

Übernachten/Essen & Trinken

Übernachten Am Flussufer in der nahen Umgebung sind in den letzten Jahren mehrere Wellness-Hotels mit Preisen oft um oder über 200 € entstanden, etwa Aquapura Douro Valley (www.aquapura hotels.com) oder Delfim Douro (www. delfimdourohotel.com).

**** Régua Douro, zentrumsnah an der östlichen Ausfallstraße. Die Südseite des großen Betonbaus erhebt sich mit entsprechend schönem Blick direkt über dem Fluss. Geräumige, funktionale Zimmer mit modernen Bädern. Im oberen Stock das Panoramarestaurant mit Hauptgerichten ab ca. 10 €, günstige Menüs. DZ zur viel befahrenen Straße je nach Saison 65–112 €, Zimmer zum Fluss ca. 6 € Zuschlag. Largo da Estação da CP, (237), ✆ 254320700, ✆ 254320709, www.hotelreguadouro.pt.

** Império, gegenüber Régua Douro. Einfache, in dunklen Farben eingerichtete, sehr saubere Zimmer mit Bad und Klimaanlage in einem modernen Betongebäude. Allerdings nichts für sehr Ruhebedürftige, da die Unterkunft von zwei Hauptstraßen in die Zange genommen wird. DZ ca. 37–42 €, es gibt auch Dreibettzimmer für ca. 53–63 €, jeweils ohne Frühstück. Rua Vasques Osório 8, ☎ 254320120, 📠 254321457, www.imperiohotel.com.

Columbano, im westlichen Stadtteil Godim. 56 enge, aber solide eingerichtete Zimmer. Die Zimmer an den Enden des Ganges sind größer. Auch Apartments für drei oder vier Personen. DZ je nach Saison ca. 35–45 €, App. ca. 60 bzw. 75 € je nach Größe. Av. Sacadura Cabral, (071), ☎ 254320710, 📠 254320719.

Dom Quixote, wenige Schritte hinter Columbano in Godim. Die Zimmer sind nicht ganz so klein wie in den anderen Unterkünften, die Einrichtung dafür noch ein bisschen einfacher. Eigener Parkplatz. DZ ca. 35 €. Av. Sacadura Cabral, Edifício Bela Vista 1 D, (071), ☎ 254321151, 📠 254322802.

Quinta de Marrocos, Turismo da Habitação in der Gemeinde Valdigem (ca. 3 km Richtung Lamego). Seit vier Generationen wird rund um das Bauernhaus auf 13 Hektar Wein angebaut und vor Ort gekeltert. Vier rustikale Gästezimmer wurden mit antikem Mobiliar eingerichtet, das Frühstück wird in der sogenannten Bauernküche serviert, Familienanschluss ist dort gewährleistet. Weinkeller und Lagerräume können besichtigt werden. Am Wochenende werden Ausflüge organisiert. DZ ca. 70 €. Estrada Nacional 222, Valdigem, (5100-840), ☎ 254313012, 📠 254322680, www.quintademarrocos.com.

Essen & Trinken O Maleiro, im Zentrum. Man kann im weinüberwachsenen Innenhof oder im einfachen Speisesaal Deftiges zu sich nehmen. Hauptgericht ab 7,50 €. Rua dos Camilos 108, Eingang auch über die Uferstraße, ☎ 254313684.

》》》 Mein Tipp: Cachó D'Oiro, nahe der Markthalle (etwas versteckt). Große Auswahl an regionalen Gerichten, etwa Tintenfischfilet, Stockfisch, Bohneneintopf oder Zicklein aus dem Ofen. Hauptgericht ab ca. 9,50 €. Rua Branca Martinho. ☎ 254321455. **《《《**

》》》 Mein Tipp: DOC, ca. 12 km an der Straße nach Pinhão, eine Adresse für Feinschmecker. Die Küche experimentiert mit der Kombination der Zutaten und Gewürze, etwa Seeteufel mit Currysauce und Jakobsmuscheln, Lammkarree mit Wildapfelpüree und sautierten Pilzen – oder zum Nachtisch die zu unterschiedlicher Festigkeit gegarten Birnen mit Blutorangesorbet und in heißer Butter geschwenkten Rosmarinblättern. Auf der Flussterrasse oder durch die große Glasfront Blick auf den Douro. Das kulinarische Erlebnis hat natürlich seinen Preis; Hauptgericht ca. 27 €, Menü ab 65 €. Im Winter So Abend und Mo geschl. EN 222, Folgosa, ☎ 254858123. **《《《**

A Repentina, ca. 7 km nördlich, an der alten Straße nach Vila Real. Ein Landrestaurant mit naiven Bildern über das bäuerliche Leben an den Wänden. Es wird nur nach Vorbestellung serviert, doch eine solche lohnt, denn dann kommen hervorragend zubereitete regionale Gerichte frisch aus dem Holzkohleofen auf den Tisch. Berühmt ist das Zicklein mit Kartoffeln und Reis. Hauptgerichte, die für zwei reichen, ab ca. 18 €. Mo Ruhetag. Lugar da Mó, Poiares. ☎ 254906145.

Ausflüge in die Umgebung

Vom Ufer des Douro ziehen sich die terrassierten Weinberge hinauf. Oben kann man tief hinab ins Flusstal schauen und den Blick über die Hügel genießen. Bei günstigem Sonnenstand spiegeln sich die Berge im ruhigen Fluss. Die oft palastartigen Haupthäuser der Weingüter sind umgeben von schier unendlichen Reihen von Weinstöcken. Einige sind zu besichtigen (siehe unter „Weinproben"). Wer mit dem Auto unterwegs ist und etwas Zeit mitbringt, sollte möglichst die stillen, allerdings kurvenreichen Nebenstraßen benutzen. Besonders schön sind die N 222 an der linken Flussseite nach Pinhão und die alte Route auf der N 2 nach Vila Real sowie in der Gegenrichtung nach Lamego. Und den allerschönsten Blick bietet der Aussichtspunkt **Varanda sobre o Douro** bei São Leonardo ca. 20 km nordöstlich über die N 313-1 und 313-2. Aber Achtung: Diese wenigen Kilometer verlangen mehr als eine halbe Stunde Fahrzeit.

Rio Douro

Lamego

ca. 11.000 Einwohner

„Der Wein, der nach der Erde von Lamego riecht!" Unter diesem Namen begann der Portwein seinen Siegeszug durch England und schließlich die ganze Welt. Auch die bekannteste portugiesische Sektmarke Raposeira stammt aus Lamego, das mit kulturhistorischen Schönheiten aufwartet.

Nach Gründung eines Bischofssitzes durch Sueben und Westgoten im 6. Jh. und der anschließenden maurischen Besiedlung soll sich 1143 die erste portugiesische Ständeversammlung in der romanischen Igreja de Almacave getroffen und Dom Afonso Henriques als portugiesischen König anerkannt haben. Allerdings vermuten nicht wenige Geschichtswissenschaftler, dass es sich bei den Berichten um eine Fälschung der Zisterzienser handelt. Wie auch immer: In der Folgezeit entwickelte sich die 12 km südlich des Douro gelegene Stadt zum Verwaltungs- und Handelszentrum, nicht zuletzt dank einer großen jüdischen Gemeinde. Stattliche profane und kirchliche Gebäude wie die Bischofskirche und die Überreste eines Kastells erinnern an die Blütezeit. Doch das auffälligste Bauwerk erhebt sich hoch über dem Ort. Wer fit bleiben will, macht es wie die Pilger und nutzt die steile barocke Treppenanlage mit 14 Stationskapellen und hübschen Kachelbildern hinauf zur 605 m hoch gelegenen Wallfahrtskirche Santuário de Nossa Senhora dos Remédios. Sie ist Anfang September Ausgangspunkt für eine der festlichsten Prozessionen ganz Portugals. Auch weniger Gläubige vergessen beim weiten Blick über die Weinberge, durch die sich auf weißen Betonstelzen die gewagte Konstruktion einer Autobahn zieht, schnell die Mühen des Aufstiegs. Erholung finden sie nach der Rückkehr in einer langgestreckten Parkanlage, deren Brunnen allegorische Frauenfiguren schmücken. Nach solch körperlicher Ertüchtigung seien einige der kulinarischen Spezialitäten empfohlen, für die Lamego berühmt ist: gebratenes Zicklein als sonntägliches Festmahl, Forellen aus den nahen Bergflüssen und der *Bola de Lamego*, ein viereckig geformter Brotteig, der mit Schinken oder Sardinen gefüllt als Snack gereicht wird. Und wer Lamego wieder verlassen muss, sollte die romantische Nationalstraße N 2 durch die Weinberge der neuen Straße vorziehen.

Basis-Infos

Postleitzahl 5100

Information Turismo, Av. Visconde Guedes Teixeira. Im Winter tägl. 9.30–12.30 und 14–18 Uhr, im Sommer ohne Mittagspause. Freundlicher Service. ✆ 254615770.

Hin und weg Der nächste Bahnhof befindet sich in Peso da Régua, etwa stündliche Busverbindung dorthin, am Wochenende etwa alle zwei Stunden. Die **Busse** halten hinter dem Museu de Lamego und fahren zudem tägl. 4-mal nach Vila Real. Taxi unter ✆ 254612898 und 254612108.

Adressen/Telefonnummern Polizei ✆ 254612022, ✆ 254612123; Hospital ✆ 254609980; Post in der Avenida Dr. Alfredo de Sousa. Kostenlos **Surfen** kann man in

Lamegodigit@l und Loja Ponto Já, beide Largo da Feira.

Aktivitäten Die Firma Naturimont verleiht **Fahrräder** und organisiert auch **Mountainbike-Touren, Kanufahrten, Ausritte** und geführte **Wanderungen.** Rua Nova 26, ✆ 969081507 (mobil), ✆ 254613918, www.naturimont.com. **Ausflüge** in die Umgebung unternimmt Lima Júnior, Largo da Vitória, 3, ✆ 254609020, www.limajunior.net. Eine kleine **Touristenbahn** fährt für ca. 4 € die historischen Sehenswürdigkeiten der Stadt an.

Einkaufen Die Rua da Olaria (direkt neben dem Touristenamt) ist eine reizvolle **Fußgängerstraße** mit zahlreichen Traditionsgeschäften. Der **Schuster** befindet sich in Nr.

118, selbst gefertigte Schuhe findet man in Nr. 80, **Häkeldecken** in Nr. 52, **Brot** in Nr. 37, **Schinken**, **Käse**, **Würste** in Nr. 19. Donnerstagvormittags **Wochenmarkt** unter freiem Himmel am Largo da Feira. Die **Markthalle** an der Av. 5 de Outubro ist Mo–Fr 8–17 Uhr, Sa nur bis 13 Uhr geöffnet. In derselben Straße liegen einige **Minimercados**. **Supermärkte** sind Pingo Doce (600 m Richtung Peso da Régua, tägl. 8.30–20.30, im Sommer bis 21 Uhr) und Leclerc (2 km südl. Richtung Tarouca, tägl. 9–20 Uhr), dort auch **Tankstelle** mit verbilligtem Sprit.

Feste Die fröhlichen Feste zu Ehren der **Nossa Senhora dos Remédios** beginnen am letzten Donnerstag im August mit zahlreichen Kulturveranstaltungen, erreichen erste Höhepunkte in karnevalsähnlichen Umzügen und Feuerwerken am 6. und 7. Sept. und gipfeln schließlich in der religiösen Prozession am 8. Sept. Abgeschlossen wird das Ganze vom **Stadtfest** am darauffolgenden Tag. Wegen Sparmaßnahmen soll das Programm in den nächsten Jahren etwas eingeschränkt werden.

Wandern Die Stadtverwaltung hat sechs Wanderwege in die Umgebung ausgeschildert, teilweise mit wunderschönen Ausblicken über die Berge des Dourotals. Infos im Tourismusamt.

Katholisches Portugal

Übernachten/Essen & Trinken

Übernachten **** Lamego, 2 km nordöstlich. Die funktionalen Zimmer in einem grünen Betonkasten sind geräumig. Dazu gibt es ein Hallenbad mit Health Club, Pool, Tennisplatz, Garage und Abholdienst vom Bahnhof in Régua. Nach Zimmern mit Aussicht fragen. DZ je nach Saison ca. 70–90 €. Quinta da Vista Alegre, (183), ☎ 254656171, ✆ 254656180, www.hotellamego.pt.

Solar dos Pachecos, im Zentrum. 2003 wurde das alte Herrenhaus saniert und zu einer komfortablen Unterkunft mit 15 Zimmern umgebaut, alle mit Bad, Minibar und Klimaanlage. Trotz der zentralen Lage sind die Zimmer am hinteren Gebäudebereich recht ruhig. DZ je nach Saison 40–60 €. Av. Visconde Guedes Teixeira, (074), ☎ 254600300, ✆ 254600309.

Solar da Sé, bei der Kathedrale. Die einfachen Zimmer sind unterschiedlich groß und teilweise sehr dunkel, also lieber erst ansehen. Bad mit Wanne. DZ ca. 40 €. Largo da Sé, (098), ☎ 254612060, ✆ 254615928.

Quinta da Timpeira, Turismo de Habitação, ca. 3,5 km südöstlich. Sehr ruhig zwischen Kirschbäumen und Weinstöcken gelegen. Das Gebäude verbindet Tradition mit Modernität. Beheizbarer Pool, Zentralheizung, Tennisplatz. DZ ca. 70 €. Penude, (718), ☎ 254612811, ✆ 254615176, www.quintada timpeira.com.

Quinta do Terreiro, Turismo de Habitação, 4 km Richtung Tarouca. 10 Zimmer in einem Herrenhaus aus dem 18. Jh. Pool, Tennisplatz, Zentralheizung. Einige Zimmer mit offenem Kamin. Spielzimmer und Bar. DZ ca. 70 €. Lalim, (550), ☎ 254697040, ✆ 254697042, www.quintadoterreiro.com.

Essen & Trinken Trás da Sé, neben der Kathedrale. Zwei kleine Räume, der hintere sogar ohne Fernseher. Zum Essen gibt es einen DIN-A-5-Zettel für Kommentare, der dann an die Wand gepinnt wird. Auch Deutsch ist erlaubt, da der Wirt schon in Hamburg und (zu DDR-Zeiten) in Rostock auf Werften gearbeitet hat. Hauptgericht ab 7 €. Mittwochabend geschlossen. Rua Virgílio Correia 12, ☎ 254614075.

O Lampião, hinter der Kathedrale. Das winzige Restaurant bringt typische Gerichte aus dem Dourotal auf die wenigen Tische (von Forelle bis Hammelbraten, ab 6,50 €). Nur mittags geöffnet, Sa geschlossen. Rua Direita 30, ☎ 254612550.

Casa Filipe, ebenfalls hinter der Kathedrale. Einfach eingerichtet, aber mit preiswerten einheimischen Gerichten direkt aus dem Ofen. Hauptgericht ab 7 €. Sonntagabend geschlossen. Rua Trás da Sé 58, ☎ 254612428.

Solar do Espírito Santo, im gleichnamigen Residencial. Regionale Küche und Grillspezialitäten in angenehmer Atmosphäre.

Hauptgericht ab 8 €. Di Ruhetag. Rua Alexandre Herculano 10-C, ☎ 254655442.

A Mina do Rei, schräg gegenüber. Größtes Restaurant im Zentrum, aber doch traditionelles Ambiente mit Gerichten wie Spanferkel und Zicklein. Hauptgericht ab 7,50 €. Mo Ruhetag. Rua Alexandre Herculano 51, ☎ 254613353.

≫ Mein Tipp: Scala, im Zentrum. Ehrwürdiges Café mit hausgemachtem Gebäck, nachmittags treffen sich die Damen des Ortes zum Kaffeekränzchen. Hier gibt es auch Lamegos süße Spezialität cavacas, ein mit Zuckerguss überzogener Biskuit, zu dem Portwein getrunken wird. Mi Ruhetag. Av. Visconde Guedes Teixiera 21. ≪

Sehenswertes

Kathedrale Sé: Lamego ist die einzige Stadt Portugals mit Bischofssitz, die nicht zugleich Distrikthauptstadt ist. Die massive Kathedrale im Stadtzentrum aus dem Jahre 1129 wurde in den folgenden Jahrhunderten baulich stark verändert. Aus der Ursprungszeit stammt der rechteckige Kirchturm, die gotische Fassade datiert aus

Das Santuário Nossa Senhora dos Remédios ist ein wichtiger Pilgerort

den Jahren 1508–1515. Außergewöhnlich ist die Ausschmückung des Portals mit Engeln, Tieren und Pflanzen. Im Inneren fallen die Gemälde des Italieners Nicolau Nasoni (siehe auch S. 89) ins Auge, die Geschichten aus dem Alten Testament erzählen.
8–13 und 15–18 Uhr. Eintritt frei.

Santuário Nossa Senhora dos Remédios: Wer die fast 700 Stufen der Treppenanlage bewältigt hat, steht vor der doppeltürmigen barocken Wallfahrtskirche (1750–1761), eine der wichtigsten Pilgerorte Portugals. Sie ist auch über eine kleine Straße zu erreichen. Interessanter als das teilweise mit Kacheln ausgestattete Innere ist die beeindruckende Fassade. Der Treppenaufgang wurde erst 1966 endgültig fertig gestellt und besticht durch die Kachelbilder und Skulpturen von Propheten und Kirchenheiligen. Einige davon sind allerdings trotz aller Heiligkeit des Ortes inzwischen abhanden gekommen – vielleicht gar von allzu frommen Pilgern entwendet?
8.30–12.30 und 13.30–18, im Sommer bis 19 Uhr. Eintritt frei.

Castelo: Am nördlichen Stadtrand erhebt sich die romanische Burg, ursprünglich eine maurische Befestigungsanlage. Erhalten sind der Wehrturm aus dem 13. Jh. und die romanische Zisterne, aus der die Verteidiger im Notfall ihr Trinkwasser entnommen haben. Und in Vollmondnächten schwebt über allem die verzauberte maurische Prinzessin Ardinia!

Geöffnet nur nach Voranmeldung, ✆ 962860417 (mobil), Eintritt frei.

Igreja de Almacave: Der Volksmund sagt, dass die hinter der Burg gelegene Kirche neben einem islamischen Friedhof erbaut wurde. Daraus könnte sich auch der eigentümliche Name erklären, denn *al macab* bedeutet im Arabischen „Reich der Toten". Erbaut wurde die Kirche vermutlich im 12. Jh., doch deuten einige verwendete Steine auf einen noch früheren Ursprung hin. Auffällig sind die romanischen Portale und die Verzierungen der Kapitelle. Die Renaissance-Kanzel stammt aus dem 16. Jh.

7.30–12 und 16–19.30 Uhr. Eintritt frei.

Museum: Im früheren Bischofspalast aus dem 18. Jh. gegenüber der Kathedrale ist das städtische Museum untergebracht. Gezeigt werden Ausgrabungsgegenstände, antike Möbel, Münzen, flämische Wandteppiche aus dem 16. Jh., portugiesische Malerei, Volkskunst und sakrale Gegenstände v. a. aus dem 18. Jh. Den wertvollen Höhepunkt bilden fünf Altarbilder in Öl, die Grão Vasco in bischöflichem Auftrag zwischen 1506 und 1511 für die Kathedrale gemalt hat.

Di–So 10–12.30 und 14–17 Uhr, Mo geschlossen. Eintritt 2 €, bis 14 Jahre frei; 14–25 J., Studenten und über 65 J. 1 €, mit Cartão Jovem 0,80 €, So bis 14 Uhr frei.

Umgebung von Lamego

Igreja de São Pedro de Balsemão: Etwa 3 km nordöstlich erhebt sich die dreischiffige Hallenkirche aus dem 7. und 8. Jh., eine der ältesten christlichen Bauwerke auf der Iberischen Halbinsel. Die westgotischen Hufeisenbögen und der präromanische Chor sind noch aus der Zeit der frühchristlichen Gründer erhalten geblieben. Der granitene Sarkophag des früheren Bischofs von Porto, Afonso Pires, in einer Seitenkapelle stammt allerdings aus dem 14. Jh., ebenso die Statue der schwangeren (!) Maria, ein Ausdruck des Marienkultes. Die bemalte Kassettendecke entstand während grundlegender Sanierungsarbeiten 1643.

Okt.–April 9.30–12.30 und 14–17.30, sonst 10–12.30 und 14–18 Uhr; Mo und Dienstagvormittag sowie jedes 3. Wochenende im Monat geschlossen. Eintritt frei.

Ucanha: Vor dem Aussterben bewahrt

Bemerkenswert war schon immer die befestigte Brücke mit einem romanischen Wehrturm, deren vier Steinbögen sich über den Fluss strecken. Doch wie so viele Orte war auch Ucanha nördlich von Tarouca vom Aussterben bedroht. Als schließlich in den 1980er Jahren die bronzenen Kirchenglocken als symbolischer Höhepunkt des Verfalls durch Lautsprecher ersetzt wurden, setzte ein Umdenken ein: Der Ort mit seinen gut 200 granitenen Häusern und seiner historischen Seele sollte gerettet werden. Der Erfolg der Sanierung zeigt sich heute u. a. in den restaurierten Wasser-, Öl- und Getreidemühlen. Auch die nahegelegene Sektkellerei Murganheira ist zu besichtigen.

São João de Tarouca: Knapp 12 km südöstlich von Lamego wurde im frühen 12. Jh. (das genaue Gründungsdatum ist umstritten) das erste Zisterzienserkloster in Portugal erbaut. Das eigentliche Klostergebäude verfiel nach der Säkularisierung bis

Rio Douro

auf die Grundmauern, doch die dreischiffige Kirche steht noch heute. Das spät-
romanische Portal ist typisch für viele Kirchenbauten im Dourotal. Das Kirchen-
innere wurde im 18. Jh. verändert, es glänzt heute in Gold.

9.30–13 und 14.30–18.30 Uhr. Mo, Dienstagvormittag und jedes 3. Wochenende im Monat
geschlossen. Eintritt frei.

Vila Real

ca. 18.500 Einwohner

**Die lange Jahre stark ländlich geprägte Provinzhauptstadt verzeichnete
zuletzt einen starken Bevölkerungszuwachs und präsentiert sich heute mit
seinen 8000 Studenten stark verjüngt. Allerdings brachte die rege Bautätig-
keit nicht überall mehr Schönheit. Doch dank seiner mittelalterlichen und
barocken Bauwerke und der Jugendstilhäuser verströmt Vila Real einen
wenn auch etwas spröden Charme.**

Die am Zusammenfluss des Rio Corgo und Rio Cabril gelegene „königliche Klein-
stadt" blickt auf eine lange Geschichte zurück. Im ausgehenden 13. Jh. von König
Dinis gegründet, siedelten sich zahlreiche Adelsfamilien an, wovon die verstreut
liegenden Patrizierhäuser und wappenverzierten Paläste Zeugnis ablegen. In der
Blütezeit der höfischen Barockkultur im 18. Jh. wurde der Ort gar der „Hof von
Trás-os-Montes" genannt. Zentrale Achse der heutigen Stadt ist die Avenida Carvalho Araújo, um die herum sich die bedeutendsten kulturellen, religiösen und ad-
ministrativen Gebäude gruppieren. In der Hausnummer 17, einem stattlichen Re-
naissancepalast mit schönem manuelinischem Dekor, wurde der berühmteste Sohn
der Stadt geboren, der Seefahrer Diogo Cão: Er entdeckte 1482 die Kongomündung
und war einer der Wegbereiter des Seewegs nach Indien.

Wichtigstes Gotteshaus ist die *Kathedrale São Domingo*, die dem Dominikanerkloster angegliedert war. Im 15. Jh. im gotischen Stil und ursprünglich schlicht erbaut, ist doch ein romanischer Einschlag deutlich spürbar, etwa bei der lebendigen

Im lebendigen Stadtzentrum von Vila Real

Ausschmückung mit Menschenköpfen, Weinblättern oder Trauben an den Würfel-
kapitellen oder den mächtigen Pfeilern. Ungewöhnlich ist auch die einfache Holzdecke, die den dreischiffigen Kirchenraum überspannt. Mitte des 18. Jh. erhielt der
Hauptaltar ein klassizistisches vergoldetes Schnitzwerk, welches sich gleichwohl
harmonisch einpasst. Nach einem verheerenden Brand 1837 wurde mit aufwändigen Restaurierungsarbeiten die alte Pracht weitgehend wiederhergestellt.

Die barocke *Igreja do Clérigo* (auch *Capela Nova* genannt) wurde ab 1639 erbaut,
möglicherweise nach Entwürfen von Nicolau Nasoni. Auffallend ist die prächtige
Hauptfassade, deren feine Gliederung bereits das Rokoko ankündigt. Ihr Innenraum ist mit sehenswerten blau-weißen Azulejos ausgeschmückt. Einen Besuch
lohnt auch die dritte bedeutende Kirche Vila Reals, die aus dem 16. Jh. stammende
Igreja São Pedro, deren Innenraum polychrome Renaissancefliesen und eine schöne
Kassettendecke zieren.

In einen ganz modernen Bau am Südrand der Stadt ist das *Archäologische Museum
Vila Velha* eingezogen. Im Parterre sind Wechselausstellungen zu sehen, im
1. Stock werden Besucher auch mit der Arbeit von Archäologen vertraut, und natürlich werden auch Fundstücke gezeigt (tägl. 10–12, 14–19 Uhr. Eintritt frei).

Numismatiker kommen im *Stadtmuseum* in der Rua do Rossio voll auf ihre Kosten,
denn dort wird eine der größten Münzsammlungen der Welt mit insgesamt 40.000
Münzen von der Römerzeit bis in die Gegenwart aufbewahrt (tägl. 10–12, 14–19
Uhr, Eintritt frei). Und wer einfach nur eine schöne Aussicht genießen will, sollte
sich zum höher gelegenen Friedhof am südlichen Ende der Altstadt aufmachen, wo
sich der Blick auf die beiden Flüsse Rio Corgo und Rio Cabril eröffnet.

Auf 1500 m² erstreckt sich der neue, zur Universität gehörende *Botanische Garten*
am südlichen Stadtrand. Er erlaubt u. a. eine Reise durch Kräutergeschichte, etwa
wie der Thymian zu einer in Küche und Heilkunst gebräuchlichen Pflanze wurde
(Mo–Sa zur Öffnungszeit der Uni, Eintritt frei, Führungen, auch individuell, 3 €).

Basis-Infos

Postleitzahl 5000

Information Tourismusamt im Zentrum
an der Av. Carvalho Araújo 94. Tägl. 9.30–
12.30 und 14–18 Uhr. ✆ 259322819,
✆ 259322819. Das **Informationsbüro des
Naturparks Alvão** findet sich etwas versteckt am Largo Freitas hinter dem Rathaus. Hier gibt es auch Infos zu Wanderungen (s. u.). Mo–Fr 9–12.30 und 14–17.30 Uhr.
✆ 259302830, ✆ 259302831.

Hin und weg Es gibt zwei **Busbahnhöfe**.
Die *RodoNorte* steuert ab Rua Dom Pedro
de Castro etwa stündl. Porto an (meist über
Amarante) und 5-mal Chaves (am Wochen-
ende seltener), 11-mal Amarante, 9-mal
Bragança, 4-mal Braga, Guimarães und
Lamego an. Das Büro der *Rede de
Expressos* liegt am Busbahnhof Quinta do
Seixo: 7-mal Porto, 8-mal Bragança, 10-mal
Braga und 1-mal Lamego. Ebenfalls dort

fahren die *Auto Viação do Tâmega* tägl.
2-mal nach Porto sowie jeweils 1-mal nach
Bragança und Amarante (zudem gute Ver-
bindung nach Peso da Régua und
Lamego). Am Wochenende fahren weniger
Busse.

Das innerstädtische Unternehmen **Corgo-
bus** betreibt fünf Linien und eine Nacht-
linie, u. a. zum Mateus-Palast (rote Linie 1).

Taxis erreicht man unter ✆ 259322131.

Adressen/Telefonnummern   Polizei
✆ 259322022 und ✆ 259323115; Hospital
✆ 259300500; **Post** in der Av. Carvalho
Araújo. Kostenloser **Internetzugang** in der
Bibliothek, Rua Madame Brouillard (hinter
dem alten Bahnhof).

Einkaufen Die **Markthalle** an der Rua
Conçalo Cristovão (ca. 500 m nördlich vom
Turismo) ist täglich außer So geöffnet.

Rio Douro

Dienstag- und freitagvormittags wird auf dem **Wochenmarkt** nördlich des Stadtzentrums Kleidung verkauft. Tägl. von 9 bis 20 Uhr offen ist der **Supermarkt Pingo Doce** (zentral in der Rua Miguel Torga). Regionale Spezialitäten wie Würste, Schinken, Wein, Honig, Olivenöl bietet die **Casa dos Sabores Regionais**, Rua Dr. Domingos Campos 8 (nördlich vom Zentrum). Die Töpferwaren aus Bisalhães (S. 247) werden in Buden an der Avenida da Noruega (westl. Zentrumsrand) verkauft. Ein großer **Kunsthandwerksmarkt**, auch bekannt als „Markt der Krüge", wird am 28./29. Juni, dem Namenstag des heiligen Petrus, veranstaltet. Außer Tonwaren gibt es auch Leinen aus Agarez.

Feste Besuchenswert ist die streng durchorganisierte **Fronleichnamsprozession**, deren Ursprünge ins Mittelalter zurückreichen. Das größte **Volksfest** wird zu Ehren des Stadtheiligen Antonius um den 13. Juni veranstaltet (Musik, Tanz, Folklore, Feuerwerk). Dann ist die ganze Stadt auf den Beinen.

Wandern Es sind fünf thematische Wanderwege von 3 bis 12 km Länge angelegt, etwa zur Geologie, Fauna, Kulturgeschichte. Auskünfte im Tourismusamt.

Übernachten

*** **Miracorgo** 8, am südlichen Rand der Altstadt. Das kürzlich renovierte Großhotel in einem Hochhaus wartet mit gut ausgestatteten, modern eingerichteten Zimmern in Pastellfarben auf. Die Zimmer im neuen Teil des Gebäudes sind größer und komfortabler, die höher gelegenen haben einen schönen Blick. Hallenpool und Panoramarestaurant. DZ ca. 73 €. Av. 1° de Maio 78, (651), ℡ 259325001, 📠 259325006, www.hotel miracorgo.com.

** **Miraneve** 2, am Busbahnhof von Rodo-Norte. Geräumige Zimmer und moderne Bäder, inzwischen leider etwas abgewohnt und nichts für Lärmempfindliche. DZ ca. 40–70 €. Rua D. Pedro de Castro, (669), ℡ 259323153, 📠 259323028.

Real 4, in der Fußgängerzone. Einfache, ordentliche und recht geräumige Zimmer mit Du/WC. DZ etwa 40 €. Rua Combatentes da Grande Guerra 5, (653), ℡ 259325879, 📠 259324613, www.residencialreal.com.

Encontro 5, neben dem Tourismusamt. Einfache Pension mit sehr ordentlichen Zimmern mit Du/WC, nach vorne etwas laut. DZ ca. 30–35 €. Av. Carvalho Araújo 78, (657), ℡ 259322532.

In der Nähe der Kathedrale gibt es einige weitere günstige Pensionen.

Turismo de Habitação Casa Agrícola da Levada, am Corgo-Fluss, ca. 1,5 km nordöstlich des Zentrums. Auf dem Landgut, 1922 vom damals bekannten Architekten Raul Lino entworfen, werden vier unterschiedlich große DZ und drei Apartments für vier Personen vermietet. Im Sommer wird im Kameliengarten gefrühstückt, in dem sich zwischen Rosenhecken und schmucken Bäumen am Flussufer viele romantische Ecken finden. Die Besitzer zeigen gerne, wie die hausgemachten Würste oder die Marmelade aus eigenen Früchten produziert werden. DZ ca. 65–75 € (Mindestaufenthalt zwei Nächte), App. 60–195 € je nach Größe, Saison und Aufenthaltsdauer (Minimum drei Nächte). Timpeira, (419), ℡ 259322190, 📠 259326553, www.casadalevada.com.

Camping Clube de Campismo Vila Real, hinter der Jugendherberge. Schöner, terrassenförmiger Platz oberhalb des Rio Corgo mit viel Schatten im unteren Bereich. Person ca. 3,75 €, Zelt 3,30 €, Auto 2,65 €. Geöffnet 1. März bis 15. Nov. Rua Dr. Manuel Cardona, (558), ℡ 259324724.

Essen & Trinken/Nachtleben

Die Entscheidung für ein Restaurant fällt Freunden der regionalen Küche schwer, so gut ist die Auswahl an Gaststätten, die sich der meist deftigen Küche verschrieben haben und sie hervorragend zubereitet in angenehmer Atmosphäre auf den Teller bringen. Allerdings wurden seit 2012 mehrere Traditionshäuser ein Opfer der Wirtschaftskrise.

Essen & Trinken Terra de Montanha 3, im historischen Zentrum. Originelles Restaurant: man sitzt in halbierten, riesigen Weinfässern, die teils als Séparée für sechs

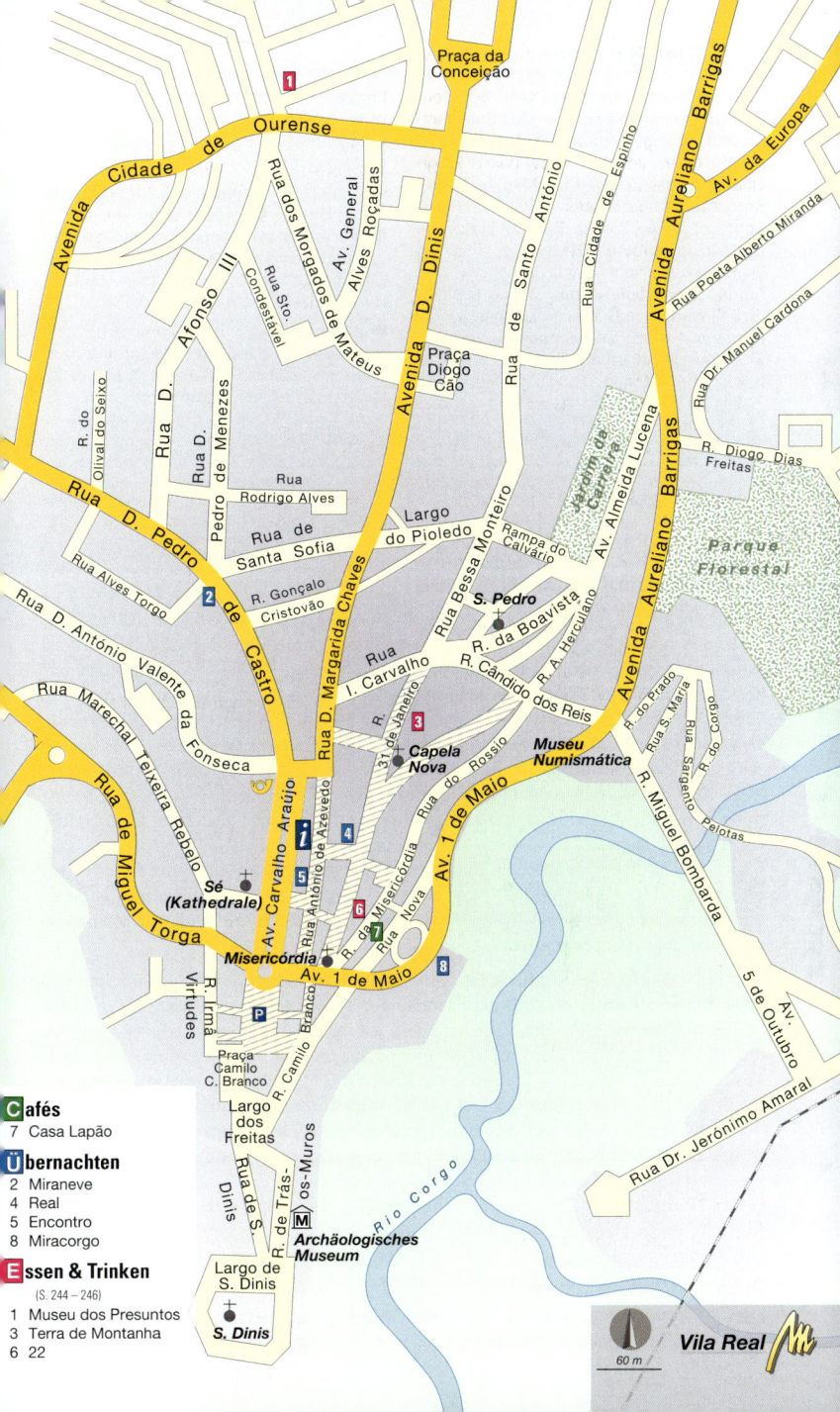

Vila Real

60 m

Gäste dienen. Hervorragende regionale Küche, etwa Dicke Bohnen mit geräucherten Würsten oder Schweinebraten mit Kastanienfüllung. Ausreichende halbe Portionen ab ca. 10,50 €. So Ruhetag. Rua 31 de Janeiro 16–18, ✆ 259372075.

Museu dos Presuntos 1, unterhalb des Wochenmarkts. Über der ausladenden Theke hängen die Schinken, die als Vorspeise frisch aufgeschnitten werden. Bei den Hauptgerichten liegt der Akzent auf gegrilltem Fleisch oder Bacalhau und Tripas. Ab ca. 8,50 €. Di und Freitagmittag geschlossen. Av. Cidade de Ourense 43, ✆ 259326017.

22 6, in der Fußgängerzone. Einfache, aber gut zubereitete Speisen in drei kleinen Speisesälen im 2. Stock eines Stadthauses. Hauptgericht ab ca. 5,50 €. Rua Teixeira da Sousa 16, ✆ 259321296.

Montanhês, etwas außerhalb Richtung IP 4. Das zu einer Unterkunft gehörende Restaurant serviert auch Meeresfrüchte. Hauptgericht ab 6,50 €. Largo dos Àrvores 28, ✆ 259323787.

Casa Lapão 7, Café nahe der Misericórdia-Kirche, das inzwischen modernisierte Traditionscafé der Stadt, in dem die Spezialität *Pasteis de Santa Clara* gebacken wird. Oft ist es schwer, einen Platz zu ergattern. Rua da Misericórdia 51–53.

Nachtleben Die Studenten erobern mehr und mehr das Nachtleben der Stadt. Angesagt ist derzeit das **Andromeda** in Parede, 5 km Richtung Chaves. Gespielt wird hauptsächlich Techno, Mi–Sa ab 24 Uhr. Im Stadtgebiet treffen sich die Nachtschwärmer in den Bars am Largo do Pioledo.

Umgebung von Vila Real

Palácio Mateus: 3 km östlich liegt der Besuchermagnet. Wie kaum ein anderes portugiesisches Gebäude wurde dieser vom Meister Nicolau Nasoni geplante Herrensitz mit den charakteristischen bauchigen Ziertürmen, der als das großartigste profane Bauwerk des portugiesischen Barocks gelobt wird, weltweit bekannt. Den er ziert das Etikett des meistverkauften portugiesischen Weins, des Mateus Rosé, in seiner typischen Bocksbeutelflasche. Eine hohe Mauer und dichte Baumreihen schützen das aristokratische Anwesen vor dem plebejischen Auge. Dahinter verbirgt sich eine farbenfrohe Parkanlage in barocker Üppigkeit. Zu einem wunderhübschen Bild vereinen sich uralte Kamelienbäume, akkurat gezirkelte französische Gärten, ein Tunnel aus Zedern, der ein gotisches Kirchenschiff nachahmt, und sogar eine Himbeerplantage, in der seltene Singvögel nisten. Im zentralen Wasserbassin vor der majestätischen Hauptfassade räkelt sich João Cutileiros moderne Skulptur einer badenden Schönheit, die schon mal von einer Hundertschaft palasteigener Frösche bestiegen wird.

Ein Teil des reich und graziös ausgeschmückten Palastgebäudes ist im Rahmen öffentlicher Führungen zugänglich. Jeder der kostbaren Einrichtungsgegenstände ist ein Meisterwerk für sich und repräsentiert den distinguierten adligen Zeitgeist des 18. Jh. in seltener Reinkultur. Besonders kostbar ist die Silber- und Porzellansammlung mit indischen, chinesischen und europäischen Exemplaren des 17. bis 19. Jh. Die Palasttüren und Decken aus Kastanienholz sind kunstvoll geschnitzt. In der Hauskapelle finden sich kostbare Heiligenfiguren, Reliquien und Gemälde, und in der Bibliothek liegen über 2000 frühe Pergamentrollen und königliche Karten aus. Wertvollstes Ausstellungsstück ist die erste illustrierte Ausgabe des portugiesischen Nationalepos *Os Lusíadas* einschließlich der originalen Druckplatten aus Kupfer, die der Hausherr im Jahre 1817 in Auftrag gab. Alles in allem ist dieser vielleicht nobelste portugiesische Wohnsitz eine höchst selbstbewusste Demonstration von aristokratischem Reichtum und Einfluss.

Die Schlossherren gründeten 1970 eine Stiftung und betätigen sich seitdem als Kunstmäzene. In Nebengebäuden wurden die ersten Künstlerwohnungen auf der

Der Palácio Mateus ist Besuchermagnet und Kunsttempel

Iberischen Halbinsel eingerichtet, für junge Musiker werden Meisterklassen organisiert, jährlich wird ein Literaturpreis ausgelobt, und Bildhauer zeigen in regelmäßigen Ausstellungen ihr Können. Die Weinkeller der Firma Sogrape, in denen der bekannte Rosé reift, liegen nur wenige Meter vom Palast entfernt, sind aber nicht zu besichtigen.

Öffnungszeiten Juni–Sept. 9–19.30 Uhr, Nov.–Jan. bis 17, sonst bis 18 Uhr. Immer zur vollen Stunde Eintritt für Palast, Kapelle und Garten inkl. Führung in Portugiesisch, Französisch und Englisch (10 €, nur der Garten 6,50 €). Um 12 Uhr oft auch Führungen in Deutsch. ✆ 259323121, www.casa demateus.com.

Übernachten Casa da Quinta de S. Martinho, die rustikalen Zimmer und Apartments sind mit modernen Bädern ausgestattet. Im Aufenthaltsraum Bar und TV, im Garten ein Pool. DZ ca. 65 €, App. für 2 Pers. je nach Saison ca. 80–100 €, 4 Pers. ca. 100–120 €. Mateus, ✆/📠 259323986, www.quintasaomartinho.com.

Santuário de Panóias: Etwa 5 km hinter Mateus in Richtung Sabrosa gelangt man zu einem mysteriösen römischen Heiligtum aus dem 2. oder 3. Jh., einem der bedeutendsten aus gehauenem Stein auf der Iberischen Halbinsel. Es besteht aus drei großen Granitfelsen mit Vertiefungen auf der Oberseite, erkennbar sind steinerne Blutrinnen. In einem offenbar aus Kleinasien stammenden Ritual wurde hier Serapis, einem Gott der Unterwelt, Tieropfer dargebracht. Auf dem ersten Stein ließ man das Blut des geschlachteten Tieres auslaufen, auf dem nächsten wurden die Eingeweide verbrannt, das Fleisch des Opfertiers gebraten und verspeist und auf dem dritten Stein schließlich die Bestattung und Auferstehung des geweihten Tiers zelebriert.

Mi–So 9–12.30 und 14–17, Di 14–17 Uhr. Eintritt 2 €, mit Cartão Jovem 1 €, unter 25 und ab 65 Jahre 1 €, unter 14 J. frei.

Handwerkerdörfer Bisalhães und Agarez: Vila Real empfiehlt sich als Ausgangspunkt für Ausflüge in die nahe gelegenen Berge und traditionsreichen Handwerkerdörfer. In Bisalhães (ca. 4 km südwestlich) wird in einer besonderen Brenntechnik aus ursprünglich grau-braunem Ton anthrazitfarbene Töpferware gefertigt. Agarez (ca. 5 km nordwestlich) ist bekannt für seine Leinenweberei, allerdings gehen nur

Rio Douro

noch sehr wenige seiner Bewohner diesem beschwerlichen Handwerk nach,
während noch vor wenigen Jahrzehnten in nahezu jedem Haushalt ein Web-
stuhl stand.

Parque Natural do Alvão: Das nordwestlich hingestreckte Gebirge erreicht
eine Höhe von 1339 m und schiebt sich
als Riegel zwischen den grünen Minho
und das eher karge Trás-os-Montes.
Eine Fläche von 7220 ha wurde 1983
unter Naturschutz gestellt. In dieser abgelegenen Bergregion, die von verschiedenen Eichenarten und Birken bewach-
sen wird, lassen sich zahlreiche seltene
Pflanzen finden: Narzissen, Bergarnika,
Stechpalmen, das behaarte Heidekraut
oder eine fleischfressende Pflanze namens Sonnentau, die von den Einheimischen als Warzenheilmittel eingesetzt
wird. Zu den heimischen Tieren zählen
Wölfe, diverse Arten von Fledermäusen
(etwa die nur 3–5 cm große und 6 g
schwere Schnurrbärtige Fledermaus),

Schwarze Töpferware aus Bisalhães

Wassermaulwürfe, seltene Amselarten, Lerchen und Krähen und nicht zuletzt
Raubvögel wie Adler und Wanderfalken. Immer wieder stößt man in diesem Gra-
nit- und Schiefergebirge auf Wasserfälle, alte Wassermühlen, zu eigentümlichen
Riesenkugeln geformte Granitsteine, jahrhundertealte Terrassenlandschaften, Zie-
gen- und Rinderherden und halbverlassene Dörfer. Noch vor wenigen Jahrzehnten
praktizierten die inzwischen meist betagten Einheimischen eine archaische Landwirtschaft, die auf gegenseitiger Hilfe und Tauschhandel basierte. Beim Besuch der
Dörfer Ermelo, Barreiro, Lamas de Olo oder Arnal mit ihren traditionellen Granit-
Schieferhäusern taucht man noch in diese vergangenen Welten ein, zwei kleine
Dorfmuseen überliefern sie der Nachwelt. In *Arnal* (10 km nordwestlich von Vila
Real) werden vor allem landwirtschaftliche Arbeitsweisen und Gerätschaften ausgestellt, während am südwestlichen Rand des Naturparks in *Ermelo* der Schwerpunkt auf Leinenverarbeitung gelegt wurde. In der Umgebung von Arnal und *Barreiro* gibt es zudem landschaftlich reizvolle Wanderwege und ein Haus bei Arnal,
das im Naturparkbüro gemietet werden kann. (→ Vila Real/Information, S. 242).

Amarante
ca. 10.000 Einwohner

**Eine mächtige dreibogige Granitbrücke führt über den ruhig dahinfließen-
den Tâmega ins historische Stadtzentrum mit seinen hübschen Renaissancegebäuden. Stimmungsvolle Flussauen locken zu Spaziergängen oder
Bootsfahrten. Amarante, das auch für seinen Wein bekannt ist, bietet
zudem kulturelle und gastronomische Schmankerln.**

Amarante hat sich in den letzten Jahrzehnten recht ungeordnet in die Landschaft
hineingefressen, bei der Anfahrt von der neuen Autobahnbrücke aus erscheint es

zunächst wenig attraktiv. Man sollte aber keineswegs achtlos vorbeifahren, denn es macht Spaß, durch die Gassen und über die Plätze entlang des Flusses zu schlendern. Zudem ist die Stadt idealer Ausgangspunkt für Ausflüge in die Bergregionen der Serra do Marão und der Serra do Alvão. Auch das Dourotal ist nahe.

Erste Ansiedlungen reichen in das 4. vorchristliche Jahrhundert zurück, römische Legionäre gaben dem Ort seinen Namen. Der eigentliche Aufschwung setzte im 13. Jh. durch den tatkräftigen Dominikanermönch Gonçalo ein. Er machte sich gemeinsam mit den Bewohnern des Ortes an den Bau einer neuen Brücke über den Tâmega, worüber der 2010 verstorbene portugiesische Literaturnobelpreisträger *José Saramago* in seiner „Portugiesischen Reise" schreiben sollte: „Das waren noch Zeiten, als der Heilige dem Maurer den Mörtel brachte und dieser es ihm dankte." Mittels der erleichterten Flussüberquerung wurde Amarante zu einer wichtigen Etappe des Pilgerpfads nach Santiago de Compostella, wenig später entstand ein Hospiz für erkrankte Pilger. Bald stand der begabte Prediger Gonçalo im Ruf, für Eheleute und Liebende hilfreiche Wunder zu bewirken und insbesondere den Alten zu spätem Eheglück zu verhelfen. Im Jahr 1550 wurde er heilig gesprochen.

Basis-Infos

Postleitzahl 4600

Information Loja Interativa de Turismo östlich der Altstadt am Largo Concelheiro António Cândido. Im Sommer tägl. 9.30–19, im Winter tägl. 9.30–12.30 und 14–18 Uhr. ☎ 255420246, www.amarante.pt/turismo.

Hin und weg Busse halten am Platz beim Tourismusamt. Tägl. 9-mal nach Porto, stündlich nach Vila Real, 5-mal Chaves, Vidago, 7-mal Braga und Guimarães, 6-mal Bragança, 1-mal Miranda do Douro. Am Wochenende und in den Schulferien deutlich weniger. Taxi unter ☎ 255432463.

Adressen/Telefonnummern Polizei ☎ 255732104; Hospital ☎ 255410500; Post Largo de Santa Luzia. Im **Internet** surfen kann man kostenlos im Espaço Internet, Largo Sertório de Carvalho (Campo da Feira), auch Ausdrucken und Scannen möglich. Der ganze Ort ist eine Wifi-Zone.

Baden Im Fluss kann man an der Praia **Fluvial** baden. Etwas außerhalb findet sich zusätzlich ein **Parque Aquático** mit Wasserrutschen und Wellenbad (☎ 255446648). Dazu verlässt man die IP 4 an der Ausfahrt Amarante Oeste, hält sich in Richtung Fregim und folgt der Ausschilderung.

Boote/Fahrrad/Wandern Infos zu zwei Wanderwegen in der Gegend von Gondar, 5 km östlich, gibt es im Tourismusamt.

Das Sportgeschäft Mário Sport verleiht **Kanus** und organisiert **Wanderausflüge**. Rua Cândido dos Reis, ☎ 255422922. Am Fluss-

strand gibt es **Tretboote** zu mieten, deren Sitze ein Sonnenschirm überspannt – ein hübscher Anblick. **Fahrräder** verleiht die Casa da Juventude (→ Übernachten).

Einkaufen Mi und Sa Vormittag großer **Freiluftmarkt** an der Alameda Teixeira de Pascoaes vor dem Museu Municipal. Neben Obst und Gemüse gibt es Kleidung, Schuhe, Haushaltswaren und Spielzeug. Der **Supermarkt Navarras** liegt etwas versteckt in einem Tiefgeschoss unter dem gleichnamigen Hotel. **Kunsthandwerk**, insbesondere Handgewebtes, findet man im Tourismo. **Biomärkte** organisiert die Casa da Juventude (→ Übernachten).

Feste Am 1. Wochenende im Juni feiert Amarante sein **Stadtfest**, einen riesigen Jahrmarkt mit Tanz, Folklore und einer Prozession zu Ehren des Stadtheiligen São Gonçalo (samstags), dessen **Geburtstag** am 10. Januar ebenfalls festlich begangen wird. In den Straßen werden aus Teig gebackene Penisse feilgeboten, die an die einschlägigen Wunder dieses Heiligen erinnern.

Im Juli und August organisiert die Stadtverwaltung die **Festwochen**. Theaterstücke und Konzerte werden im Kreuzgang der Klosterkirche, auf dem Platz der Republik und auf einer großen Freilichtbühne am Fluss aufgeführt. Das Spektrum reicht von Klassik bis Hip-Hop. Das aufgrund knapper Kassen abgespeckte Programm kann man unter www.cm-amarante.pt abfragen.

Rio Douro

Übernachten

Hotels/Pousadas   Casa da Calçada, zentrumsnah am Fluss. Ein spektakuläres Herrenhaus, das über Jahrzehnte verfiel, wurde komplett saniert und 2003 zu einer Luxusherberge ausgebaut. Bei der Inneneinrichtung wurde aufs Detail geachtet, alles wirkt sehr distinguiert. Zum Haus gehören je ein Pool für Kinder und Erwachsene und ein Tennisplatz. Die schützenden Bäume wurden vom früheren Besitzer, einem Bürgermeister und Parlamentsabgeordneten der Ersten Republik, angepflanzt – für jeden Gast, den er empfing, ein Baum. Standardzimmer für 2 Pers. ab 120 €. Largo do Paço 6, (017), ☎ 255410830, ✆ 255426670, www.casadacalcada.com.

*** **Navarras**, nahe dem historischen Zentrum, etwas versteckt in einem Geschäftsbau aus grauem Beton. Renovierte, funktional und komfortabel eingerichtete Zimmer, schöne Bäder; am besten die Zimmer in den oberen Stockwerken (nach hinten weisend) nehmen. Je nach Saison und Wochentag DZ 40–80 €. Rua António Carneiro, (049), ☎ 255431036, ✆ 255432991, www.tamegaclube.com.

Estoril, im Zentrum. Kleine, lichte Zimmer mit einfachem Mobiliar, die ruhigen zum Fluss mit Doppelbett, die Zimmer mit zwei oder drei Betten gehen zur Straße. Der Tagespreis hängt ein wenig von der Laune des Besitzers ab und reicht von ca. 30 bis 50 € ohne Frühstück. Rua 31 de Janeiro 49, (043), ☎/✆ 255431291.

🌿 **Casa da Juventude**, an der südlichen Flussseite; ein von der Stadtverwaltung initiiertes Projekt, das Jugendlichen soziales und ökologisches Handeln nahebringen will. Dazu gehören Jugendaustausch, internationaler Freiwilligendienst, Fortbildungen, Verkauf von Bio- und Fairtrade-Produkten, ein vegetarisches Restaurant und ein Hostel. Fahrradverleih. DZ ca. 32 €, Bett im Schlafsaal ca. 12 €, jeweils inkl. Frühstück. Av. General Silveira 193 (017), ☎ 255420234, www.cj-amarante.org. ■

Turismo de Habitação Casa da Pedra, ca. 4 km nordöstlich Richtung Vila Chá do Marão. Ein eher unscheinbares Haus mit schönem Garten und hübscher Einrichtung. Nur ein Zimmer mit zwei Betten, die anderen drei mit Doppelbett. Pool und Fahrräder stehen zur Verfügung. DZ ca. 75 €, Apartment für 4 Pers. ca. 130 €. Vila Chá do Marão, (801), ☎ 255422997.

Casa de Pascoaes, ca. 5 km auf der N 210 nach Norden Richtung Celorico de Basto. Das ursprüngliche im 16. Jh. erbaute Haus wurde von napoleonischen Truppen niedergebrannt, doch blieb die Hauskapelle erhalten, was von den gläubigen Bauern der Umgebung als göttliches Wunder gedeutet wurde. Später gehörte das Anwesen dem Dichter Pascoaes, dessen religiös-prophetisches Sendungsbewusstsein einigen Einfluss im beginnenden 20. Jh. ausübte. Schöne Zimmer mit Himmelbetten gehören ebenso zum Ambiente wie die zahlreichen Bilder des heutigen Besitzers und ein herrlicher Garten mit kleinem Gartenhäuschen, in dem Pascoaes arbeitete; ihm ist auch ein kleines Museum gewidmet. DZ 85–100 €, bei längerem Aufenthalt Nachlass. São João de Gatão, ☎ 255422595, www.manorhouses.com/manors/portugal/casadepascoaes.html.

Camping Penedo da Rainha, ca. 2 km flussaufwärts, direkt am Fluss. Es gibt ausreichend Schatten und beste Infrastruktur. Person ca. 2,50–4 €, Zelt 3,30–10,05 €, Auto 4,50 €. Geöffnet 1. Feb. bis 30. Nov. Gatão, (099), ☎ 255437630, ✆ 255437353, www.ccporto.pt.

Essen & Trinken/Nachtleben

Die Rua 31 de Janeiro ist Amarantes Fressgasse im positiven Sinn. Hier reiht sich Restaurant an Restaurant, viele mit guter Küche, einige zudem mit schöner Terrasse zum Fluss. Aber auch im weiteren Altstadtbereich finden sich etwas versteckt angenehme Lokale.

Casa da Calçada, im gleichnamigen Hotel. Edle Einrichtung im englischen Stil, etwas steif, aber ausgesucht höflich und mehrsprachiger Service. Verfeinerte Regionalküche, exquisiter Weinkeller. Hauptgericht ab 22 €. Largo do Paço 6, ☎ 255410830.

Zé da Calçada, im Zentrum. Gepflegtes Restaurant mit großem Kamin im Speisesaal, der im Winter befeuert wird. Im Sommer Speisen auf der Terrasse über dem Fluss. Viele Stockfischgerichte, aber auch filetierter Fisch, Gegrilltes oder Zicklein. Halbe Portionen ab ca. 8 €, ganze ab ca. 16 €. Rua 31 de Janeiro 79, ☎ 255426814.

São Gonçalo, neben der gleichnamigen Kirche. Ein von Teakholz dominiertes, freundliches Überbleibsel aus den 1960er Jahren, das als Café und Restaurant fungiert. Verfeinerte Hausmannskost, Hauptgericht um 8 €, Tagesgericht ab ca. 6,50 €. Im Sommer sitzt man herrlich auf dem Kirchplatz. Praça da República, ☎ 255432707.

O Pescador, ca. 500 m südwestlich der Gonçalo-Brücke, etwas versteckt im alten Kino. Anders als der Name „Der Fischer" vermuten lässt, serviert das sehr einfache und bei Einheimischen beliebte Restaurant überwiegend gegrilltes Fleisch (ab ca. 6,50 €); Fisch und Meeresfrüchte (ab ca. 10 €) spielen nur eine Nebenrolle. Av. General Silveira Cepelos, ☎ 255422004.

Tasquinha da Ponte, urige Tasca neben der Brücke São Gonçalo. Die Decke ist mit Weinkrügen vollgehängt, darunter sitzt man auf langen Holzbänken. Hauptsächlich kommen kleine *petiscos* ab ca. 2,50 € auf den Tisch, es gibt aber auch Fisch und Grill-

gerichte ab ca. 7,50 €. Rua 31 de Janeiro, ☎ 255433715.

Adega Regional Kilowatt, im Zentrum. Ebenfalls eine kleine, seit 1929 bestehende Tasca mit Tapas. Die Schinken und Räucherwürste zeigen auf die kulinarische Ausrichtung. Neben belegten Semmeln gibt es einen kleinen und einen großen Tapa-Teller für ca. 6 bzw. 8,50 €. Den frischen roten Wein trinkt man auf das Wohl von S. Gonçalo, der aus der hintersten Ecke gut gelaunt herüberschaut. Rua 31 de Janeiro, ☎ 255433159.

Teesalon Salão de Chá Mário, westliche Altstadt. Reiche Auswahl an leckerem regionalen Gebäck. Dunkle Einrichtung im Stil der 1960er und schöner Blick auf den Fluss. Rua Cândido dos Reis 137.

》》 Mein Tipp: Confeitaria da Ponte, im Zentrum. Schmackhafte Obstkuchen, die man draußen auf der Flussterrasse genießen kann. Rua 31 de Janeiro. 《《

Nachtleben   Einige wenige Bars wie **D'arcos** und **Green's** befinden sich im Stadtzentrum.

Bars am Schwimmbad, neben der Freilichtbühne am Fluss. Im Sommer bauen die wichtigsten Bars der Stadt ihre Ausschankbuden auf und stellen Stühle ins Freie. Ab ca. 22 Uhr trifft sich hier Jung und Alt.

An der alten Granitbrücke sieht man noch Einschüsse napoleonischer Truppen

Rio Douro

Sehenswertes

Tâmega-Brücke: Die heutige Granitbrücke aus dem Jahr 1781 war während der
französischen Invasion hart umkämpft, wovon noch heute Einschusslöcher an
ihren kantigen Schmucksäulen zeugen. Der Rückzug der napoleonischen Truppen
kam im April 1809 in Amarante zum Stocken, als der portugiesische General Silveira den Übergang heldenhaft verteidigte. Die französischen Soldaten blieben der-
weil nicht untätig, sondern plünderten Kirchen- und Klosterschätze und legten die
Stadt in Schutt und Asche, bis ihnen durch ein Ablenkungsmanöver die Eroberung
der Brücke gelang.

Die Teufelchen von Amarante

Das Kloster des heiligen Gonçalo barg als Kirchenschatz der besonderen
Art über lange Zeit zwei ungewöhnliche Statuen: einen Teufel und eine
Teufelin. Beide wurden 1809 von den napoleonischen Truppen geraubt, mit
Mönchskutten bekleidet, in einer Prozession durch die Straßen der Stadt
getragen und angezündet. Doch den Dominikanermönchen fehlten die
Teufel: Nach Abzug der Franzosen ließen sie Kopien anfertigen. Jeweils am
24. August, dem Tag, an dem die Höllenfürsten nach dem Volksglauben frei
herumliefen, war arbeitsfrei. Den Teufeln wurden Geschenke dargeboten,
als ob sie Heilige wären. Diesem Spuk setzte der Bischof von Braga 1870 ein
Ende, indem er befand, dass Teufel doch eher ungebührliche Klosterbewoh-
ner und zu verbrennen seien. Sein entsprechender Befehl wurde jedoch
nicht befolgt, lediglich die teuflischen Geschlechtsorgane wurden verstüm-
melt. Dann kaufte ein Engländer die beiden Statuen. Unter großem Protest
der Bevölkerung kamen sie in sein Heimatland – und fanden auf wunder-
same Weise nach einigen Jahrzehnten ihren Weg wieder zurück nach Amarante. Ihre Ankunft wurde mit einem Freudenfest begangen, die Jungen zogen als Teufel verkleidet durch die Straßen. Zwar verlor sich der Brauch des
Teufelstags vor einigen Jahren, doch die beiden Protagonisten sind in Amarante geblieben: Am Eingang des modernen Kunstmuseums begrüßen sie
die Besucher.

Convento de São Gonçalo: Unmittelbar hinter der Brücke erhebt sich das Renais-
sancekloster, das die Altstadt beherrscht. Der Bau wurde 1540 begonnen und erst
80 Jahre später beendet. Insgesamt förderten vier Könige die Erbauung, sie wurden
als Statuen in der 1686 ergänzten barocken Königsloggia links oberhalb des Seitenportals verewigt. Dieser Seiteneingang repräsentiert in seinen drei Ebenen die
unterschiedlichen Stilrichtungen des Gebäudes. Unten stehen die Renaissance-Sta-
tuen der Heiligen Franziskus und Dominikus, in der Mitte grüßt der heilige Gonçalo im manieristischen Stil, während hoch oben eine barocke Jungfrau mit Rosenkranz und Kind thront. Den Innenraum dominieren ein gewaltiger vergoldeter
Holzalter aus dem Spätbarock, eine bemerkenswert schön geschnitzte Orgel aus
dem 17. Jh. und eine im Trompe-l'Œil-Stil bemalte Decke. Eigentlicher Anzie-
hungspunkt der Kirche ist jedoch die niedrige Kapelle links vom Hauptaltar, in dem
der Ortsheilige Gonçalo fünf Jahrhunderte nach seinem Tod endlich ein Grabmal
erhielt, ohne hier allerdings tatsächlich begraben worden zu sein. Nichtsdestotrotz
lässt die Schar der Beistand suchenden Liebenden nicht nach, die die bemalte

Grabfigur tätscheln und küssen und ihr inzwischen ein leicht surreales Äußeres verliehen haben.

Lohnenswert ist ein kurzer Blick in die Sakristei mit bunt bemalter Holzdecke und in den von der Kirche zugängigen Kreuzgang aus der Frührenaissance (1586–1606). In deren Ecken tauchen die Heiligen des Seitenportals wieder auf: Gonçalo, Dominikus (mit Hund und Fackel), Thomas (mit Monstranz) und Petrus der Märtyrer (mit Palme). Die Kacheln stammen aus dem 17. Jh.

Museu Municipal Amadeo de Souza-Cardoso: Um einen zweiten Kreuzgang des früheren Dominikanerklosters herum wurde 1980 ein modernes Museumsgebäude errichtet; dem Architekten Alcino Soutinho gelang eine harmonische Verbindung mit den alten Gemäuern, die er zugleich von störenden Anbauten aus dem 19. Jh. befreite und zu neuem Glanz erstrahlen ließ. Das Museum für moderne Kunst des 20. Jh. (im 1. Stock) ist eines der wenigen seiner Art in Portugal und vermittelt einen guten Überblick über das zeitgenössische portugiesische Kunstschaffen. Natürlich fehlen auch Werke des frühen Kubisten Amadeo de Souza-Cardoso (1887–1918) nicht, der aus der Gegend stammte. In jungen Jahren ging er nach Paris und fand dort schnell Anschluss an die avantgardistischen Künstlerkreise um Modigliani, Juan Gris sowie Sonia und Robert Delaunay. Seine Bilder hingen in Ausstellungen in Brüssel (1910), Paris (1911), den USA und Berlin (1913). Vom Ersten Weltkrieg wurde er in Barcelona überrascht, wo er sich mit Gaudí traf. Die Kriegszeit verbrachte er in einer sehr produktiven Schaffensphase in seinem Heimatland, starb jedoch schon 1918 an einer überall im Land grassierenden gefährlichen Variante der Lungenentzündung.

Di–So 10–12 und 14–17.30, im Sommer bis 18 Uhr. Eintritt 1 €, Studenten, über 65 J. und mit Cartão Jovem 0,50 €. Alameda Teixeira de Pascoaes.

Portal und Königsloggia im Convento de São Gonçalo

Landschaft im Nationalpark Peneda-Gerês

Kleiner Wanderführer

Kleiner Wanderführer

Unberührte grüne Hügelketten und blaue verträumte Meeresküsten fügen sich zu einem Naturparadies, das erst auf Schusters Rappen in seiner ganzen Pracht erlebt wird. Auch mit Hilfe von EU-Programmen wurden in den letzten Jahren von örtlichen Initiativen und Tourismusämtern uralte Schmuggelpfade, Pilger- und Landwirtschaftswege markiert. Aus Unerfahrenheit sind manche Wegmarkierungen eher kreativ als sinnvoll gesetzt, etwas Orientierungsvermögen kann also nicht schaden. Doch dafür läuft man abseits der Touristenströme durch eine einzigartige Pflanzen- und Tierwelt. Auskünfte erteilen die örtlichen Tourismusämter, die oft auch kleine Infoblätter zur Verfügung stellen. Neun der schönsten Wanderungen beschreiben wir im Folgenden im Detail.

Wanderung 1: Trilhos dos Canos de Água

Die Rundwanderung mit weiten Blicken über Haff, Meer und Stadt führt durch die Hügel oberhalb von Viana, über alte steinerne Wasserleitungen und durch dichten Mischwald. **Gehzeit**: ca. 3½ Std. ab Santa Luzia, ca. 4 Std. ab Viana. **Schwierigkeit**: mittel, gutes Schuhwerk notwendig. **Ausschilderung**: rot-gelb.

Wegbeschreibung: Ausgangspunkt ist die Informationstafel gegenüber dem Stufenaufgang zur *Kirche Santa Luzia* **1**. Wir folgen der Straße links um das Gotteshaus herum, an der bald folgenden *T-Kreuzung* **2** geht es wieder nach links Richtung Cana de Água. Etwa 50 m nach einer Hausruine biegen wir erneut links auf einen Waldweg ab. Auf diesem immer weiter, auch wenn nach etwa 15 Min. ein größerer Weg nach rechts hochführt **3**. Schließlich folgen zwei Bögen eines alten *Aquädukts* **4**, hier geht es auf der von Steinen eingefassten Wasserleitung rechts bergauf.

Die nächsten Kilometer verläuft der Weg auf der Wasserleitung, nur einmal – nach etwa 500 m – muss man sie kurz verlassen, ein Schild **5** weist den Weg nach links. Hier etwas aufpassen: Nicht links hinab, sondern parallel zur Wasserleitung auf einen bald sichtbaren Steinbogen zu, an diesem vorbei (nicht hindurch) und wieder hinauf auf die Wasserleitung. (Schwindelfreie könnten auch über den Bogen gehen, davon ist aber wegen Sturzgefahr abzuraten.) Bei einem *Wasserhäuschen* **6** verläuft die Route geradeaus weiter, einen Abstecher zu einem anderen Wasserhaus in 250 m Entfernung muss man nicht unbedingt machen.

Bald beginnt nun der Aufstieg bis zu einem kreuzenden Waldweg **7**. Diesen überqueren und erst auf dem nächsten kreuzenden *Forstweg* **8** nach links (während der Regenzeit ist ein kleiner Wasserfall zu bewundern). Auf der folgenden *Asphaltstraße* **9** nach rechts weiter. Schöne Blicke auf die Serra.

Bald wird die 20 Einwohner zählende Gemeinde *São Mamede* durchquert, die für ihr Honigfest im August bekannt ist. Hinter dem letzten Haus **10** führt ein kurzer Abstecher links zu den Ruinen einer alten Kapelle. Der eigentliche Weg führt dagegen geradeaus zu einer etwas breiteren *Straße* **11**, auf die wir links einbiegen. Bei einer Aufforstung nach etwa 1 km zweigen mehrere sandige Waldwege ab, der erste nach rechts ist der richtige **12**. Immer geradeaus, auch wenn größere Wege abbiegen. Ein *Wachturm* **13**, der im Zweiten Weltkrieg zur Flugzeugbeobachtung diente, bietet eine herrliche Aussicht. Nun rechts am Turm vorbei steil bergab, streckenweise über Granitpflaster zu einer *Teerstraße* **14** und diese an einer Ruine vorbei links hinab.

Nach wenigen hundert Metern folgt man dann dem ersten breiteren Sandweg rechts hinab **15** und geht schließlich kurz hinter einem *Birkenhain* nach links **16** zu einem Picknickplatz mit Wasserquelle. (Der ausgeschilderte Abstecher Miradouro/Aussichtspunkt ist nicht wirklich empfehlenswert.) Der Wanderweg verläuft nun geradeaus auf einer Asphaltstraße weiter. Kurz hinter einem Militärgelände und 20 m, nachdem der Asphalt Pflastersteinen gewichen ist **17**, geht es rechts in den Wald und – dabei dem Hauptweg folgend – vorbei an einem *Wasserturm* zu einem gepflasterten Weg **18**. Auf diesem entgegen der Laufrichtung nach links, bald vorbei an der Citânia de Santa Luzia, den Ruinen eines bedeutsamen keltischen Festungsdorfs. Von hier sind es noch 5 Min. bis zum Ausgangs- und Endpunkt der Wanderung **1**.

Trilhos dos Canos de Água

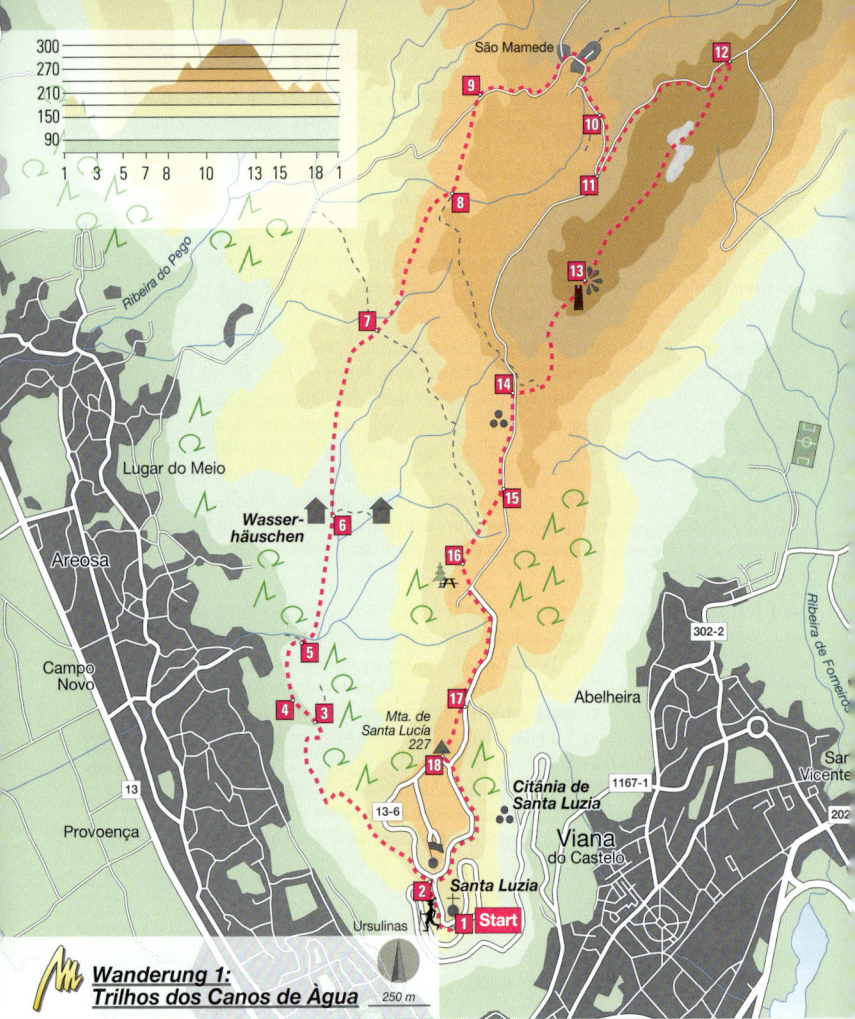

Wanderung 1:
Trilhos dos Canos de Água

250 m

Wanderung 2: Entlang Vianas Küste

Abwechslungsreiche Rundwanderung durch das Dorf Montedor mit Leuchtturm und alter Windmühle sowie durch Mischwald oberhalb des Meeres. Der Rückweg verläuft direkt an der Küste mit mehreren versteckten Stränden. **Gehzeit:** knapp 2 Std. **Schwierigkeit:** einfach, festes Schuhwerk. **Ausschilderung:** anfangs einige blaue Zeichen, die sich bald in Luft auflösen.

Wegbeschreibung: Ausgangspunkt **1** ist eine Informationstafel am nördlichen Ende des Strands von Carreço (knapp 10 km nördlich von Viana). Dort dem braunen *Wegweiser* mit der Aufschrift „Gravuras Rupestres de Fornelos" (Felszeichnungen) bis zum Ende der Straße folgen. Nach 150 m entlang dem Meer steigt der Weg nach rechts ins Landesinnere hinauf **2**.

Im Dorf *Montedor* wird es dann etwas verwirrend: An der T-Kreuzung geht es nach rechts, dann 20 m geradeaus und (dem blauen Pfeil folgend) nach weiteren 20 m nach links in die *Rua da Velosa*. Hinter der *Vila Maria* **3** nach rechts in die Travessa do Bico und schließlich links in die ansteigende *Rua do Bom Sucesso* – toller Blick zurück auf Küste und Viana. Um ein weißes Haus mit auffallend gelb bemalten Fenster- und Türgittern herum weiter bergauf zum ersten *Sendemast*. Gleich dahinter erhebt sich der Leuchtturm von Montedor, vor dem ein Waldweg nach links abzweigt **4** und sich bald zu einem Pfad verengt. Hinter einer restaurierten Windmühle die Holzstufen hinab und unten auf dem Weg nach links (Richtung Viana), wieder vorbei an der Vila Maria, dann an der T-Kreuzung rechts und nach ca. 30 m nochmals nach rechts **5** (nicht Richtung Moinhos de Montedor!). Dem blauen Pfeil folgend und entlang einiger Luxusvillen geht es geradeaus in den Wald.

Über den bald querenden Weg **6** hinüber, vorbei an einem Blechhaus und durch den Mischwald. Bald öffnet sich der Blick nach Norden auf die Strände und die Befestigungsanlage von Paço. Wir halten uns weiter auf dem Waldweg nach rechts **7** (nicht zum Meer!). Schließlich in Windungen hinab zu ausgedehnten Maisfeldern, über den ersten querenden Asphaltweg **8** noch hinüber. Erst der nächste Pflasterweg **9** führt nun nach links zum Meer. Beim letzten Strommasten vor dem Atlantik nach links vorbei am Schild mit der Aufschrift „Praia do Paço" zur *Befestigungsanlage* **10**, dahinter über die beiden kleinen Strände weiter.

Müllbehälter **11** können als Orientierung dienen, hinter denen ein zeitweise zugewachsener Pfad parallel zur Felsküste geradeaus immer oberhalb der Felsbrocken verläuft. Nächster Orientierungspunkt ist der auffällige Stein *Pedra do Sol* **12**, der angeblich die Form einer Sonne hat, auch wenn wir das bei der Recherche nicht so recht erkennen konnten. Weiter geht es nach Süden (teilweise zugewachsener Pfad), nach etwa 100 m deutlicher Linksschwenk Richtung Leuchtturm, nach weiteren ca. 70 m wieder nach Süden **13**. Der schmale Pfad stößt bald auf einen querenden Weg. Nach rechts führt ein Abstecher zu einer Erklärungstafel über Seevögel, doch die Wanderung verläuft nach links und nach nur 10 m wieder nach rechts **14**

Wanderung 2:
Entlang Vianas Küste

Am Strand von Carreço

über Heideland in Richtung eines großen, turmartigen Denkmals. Der Weg verbreitert sich bald und kann an der vom Meer abgewandten Seite (vorbei am Turm) fortgesetzt werden. Doch schöner ist es, ca. 200 m Luftlinie vor diesem Denkmal in einen schmaleren, gut sichtbaren Weg einzubiegen (**15**, in 50 m Entfernung blaues Zeichen) und den Turm **16** unterhalb zu passieren. Auf einer Tafel sind diesmal die Binnenvögel erklärt. Weiter über eine Wiese (nicht die Stufen nach links nehmen) sind wir in 5 Min. am Ziel **1**.

Wanderung 3: Durch die Serra de Arga

Rundwanderung mit fantastischen Fernblicken über eine baumlose, verkarstete Granit- und Weidelandschaft und teilweise verlassene ursprüngliche Dörfer. **Gehzeit**: 12 km, ca. 4½ Std. **Schwierigkeit**: schwer, Wanderschuhe und gute Kondition sind Voraussetzung. Die Tour sollte nicht bei zu großer Hitze gemacht werden. **Ausschilderung**: sporadisch gelb-rot.

Wegbeschreibung: Ausgangspunkt ist die *Kirche* am Ortsanfang von Arga de Baixo **1**. Von hier ein paar Schritte der Straße Richtung Süden folgen (vorbei an der Bar Taberna), bei einer riesigen *Korkeiche* **2** auf den gepflasterten Weg nach rechts einbiegen. An der nach wenigen Metern folgenden Weggabelung halb rechts durch den alten Ortskern mit seinen charakteristischen Trockenhütten für Heu. Kurz vor dem Ortsende zweigt neben einem *Laternenpfahl* **3** ein kleiner Pfad entlang einer niedrigen Granitmauer nach rechts ab, nach 150 m beginnt der Aufstieg auf einem granitenen Weg, den früher Ochsenkarren befuhren. Ein *Wassertank* weiter oben bleibt links liegen, der steile Aufstieg zwischen Granitbrocken setzt sich etwa 20 Min. bis zur ersten *Anhöhe* **4** fort. Toller Panoramablick auf die Berge Spaniens und Portugals.

Nach dem Überqueren einer Weide weiter bergauf bis zu einer weiteren Weide. Dort bei der *Weggabelung* **5** geradeaus auf die Berge zu (nicht links!). Am Ende einer Wiese **6** steigt der Pfad in langgestreckten Serpentinen wieder kräftig an, bis

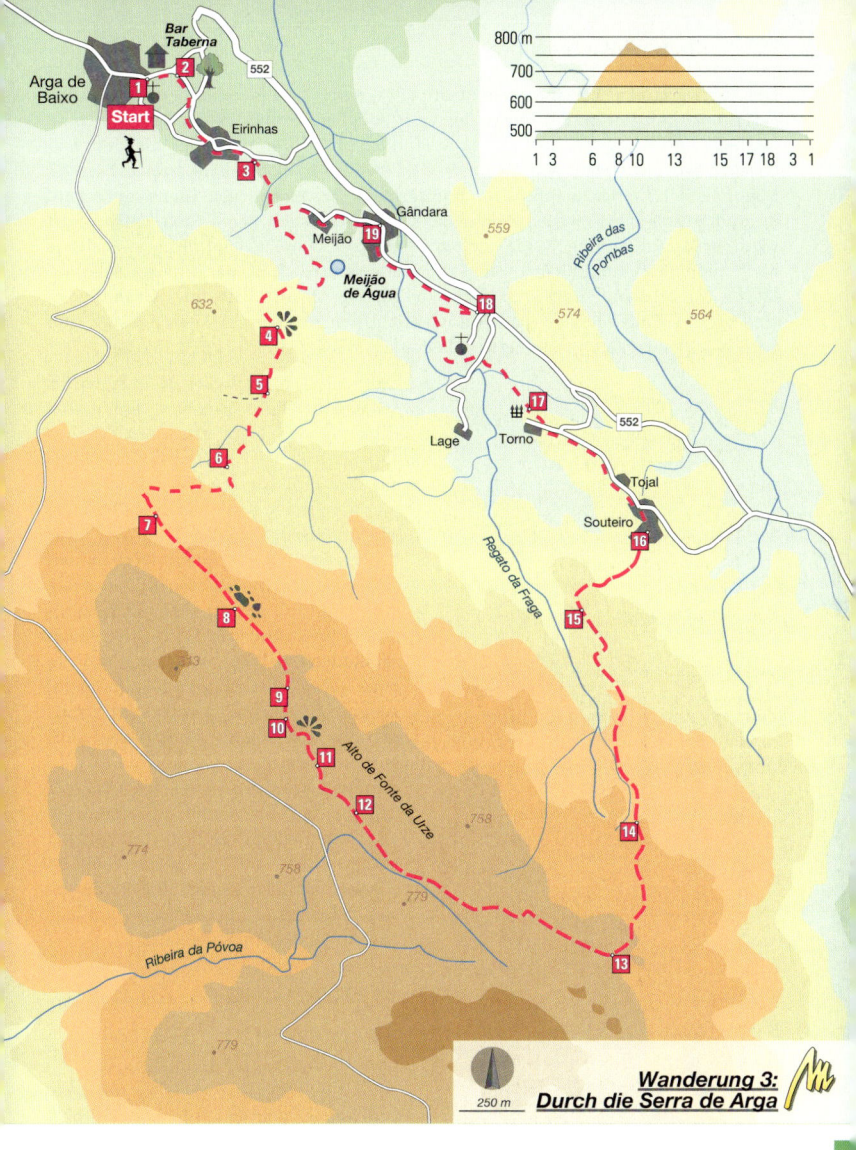

er auf etwa 700 m Höhe erneut in ein Flachstück mündet **7**. Weiter über eine Weide, der Weg verliert sich zwischen Farnen und Stechginster. Anhaltspunkt ist eine Ansammlung von *Felsbrocken* etwa 200 m voraus, die rechts passiert wird **8**. Wir behalten immer die südliche Richtung bei, um schließlich – wieder über Granitboden, wo der Pfad besser erkennbar ist **9** – dem Gipfelpunkt nach rechts zuzustreben. Bald dient ein naher *Sendemast* der Orientierung, 150 m davor **10** geht es allerdings nach links wieder Richtung Süden weiter. Die mit 803 m höchste Stelle ist erreicht, eindrucksvoller Blick über eine karstige Hochebene bis zum Atlantik.

Der Weg verläuft etwas unterhalb nach Süden weiter und hält dann erneut auf eine *Felsgruppe* halb rechts zu, hinter der zwei auffällige, 3 m hohe Zwillingssteine zu entdecken sind, zwischen denen es hindurchgeht **11**. Der Weg über die Gesteinsbrocken ist nun wieder schwer zu finden (Achtung: nicht hinab zum Fahrweg!). Man hält sich immer knapp westlich unterhalb eines *Höhenzuges* **12** und achtet auf die sporadisch angebrachten Zeichen auf dem Felsgestein. Nach einer kleinen Furt wird der Weg über eine Weide endlich wieder gut sichtbar. Jetzt immer geradeaus nach Süden zu einem kleinen eingezäunten Grundstück **13**, dann nach Osten abbiegen (nicht dem Hinweisschild geradeaus folgen!) und bald über Granitboden steil bergab. Eine flache *Weide* **14** unterbricht den Abstieg nur kurz, der sich nun nach Norden wendet. In der Ferne tauchen die Häuser von *Arga de Cima* auf.

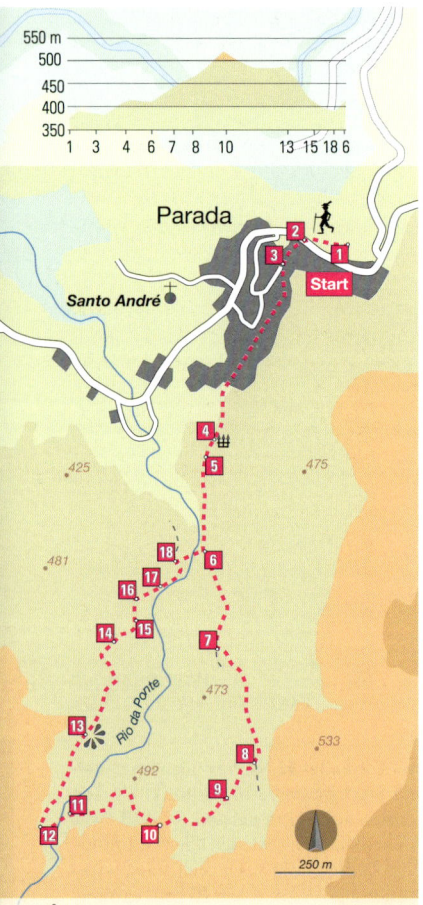

Wanderung 4:
Zu den Mühlen von Parada

Der steile Schlussabstieg **15** führt, vorbei an einem Wassertank, zu den ersten Häusern des halbverlassenen Weilers *Gândara* **16**. Hier nach links und dann auf dem gepflasterten Weg zunächst immer geradeaus. Kurz vor dem Ortsende ist Aufpassen angesagt: Der Weg führt bei einem Laternenpfahl (Hinweiszeichen) durch ein *Gattertor* **17** über einen Wiesengrund, den wir schließlich rechts durch einen erneutes Gatter auf einem asphaltierten Weg verlassen, um zu einer großen *Straße und Kapelle* anzusteigen **18**. Zunächst parallel zur Straße geht es auf einem Schotterweg nach Norden bis Arga de Cima. Der Ort wird durchquert, 20 m vor der Teerstraße **19** geht es nach links und auf einem gepflasterten Hauptweg bald steil bergauf. Dieser verengt sich zu einem Feldweg, auf dem wir nach knapp 10 Min. die ersten Häuser von Arga de Baixo und bald den Ausgangspunkt erreichen.

Wanderung 4: Zu den Mühlen von Parada

Idyllische Rundwanderung (meist) auf alten Landwirtschaftswegen, die einst von Ochsenkarren befahren wurden. Überwiegend schattig, oft unter Weinreben hindurch. **Gehzeit**: 3 Std. **Schwierigkeit**: mittelschwer, mit einigen schwierigen Passagen im Mittelteil. **Ausschilderung**: gelb-rot, teilweise schwer erkennbar.

Wegbeschreibung: Ausgangspunkt **1** ist eine Holztafel mit Wanderkarte hinter einer Rechtskurve am *Ortsausgang* *von Parada* (etwa 2 km vor Lindoso). Wenige Meter entfernt weist ein verwittertes Holzschild *Richtung Penedo de Encanto* einen Steinweg hinauf in den alten Ortsteil. Oben gruppieren sich beeindruckende *Maisspeicher aus Granit* **2** um die gemeinschaftlich genutzte Tenne. Auch das alte Waschhaus links erinnert an alte Zeiten.

Der Steinweg durchquert den Ort und zieht sich vorbei an traditionellen Granithäusern mit Stallungen oder Garagen im Erdgeschoss und Wohnräumen im Obergeschoss. Gegenüber einem auffallend *grünen Metalltor* **3** nach links hoch (auf einem Steinweg unter schattigen Weinreben) und entlang der Granitmauern weiter. Am Ortsausgang durch ein *Gatter* **4** weiter zur Weggabelung an einem *Bächlein* **5**. Auf dem breiten Weg geradeaus und etwas bergab, dem Schild Richtung Parada folgend.

Nach gut 5 Min. an einer weiteren Weggabelung **6** einen alten Steinweg links hoch und bei der nächsten großen Gabelung **7** nach knapp 15 Min. halb links entlang einer Mauer. Der Weg ist oft feucht. Nach der nächsten Weggabelung **8** die Kurve nach rechts an der Mauer entlang nehmen. Hinter einer kleinen Brücke (schöner Rastplatz am Wildbach) links hinauf. Weiter bergan entlang einer Mauer bis zum *Plateau* **9** mit weitem Blick auf die karge Bergwelt. Man hält sich leicht rechts auf dem schmalen Steinweg durch Farn- und Ginstersträucher nach Südwesten, rechts einen *Hügel* **10** hinauf und dann nach Westen wieder hinab. Der Weg ist zeitweise schlecht erkennbar. Als Orientierung dienen hohe *Eukalyptusbäume* **11**. Dort trifft man wieder auf einen breiteren Weg, auf diesem zunächst leicht ansteigend nach links. Hinter einer *Furt* **12** entlang einer Steinmauer rechts hinauf. Nach ca. 10 Min. Anstieg öffnet sich ein weiter Blick **13**.

Danach auf dem häufig von Disteln zugewachsenen Weg ins Tal. Die nördliche Richtung haltend, weiter den Hang bis zu einer alten Steinmauer hinab. Hier nach rechts weiter bergab über große Granitfelsen **14**. Unten beginnt ein Waldgebiet **15**. Eine Mauer lässt sich an einer niedrigen Stelle leicht überqueren. An einer *Lichtung* **16** führt der erste Steinweg rechts hinunter ins Tal zu einer alten *Brücke aus Granitquadern* **17** und weiter hinunter bis zu einer Kreuzung **18**, auf der die gelb-rote Wegmarkierung auf eine steile Schotterstraße (nach links) verweist. Hübscher ist allerdings der mit Wein überwachsene schmale Steinweg geradeaus, der schnell zu Wegpunkt **6** führt. Von dort zurück durch Parada zum Ausgangspunkt.

Wanderung 5: Rund um Entre-Ambos-os-Rios

Abwechslungsreicher Rundweg durch Mischwälder und traditionelle Dörfer. Der Rückweg verläuft teilweise auf einer geteerten Nebenstraße. **Gehzeit**: 2½ Std. **Schwierigkeit**: mittelschwer bis schwer in der ersten Hälfte, leicht im letzten Drittel. **Ausschilderung**: gelb-rot, meist gut sichtbar.

Wegbeschreibung: Ausgangspunkt ist die kleine *Kirche São Miguel* **1** von Entre-Ambos-os-Rios gegenüber einer kleinen Bar. Wir folgen der kleinen Straße ca. 20 m ansteigend, dann abfallend, vorbei an Rebstöcken und Kohl. Nach ca. 10 Min. weist ein Schild **2** auf einen Pflasterweg nach links hinab *in Richtung Froufe*. Die uralten Granithäuser der unberührten Ortschaft werden passiert, tendenziell nach links. 100 m hinter dem Ortsrand überquert eine *Brücke* den plätschernden Bach. Dahinter geht es auf einem unbefestigten Pfad scharf rechts **3** unter Weinreben hindurch. Auch im Sommer ist der Boden manchmal feucht. Schöne Blicke auf die Berge im Süden und den Ort. Der ursprüngliche Korkeichenhain wurde bei einem Waldbrand zerstört. Am Ende des Brandgebiets **4** führt ein breiter werdender Weg

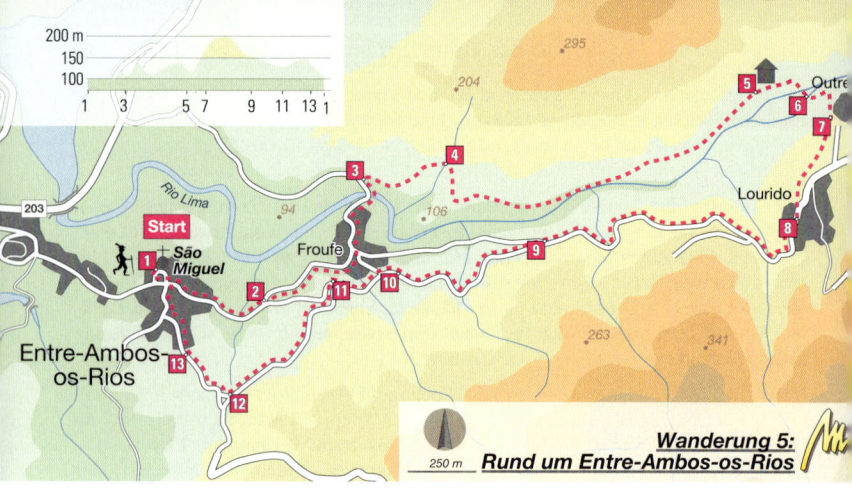

rechts hinab. In der Ferne zeigt sich das *Dorf Lourido* am Hügel. Parallel zum Bach weiter, der Pfad ist auf 300 m Länge zeitweise mit Wiesenpflanzen fast zugewachsen und schwer zu finden. Danach verläuft er entlang der Felsen etwas oberhalb des Wasserlaufs. Es gibt immer wieder Abstiegsmöglichkeiten für Badelustige. Weiß blühender Ginster, Kork- und Steineichen sowie Farne säumen den Weg. Orientierung bleiben Bach und Lourido, das zunächst in Front, später seitlich liegt.

Hinter einer *Schutzhütte* **5** senkt sich der Weg schließlich zum Wasserlauf, der nach 200 m auf Steinquadern überquert wird (bei zu hohem Wasserstand weitere 300 m flussaufwärts die Brücke nehmen). Nach links entlang einer niedrigen Mauer weiter **6**, gleich nochmal über einen Seitenarm, dann steil hinauf auf einen größeren Weg **7**. Diesen geradewegs bergauf, schließlich unter Weinreben hindurch und eine Quelle passierend (jetzt schon auf Pflastersteinen) bis zur *Dorfstraße von Lourido* **8**. Auf dieser an kleiner Kirche und ebenso kleinem Café vorbei Richtung Westen. Der Weg ist nun geteert. Es folgt das *Café Portela,* schöner als das im Dorf, aber nur unregelmäßig geöffnet. Die fast unbefahrene Straße passiert Kiefernwälder, Eukalyptus- und Steineichenhaine. Auch wenn rechts ein Pflasterweg abzweigt **9**, geht es – jetzt teilweise schattenlos – auf dem Teerweg weiter. Die *Oberstadt von Froufe* **10** wird erreicht, am Ortsausgang geht es links hinauf **11** und nach etwa 10 Min. kurz hinter einer schicken *Villa* aus hellem Holz nach rechts **12**. Bald sieht man auf einer kleinen Wiese rechts versteckt ein traditionelles *Silo aus Schilfrohr* über einem Granitsockel, in dem früher Korn aufbewahrt wurde. Gleich danach ist Entre-Ambos-os-Rios erreicht **13**.

Wanderung 6: Im Naturpark Lagoas

Die kleine Wanderung führt durch Sumpfgebiete und Wälder mit vielfältigem Baumbestand. Sie eignet sich besonders zur Beobachtung der Pflanzen- und Vogelwelt. **Gehzeit:** 1½ Std. **Schwierigkeit:** leicht.

Wegbeschreibung: Vor dem *Informationszentrum* **1** verläuft ein gepflasterter Weg nach links und mündet bald in einen hübschen Sandweg durch angenehm duftenden Eukalyptuswald. Über einen langen *Holzsteg* **2** geht es nach rechts über das Sumpfgebiet der Lagoas, an einer *Kreuzung* **3** wieder rechts und nach 150 m nach links **4**, immer noch auf dem Steg, der am Ende in einen hübschen, befestigten

Waldweg **5** übergeht. Für Pflanzenbeobachtungen zweigen immer wieder kleine Pfade ab.

An der nächsten *T-Kreuzung* **6** folgt man rechts dem geteerten Weg durch Wälder von Eukalyptus, Kermes- und Steineichen. Schließlich führt eine Brücke über einen plätschernden *Bach,* dahinter geradeaus weiter **7** (nicht nach rechts!). Auf dem nun gepflasterten Weg an einer *Weggabelung* **8** nach rechts, nach 250 m vor einer kleinen *Brücke* **9** scharf rechts auf einen sandigen Weg, der sich zunächst in Windungen fortschlängelt, um dann nach rechts wieder in einen Steg zu münden **10**. Hier gibt es ein *Vogelbeobachtungshäuschen* **11**. Unterhalb sieht man eine Sumpfwiese, auf der im Sommer die seltenen Reifrocknarzissen mit dem Gelb der Sonne wetteifern. Dahinter geht's über eine kleine *Brücke* **12** geradeaus bis zu einer *Weggabelung* **13**. Dort halb links weiter, nur wenige Schritte danach scharf rechts an einem stehenden Gewässer entlang, das man nach 150 m über eine weitere Brücke nach links überquert **14**. Wenig später ist schon das Infocenter zu sehen **1**.

Wanderung 7: Der „Weg der Faulheit"

Der schöne Waldweg mit dem hübschen Namen, auf Portugiesisch Trilho da Preguiça, führt teilweise recht steil an Waldbächen und kleinen Wasserfällen vorbei. **Gehzeit**: ca. 2 Std. **Schwierigkeit**: mittel, mit einigen An- und Abstiegen. **Ausschilderung**: gelb-rot, gut sichtbar.

Wegbeschreibung: Ausgangspunkt ist das etwa 4 km hinter den Thermen von Gerês auf der Straße nach Spanien gelegene *Forsthaus Casa da Preguiça* **1**. Von dort führen ein paar Schritte hinauf zu einem lohnenswerten *Aussichtspunkt*. Die eigentliche Wanderroute zweigt im rechten Winkel von der Straße ab, zunächst bergab,

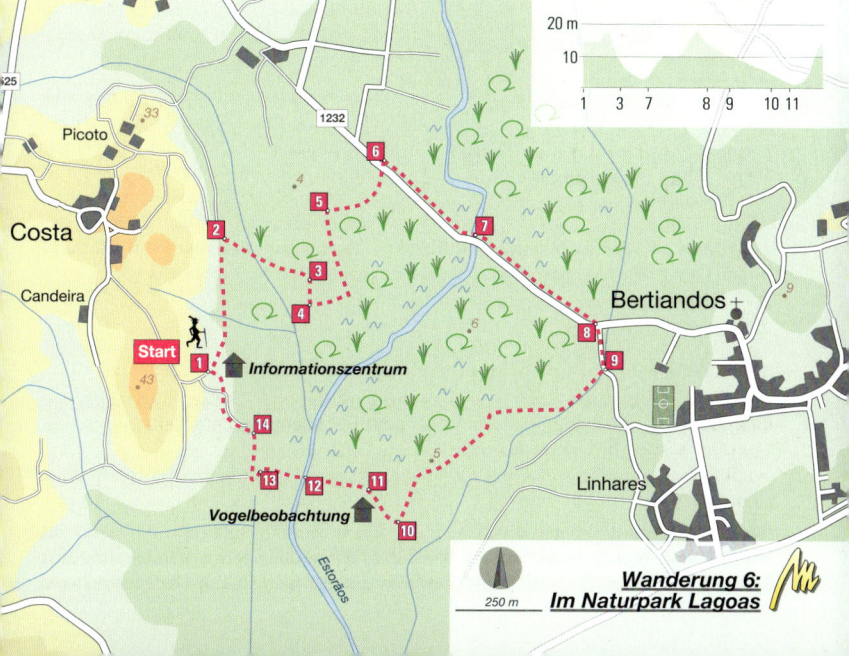

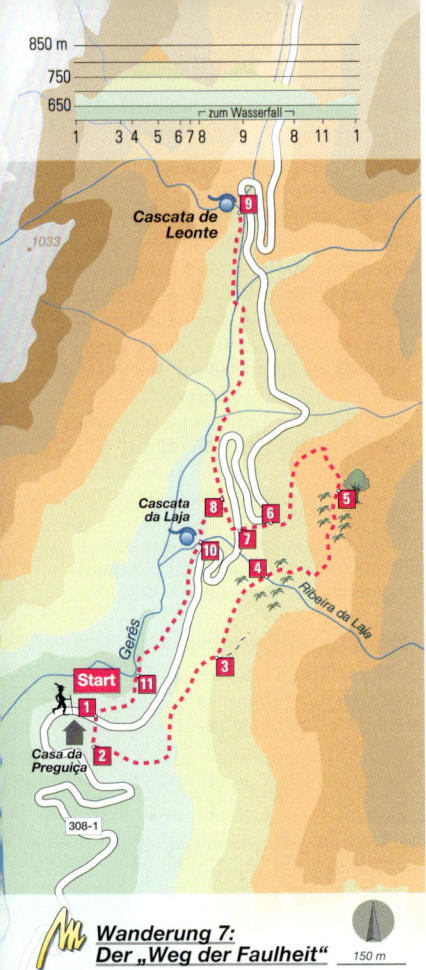

850 m
750
650

zum Wasserfall

1   3 4 5 6 7 8   9   8 11   1

Cascata de Leonte

.1033

Cascata da Laja

Gerês

Ribeira da Laja

Start

Casa da Preguiça

308-1

Wanderung 7:
Der „Weg der Faulheit"

150 m

unmittelbar vor dem Wiedererreichen der Straße geht es nach links **2**. Kurz darauf beginnt der Aufstieg, bald auf einem etwas breiteren Weg.

An einer Weggabelung im Steilstück **3** geht es auf dem Hauptweg nach links weiter hinauf. Bald darauf führt der Weg – weiter ansteigend – durch einen Farnwald zum *Wildbach Laja* **4**. Auch hinter dem Bach steigt der Weg an, bis hinter einem weiteren Farnwald unter drei absterbenden Steineichen die höchste Stelle erreicht ist **5**.

Nun schlängelt sich der Pfad in Serpentinen und unter einigen Richtungsänderungen abwärts. 5 m vor dem Erreichen der Straße **6** geht es nach links, bis man erneut auf die Straße stößt und sie überquert **7**. Hier setzt sich der Waldweg zunächst abwärts und bei einem *Wegweiser* mit der Aufschrift „Curral da Mueceira" flach nach rechts fort. Nach kurzem Wegstück verläuft die Route dann nach links **8**, doch bietet sich zunächst ein Abstecher geradeaus über die Waldbäche Cantina und Rio Gerês zum kleinen Wasserfall *Cascata de Leonte* **9** an, der im Hochsommer allerdings zum Rinnsal verkümmert.

Danach geht es auf gleichem Weg wieder zurück zum Wegpunkt **8**. Der Pfad führt hinab zur *Cascata da Laja,* einem weiteren kleinen Wasserfall, der über eine *Holzbrücke* **10** passiert wird. Bald wird es sehr steil, bis der Rio de Gerês erreicht ist, in dessen flachem Naturbecken auch gebadet werden kann **11**. Nach einem letzten kurzen Anstieg ist der Ausgangspunkt wieder erreicht **1**.

Wanderung 8:
Zu den Aussichtspunkten rund um Gerês

Die abwechslungsreiche Rundwanderung führt auf teils sehr steilen Wegen und Pfaden durch eine waldreiche Landschaft zu spektakulären Aussichtspunkten. **Gehzeit:** 4–4½ Std. **Schwierigkeit:** schwer. **Ausschilderung:** rot-gelbe Zeichen, nach einem Waldbrand 2012 bis zur Neuanlage einzelner Wegabschnitte allerdings sehr lückenhaft.

Wegbeschreibung: Hinter der kleinen *Dorfkirche von Gerês* **1** führt die Straße auf der den Thermen abgewandten Seite ca. 150 m nach Süden bergan. Hinter einer Brücke rechts in die gepflasterte Rua da Boavista und dann die Rua de Carvalha teilweise steil bergauf bis zu einer querenden *Teerstraße* **2**. Auf dieser nur 30 m nach links, beim kleinen *Wasserfall* Cascada do Zanganho dann rechts in den Wald.

Auf dem Granitpfad meist durch hellgrünen Mimosenwald gewinnt man schnell an Höhe, bis nach etwa 20 Min. ein gepflasterter *Forstweg* **3** erreicht ist, der rechts nach 200 m auf eine *Forststraße* stößt **4**. Diese links hinauf. Nach wenigen Minuten folgt man dem Wegweiser zum Aussichtspunkt Fraga Negra auf einem Pflasterweg scharf rechts **5**. Fraga Negra wird auf 575 m Höhe erreicht und auf Steinstufen links passiert. In Falllinie nun steil bergan. Für die Mühen entschädigen herrliche Ausblicke auf Gerês, die tief unten liegenden Seen und die Bergkette. Immer bergan verläuft der Pfad. Hinter einer Rodungsfläche wird wieder Wald erreicht, und der Weg windet sich in nordwestlicher Richtung weiter hinauf **6**. Leicht zu übersehen ist eine scharf nach links führende Kurve in den Wald hinein, weiter hinauf führt der Weg. Bald wird ein kleiner *Bergbach* überquert, wenig später dem Wegweiser nach „Salos" **7** nach links hinauf folgen. Der Weg wird bald breiter und vollzieht an einer Kreuzung eine Linksbiegung, die Steigung wird sanfter. Vorbei geht es an einer auffälligen Felsgruppe mit weitem Fernblick bis zum Abzweig zum *Miradouro da Boneca* **8**, zu dem sich ein kurzer Abstecher anbietet.

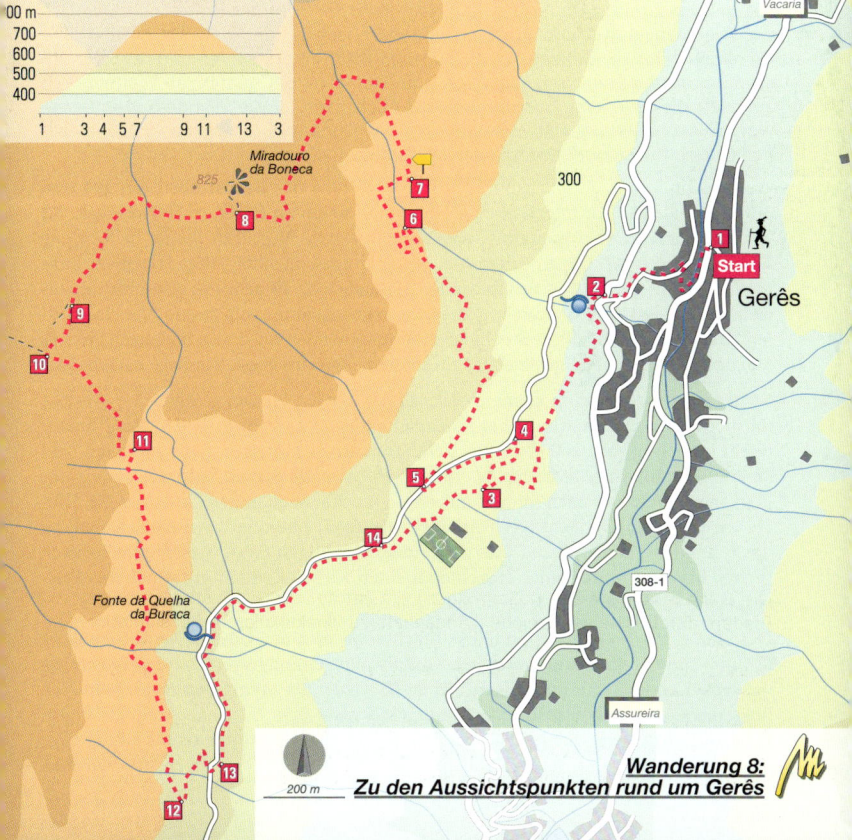

Wanderung 8:
Zu den Aussichtspunkten rund um Gerês

Die eigentliche, breitere Wanderroute führt aber geradeaus über eine Hochebene. Im folgenden Pinienabschnitt an einer Weggabelung **9** geradeaus und an der bald folgenden Kreuzung von Waldwegen **10** auf dem breiteren nach links. Der Abstieg beginnt. Hinter einer erneuten Weggabelung **11** bei einer Ruine führt der Hauptweg nun immer steiler bergab Richtung Süden (herrliche Ausblicke!), bis er sich in einer *scharfen Kurve* **12** nach Norden kehrt und in zwei langgezogenen Serpentinen auf eine schmale *Teerstraße* mündet **13**. Diese nach links, vorbei an der Trinkwasserquelle Fonte da Quelha da Buraca.

Bald wird der Abzweig zum Aussichtspunkt Fraga Negra vom Hinweg sichtbar, etwa 250 m davor **14** zweigt ein schmaler Weg im spitzen Winkel rechts ab hinab zum Fußballplatz. Vor diesem ein kurzes Stück den Asphaltweg hinab und sodann auf einem schmalen *Waldweg* rechts weiter **3**. (Wer den Abzweig am Wegpunkt **14** verpasst, folgt kurz hinter dem Wegweiser zum Aussichtspunkt Fraga Negra dem Teerweg rechts hinab zum Fußballplatz und biegt kurz davor am Wegpunkt **3** nach links in den Wald ein.) Vom Waldausgang **2** führt die geteerte Straße links und dann den Pflasterweg rechts hinab zum Zielpunkt **1**.

Wanderung 9: Zum Gipfel des Calcedonia

Die meist baumlose Route führt auf den höchsten Berg der Umgebung, den Calcedonia – steile Auf- und Abstiege und atemberaubende Ausblicke auf die raue Bergwelt inklusive. **Gehzeit:** 4 Std. **Schwierigkeit:** Im ersten Teil mittelschwer, im zweiten teilweise sehr schwer. Wir empfehlen weniger Geübten, ab Wegpunkt **9** auf dem gleichen Weg zurückzukehren. Auch dann ist die Wanderung lohnenswert. **Ausschilderung:** zeitweise gelb-rote Markierungen, die aber an entscheidenden Stellen fehlen oder sogar in die Irre führen.

Wegbeschreibung: Ausgangspunkt ist die Kreuzung der Landstraßen Nr. 304 und 307 in Covide **1**. Wir folgen der 307 Richtung Campo do Gerês ca. 300 m hinab, bis wir hinter zwei Café-Restaurants einen gepflasterten Weg nach rechts in *Richtung Varzeas* nehmen **2**. Die an einem Maisspeicher abzweigenden Wege lassen wir links und rechts liegen. Erst an der folgenden Weggabelung **3** geht es rechts hinauf, zunächst unter Eukalyptusbäumen, später durch angenehmen Mischwald. Vor einem alten Granithaus dann halb rechts hinab zum rauschenden *Bach,* von dort nach links **4** und nach einem lichten Steineichenhain auf dem etwas breiteren Sandweg nach rechts.

Weiter geht es über eine kleine *Brücke* **5**, zu der ein kurzer, gefährlicher Abstieg führt. Dann wandern wir rechts einen schmalen, steinigen Pfad den Berg hinauf (nicht dem Weg zum 200 m voraus sichtbaren Stauwerk folgen!) und kommen bald an einer auffälligen Ansammlung von *Steinbrocken* **6** vorbei. Dahinter ändert der Pfad seine Richtung nach Süden und erreicht schließlich ein *Hochplateau* **7**. Dieses wird (auf einen mächtigen Felskegel zulaufend) überquert. An einer Gabelung des schmalen Pfades **8** und kurz vor einem mächtigen Granitfelsen geht es nach rechts, bis kurz hinter einer einzelnen kleinen Kiefer westlich unterhalb des Felskegels die zunächst höchste Stelle erreicht ist **9**.

Der Pfad verliert nun etwas an Höhe, führt vorbei an einer *abgestorbenen Steineiche* **10** und durch einen romantischen Tunnel aus Granitgestein, steigt kurzzeitig wieder an und fällt hinter einigen Eichen **11** wieder ab. Wenig entfernt erhebt sich links das eigentümlich geformte Granitgestein wie eine menschenähnliche Figur. Die Landschaft wirkt, als sei man auf dem Mond. Die Felsgruppe rechts ist der *Gipfel des Calcedonia*. An seiner südlichen Seite **12** zwängt man sich rechts zwischen den Felsen hindurch (!), ein paar Meter auch durch einen niedrigen Durchgang, bis nach 200 m des Kletterns im Tal Covide zu sehen ist **13**. Den Gipfel sollten nur wirklich geübte Kletterer möglichst mit Helm erklimmen.

Nun geht es am Felsen entlang auf sehr schmalem Pfad steil bergab. Auch nach einer Rechtsbiegung bei einer großen Steineiche **14** folgt man dem Pfad abwärts. Der Pfad verflacht kurz **15**, direkt unterhalb erstrahlt im Tal ein *Haus mit rotem Schieferdach,* das nächste Ziel. Dahin geht es in Serpentinen abwärts, schließlich ein kurzes Stück auf einem breiteren Sandweg. In einer *Rechtskurve* **16** verlassen wir diesen wieder und steigen teilweise in Falllinie steil ab *, bis das Haus hinter einem kleinen Bach erreicht ist **17**. Von dort nimmt man den Fahrweg links, bis Covide erreicht ist **1**.

* Achtung: Nach starkem Regen muss man dem längeren, aber breiteren Weg bis Covide folgen.

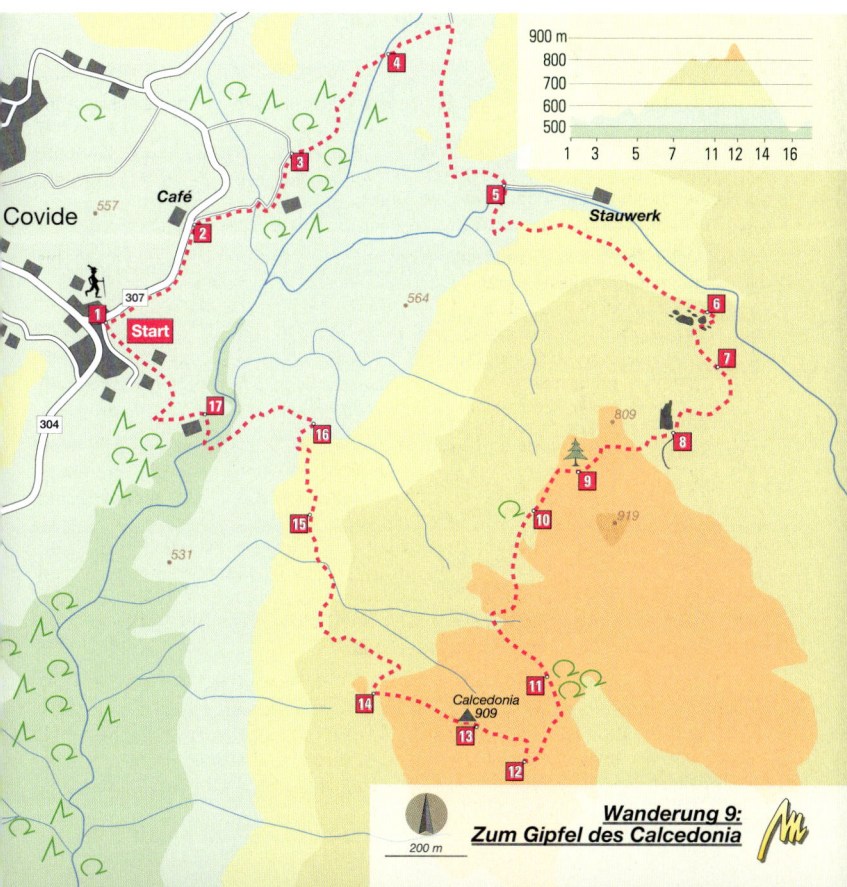

Wanderung 9: Zum Gipfel des Calcedonia

Etwas Portugiesisch

Elementares

Frau	senhora	*Was bedeutet das?*	O que quer dizer isso?
Herr	senhor	*… mieten*	… alugar
Wie geht es Ihnen?	Como está?	*… sehen*	… ver
sehr gut	muito bem	*Es ist zu teuer*	é muito caro
Danke!	Männer:Obrigado!	*Es ist laut*	é barulhento
	Frauen: Obrigada!	*Es ist klein*	é pequeno
Hallo!	Olá!	*Nach rechts*	à direita
Guten Morgen!	Bom dia!	*Nach links*	à esquerda
	(bis mittags)	*Immer geradeaus*	sempre em frente
Guten Tag!	Boa tarde!	*Offen*	aberto
	(nachmittags)	*Geschlossen*	fechado, encerrado
Guten Abend/	Boa noite!	*Weinkeller(ei)*	adega
Gute Nacht!	(nach Sonnenuntergang)	*Trinkwasser*	água potável
Auf Wiedersehen!	Bom dia/	*Stadt*	cidade
	Boa tarde/ boa noite	*Dorf*	aldeia
	Adeus! (sehr persönlich)	*Umgebung*	arredores
Bis bald	até logo	*Kunsthandwerk*	artesanato
Ich heiße …	Chamo-me …	*Friseur*	cabeleireiro
ja/nein	sim/não	*Gasthof*	restaurante
bitte	faz favor oder por favor	*Rathaus*	câmara municipal
Ich verstehe nichts.	Não entendo nada.	*Toilette*	casa de banho
Ich bin Deutsche(r)	Sou alemã/ alemáo	*Auskünfte*	informações
Sprechen Sie bitte	Fale mais devagar,	*Touristenbüro*	turismo
etwas langsamer!	faz favor!	*Bus*	autocarro
Sprechen Sie Deutsch?	Fala alemão?	*Autobahn*	auto-estrada
… Englisch	… inglês	*Polizeistation*	esquadra de polícia
… Französisch	… francês	*Landstraße*	estrada
… Italienisch	… italiano	*Nationalstraße*	estrada nacional
… Spanisch	… espanhol	*Schnellstraße*	via rápida
Entschuldigung!	Com licença!	*Aussichtspunkt*	miradouro
(um Erlaubnis bitten)		*Bucht*	baía
Entschuldigung!	Desculpe!	*Hafen*	porto
	oder desculpa!	*Platz*	praça, largo
Keine Ursache.	De nada.	*Postamt*	correios
Wo ist … ?	onde está …?	*Briefmarken*	selos
Sprechen Sie …?	fala … ?	*Schiff*	barco
Wo sind … ?	onde estão …?	*Strand*	praia
Gibt es (hier) … ?	há (aqui) …?		
Wie komme ich	qual é o melhor		
am besten nach …?	caminho para …?		

Zahlen

1	um (m.), uma (w.)	13	treze	70	setenta
2	dois (m.), duas (w.)	14	catorze	80	oitenta
3	três	15	quinze	90	noventa
4	quatro	16	dezasseis	100	cem
5	cinco	17	dezassete	105	cento e cinco
6	seis	18	dezoito	200	duzentos, duzentas
7	sete	19	dezanove	300	trezentos, trezentas
8	oito	20	vinte	1.000	mil
9	nove	30	trinta	2.000	dois mil
10	dez	40	quarenta	1.000.000	um milhão
11	onze	50	cinquenta	2.000.000	dois milhões
12	doze	60	sessenta	1.000.000.000	mil milhões

Zeiten

Wie spät ist es?	Que horas são?	Stunde	hora
Wann?	Quando?	Januar	Janeiro
Um wie viel Uhr?	A que horas?	Februar	Fevereiro
Es ist (zu) früh/ spät.	É (muito) cedo/ tarde.	März	Março
		April	Abril
morgens	de manhã	Mai	Maio
mittags	ao meio-dia	Juni	Junho
nachmittags	à tarde	Juli	Julho
abends	à noite	August	Agosto
nachts	à noite	September	Setembro
heute Abend	esta noite	Oktober	Outubro
heute	hoje	November	Novembro
gestern	ontem	Dezember	Dezembro
morgen	amanhã	Montag	segunda-feira (2.a)
übermorgen	depois de amanhã	Dienstag	terça-feira (3.a)
vorgestern	anteontem	Mittwoch	quarta-feira (4.a)
morgen Abend	amanhã à noite	Donnerstag	quinta-feira (5.a)
Jahr	ano	Freitag	sexta-feira (6.a)
Monat	mês	Samstag	sábado
Woche	semana	Sonntag	domingo
Minute	minuto	Werktage	dias úteis
Sekunde	segundo	Feiertage	feriados
Tag	dia		

Hinweis: Die portugiesischen Wochentage werden beginnend mit dem Sonntag durch-nummeriert! Daher ist Montag der „zweite Markttag" (*segunda-feira* oder *2.ª*).

Im Restaurant

Haben Sie einen freien Tisch?	Tem uma mesa livre?	Ober!	Faz favor!
Bitte die Karte!	A ementa, faz favor!	Ich möchte gerne mehr Brot.	Queria mais pão.

... noch ein Bier	... mais uma cerveja
Wo ist die Toilette?	Onde fica a casa de banho?
Was empfehlen Sie?	O que recomenda?
Die Rechnung, bitte!	A conta, se faz favor!
Die Rechnung stimmt nicht.	A conta está errada.
Das Beschwerdebuch, bitte!	Traga-me o livro de reclamações, faz favor!
Guten Appetit!	Bom proveito! oder bom apetite!
Auf Ihr Wohl! Prost!	Saúde!
Bringen Sie mir ...	traga-me ...
... noch ein Glas	... mais um copo
... noch eine Flasche	... mais uma garafa
... noch einen Teller	... mais um prato
ich nehme ...	eu tomo ...
Frühstück	o pequeno almoço
Mittagessen	o almoço
Abendessen	o jantar
Kleinigkeiten/„tapas"	petiscos
eine Suppe	uma sopa
einen (gemischten) Salat	uma salada (mista)
ein Sandwich mit ...	um sandes com
... Käse	... queijo
... gekochten Schinken	... fiambre
... rohem Schinken	... presunto
Toast	tosta
Gemüse	legumes
Reis	arroz
Kartoffeln	batatas
Salz und Pfeffer	sal e pimenta
Zucker	açúcar

Fische und Meeresfrüchte (peixes e mariscos)

Thunfisch	atum
Meerbrasse	besugo
Strandkrabbe	caranguejo
Krabben	gambas
Makrele	cavala
Silberbarsch	cherne
Schwertfisch	espadarte
Seezunge	linguado
Degenfisch	peixe-espada
Rotbarbe	salmonete
Sardinen	sardinhas
Seeteufel	tamboril
Stichling	carapau
Weißfisch	pescada
Geißbrasse	sargo
Wolfsbarsch	robalo

Fleisch (carne)

Lamm	borrego
Zicklein	cabrito
Kaninchen	coelho
Huhn	galinha
Spanferkel	leitão
Ente	pato
Truthahn	peru
Schwein	porco
Rind	vaca
Kalb	vitela
Wildschwein	javali

Nachspeisen (sobremesas)

Milchreis	arroz doce
Kuchen	bolo
Eiscreme	gelado
Sahne	nata
Törtchen	pastel

Zubereitung (modo de preparação)

gebraten	assado
gut durch	bem passado
blutig	mal passado
gekocht	cozido
geschmort	estufado
frittiert	frito
geräuchert	fumado
gegrillt	grelhado

Getränke (bebidas)

Mineralwasser	água
mit/ohne Kohlensäure	com/sem gás
Kaffee (Art Espresso)	café
großer schwarzer Kaffee	café duplo
Bier	cerveja
Kaffee mit viel Milch	galão
Milchkaffee	café com leite
frisch gepresster Orangensaft	sumo de laranja natural

Abruzzen • Ägypten • Algarve • Allgäu • Allgäuer Alpen • Altmühltal & Fränk. Seenland • Amsterdam • Andalusien • Andalusien • Apulien • Athen & Attika • Australien – der Osten • Azoren • Bali & Lombok • Baltische Länder • Bamberg • Barcelona • Bayerischer Wald • Bayerischer Wald • Berlin • Berlin & Umgebung • Bodensee • Bretagne • Brüssel • Budapest • Bulgarien – Schwarzmeerküste • Chalkidiki • Chiemgauer Alpen • Cilento • Cornwall & Devon • Dresden • Dublin • Comer See • Costa Brava • Costa de la Luz • Côte d'Azur • Cuba • Dolomiten – Südtirol Ost • Dominikanische Republik • Ecuador • Eifel • Elba • Elsass • Elsass • England • Fehmarn • Franken • Fränkische Schweiz • Fränkische Schweiz • Friaul-Julisch Venetien • Gardasee • Gardasee • Genferseeregion • Golf von Neapel • Gomera • Gomera • Gran Canaria • Graubünden • Griechenland • Griechische Inseln • Hamburg • Harz • Haute-Provence • Havanna • Ibiza • Irland • Island • Istanbul • Istrien • Italien • Italienische Adriaküste • Kalabrien & Basilikata • Kanada – Atlantische Provinzen • Kanada – der Westen • Karpathos • Kärnten • Katalonien • Kefalonia & Ithaka • Köln • Kopenhagen • Korfu • Korsika • Korsika Fernwanderwege • Korsika • Kos • Krakau • Kreta • Kreta • Kroatische Inseln & Küstenstädte • Kykladen • Lago Maggiore • La Palma • La Palma • Languedoc-Roussillon • Lanzarote • Lesbos • Ligurien – Italienische Riviera, Genua, Cinque Terre • Ligurien & Cinque Terre • Liparische Inseln • Lissabon & Umgebung • Lissabon • London • Lübeck • Madeira • Madeira • Madrid • Mainfranken • Mainz • Mallorca • Mallorca • Malta, Gozo, Comino • Marken • Mecklenburgische Seenplatte • Mecklenburg-Vorpommern • Menorca • Midi-Pyrénées • Mittel- und Süddalmatien • Mittelitalien • Montenegro • Moskau • München • Münchner Ausflugsberge • Naxos • Neuseeland • New York • Niederlande • Niltal • Norddalmatien • Norderney • Nord- u. Mittelengland • Nord- u. Mittelgriechenland • Nordkroatien – Zagreb & Kvarner Bucht • Nördliche Sporaden – Skiathos, Skopelos, Alonnisos, Skyros • Nordportugal • Nordspanien • Normandie • Norwegen • Nürnberg, Fürth, Erlangen • Oberbayerische Seen • Oberitalien • Oberitalienische Seen • Odenwald • Ostfriesland & Ostfriesische Inseln • Ostseeküste – Mecklenburg-Vorpommern • Ostseeküste – von Lübeck bis Kiel • Östliche Allgäuer Alpen • Paris • Peloponnes • Pfalz • Pfälzer Wald • Piemont & Aostatal • Piemont • Polnische Ostseeküste • Portugal • Prag • Provence & Côte d'Azur • Provence • Rhodos • Rom & Latium • Rom • Rügen, Stralsund, Hiddensee • Rumänien • Rund um Meran • Sächsische Schweiz • Salzburg & Salzkammergut • Samos • Santorini • Sardinien • Sardinien • Schleswig-Holstein – Nordseeküste • Schottland • Schwarzwald Mitte/Nord • Schwarzwald Süd • Schwäbische Alb • Shanghai • Sinai & Rotes Meer • Sizilien • Sizilien • Slowakei • Slowenien • Spanien • Span. Jakobsweg • St. Petersburg • Steiermark • Südböhmen • Südengland • Südfrankreich • Südmarokko • Südnorwegen • Südschwarzwald • Südschweden • Südtirol • Südtoscana • Südwestfrankreich • Sylt • Teneriffa • Teneriffa • Tessin • Thassos & Samothraki • Toscana • Toscana • Tschechien • Tunesien • Türkei • Türkei – Lykische Küste • Türkei – Mittelmeerküste • Türkei – Südägäis • Türkische Riviera – Kappadokien • Umbrien • Usedom • Venedig • Venetien • Wachau, Wald- u. Weinviertel • Westböhmen & Bäderdreieck • Wales • Warschau • Westliche Allgäuer Alpen und Kleinwalsertal • Westungarn, Budapest, Pécs, Plattensee • Wien • Zakynthos • Zentrale Allgäuer Alpen • Zypern

Register

Was haben Sie entdeckt?

Haben Sie eine Tasca mit wundervollen Petiscos gefunden, eine freundliche Unterkunft oder einen schönen Wanderweg? Wenn Sie Ergänzungen, Verbesserungen oder neue Tipps zum Buch haben, lassen Sie es uns bitte wissen!

Schreiben Sie an: Jürgen Strohmaier, Stichwort „Nordportugal"
c/o Michael Müller Verlag GmbH | Gerberei 19, D – 91054 Erlangen
juergen.strohmaier@michael-mueller-verlag.de

Vielen Dank!

Wir möchten uns ganz herzlich für die freundliche Unterstützung bedanken bei der Porto Film Commission, insbesondere bei Frau Maria João Nunes, bei Frau Maria Hermínia Brandão (Porto), beim Vinho-Verde-Institut in Porto, namentlich bei Herrn Dr. Manuel Dias Pinheiro und bei allen freundlichen Mitarbeiterinnen und Mitarbeitern der örtlichen Tourismusämter.

Fotonachweis

Lydia Hohenberger und Jürgen Strohmaier außer Karsten Luzay: S. 38, 58, 62, 63, 65, 68, 88, 96, 122, 140, 142, 143, 148, 157, 166, 168, 173, 176 | Michael Müller: S. 202, 217, 221 | João Paulo: S. 167, 240 | Portugiesisches Handels- und Touristikamt: S. 20, 33, 56, 100, 124, 130, 131, 132, 144, 224, 229 | Tânia Röttger Casaca: S. 2

ISBN 978-3-89953-838-0